1%가 아닌 99%를 위한 경제

1%가 아닌

99%를 위한 경제

폴 애들러Paul Adler 지음 | 한은경·김윤진 번역 | 이원재 감수

THE 99 PERCENT ECONOMY

21세기북스

민주사회주의의 꿈:
국가 경제를 대기업처럼 운영할 수 있다면

1. 2020년, 미국 사회가 받은 낯선 질문

2019년 하순부터 2020년 초까지 뉴스를 뒤덮던 미국 민주당 대선후보 예비경선은 파격적 논쟁이 펼쳐진 변화의 공론장이었다.

버니 샌더스 예비후보는 민주사회주의를 표방하면서 기세를 몰아갔다. 샌더스는 조 바이든 당시 예비후보와 박빙의 경쟁을 펼쳤다. 여기에 앤드루 양 예비후보는 기본소득제를 주장하면서 파란을 일으켰다. 버니 샌더스와 앤드루 양의 입장은 비슷해 보이지만 사실 상당히 다른 이상을 갖고 있다.

민주사회주의는 국가가 직접 기업을 운영하며 일자리를 보장하는 경제 시스템을 제안한다. 민주사회주의 체제에서 국가는 고용주가 되고, 전략가가 되고, 계획과 통제의 주체가 된다. 개인은 고용을 완전히 보장받으며, 참여를 통해 일터의 주인이 된다.

기본소득제는 국가가 모든 개인의 소득을 완전히 보장하며 개인들이 자유롭게 자신이 하고 싶은 일을 찾아 나서는 경제 시스템을 제안한다. 기본소득 체제에서 개인은 생계 때문에 억지로 노동하지 않으며, 자아실현과 연대를 위해서만 노동한다. 특정 일터나 정부에 속박되지 않고, 자유롭게 협력하고 연대하며 스스로 사회를 이끌어간다.

과거 미국 사회의 잣대로는 둘 다 매우 급진적이라 받아들여지기 힘들었을 텐데, 놀랍게도 두 사람은 각각 엄청난 세몰이를 하며 논의를 이끌었다. 결과적으로는 둘 다 당선되지 못했지만, 한 번도 상상하지 못했던 질문을 끌어낸 것은 분명하다.

'미국이 민주사회주의 국가가 된다면?', '미국에 보편적 기본소득제가 도입된다면?' 그리고 '그 중간 어디쯤에서 타협점을 찾아낸다면?'

자본주의 시장 경제 체제의 중심부인 미국 사회가 받은 낯선 질문이었다.

이 책에서 애들러는 그 두 가지 중요한 질문 중 하나, '미국이 민주사회주의 체제로 이행한다면'이라는 질문을 매우 체계적으로 던진다. 그것도 자본주의 사회의 가장 큰 장점이라고 할 수 있는 대기업 경영 체제라는 참신한 재료를 담았다. 자본주의를 이만큼 키운 주역이 가장 효율화된 대기업들이라면, 그들의 운영 체제를 국가에 적용하면 훌륭한 민주사회주의가 될 수 있지 않을까? 그게 가능하다면, 그렇게 하지 않을 이유가 무엇이겠는가?

코로나19로 우리는 거대한 전환의 시대를 맞았다. 자본주의는 흔들리고 있다. 미국 사회뿐 아니라 전 세계 어느 국가라도, 이런 질문들을 피해갈 수 없다. 그럼에도 자본주의를 지키면서 문제를 조금씩 개선해가야 할까? 가능하다면 민주사회주의 체제로 전환해야 할까? 가능하다면 기본소득 체제로 전환해야 할까? 무엇이 우리를 불평등으로부터 구출할 것이며, 다음 세대를 기후 위기로부터 지킬 것인가? 그 체제들에서 우리의 일과 삶은 어떤 모습이 될까?

애들러의 이 책은 우리를 이러한 거대한 질문들로 걸어 들어가게 하는 훌륭한 입구다.

2. 기업은 가장 반시장적 조직?

"우리는 왜 기업을 만들까요?"
강의실에 들어온 교수가 가장 먼저 던진 질문이었다. 2003년, 미국 MIT 슬론경영대학원의 한 수업시간이었다. 나는 세계 각국 학생들과 함께 MBA 학위과정을 밟고 있었다. 종잡을 수 없던 그 질문 뒤에는 '기업이야말로 가장 반시장적인 조직'이라는 역설이 숨어 있었다.

자본주의 시장 경제의 핵심은 생산 수단의 사적 소유와 시장이다. 즉, 생산자가 직접 자산을 소유하고 사업을 하며 그 결과를 온전히 자신이 가져가는 체제다. 자유롭게 경쟁하며 가장 성과가 좋은 자가 소비자의 선택을 받아 더 좋은 결과를 얻어가는 체제다. 이런 자유경쟁이 가장 효율적이라는 믿음 아래 만들어진 체제다. 경영학은 그 체제에서 잘 생존하고 성장하는 방법을 가르치는 학문이다.

그런데 기업 안에서 자본주의 시장 경제는 작동하지 않는다. 사무실 회계담당 직원은 생산 수단인 컴퓨터와 소프트웨어를 소유하지 않는다. 더 좋은 회계 서비스를 제공해 다른 부서의 선택을 받기 위해 기획을 하지도 영업을 하지도 않는다. 회계 업무는 자신이 독점한다. 직장 상사가 지시하는 대로 업무를 진행할 뿐이다. 생산 수단은 중앙에서 소유하며, 자유경쟁 대신 위계에 따라 업무를 진행한다.

자동차회사의 영업부서는 판매할 제품을 선택할 수 없다. 자신이 속한 기업의 물건을 팔아야 한다. 마찬가지로 공장은 아무리 실력이 좋아도 경쟁사 영업부서를 선택할 수 없다. 중앙의 기획부서에서 계획한 대로 생산하고, 생산된 제품을 지시받은 대로 팔아야 한다. 자본주의 시장 경제에서라면 원론적으로는 모두 자유경쟁에 의해 해결되어야 할 일들이, 기업 안에서는 위계와 계획에 따라 해결되는 것이다. 기업 내부야말로 반자본주의적·반시장적 공간이다.

'우리는 왜 기업을 만드는가?'라는 질문에 대한 답은 '거래비용 때문'이라는 것이 가장 유력하다. 모든 일을 시장에서 해결하려면 너무 많은 거래비용이 든다. 회계담당자를 매번 검색해야 하고, 제품을 만들어낼 때마다 가장 실력 있는 생산공장이나 영업책임자를 새로 찾아야 하는 비용을 아끼기 위해 우리는 기업을 만든다.

기업은 이렇듯 중앙에서 계획을 세워 각 부서가 따르도록 통제함으로써 가장 높은 효율을 달성하려는 존재다. 경영자의 판단과 그의 판단을 돕는 다양한 데이터와 분석이 시장보다 효율적일 수 있다.

이뿐이 아니다. 중앙에서 계획하고, 통제를 통해 운영하는 대기업들이 효율적일 뿐만 아니라 사실 매우 유연하고 혁신적이며 인간적일 수도 있다는 사실을 많은 기업 경영 사례는 보여준다.

시장이 아니라 계획과 통제가 더 효율적이라는 기업이론은, 내 기억 속에서 1991년을 소환했다. 바로 소련 붕괴와 함께 계획경제의 이상이 무너졌던 해였다.

3. 민주사회주의가 대기업을 만났을 때

1991년, 사회주의 종주국이던 소련이 해체됐다. 민주적이며 평등한 세계를 꿈꾸며 만들어진 현실사회주의real socialism는 마침표를 찍었다. 그해 12월, 소련은 해체되고 느슨한 독립국가연합CIS으로 전환된다. 러시아, 우크라이나, 벨라루스 등 독립적 국가들이 등장하게 된다. 한 시대 지구의 절반을 지배하던 패권 국가 소련이 사라지는 순간이었다. 동시에 그들의 맹주 역할을 하던 공산주의 체제도 주인을 잃고 말았다.

그 사태의 원인으로 여러 가지가 지목되지만, 계획경제 체제의 실패가 핵심이다. 모든 경제 문제를 해결하겠다고 나선 중앙에서는 어떤 것도 통제하지 못했다. 비효율적인 국영기업들은 부패와 비효율의 온상이 됐다. 국영기업들의 경영 실패를 모두 짊어진 중앙정부는 파산할 지경에 이르렀다. 공산주의자들이 그리도 비난하던 미국 자본주의의 첨병 '맥도날드' 매장이 1990년 모스크바에 들어서자, 그 앞에는 끝을 알 수 없는 긴 줄이 늘어섰다. 공산주의 체제는 그들이 그리도 떠받들던 인민들의 먹고사는 문제도 해결하지 못했다.

계획경제 이상론의 종언이 선고되고 자본주의 시장 경제의 위대함이 부각됐다. 여기서 자연스럽게 의문이 생긴다.

왜 소련은 계획경제에 실패해 붕괴했는데, 수많은 글로벌 기업은 계획과 통제를 통해 기업을 운영하면서도 찬란한 성공을 보여주는 것일까? 이 책의 저자 폴 애들러는 경영대학원 교수답게 이 지점을 날카롭게 파고든다. 단 '민주사회주의자'의 관점에서.

수많은 글로벌 기업이 성공을 거둔 이유는 그들이 일관된 전략을 수립하고 집행했기 때문이다. 이들 중 상당수는 혁신적이고 효율적이면서 동시에 직원들에게 충분한 동기를 부여하면서 운영된다. 그런데 국가 경제는 그렇게 운용될될 수 없다고 단정 지어 말할 수 있을까? 기업처럼 전체 전략을 일관되게 수립하고, 각 산업이 기업의 각 부서처럼 분명한 미션을 부여받아 움직이며, 시민들이 기꺼이 생산 활동에 참여하도록 동기 부여를 하는 체계를 만들 수는 없을까?

아마도 다음과 같은 의구심을 드러내며 불가능하다는 말이 바로 나올 것이다.

첫 번째는 규모의 문제다. 기업은 관리가 가능한 규모이지만, 국가는 너무 커서 불가능하지 않을까? 소련의 계획경제는 규모가 커서 실패했던 것은 아닐까?

애들러는 이 의문을 쉽사리 풀어준다. 초대형 기업의 규모는 이미 여러 국가를 합친 정도로 크다. 월마트는 전 세계에 1만 1,700개 소매점을 두고 있으며, 직원은 230만 명이나 된다. 아마존은 매년 전 세계 3억 명의 소비자에게 20억 개 가까운 제품을 배송한다. 애플의 시가총액은 2020년 2조 달러를 넘어섰다. 한국의 연간 GDP가 1,900조 원이니, 1년 내내 국내에서 번 돈을 모두 모아도 애플 주식 전부를 살 수 없다는 뜻이다. 우리나라가 이미 세계 10위권을 들락거리는 경제 대국인데도 그렇다.

두 번째는 효율성의 문제다. 기업들이 시장에서 경쟁해야 효율적으로 자원이 배분되지 않을까? 국가가 경제에 자원을 배분하면 비효율성이 생기지 않을까?

애들러는 이 문제 역시 쉽사리 반박한다. 대기업의 각 부서를 생각해보라는 것이다. 대기업의 하위 조직들은 다른 하위 조직과 경쟁하며 이익을 극대화하지 않는다. 오히려 기업 전체의 이익을 극대화하기 위해 다른 하위 조직들과 협력한다. 예를 들어 특정 부서가 새로운 기술을 개발하면 다른 하위 조직과 공유하면서 기업 전체의 이익을 극대화하려 노력한다. 경쟁이 아니라 경영자가 수립한 전략을 기반으로 하위 조직들의 상호작용을 조정한다. 그리고 성공적인 대기업들의 각 부서는 어떤 시장보다도 더 효율적으로 움직인다.

그럼 지금 대기업이 운영되는 방식을 국가가 그대로 따라가면, 그게 사회주의적 경제관리 체제가 되는 것일까? 그럴 수는 없다. 글로벌 대기업들이 지금 겪고 있는 문제를 살펴보면 그렇다. 실적 압박 탓에 벌어지는 대기업들의 치열한 내부 경쟁을 우리는 잘 알고 있다. 내부 경쟁이 파괴적으로 변질되어 성과를 갉아먹기도 한다. 경영자의 독단적 결정과 지나치게 강한 위계 구조 탓에 망가지는 기업도 많다. 임직원들이 창의적 아이디어를 내고 혁신에 도움이 되기는커녕 경영자의 눈치를 보며 직장 상사에게 잘 보일 수 있는 업무만 열심히 하며 남의 실적을 가로채는 데 에너지를 쏟고 있는 조직도 부지기수다.

대기업이 겪고 있는 이러한 문제를 민주사회주의 국가도 해결해야 한다고 애들러는 말한다. 그 방법으로 협력하면서 전략을 세우고, 혁신하고, 학습하고, 일하기를 제안한다. 전략을 세우는 주체는 국가이니 자칫 경직된 대기업처럼 획일적인 경제가 만들어질 수도 있다. 이를 극복하기 위해 협력을 통해 많은 이들의 의견을 수렴하는 구조를 만들어야 한다는 것이다.

애들러가 보기에 이는 불가능한 과제가 아니다. 이미 많은 글로벌 기업이 다양한 방법으로 수평적 논의 구조를 갖추고 다수가 참여하는 협력적 혁신을 이루려 노력하고 있다. 사실 진정으로 성공한 기업들은 협력적 문화와 지배구조를 만들어내고 있다. 집중적 의사 결정을 하면서도 직원들의 참여와 자율성을 활용해 창의적인 해결책을 찾아내는 데 성공한 기업도 나오고 있다. 국가도 대기업도 해결해야 하는 문제이며 특히 대기업 쪽에서 다양한 해결 방법론이 나타나고 있는 문제다.

실전 경영자를 키울 목적으로 주로 설립된 경영대학원의 교육은, 실제 기업의 사례연구를 중심으로 이뤄지는 전통을 갖고 있다. 애들러는 그 전통에 걸맞게 여러 기업의 실제 사례를 깊이 있게 연구한 학자다. 그는 이 사례들 안에서, 대기업이 집중된 의사 결정을 하면서도 구성원의 참여와 협력을 활용하는 구체적인 증거를 내놓는다.

그가 이미 연구했던 미국 최대 의료서비스 제공회사이자 의료보험 회사인 카이저 퍼머넌트가 그중 하나다. '가치 나침반'을 통해 중앙에서 성과를 집중적으로 관리하면서도, 노동조합을 통해 임금과 복지를 개선하고 기업 전반적으로 참여가 활성화되어 있다. 일례로 '가치 나침반'에서 가장 중요한 목표는 경영진이 아니라 직원들과 노동조합이 토론을 통해 결정됐다는 사실을 언급한다. 기업 전반에 스며든 상향식 혁신의 전통이야말로 카이저 퍼머넌트의 경쟁력이기도 하다.

의사 결정 권한은 중앙에 집중되어 있으나 다양한 이해관계자들이 폭넓게 참여하는 의사 결정 과정, 중앙의 전략과 계획에 따라 움직이나 자율적인 혁신을 충분히 수용하는 실행 과정, 그리고 사회 전체의 이익을 가장 중요하게 여기지만 개인의 복지를 최대한 보장하는 운영 목표까지, 민주사회주의와 성공한 대기업의 경영 원리는 너무나 닮았다는 게 애들러의 생각이다.

4. 소련은 못 했지만 SAP는 했던 일

현실사회주의는 실패했던 대규모의 계획과 관리를 대기업들은 어떻게 해냈을까?

애들러는 소프트웨어 기업 SAP가 개발한 전사적 자원 관리 시스템ERP의 역할을 언급한다.

ERP는 대기업 경영자가 거대한 규모의 조직을 운영할 수 있도록 정보를 관리해주는 시스템이다. 회계, 인사, 조직, 재고, 판매뿐 아니라 개별 프로젝트 관리 도구까지 통합되어 있어서 한눈에 기업의 자원과 성과뿐 아니라 전체 조직이 업무 과정에서 획득하고 생산한 지식과 인적 네트워크까지 들여다볼 수 있게 해준다.

현실사회주의 계획경제가 실패한 원인을 '복잡하고 거대해진 국가 경제를 전체적으로 파악하는 일이 불가능하기 때문'이라고 지적하는 의견이 있다. 하지만 점점 발전하고 있는 대기업의 자원 관리 시스템은 이제 그런 전체적 파악이 가능해졌다는 점을 보여준다. 대기업에서 성공 사례를 잇달아 만들어내고 있다. 현실사회주의 붕괴의 원인 하나가 제거되고 있는 셈이다.

애들러는 또한 경영진의 전략적 목표가 하위 조직과 말단 직원들에게까지 전달되도록 만드는 데 성공한 대기업의 경영 기법을 이야기한다. 최고경영진이 새로운 지역 시장 진출을 결정하면, 중간 임원은 진출 방식과 비용을 짜고, 하위 조직에서는 예산과 인력을 배정받아 구체적 실행 방식을 검토한다. 조직의 단계에 맞게 성과 목표도 정해지고, 평가도 이뤄진다.

현실사회주의 계획경제 실패의 원인으로 '권한이 불분명해 의사 결정이 너무 느리고 제대로 된 평가 시스템이 없었다'는 점을 드는 의견도 있었다. 그런데 최근 대기업들이 발전시키고 있는 경영 기법들은 위계 구조를 가진 거대 조직이라도, 효율적인 의사 결정 및 역할 분담과 체계적 평가가 가능하다는 사실을 알려준다.

만일 지금 국가가 계획경제를 시도한다면? 이렇게 발전한 소프트웨어와 경영 기법을 도입한다면 옛 소련보다 훨씬 효과적으로 추진할 수 있을 것이다. 자본주의의 첨병인 대기업들이 시장 경제를 더 빠르게 효율화시키기 위해 개발한 여러 기법이, 오히려 중앙에서 계획과 관리를 집중할 수 있게 한다는 게 애들러의 생각이다.

5. 민주사회주의와 그 너머

애들러는 명시적으로 민주사회주의 체제로의 이행을 진지하게 검토해야 한다고 주장한다. 민간 기업을 공공 소유로 대체하자는 이야기가 핵심이다. 이런 주장을 하는 이유는 물론, 자본주의가 이미 위기를 맞고 있기 때문이다.

자본주의가 위기를 맞았다는 사실은 자본주의 옹호자들조차 인정하는 사실이다. 최소한 번영의 정점을 지나고 있다는 점은 분명하다. 토마 피케티가 『21세기 자본』에서 지적했던 것처럼 불평등은 커지고 세습사회가 되어가고 있다. 부는 점점 더 소수에게 집중되고 있으며 일자리는 더욱 불안정해지고 있다. 그나마 안정적인 위치에 있던 선진국의 제조업 노동자들조차 일자리를 잃어버리면서 인종주의와 반세계화 전선에 뛰어들고 있다. 팍스 아메리카나가 꿈꾸던 자유무역과 민주주의의 이상은 고향을 잃었다. 이 질서를 주창하던 미국부터 변화하고 있다.

자본주의는 잉여가 넘치지만 늘 위기를 맞는 이상한 체제가 됐다. 생산은 넘치지만 개인들의 생계는 늘 불안한, 기묘한 분배 구조를 갖는다. 너무 많이 활동해서 환경을 파괴하는데, 파괴를 줄이자면 기업의 이익도 줄고 개인의 생계는 더욱 불안해지는 어리석은 구조가 되고 말았다. 개별 기업의 혁신은 넘치지만 시스템의 혁신은 불가능에 가까워졌고, 시스템 관리자인 정치는 그야말로 이러지도 저러지도 못하는 불능 상태가 되고 말았다.

물론 인류는 자본주의를 개과천선하게 하려고 다양한 노력을 해왔다. 유럽은 사회민주주의를 통해 강력한 노동조합과 국가가 보장하는 복지제도를 축으로 자본주의를 살리려 노력했다. 사회책임경영을 통해 효율성을 달성한 대기업들이 사회문제 해결의 주체로 등장하도록 만들려고 노력했다. 사회책임투자나 윤리적 소비 운동을 통해 기업이 사회문제 해결에 나서도록 투자자나 소비자들이 압박하는 구조를 싸보기도 했다. 아예 사회적 기업이나 협동조합을 통해, 영리기업과는 목적이 다른 기업들을 도입하고 키워보기도 했다. 정부가 나서서 기업 규제를 통해 개별 기업의 이윤 극대화와 사회 전체의 이익 극대화 사이의 상충을 조정해보려 하기도 했다. 그러나 그 어떤 노력도 자본주의가 주기적으로 위기를 맞으며 불평등을 심화시키는 데다 기후위기라는 파괴적 종말을 향해 달려가는 것을 막지 못했다.

그럼 이제, 아예 사고방식을 바꿔보자는 게 애들러의 제안이다.

실제로 잘 나가는 기업들은 가장 전략적인 기업들이다. 그러면서도 동시에 일하는 사람이 최선의 성과를 낼 것이라고 믿어주고 여유를 부여하는 기업들이다. 그렇다면 대기업 중에 이렇게 혁신과 임직원의 참여와 인간적 존중을 동시에 이뤄내는 곳이 있다면, 그 모델을 확대하면 바람직한 국가 경제가 되는 것 아닐까?

전 세계에 지사를 둔 대기업들이 활용하는 ERP를 보면, 대규모 민주사회주의 경제라도 효율적으로 운영하지 못할 이유가 없다는 용기를 준다. 게다가 날로 발전하고 있는 인공지능과 자동화 기술을 보면, 그 가능성은 더 커지고 있는 것 같다.

도요타 자동차가 제너럴모터스GM와 합작해 미국에서 운영하던 누미 공장처럼 운영 방식과 혁신에 현장 노동자의 목소리를 반영하던 모델을 보면, 참여하는 민주주의와 생산의 효율성을 함께 달성하자는 민주사회주의 경제의 가능성이 보인다. 자기 노동의 20%를 '딴짓'에 쓰라고 권유하는 구글 같은 기업을 보자. 매우 짧은 시간 동안만 기업에 매여 노동을 하고, 나머지 시간은 돌봄과 여가와 새로운 창업을 구상하는 민주사회주의 체제의 노동자가 떠오르지 않는가?

애들러의 구상이 당장 실현되기는 어렵겠지만, 앞으로의 경제사회 정책 논의에서 중요한 한 축을 차지할 것만은 분명하다. 코로나19 이후 커져가는 국가의 역할을 감안하면 더욱 그렇다.

이원재

LAB2050 대표

차례

불안과 좌절을 야기하는
현 체제에 관한 시급한 논의

최근 들어 진보적이고 급진적인 움직임이 여러 차례 일어나고 있다. 예컨대 점령 운동Occupy(월스트리트 점령 운동 등을 일컫는다–옮긴이), 2016년 버니 샌더스 선거운동, 15달러를 위한 투쟁Fight for Fifteen(미국에서 벌어진 최저임금 인상 요구 운동–옮긴이), 블랙 라이브스 매터Black Lives Matter(흑인의 생명도 소중하다는 의미의 흑인 인권 운동–옮긴이), 인류의 기후 행진People's Climate March, 미투 운동#MeToo 등이 있었다. 이처럼 분노와 희망으로 불타오르는 일련의 운동을 통해 사람들은 급진적 변화를 열정적으로 논하고 표현했다. 단순히 고위직 인사의 변화가 아니라 권력과 특권의 근본적 구조의 변혁에 대해서 말이다.

이 같은 운동이 일어난 후 기존 구도가 과연 필연적인가 하는 점에 중대한 의문이 제기되었다. 월마트Walmart의 부를 상속받는 월튼가(家)의 재산이 미국 40% 가구의 재산 총합을 초과할 정도로 부의 불균형이 심각해진 원인은 무엇인가? 심지어 하위 25%의 인구는 순재산이 아예 없는 실정이다.[1] 미국 정부는 어째서 합리적인 가격의 의료 서비스와 양질의 공교육이 필요한 사람들을 냉담하게 외면하는 가? 금융 시장의 혼돈으로 수백만 명의 일자리와 집이 박탈되었는데 내버려두는 까닭은 무엇인가? 기후 위기를 해결하려는 국제적 노력이 어째서 강력한 대기업의 이익 추구에 가로막혀야 하는가? 왜 여성들이 남성 상사, 고객, 동료와 낯선 남성의 차별, 괴롭힘, 학대, 폭력에 노출되어야 하는가? 무장한 경찰이 가난한 이들과 소수자들을 억압하는 이유는 무엇인가?

우리가 직면한 복합적인 문제들, 즉 경제, 일자리, 정치권, 자연환경, 공동체의 사회 구성, 국제 관계에서의 문제들이 점점 악화하고 있다. 갈수록 많은 이들이 사태의 심각성을 실감하고 있으며, 촌각을 다투는 의문점들이 속속 드러나고 있다.

경제 체제가 점점 더 불합리해지면서 고통도 심해지고 있다. 현 체제에서 부와 소득의 분배는 터무니없을 만큼 불평등하다. 현 체제가 주기적으로 불황을 겪을 때마다 수백만 명이 일자리를 잃는다. 또한 지금의 경제 체제는 우리에게 필요하지도 않은 것들을 수없이 생산해내면서 인류와 지구를 오염시키고 있다. 한편으로는 우리에게 절실히 필요한 수많은 재화와 서비스가 사업적 이익을 창출하지 못한다는 이유만으로 배제된다. 정작 필요한 것은 제공받지 못한 채 버텨야만 한다.

게다가 일터에서는 노동자 소외가 만연하다. 사람들은 본인과 연관된 문제의 의사 결정에 목소리를 내고 싶지만, 피고용인으로서 우리는 일터와 관련된 주요 의사 결정 과정에 일말의 영향력도 행사할 수 없다.

정치 체제는 대중이 원하는 바를 전혀 고려하지 않는다. 우리는 현 체제를 민주주의라고 부르지만, 사실상 부유층의 금권정치와 다를 바가 없다.

더욱이 환경 위기마저 심각해지고 있다. 기후변화는 우리가 직면한 환경 위기의 일부분에 지나지 않으나, 우리가 아직까지도 화석 연료에서 벗어나지 못했기 때문에 향후 수십 년 안에 인류 문명은 혼란에 빠질 것이다.

사회 위기마저 점차 확대되는 추세다. 성차별과 인종차별 문제를 비롯해 가정, 지역 사회, 도시, 지방에서의 문제와 보육, 노인 부양, 공정성, 의료 복지, 주거, 교육 분야에서의 문제에 이르기까지, 우리 공동체는 오로지 이윤을 추구하는 기업과 기업 편에 선 정부와 끊임없이 갈등을 벌이고 있다.

마지막으로 미국은 다른 나라들과 경쟁적이고도 지배적인 국제 관계를 맺고 있는데, 오늘날 인류는 기후변화와 전쟁, 핵 문제, 기근, 빈곤 등을 해결하기 위해 국가 간 협력이 절실히 필요하다.

그나마 희소식이 하나 있다. 앞으로도 계속 이렇게 지낼 필요가 없다는 점이다. 세상에는 모든 사람에게 물질적 편안함과 인간으로서 존엄성, 성장할 기회를 제공하고도 남을 자원과 기술력이 있다. 하지만 풍요를 일구고 분배 방법을 결정짓는 작금의 사회 체제는 우리에게 불안과 두려움, 좌절을 안기고 있다. 현 체제는 상위 1%를 위해 작동하지만, 99%를 위해 작동하는 체제를 만들 수도 있다.

이 책에서 자주 언급하는 '우리', 즉 미국의 진보주의자들은 당면한 위기의 원인과 최선의 해결 방안을 놓고 계속 논의해왔다. 일각에서는 기업가들이 더욱 사회적으로 책임을 지는 리더십을 발휘해야 한다고 주장한다. 정부의 역할을 강조하면서 더 강력한 사회적 규제와 환경적 규제, 복지 조항 확대, 정치 선거 기부 제한 등을 옹호하는 이들도 있다. 또한 기업과 정부, 노동자 사이의 대립 관계를 비판하며 북유럽식 사회민주주의social democracy를 옹호하는 이도 있다. 그러나 현재 당면한 위기의 뿌리는 이와 같은 개혁으로는 해결할 수 없을 정도로 깊다. 우리가 맞이한 위기는 자본주의 자체에 내재한 고질병이나 다름없다. 앞서 언급한 개혁 방안은 분명 추진할 가치가 있지만 작금의 위기를 해결하지는 못한다. 위기의 근원이 자본주의라면, 해결 방안은 더욱 급진적인 민주사회주의democratic-socialism(마르크스주의에 의하지 않은 이상주의적 사회주의-옮긴이)로의 변혁에 있다.

자본주의는 사람이나 지구를 위해서가 아니라 이익을 위해서 생산하는 체제다. 물론 지난 수십, 수백 년에 걸쳐 자본주의로 인해 과학 기술이 눈부시게 발전했으며, 수많은 사람의 물질적 조건이 실질적으로 개선되었다. 하지만 이는 간헐적 개선에 불과하며, 혜택은 매우 불공평하게 분배된다. 또한 사회적·환경적 비용이 증대하는 결과를 낳왔다. 정부는 법적 정통성과 자원을 확보하기 위해 기업의 수익성에 의존하고 있으므로 사회적·환경적 비용을 적절히 감당할 수가 없다. 세상이 위기에 처한 것은 바로 이 때문이다.

현재의 위기를 극복하고 99%를 위한 경제 체제를 만들고자 한다면 기업이 투자와 상품, 노동에 대해 의사 결정을 내리는 방식을 반드시 바꿔야 한다. 단순히 수익성만을 고려해서 의사 결정을 내려서는 안 되며, 인류와 세계의 요구에 따라야만 한다. 의사 결정 과정은 민주적 절차에 따라야 하며, 단순히 기업의 입장만 따지는 것을 넘어서 지역, 산업, 국가 차원에서 심의와 토론을 반영해야 한다. 개인 투자자들의 요구를 따르는 이사회나 최고경영자가 모든 결정권을 가져서는 안 된다. 이를 위해서는 기업의 사적 소유권을 사회화된 공공 소유로 대체해야 한다. 그리하면 기업 중심적인 정부 역시 진정한 민주적인 정치 체제로 바뀔 것이다. 좀 더 온건한 개혁도 분명히 가치가 있지만, 너무 제한적이어서 우리가 직면한 위기를 해결하기에는 역부족이다.

이 책의 목표는 민주사회주의 변혁이 필요한 이유, 그리고 변혁을 이뤄낸 사회의 작동 방식을 보여주는 데 있다. 21세기 사회주의에 관한 청사진을 그리려는 의도나 이에 도달하기 위한 단계별 계획을 말할 생각은 없다. 대규모 사회적 변화는 그런 식으로 일어나지 않으며, 본질적으로 지그재그 모양으로 움직이고 실험적 과정을 거쳐 이뤄진다. 그러나 진보주의자로서 우리가 행할 노력은 창조하고자 하는 사회에 대한 비전, 즉 정신적 모델을 따라야 한다. 인간이 추구하는 모든 프로젝트와 마찬가지로 말이다. 우리가 직면한 위기를 극복하는 데 민주사회주의가 가장 신뢰할 만한 비전을 제시한다는 것이 나의 주장이다.

이 책은 이러한 주장을 입증하는 과정에서 미국의 상황에 초점을 맞추고 있다. 그러나 다른 나라에도 전반적으로 적용된다. 민주사회주의 변혁에 더 많은 이들이 함께 참여할수록 위기를 성공적으로 극복할 수 있으리라.

자본주의에서 민주사회주의로 나아가는 길에는 수많은 장애물이 포진해 있다. 이 책은 개중에서도 가장 결정적인 장애물, 즉 새로운 체제가 성공적으로 작동할 수 있을까 하는 회의를 극복할 수 있게 돕는 기업 내에서 수직적 위계질서를 민주적 경영으로 대체하고, 시장 경쟁 역시 전체 경제 분야의 민주적 경영으로 대체하기 위해서는 민주주의에 대한 확신, 즉 집단의 이익을 추구하며 공공의 선(善)을 위한 의사 결정을 모두 함께 내릴 수 있다는 확신을 회복해야 한다. 그러나 민주주의는 그 빛을 잃고 말았다.

공화당과 민주당 행정부 모두 연이어서 노동자의 이익을 대변하지 못하자 민주주의 그 자체에 대한 냉소주의가 광범위하게 퍼져나갔다. 실제로 2016년 대선 당시 노동자들이 도널드 트럼프를 지지한 것은 소위 '엘리트 계층'과 그들이 지배하는 공허한 민주주의에 대해 그들이 얼마나 좌절하고 있는지를 그대로 드러냈다. 힐러리 클린턴의 선거 공약인 더 강력한 규제와 안전망 조항은 무의미한 외침에 그쳤다. 힐러리 클린턴이 해외 군사 작전을 지지하자 많은 유권자가 그에게서 등을 돌렸다. 좌절한 노동자들은 최소한 자신들의 곤경을 알고는 있는 듯한 후보에게 주목했다. 미국의 자랑스러운 민주주의에 노동자들이 그토록 비참할 정도로 실망한 마당에, 설령 트럼프가 권위적인 포퓰리스트로 보였다 한들 무엇이 문제였겠는가?

이와 같은 냉소주의는 오늘날 세상을 지배하는 엘리트 계층에게 가장 강력한 무기다. 이 책의 목표는 확장되고 강화된 민주주의가 공공의 이익을 저버리지 않는 세상, 모두를 위한 민주주의가 작동하는 세상을 그려보면서 만연한 냉소주의를 극복하는 데 있다.

나는 경영대학 교수다. 사실 경영대학 교수 중에서 민주사회주의를 옹호하는 이는 드물다. 하지만 나는 연구를 진행하던 중에 우리 사회에서 가장 복잡하고 정교한 몇몇 사업체의 경영 방식을 살펴볼 기회가 생겼고 민주사회주의를 지향하는 두 가지 결론에 도달했다.

첫째, 자본주의 산업은 여러 면에서 괄목할 만한 성공을 거두었으나 사업 부문의 민간 기업이 우리가 직면한 중대한 위기들을 해결하기는 불가능하다. 경쟁과 이윤 추구, 자본주의 기업에 기반한 경제를 갖춘 사회에서 기업가, 고객, 투자자에게 더욱더 큰 사회적·환경적 책임을 져달라고 호소하는 데는 분명한 한계가 있다. 게다가 어떤 사회라도 국가의 번영이 기업의 수익성에 달려 있으니, 정부 규제와 복지 정책, 국제 협력의 범위를 설정하는 데도 큰 제약이 따른다. 직면한 위기를 극복하고 더 나은 세상을 실현하려면 현재의 한계를 넘어서서 새로운 길을 찾아야 한다. 우리에게는 경제, 일자리, 정치, 환경, 사회적·국제적 목표를 위해 민주적으로 결정하고 자원을 전략적으로 관리할 수 있는 민주사회주의로의 변혁이 절실하다.

'민주적으로 결정'하고 '전략적으로 경영'한다는 두 개의 개념을 하나로 통합하는 것이 터무니없다고 생각할지도 모른다. 우리는 전략적이든 아니든 간에 무릇 경영이란 경영자라 불리는 이들이 행하는 것으로만 받아들이곤 한다. 우리는 경영자라 불리는 이들에게 거의 아무런 영향력을 행사하지 못하며, 그들의 목표는 우리의 목표와 완전히 상반되기 일쑤다.

그러나 경영이란 너무나 중요한 사안이다. 경영자들의 손에 모든 걸 내맡길 수는 없는 노릇이다. 노동자들이 권리를 박탈당하고 소외된 노동 현장 문제를 해결하기 위해서, 우리는 기업의 경영을 민주화해야 한다. 노동자와 소비자, 그리고 더 광범위한 공동체를 대표하는 이사회가 기업을 관리하고, 하향식에 독재적인 통제 방식에서 벗어나 전면적인 참여 경영으로 대체할 필요가 있다. 더구나 우리가 직면한 다른 모든 위기를 해결하기 위해서는 각각의 개별 기업뿐만 아니라 사회 전반의 경제 활동까지 민주적으로 경영해야 한다. 경제의 향방이 롤러코스터처럼 움직이는 시장에 맡겨진 상황을 더는 용납해서는 안 된다. 또한 연방준비제도Federal Reserve(미국 특유의 중앙은행제도-옮긴이)와 같은 비민주적인 기관이 상황을 중재하도록 내버려둘 수도 없다. 인류의 안녕과 지구의 지속가능성이라는 공통의 목표를 향해 나아가도록 경제를 경영해야 한다.

공공의 선을 이루기 위해 경제 전반을 전략적으로 경영한다는 개념은 최근 자본주의의 대안을 논의하는 과정에서 거의 주목받지 못했다. 즉 전체 지역과 산업, 사실상 경제 전반에 대하여 우리가 목표를 설정하고 계획을 세우고 체계화하고 감독하고 조정하며 성과를 측정하고 보상할 수 있다는 개념은 무시당해왔다. 사실 많은 사람이 사회주의라는 말만 들어도 경종을 울리고는 한다. 사람들은 경제 전반의 전략 경영, 일명 '정부의 경제 계획'이 민주적일 수 있다거나 효율적일 수 있다고는 전혀 생각하지 못하기 때문이다. 민주적이면서 동시에 효율적일 수 있다는 생각은 말할 것도 없다.

21세기의 사회주의는 민주적이어야만 한다. 우리에게 평등의 원칙이 몹시 소중하기 때문이기도 하지만, 발전과 향상을 위해서는 민주주의가 필요하기 때문이다. 권위적인 사회주의 계획은 과거 러시아와 중국이 봉건 체제를 빠르게 벗어던지고 산업화하는 데에는 효과적이었을지 모르겠으나, 엄청난 희생이 뒤따랐다. 오늘날과 같은 후기산업화postindustrial 시대에, 우리는 기업과 정부 양쪽 측면에서 광범위하고도 창의적인 문제 해결 방식을 동원해야 하며, 그래야지만 우리가 직면한 위기를 해결하고 필요한 발전과 향상을 이루어낼 수 있다. 민주주의는 이처럼 적극적인 참여를 위한 필수 전제조건이다.

그렇다면 어떻게 해야 경제를 민주적이고도 동시에 효율적으로 경영할 수 있을까? 내 연구의 두 번째 결론이 바로 여기에 들어맞는다. 나는 몇몇 대기업의 경영 혁신을 지켜보면서 민주적이고도 효율적인 경영 방식을 찾아볼 수 있었다. 내가 살펴본 일부 대기업은 내부 운영을 조정하기 위해서 전략 경영을 도입했다. 하위 조직 간의 시장 경쟁에 의존하지 않았다. 이러한 기업 중 일부, 특히 직원들의 창의적인 역량을 통해 경쟁 우위를 창출하려는 '고차원high road' 기업에서는 최고경영자들이 모든 직원에게 무엇을 해야 할지를 지시하는 경직된 하향식 구조와는 사뭇 다른 전략적 경영을 보여주었다.

그들의 전략 경영은 구성원들이 공유하는 목표에 대해 계속해서 적극적으로 대화하게 하는 것이었다. 심지어 몇몇 고차원 기업은 전 세계에 걸쳐 수백만 명을 고용하는 등 매우 거대한 규모를 지녔으며, 많은 소규모 국가들보다도 더욱 덩치가 큰 대기업이었다. 이처럼 거대한 고차원 기업들이 효율적이고도 참여적인 방식으로 회사를 경영할 수 있듯이, 우리도 비슷한 전략 경영 방식을 채택하여 기업과 지역, 산업, 국가 전체의 경제 활동을 민주적으로 관리할 수 있으리라.

물론 고차원 자본주의 기업의 전략 경영에서 직원들의 참여는 제한적이고, 우리가 생각하는 민주주의적 이상과는 거리가 멀다. 회사의 범위를 넘어서는 광범위한 공동체의 참여는 더욱더 제한적이다.

이러한 고차원 기업에서도 여전히 최고경영자는 주로 투자자들의 눈치를 보며 해명할 책임을 진다. 직원들 역시 본질에서는 급여를 받고 남의 일을 도와주는 인력에 불과하다. 민주사회주의 체제에서는 기업 내부에서 더욱 폭넓고 심도 있는 참여 과정을 제도화할 수 있으며, 더욱 확장된 범위에서 경제를 경영할 수 있도록 민주적인 전략 경영 원칙을 적용할 수 있을 것이다. 따라서 급진적인 민주사회주의 변혁이란 우리가 전혀 알지 못하는 미지의 세계로 도약하자는 개념이 아니다. 이미 우리의 자본주의 산업은 민주사회주의를 이룩할 수 있는 기술과 경영 기반을 쌓아가는 중이다.

확실히 짚고 넘어가자면, 앞서 언급한 배경에도 불구하고 민주사회주의란 어쩔 수 없이 이상적인 유토피아에 그치는 성향을 띠게 마련이다. 예컨대 다음 선거 기간에 이런 변혁이 일어나기란 분명히 불가능하다. 그렇다고 해서 지레 단념해서는 안 된다. 지금보다 더 나은 세상이 가능하다고 믿는 용기를 지니는 것 역시 우리의 도전 과제다. 최근 들어 사람들 입에 종종 오르내리듯이, 자본주의의 종말을 상상하는 것보다 세계의 종말을 상상하는 것이 더욱 쉬운 지경에 이르렀다.[2]

그러나 자본주의란, 역사상 나타난 여러 사회 형태 중에서 가장 최근의 것에 불과하며 자본주의처럼 결함이 많은 체제가 인류 문명이 이룩할 수 있는 최고의 체제라는 주장을 받아들이기는 힘들다. 내가 제시하는 민주사회주의의 모습이란, 오스카 와일드가 말한 긍정적 의미의 유토피아에 해당한다.

> 유토피아를 포함하지 않는 세계 지도는 눈길을 줄 가치도 없으니, 인류가 언제나 도달하고야 마는 바로 그 세상을 빼놓았기 때문이다. 인류는 유토피아에 상륙하면 다시 바깥을 향해 시선을 돌리며 더욱더 나은 세상을 찾아 항해를 떠난다. 진보란 곧 유토피아들의 구현이다.[3]

자본주의가 근대 사회의 기본 구조로서 부상하고, 또한 자본주의의 한계가 명백해짐에 따라 지난 2세기 동안 많은 이들이 사회주의 유토피아에 '상륙'했으며, 또한 사회주의 유토피아를 향해 '항해'를 떠났다. 그간 사회적 정의와 경제적 정의를 열망했던 여러 세대의 사람들은 유토피아에 대한 비전과 이를 성취하는 방법에 대해 자신만의 전략을 상세히 설명해왔다.

이전 세대들의 경험을 돌이켜보았을 때, 그들이 추구했던 급진적 변혁은 그들 생전에 아예 이루어지지 않았거나 아니면 몹시 실망스러운 것으로 판명 나고 말았다. 많은 운동가가 사회주의에 대한 희망을 버렸으며, 일부는 사회주의를 반대하기도 했다. 나는 이에 충격을 받았고 여러분이 그러한 낙담에 빠지지 않기를 바란다. 나의 주장은 긴급하면서도 가망성이 있으며, 낙관적이다.

왜 긴급한가? 자본주의의 발달은 많은 혜택을 불러왔으나 동시에 여러 가지 위기를 초래했다. 시간이 지날수록 자본주의의 위기는 점차 심각해지며 배로 늘어나고 있다. 갈수록 시대에 뒤처지는 자본주의 체제 때문에 사람들은 이미 고통받고 있다. 또한 머지않아 인류의 고통이 (특히 기후변화로 인해) 더욱 확대될 것을 고려하면, 민주사회주의로의 변혁을 한시바삐 도입해야만 한다.

왜 가망성이 있는가? 급진적 변화가 일어날 가능성이 아주 희박할 때일지라도, 자본주의의 실패는 계속 더욱 많은 사람을 깊은 좌절에 빠뜨리고 있다. 다시 말해서, 언제라도 급진적 붕괴가 일어나서 우리 모두를 깜짝 놀라게 할 가능성이 있다. 반동적인 성향의 선동가 세력이 사람들의 좌절감을 정치적으로 이용하는 것은 분명 위험요소이지만(2016년 도널드 트럼프 대통령 당선과 유사한 상황이 몇몇 유럽 국가에서 발생하고 있다), 진보주의적 운동가들은 사람들의 좌절감을 더 나은 세상을 만들기 위한 원동력으로 활용할 수 있다.

왜 낙관적인가? 지금 우리는 거대한 위기 상황을 맞고 있지만 극복할 수 있는 수단이 있다. 물론 우리가 사는 사회의 형태에 근본적인 변화가 일어나야 할 것이다. 이미 우리는 새로운 형태의 사회가 자리잡을 수 있는 기반을 다져놓았다. 아직 변화가 일어나지 않았다는 사실에 좌절할 수 있지만, 장기적인 관점에서 보면 자본주의가 계속될수록 민주사회주의가 실현될 가능성 역시 더욱더 커지고 있다.

1장

우리가 직면한
여섯 가지 위기

우리는 40여 년간 신자유주의 체제를 경험해왔다.
신자유주의 체제는 경제적 불합리, 노동자 소외, 환경 위기,
반응이 없는 정부, 사회 분열, 국제 갈등을 일으켰다.
우리 사회에 심각한 결함이 생겼다.

현재의 지배적인 정치경제 체제(나는 이 체제를 신자유주의 자본주의라고 부르지만, 금융화된 자본주의라고 부를 수도 있다)는 우리의 기대에 어긋나고 있다.[1] 현 체제하에서 대부분의 사업체는 오로지 이윤 극대화를 위해 경쟁한다. 그 과정에서 사회와 환경에 끼치는 영향에는 관심이 없다. 사업체들은 임금을 주는 대가로 자신의 경영 방식을 그대로 수용하는 사람들을 모아 무자비하게 착취하며, 상황에 따라 마음대로 고용했다가 해고한다. 아니면 인력을 아웃소싱하여 아예 다른 회사에 책임을 전가하기도 한다.

정부는 법률과 법적 시스템을 통해 기업의 이익 창출을 뒷받침한다. 정부는 부자들에게 최소한의 세금만 부과하며 사업체 역시 최소한으로 규제한다. 이로써 자본은 전 세계적 이동성을 갖는 한편 노동의 이동성은 제한된다. 정부는 종합 행정 서비스를 최저 수준으로 간신히 제공한다. 심지어 최대한 많은 행정 서비스를 민간에 위탁하려고 든다.

과거 진보적 정부가 규제와 복지 제도를 확립했으나, 미국의 로널드 레이건과 영국의 마거릿 대처는 시간을 거꾸로 돌려버렸다. 그 후 우리는 40여 년간 신자유주의 체제를 경험해왔다. 신자유주의 체제가 일으킨 문제점의 근원을 진단하거나 해결책을 제시하기에 앞서,

우선 어느 정도 피해를 보았는지부터 빠르게 훑어보자.

경제적 불합리

개인이 얼마나 불합리한지를 다루는 수많은 책과 기사에 휘둘리지 말자. 우리가 살고 있는 경제 체제의 불합리성은 비교할 수 없을 정도로 더욱 심각하고, 위험한 결과를 야기하니까 말이다. 우리는 실질적으로 생산에 기여한 것보다 터무니없이 낮은 수입과 경제적 불평등을 겪고 있다. 경제는 모든 사람의 필요를 충족시켜줄 만큼 충분히 생산적이다. 그럼에도 적어도 10년에 한 번씩 경제는 불황과 침체를 주기적으로 겪으며 그때마다 수백만 명의 미국인이 일자리에서 내쫓기고야 만다.[2] 현 경제 체제는 우리가 딱히 필요로 하지 않는 재화와 서비스를 엄청나게 생산해내고 있다. 정작 우리에게 필요한 재화와 서비스는 아주 조금씩만 생산된다. 이와 같은 문제점에 대해 하나하나 자세히 알아보자.

최근 몇 년 새 또다시 불평등이 화제에 올랐다. 사회가 점점 극적인 경향을 띠고 있기도 하고, 한편으로는 점령Occupy 운동이 불평등에 대한 논의에 성공적으로 불을 붙였기 때문이기도 하다. 남들보다 더욱 열심히 일하는 사람들, 인류의 안녕에 더욱 크게 기여한 사람들은 인정을 받고 보상을 누릴 자격이 있다는 점에는 모두가 동의한다. 그러나 전 세계 인구 중 단 여덟 명(그중 미국인이 여섯 명이다)이 보유한 자산의 총합과, 전 세계 인구 중 하위 50%가 보유한 자산의 총합이 서로 맞먹는다는 사실을 흔쾌히 받아들이기는 어렵다.[3] 2010년 기준, 미국의 상위 1% 부유층은 전체 주식과 뮤추얼펀드의 48%를 차지했으며, 전체 유가증권의 64%, 전체 사업 지분의 61%를 보유했다.[4]

한편 스펙트럼의 반대편은 경제적 불안정이 만연하다. 2017년 미국인 10명 중 4명은 돈을 빌리거나 재산 일부를 매각하지 않는 한, 갑자기 발생한 400달러의 비용을 감당할 여력이 없다. 미국 성인 중 20% 이상은 매월 청구되는 비용을 완납하지 못한다. 또한 전 세계 성인 중 25% 이상이 비용을 감당할 수 없어 꼭 받아야 하는 의료 서비스를 누리지 못한다.[5] 2016년, 미국 가정의 12%(약 4,100만 명으로 대부분이 흑인이거나 히스패닉계이다)가 '식량 불안정' 상태, 즉 자신에게 필요한 식량을 충분히 확보하지 못하거나 아예 구할 여력이 없는 처지에 있었다.[6]

많은 노동자가 실직의 위험으로 고통받고 있다. 실직의 위험이란 우리가 통제할 수 없는 것, 즉 롤러코스터처럼 움직이는 광범위한 경제 체제에 달려 있다. 경제가 불황에 빠지면 사람들은 직업을 잃는다. 미국 정부는 19세기 중반부터 경제 상황을 기록해왔는데, 그때부터 지금까지 최소 10년마다 1년 이상씩 침체기가 나타났다. 물론 인생의 유일한 가치, 가장 중요한 가치가 노동이라고는 할 수 없다. 그러나 자본주의 체제에서는 노동이야말로 사람들이 살아가는 데 필요한 것을 구하는 주요한 방법이다. 1870년대와 1890년대, 1930년대, 1980년대 초반, 그리고 2008년 금융위기의 여파로 인한 실업자 비율이 미국 전체 노동 인구의 10%에 가까웠거나 훌쩍 뛰어넘었다는 공식 통계가 있다. 매우 걱정스러운 상황이 아닐 수 없다.

심지어 해당 공식 통계는 실업자 규모가 실제보다 과도하게 축소되어 있다. 실업자 수치가 실제와 다른 까닭에는 두 가지가 있다. 첫째, 공식적으로 '발표'되는 실업자 수에는 사실상 실업자로 간주해야 하는 인구가 대폭 빠져 있다. 풀타임 일을 희망하지만 어쩔 수 없이 파트타임 일밖에 하지 못하는 노동자들은 집계되지 않는다. 또한 정부에서 나온 조사관에게 적당한 일자리를 도저히 찾을 수가 없어 구직활동을 포기했다고 밝힌 사람들 역시 통계에 포함되지 않는다. 단적인 예를 들어보자면, 2018년 중반에 공식 실업률은 겨우 3.9%로 무척 낮은 수치를 기록했다. 그러나 앞서 말한 두 집단을 포함하는 순간, 실업률은 7.8%로 뛰어오른다. 거의 12명 중 1명꼴로 실업자인 셈이다.[7] 또한 일자리를 찾고자 노력하다가 결국 포기한 사람들 대다수는 스스로가 노동 인구에 속한다고 생각지 않는다. 일하지 않는 인구, 즉 학생, 수감자를 모두 포함한 생산가능인구를 기준으로 계산하면 실제 실업률은 12%로, 8명 중 1명꼴로 일자리가 없다는 계산이 나온다. 게다가 많은 사람이 자신의 역량을 충분히 발휘하지 못하는 일자리를 어쩔 수 없이 택한다는 사실에도 주목해야 한다. 해당 집단이 어느 정도 규모일지에 대한 추정치는 상당히 다양하지만, 2014년의 경우를 보면 최소한 25%의 대학 졸업자들이 자신의 역량에 못 미치는 일자리에 종사했다.[8]

둘째, 실업률은 조사하는 특정 시점에 일자리가 없었던 사람들만을 고려한다. 실제로는 1년 안에도 조사 시기에 따라 실업을 경험한 사람이 3배 이상 증가하기도 한다. 기업이 임시직과 계약직을 점점 선호하면서 해당 수치는 최근 더욱 증가 추세다.[9] 또한 지난 50년간 평균 실업 기간도 계속 증가 했는데, 2008년 금융위기 당시에는 평균 약 40주간 실업 상태에 놓여 있었다.

이러한 실업은 극심한 고통을 수반한다. 단기 실업이더라도 소득에는 장기적인 영향을 준다. 더욱이 최근 몇 년간 장기간의 실업이 흔해지면서 사람들에게 막대한 부정적 결과를 안겼다.[10] 실업은 노숙자가 생기는 가장 큰 원인이다. 2019년, 미국에서 매일 밤 50만 명이 넘는 노숙자가 노상이나 긴급 대피소, 임시 주거 시설에서 잠을 청하고 있다(그와 동시에 현재 주택 1,700만 채가 빈집이다). 실업은 심혈관 질환과 불안 장애, 우울증, 자살의 가능성을 높인다. 실업자들은 점점 더 잘 먹지 못하고 의사를 찾아가는 횟수도 줄어든다. 운동량도 줄어들며 흡연과 음주, 마약은 더 많이 하게 되어 건강 상태가 심하게 나빠진다.[11] 다른 여러 요인(실직 이전의 건강 상태 등)을 고려해도 실업자의 사망 위험은 고용된 사람보다 63%나 더 높다. 지난 10년간 실업 기간이 증가함에 따라 사망 위험 역시 현저하게 증가해왔다.[12]

경기순환 중 하강기에 이르면 사람들만 할 일이 없는 게 아니다. 기계와 공장, 창고와 같은 생산 자원도 마찬가지로 하릴없이 버려진다. 산업용 건물과 장비가 물리적으로 생산할 수 있는 한도(우리 경제의 생산 능력)와 실제 생산량을 비교해보면, 활용되지 못하는 범위는 섬뜩할 정도다. 정확한 수치는 날뛰는 경기 사이클에 따라 달라지지만 최근 50년간 상황은 점점 악화한 것으로 보인다.[13] 2000년 이후 경제가 호황이었던 해에는 미국 경제의 최대 생산력 중 20%가 놀고 있었으며 최악의 해에는 그 수치가 무려 34%였다.[14] 물론 환경 위기에 발맞춰서 생산량을 줄여나가야겠지만, 여기서 문제가 되는 건 그게 아니다. 대량 부족 사태가 발생하지 않도록 생산 설비를 '완충장치'로 어느 정도 남겨두는 건 좋다. 하지만 완충장치라기에는 놀고 있는 생산 설비가 필요 이상으로 너무 많다. 오랜 기간 사용하지 않고 방치할 경우 건물은 대개 철거되고, 장비는 재활용되거나 폐기 처분된다. 이는 계속하여 신규 투자를 유치하기 위해서다. 생산 시설을 세우기 위해 얼마나 노력을 투입하였을지 생각해보자. 그리고 생산 시설을 잘 활용했더라면 사람들의 수요를 충족시킬 수 있었을 텐데, 그 기회가 날아가 버린 것에 대해서도 생각해보자. 정말 아까운 낭비가 아닐 수 없다.

경제 불합리라는 위기의 세 번째는 우리 눈에 잘 띄지 않는다. 바로 필요하지도 않은 재화와 서비스를 우리 경제가 점점 더 많이 생산한다는 것이다. 수리하고, 재사용하고, 재활용할 수 있는 상품을 만들기는커녕 그저 버리면 되는 상품을 만들어내고 있다. 그 결과 폐기물의 양이 계속 증가하며 상당수는 땅에 매립될 예정이다. 매년 전 세계적으로 2천만 톤에서 5천만 톤 상당의 유독성 전자 폐기물이 발생하며, 이 역시 매우 가파르게 증가하고 있다. 또한 매년 1인당 680킬로그램 이상의 도시 폐기물을 배출하고 있다. 산업 폐기물 역시 그와 같은 수준이다.[15] 천연자원은 말할 것도 없고 어마어마한 인간의 노력과 창의력이 문자 그대로 쓰레기통에 버려지고 있다!

쓰레기 역시 눈에 잘 띄지 않는 형태를 취하기도 한다. 이는 인류의 행복에는 아무런 보탬이 되지 않지만 그저 산업적으로 상당한 수익을 내는 경제 활동에 많은 에너지와 창의력을 투자한 결과물이다.

정크푸드와 담배는 경제 체제의 불합리성이 인간 개개인의 불합리한 행동을 낳는다는 주장의 첫 번째 증거물이다. 이러한 문제점은 개인이 통제할 수 있는 범위를 벗어났다. 사람들은 민간 보험회사에 건강 보험료를 지불하지만, 정부가 국민의 건강 보험료를 책임지기만 한다면 매년 수천억 달러를 절약할 수 있다.[16] 그리고 슈퍼마켓에 진열된 시리얼과 치약과 같은 공산품의 수많은 유사 제품 생산으로 인해 생기는 쓰레기도 생각해보자.[17]

경제 불합리로 인한 마지막 위기는 앞의 사례들보다도 더 눈에 잘 띄지 않는다. 바로 필수품이 부족하다는 것이다. 자동차 제조회사들은 대형 SUV를 사회적 지위의 상징으로 내세우며 공격적으로 마케팅하지만, 사실 대다수 시민에게는 다양한 대중교통과 연비가 좋은 소형 자동차가 더 만족스러울 것이다. 주로 부유한 사람이 걸리는 질병이나, 돈이 많이 되는 질병(암이나 심장질환)은 치료법이 개발되지만, 가난한 사람들이 주로 걸리는 질병(말라리아나 결핵) 치료법 연구는 무시당하는 실정이다.[18]

노동자 소외

여러 언론 조사결과에 따르면 일 자체는 즐기더라도 직장에서 받는 대우에 만족하지 못하는 사람이 상당히 많았다.[19] 우리 대부분은 직장에서 실질적인 발언권이나 '목소리'가 없다. 현대 경영진은 직원 참여를 장려한다고 떠들지만 실제로는 피고용인의 45%만이 고용주가 자기 생각이나 염려에 귀를 기울인다고 느꼈다. 또한 피고용인의 31%만이 고용주가 '재정적 최종 결산뿐만이 아니라 직원들에게도 관심이 있다'라고 느꼈다.[20]

노동자들이 집단으로 목소리를 낼 통로는 더욱 비좁기만 하다. 노동자 중 11%만이 노동조합에 가입되어 있으며(사기업은 7% 미만, 공기업은 35% 수준에 불과하다) 노동조합에 가입하기를 원하는 비관리직 노동자 중 50%가 노동조합에 가입하지 못한 상태다.[21] 노동조합이 없는 일부 회사는 경영진이 노동자 대표와 임금과 복지 문제에 대해 논의하는 일종의 노사 관계 모임을 열고는 한다. 그러나 노동조합에 가입하지 않은 직원 중 고작 34%만이 해당 모임에 참여할 수 있어, 노동조합의 보호를 받지 못하는 직원들이 솔직하게 고충을 토로하기가 어렵다.[22] 이보다 더 중대한 사업상의 문제를 다룰 때, 규모가 아주 작은 회사라면 직원들이 어느 정도 영향력을 행사할 수 있다. 그러나 대부분 노동자는 규모가 큰 기업에서 일하고 있으며, 직원들이 영향력을 행사하는 일은 매우 드물다. 미국의 대기업 중 경영 전략을 수립할 때 직원의 참여를 제도화한 회사는 십여 군데가 채 되지 않는다. 심지어 이처럼 '노사 협력' 기업을 만들기 위해 여러 가지 시도를 하더라도 대부분 오래가지 못한다.[23]

사람들이 직장에서 소속감을 느끼지 못한다는 사실은 별로 놀랍지도 않다. 고용주를 대신해 갤럽조사연구소가 수많은 피고용인을 대상으로 참여도에 대한 설문 조사를 했다. 즉 직장 내에서 자신의 역량을 최대한 발휘할 수 있다고 느끼는지, 자신의 의견이 잘 반영되는지, 품질에 전념할 수 있는지, 자신의 기술을 개발할 기회가 있는지 등을 조사했다. 그 결과 미국 산업에서 일하는 노동자들이 느끼는 참여 수준은 평균적으로 매우 낮았다. 2016년 조사에서 미국 노동자의 3분의 1(33%)만이 앞서 언급한 문항들에서 '소속감을 느낀다'고 응답했다. 고용인의 절반(51%)은 '소속감을 느끼지 못한다'고, 16%는 '적극적으로 배제되었다'고 답했다. 다른 설문 조사에서는 민간 사업체의 전체 직원 중 55%가 자신의 직업이 '그저 생계를 위해 하는 것'에 불과할 뿐, 자신의 목표나 정체성과는 아무 상관이 없다고 밝혔다.[24]

내가 '위기'라고 표현한 것이 과장되게 느껴진다면, 아마도 이와 같은 무력감에 익숙해져서인지도 모른다. 하지만 사람은 권리를 박탈당하면 큰 대가를 치르며, 어마어마한 경제적 비용과 사회적 비용을 감당해야 한다. 갤럽조사연구소는 직원의 참여 정도에 따라 회사를 구분한 뒤 상위 25%와 하위 25%를 서로 비교해보았다. 그 결과, 참여도가 높은 회사는 안전사고는 70%, 제품 결함은 40% 적게 발생한 반면 생산력은 17%, 수익률은 21% 더 높게 나타났다.[25]

반응이 없는 정부

노동자들이 직장에서 목소리를 내고 참여할 권리를 빼앗기는 것과 비슷한 일이 정치 분야에서도 일어난다. 최근 정치계에서 일어난 사건들을 돌이켜보면 대놓고 기업의 이익을 우선시하는 사안이 아주 많았다. 예컨대 미국과 캐나다, 멕시코 간의 북미자유무역협정NAFTA은 미국의 국민 대다수가 반대했음에도 아랑곳없이 발효되었다.[26] 여론은 늘 보편적인 의료 보장(대부분 지지자는 단일 보험자 형태를 선호하며 일부는 공공과 민간 보험자가 혼합된 형태를 선호한다)을 바라며 관련 정부 정책을 오랫동안 지지해왔다. 그러나 돌아온 결과는 겨우 반보 전진에 그친 오바마케어였다.[27]

최저임금을 충분히 올리려는 노력 역시 실패를 거듭해왔다. 여론은 오랫동안 최저임금을 큰 폭으로 인상하라고 요구했으나, 여기서도 보통 국민의 선호보다는 기업의 이익을 우선시했다.[28] 제대로 투표조차 이뤄지지 못한 노동자자유선택법안Employee Free Choice Act(다수의 근로자가 지지 서명을 하는 즉시 노동조합이 공식적으로 인정된다는 내용)과 같은 사례도 있다. 노동자들이 수월하게 노동조합을 결성할 수 있도록 하는 법안들은 수년간 여론의 지지를 받았으나, 의회는 아무런 움직임을 보여주지 않았다.[29] 정치 체제는 대기업에 유리하게 조작되었고, 민주당과 공화당 모두 정경유착에서 벗어날 수 없었다.

사실 미국 정부는 놀라울 정도로 여론을 냉담하게 무시하고 아무런 반응도 보이지 않는다. 여론조사 결과에 따르면, 미국인은 에너지(77%), 환경(75%), 의료 서비스(72%), 경제 성장 및 일자리 창출(68%) 분야에서 정부 개입이 늘어나기를 원한다. 또 노년층에게 적절한 생활 수준을 보장해주고(73%), 식품과 의약품 안전 보장(73%), 저렴한 의료 서비스 보장(73%), 빈곤 감소(69%), 깨끗한 공기와 물 보장(67%) 등에서 정부가 적극적으로 대처하기를 바란다. 정부가 직접 여러 복잡한 경제 문제에 개입하기를 바라는 비율은 69%, 시장에만 맡기길 원하는 비율은 31%이다.[30] 이와 같은 여론조사 결과가 늘 확실한 것은 아니지만, 해당 자료와 여러 증거를 종합해보았을 때 결론은 하나다. 시민의 요구를 입법자들이 철저하게 묵살한다는 것이다.

반응하지 않는 정부가 당연해진 현실이니, 대다수가 자신의 의견이 정책에 반영되지 않는다며 정치에 냉소적인 태도를 보이는 것은 당연하다.[31] 2015년 미국인 중 19%만이 항상 혹은 거의 언제나 정부를 믿을 수 있다고 대답했다. 정부 정책이 잘 운영된다고 본 비율도 20%에 불과하다. 또한 55%의 사람들이 선출된 공직자들보다는 '평범한 미국 시민들'이 국가적 문제를 훨씬 더 잘 해결할 것이라고 응답했다.[32] 2016년 대선에서 버니 샌더스 선거운동을 보면, 사람들의 냉소주의가 반드시 정치적 무관심으로 이어지지는 않는다는 것을 알 수 있다. 그러나 여전히 우리는 힘든 싸움을 계속해야만 한다. 2014년 한 연구 결과에 따르면 미국의 성인 중 투표에 꾸준히 참여하는 비율은 35%에 불과하며, 특히 30세 미만의 성인은 그 비율이 22%에 그쳤다.[33] 지난 2년간 특정 선거운동에 자발적으로 참여한 경우는 단 8%에 불과했다.[34]

지속 불가능한 환경

인간은 기후변화와 멸종 위기를 초래하고, 토지와 해양을 과도하게 개발하는 등 지구의 생태계에 끊임없이 압박을 가하고 있다. 1970년 경 인류는 지구 생태계가 견딜 수 있는 수용력을 이미 초과해버렸다. 천연자원 사용량이 지속 가능한 수준을 뛰어넘은 것이다. 오늘날 인류는 자연적으로 보충되는 속도보다 60% 더 빠르게 천연자원을 소모하고 있다. 미국에서는 지속 가능한 수준보다 7배나 많은 양의 자원을 소비하고 있다.[35] 그 결과 인류는 여러 가지 '지구 위험 한계선'을 이미 넘겨버리고 말았다. 기후변화와 삼림 파괴, 생물 다양성 훼손과 질소 순환과 인 순환이 무너져버린 것을 보라.[36] 인류는 수많은 생물을 무시무시한 속도로 대량 살상하고 있다. 과학자들이 추적한 결과, 1970년부터 2012년 사이에만 육상 생물종의 개체 수가 약 38% 감소하였으며, 해양 생물 개체 수는 36%가 줄어들었다. 담수에 사는 동물 개체 수는 81%나 감소했다. 이제 우리는 여섯 번째 대멸종을 코앞에 두고 있다. 자연의 지질학적 이유로 발생하는 대멸종이 아니라, 인류가 직접 만들어낸 대멸종이다.[37]

환경 운동가들은 잠재적 지지자들에게 너무 겁을 주지 않으려고 생태계 붕괴나 녹아내리는 빙하, 사라지는 산호초, 온실가스 배출량 증가 같은 위험한 현상을 최대한 순화해서 말한다. 하지만 직설적으로 말하자면 우리는 벼랑 끝으로 내몰린 상황이다.[38] 기후변화로 인해 이미 전 세계적으로 매년 40만 명이 목숨을 잃고 있다. 직접적으로는 극단적인 기후변화 때문에, 간접적으로는 질병이 퍼지고 흉작과 물 부족으로 발생한 내전 및 사회적 갈등이 늘어났기 때문이다.[39] 대기 오염은 매년 550만 명의 조기 사망자를 발생시키고 있다.[40] 앞으로는 더욱더 암울하다. 적극적으로 탄소 배출량을 줄이지 않는다면 2100년경에는 해수면 상승으로 10억 명이 살던 곳을 잃을 것이다. 미국만 해도 그 피해 규모는 1,300만에서 2천만 명에 이를 것으로 추정된다.[41]

좀 더 좁혀서 도시 단위의 환경 문제를 살펴보자. 예컨대 뉴욕은 해수면이 높아지면 2012년 허리케인 샌디가 일으킨 침수 피해가 더욱 빈번하게 발생할 것이다. 당시 허리케인 샌디로 인한 피해 규모는 200억 달러에 달했다. 43명이 사망했으며 부상자는 훨씬 많았다. 또한 도시 내 공항과 기차, 고속도로가 폐쇄되고 병원과 폐수처리장이 기능을 상실했다. 전기 관련 시설도 물에 잠기는 바람에 휴대전화가 먹통이 되기도 했다. 원래는 400년마다 한 번꼴로 허리케인 샌디가 일으킨 수준의 범람 피해가 발생하고는 한다. 그러나 지구 온난화의 영향으로, 21세기 말이 되면 23년마다 한 번씩 발생할 것으로 예측된다. 만약 뉴욕시에 또다시 범람이 일어난다면, 그때는 피해 규모가 2배로 증가하여 256제곱킬로미터의 도시가 뒤덮일 것이다.[42]

기후변화가 초래할 위기 상황을 해결하려면, 재생에너지로 전환하는 정도로는 턱없이 부족하다. 물론 재생에너지 전환 하나만 놓고 봐도 보통 일은 아니다. 그러나 전체 이산화탄소 배출량 중 1차 에너지 생산 과정에서 발생하는 비율은 채 4분의 1도 안 된다. 대부분 이산화탄소 배출량은 운송, 농업, 철강, 시멘트, 화학물질로 인해 발생한다. 결국 우리는 산업 체계의 아주 많은 부분을 대체해야 한다.

심각해지는 사회 분열

우리가 겪는 사회 분열의 범위가 점점 확대되고 있다. 성차별, 인종차별 문제와 가정, 지역 사회, 도시, 지방에서의 문제, 그리고 사법 체제, 의료 복지, 보육, 노인 부양, 주거, 교육 체계에서의 문제가 서로 영향을 주고받으면서 점점 심각해지고 있다.

남성에 의한 여성 학대가 만연하다는 사실을 널리 알린 미투 운동을 돌이켜보자. 2017년, 미국 여성 중 54%가 '원치 않는 부적절한' 성적 접근을 당한 적이 있다고 응답했다.[43] 경제적 인간관계와 공적인 인간관계부터 성적인 관계에 이르기까지, 남성의 힘과 여성의 힘이 심각할 정도로 불균형한 실상이 여실히 드러난다. 직장에서의 성희롱이나 학대는 여성들이 흔히 겪는 일이 되었다. 대개 남성은 직장 상사와 같은 권위적인 위치에 있으며, 자신의 지위를 이용해서 여성을 학대하고, 범죄를 은폐하며, 피해 여성에게 피해 사실을 외부에 알리지 못하도록 강요한다. 결국 다른 여성들은 성적 위험에 대해 경고받지 못하는 악순환이 반복된다. 아동학대와 성소수자들에 대한 폭력 또한 만연하다.[44]

여성에게 일과 삶의 균형을 맞추기란 얼마나 까다로운지도 생각해보자. 비관리직 노동자의 소득이 부진하여 발생한 경제적 어려움, 그리고 여성 인권 운동이 불러온 사회적 변화로 인해 점점 더 많은 여성이 (기혼이든 아니든, 자녀가 있든 없든 상관없이) 노동자로서 소득을 벌어야 하는 처지다. 그런데도 여성은 여전히 자녀 양육과 가사 노동 대부분을 책임진다. 그러니 양쪽의 부담으로 인해 많은 여성이 시간제 근무를 택할 수밖에 없다.[45] 시간제 노동으로 경력을 쌓거나 임금 상승을 보장받기는 어렵다. 더구나 적절한 수입을 얻기는 더욱 힘들다. 또한 많은 기업이 갈수록 유동적인 노동 시간을 요구하고, 노동 시간 외에도 일할 수 있는 노동자들을 찾기 때문에 시간제 근무 자체가 더욱 힘들어지는 실정이다. 그래서 대부분 노동자, 특히 여성에게 노동

시간이란 가사 노동과 병행하기에는 너무 길고, 경제적 안정을 추구하기에는 너무 짧다.[46]

당연히 스트레스는 전염병 수준으로 퍼져나갔다. 미국심리학회는 성인을 대상으로 한 설문 조사에서 스트레스가 어느 수준인지 스스로 평가하게 했다. 스트레스 수준 척도는 1에서 10까지였으며, 1은 '스트레스가 거의 없거나 전혀 없는 상태'를, 10은 '스트레스가 매우 많은 상태'를 뜻했다. 응답자들은 일반적으로 건강한 상태를 나타내는 3.8 수준과 비교하여 평균 5.1점의 스트레스 수준을 보였다. 성인의 24%가 심각한 스트레스에 시달리고 있었으며(10점 만점에 8~10점 수준), 여성은 남성보다 스트레스 수준이 더욱 높게 나타났다(남성은 4.9점인 데 반해 여성은 5.3점이었다). 남녀 모두 돈과 노동이 스트레스의 가장 큰 원인이라고 응답했다. 또한 최근 한 달간 스트레스로 인해 정신 건강이 악화되었다고 응답했다[신경질적이거나 불안함(42%), 우울함이나 슬픔(37%), 만성 근심(33%) 등의 증상이 나타났다].[47]

미국 사회에서는 인종차별 문제 또한 심각하다. 짐 크로Jim Crow(1965년까지 존속한 미국의 짐 크로법을 의미하는데, 짐 크로법은 공공 장소에서 백인과 유색 인종을 분리하고 차별하기 위한 법안이었다-옮긴이) 시대 이후로 상당한 진전이 이뤄지긴 했으나, 여전히 다수의 백인이 자신이 쥔 특권을 손에서 놓지 못하고 있다. 경제 침체기가 다가오면 손에 쥔 특권에 대한 애착은 특히나 추한 모습으로 나타나는데, 백인 미국인들은 다른 인종이 성장할수록 자신들이 누렸던 경제적 기회가 위태로워질까 봐 두려워한다.[48] 고용 및 주택 시장에서의 차별은 아직도 널리 퍼져 있다.[49] 또한 소수 계층의 빈곤율과 수감률이 훨씬 더 높다. 대부분의 미국 백인은 인종차별이 역사 속으로 사라졌다고 믿지만, 정작 대부분 흑인은 매일 크고 작은 인종차별에 시달리고 있다.[50] 미국 연방수사국FBI에 따르면 2008년에서 2012년까지 미국 내 모든 혐오범죄 중 3분의 1이 흑인을 향한 것이었다.

이번에는 우리 지역 사회에서의 문제를 생각해보자. 경제적으로, 사회적으로 비슷한 수준의 사람들끼리 모여 사는 경향이 늘어나고 있다. 동시에 사람들은 옆집에 누가 사는지도 모른다. 심지어 이웃의 이름조차 알지 못한다.[51] 소수 민족이 주로 사는 동네는 예산을 할당받지 못해 사회기반시설이 노후화되고, 높은 범죄율을 보이고, 무장한 경찰관이 포진하며, 신선한 음식을 접할 수 없고, 주거 시설마저 부족하다. 미국에서는 지역별 생활 수준의 격차가 점점 더 심해지고 있다. 농촌 지역과 소도시는 경제적 위험에 놓여 있으며, 해당 지역 젊은이들은 큰 도시로 떠난다.[52] 디트로이트시처럼 한때 번창했던 도시들도 산업체들이 다른 곳으로 옮겨가면서 무너져내리고 있다.

국가적 불명예라고 널리 알려진 미국의 사법제도는 어떠한가. 캐나다는 수감률이 531명 중 1명꼴인 데 비해, 미국은 140명 중 1명이 수감자이고, 31명 중 1명은 가석방 상태다. 미국의 인구는 전 세계 인구의 4%이지만, 전 세계 수감자의 22%가 미국에 있다. 그렇다고 미국이 다른 나라보다 범죄가 더 빈번한 것은 아니다. 다른 부유한 국가들에서 발생하는 범죄율과 비슷한 수준이다. 다만 미국의 사법 체제가 훨씬 가혹할 따름이다. 미국에서 절도 혐의에 대한 평균 형량은 16개월인데 비해 캐나다는 5개월, 영국은 7개월이다. 더욱 문제가 되는 것은 형량의 차이가 대부분 인종차별에서 비롯된다는 점이다. 사법

권에서 발생하는 인종차별은 도저히 믿기 어려울 정도다. 1990년부터 2010년까지 20년간, 크랙의 형태로 제조된 코카인을 5그램 운반했을 때 연방 감옥에 최소 5년 수감되었다(크랙은 주로 빈곤층과 흑인이 오남용하는 코카인의 하나로, 태워서 연기를 흡입한다). 그러나 코카인의 형태가 분말형으로 바뀌면, 앞선 사례보다 무려 100배에 달하는 코카인 500그램을 유통했음에도 연방 감옥 5년 징역형을 받았다(분말형 코카인은 주로 부유층과 백인이 오남용하는 코카인이다).[53] 불평등이 계속된 결과, 전체 흑인의 4.7%가 감옥에 갇힌 데 비해 백인은 0.7%에 불과하다. 흑인과 히스패닉은 미국 인구의 30%를 차지하지만, 수감 인구에서는 60%나 차지한다. 게다가 수감자 대부분은 사람을 대상으로 한 범죄가 아니라 마약 소지나 재산 관련 범죄 등 비폭력 범죄 혐의로 감옥에 갇혔다. 일단 교도소에 한 번 수감된 시민은 폭력과 갈취의 세계에 발을 들이게 되며, 갱생의 가능성은 몹시 희박하다. 결국 석방된 수감자 중 67%가 3년 안에 다시 감옥에 들어온다.

다음으로는 환자와 노인을 위한 복지 체제를 살펴보자. 메릴랜드 교외에 사는 남성(부유하고 주로 백인)은 워싱턴 D.C. 바로 근처에 사는 남성(빈곤하고 주로 소수 민족)보다 17년 더 오래 산다. 35세를 넘겼을 경우, 할렘에 사는 남성은 방글라데시에 사는 남성보다 수명이 짧다.[54] 이러한 차이는 인종뿐만 아니라 교육과 소득의 차이도 반영한다. 어린이(유아 사망률, 건강 상태, 활동의 제약, 건강한 식습관, 몸을 거의 움직이지 않는 청소년)와 성인(기대 수명, 건강 상태, 활동의 제약, 심장질환, 당뇨병, 비만) 양쪽 집단 모두에서 가난하고 교육을 덜 받은 사람일수록 건강이 더 좋지 않았다. 이러한 양상은 같은 인종과 민족 집단의 사람들

에게도 동일하게 적용되었다.[55]

주거 문제도 고려해보자. 수익 창출을 위해 매매되는 부동산 시장에 시민들은 낙담하고 있다. 미국 전역에 걸쳐 적당한 가격의 집을 구할 수 없는 심각한 주택난이 벌어지지 않는 카운티county(미국에서 주보다 아래 행정구역-옮긴이)가 단 한 군데도 없었다. 극빈층을 대상으로 합리적 가격에 바로 입주할 수 있는 집은 100가구당 임대주택 29채에 불과했다.[56] 빠르게 성장하는 도시의 경우 주택 가격은 대부분 노동 계층이 소유하기에 너무 비싸다. 소득의 30%가 고스란히 임대료로 빠져나가는 임대주택자의 비율은 1960년 23%에서 2016년 47%로 2배나 뛰어올랐다.[57] 그러니 2017년 기준으로 미국에서 매일 밤 55만 명의 노숙자가 밖에서 잠을 청한다는 수치는 슬프지만 어쩔 수가 없는 문제다. 노숙자 중 21%인 11만 4천 명은 18세 미만이다. 또한 35%인 19만 2천 명은 노숙자 보호소에도 들어가지 못한다. 1년 내내 미국인 230~350만 명이 어느 시점에서 노숙을 겪게 되며 최소 700만 명이 경제적인 문제로 자신이 소유했던 집을 잃고 다른 사람들과 주거를 합친다.[58] 미국에 방치된 수많은 빈집은 모든 노숙자를 수용하고도 남을 만큼 충분한 데도 말이다.

교육 체제도 살펴보자. 개인과 국가 양측의 경제적 미래를 위해 교육이 점점 중요해지고 있다. 학교와 대학에 대한 수요도 그 어느 때보다도 크다. 그럼에도 불구하고 미국의 초등학교와 중고등학교는 필요한 자원이 턱없이 부족하다. 비슷한 교육 수준이라면 교사는 다른 직종에 종사하는 동년배에 비해 임금이 35%나 더 적다. 미국보다 가난한 나라의 학생들과 비교했을 때, 미국의 15세 학생이 수학과 읽기,

과학 능력 시험에서 성적이 훨씬 떨어지는 것은 당연하다. 15세 학생의 수학 능력은 26위, 읽기 능력은 24위, 과학 능력은 25위를 차지한다.[59] 대다수 가정이 대학 교육을 감당할 경제력이 없다. 대학 교육을 받기 위해 학자금 대출을 받으면 빚더미에 올라앉는다. 아무리 과도한 부담에 짓눌려도 파산선고조차 할 수 없다. 현재 미국의 총 학자금 대출액은 무려 1조 3천억 달러에 달하며, 학자금 대출이 있는 사람들의 40%는 2023년까지도 채무불이행 상태일 가능성이 크다.[60]

국제 갈등

마지막으로 국제 갈등을 살펴보자. 인류는 수없이 많은 문제를 해결하기 위해 국제 협력이 간절한 처지다. 그러나 국제 경쟁과 갈등으로 협력을 바라기란 쉽지 않다. 전 세계 인류가 맞닥뜨린 문제점의 극히 일부만 나열해보자면, 기후변화와 전쟁, 핵 문제, 계속되는 극심한 가난, 물 부족, 기아, 난민, 전염병 등이 있다.

더욱이 미국은 국제 문제에 도움을 주기는커녕 악화만 시키고 있다. 미국은 세계에서 가장 강력하며 가장 부유한 축에 속하지만, 세계적인 문제에 대한 해결책은 제쳐두고 미국 최우선주의를 강조하는 국수주의 경향을 띤다. 기후 문제를 해결하기 위해 국가 간에 한 약속은 뒷전이 되어버렸다. 미국이 교토의정서를 받아들이면, 중국에 경제적 우위를 빼앗기고 만다는 염려 탓이다. 그러나 실제로 그런 일은 벌어지지 않았다. 이후 트럼프 대통령은 2015년 파리기후변화협약을 탈퇴하겠다고 선언하기도 했다.

　과거에는 미국이 국제적 협력에 지금보다 적극적으로 참여하기도 했다. 그러나 그 시기조차 미국은 무력을 동원해서라도 '국익'을 챙기려는 속셈을 무시무시하게 드러냈다. 제2차 세계대전 이래 시작된 미군의 국제 개입은 수치스러운 역사다. 미국에 이익이 되는 유용한 동맹국을 만들어내기 위해 미군은 억압적인 정권을 지지하기도 했다.[61] 이 무렵 미국은 36개 정부의 전복을 원조하고, 다른 나라의 선거에 최소 84회 개입했으며, 외국 지도자 50명을 암살 시도했고, 30여 개 나라의 국민에게 폭탄을 투하했다. 일부는 냉전 시대에 비롯되었지만, 냉전이 끝난 후에도 미국의 행동은 나아지지 않았다. 미국은 아직도 전 세계 독재 국가의 4분의 3에 원조하고 있다.[62] 또한 70여 개국에 800개가 넘는 미군 기지를 보유하고 있다.[63] 미국의 핵무기는 러시아와 중국을 겨냥하며 일촉즉발의 경계 태세를 유지하고 있다. 핵은 기후변화만큼이나 파괴적인 재앙을 일으킬 위험이 있다.[64]

　반대로 자국민에 대한 지원을 살펴보면, 국익을 추구한다는 말 역시 허황하다. 예컨대 2010년부터 2015년까지, 미국은 해외의 비군사적인 발전을 위해 연간 최대 규모를 투자하는 국가지만(대략 매년 300억 달러가량을 해외에 쏟아붓고 있다), 이것이 국민소득에 기여한 비중은 0.2%에도 못 미친다. 즉 1달러당 2센트가 아니라 10달러당 2센트 수준밖에 안 되는 것이다. 이는 스웨덴의 5분의 1 수준에 불과하다.[65] 같은 기간에 미국은 무기 수출 세계 1위 국가였으며, 주된 고객은 사우디아라비아였다. 미국 대통령들은 당선될 때마다 인권을 지키겠다며 감명 깊은 연설을 했는데도 말이다.

좋은 소식이자 이 이야기에서 가장 슬픈 부분은, 우리가 겪는 고통과 불화와 좌절의 대부분은 불필요하게 발생한다는 점이다. 우리가 사는 세계에는 필요한 자원과 기술력이 충분하다. 인간이라는 종의 탐욕과 어리석음 때문에 인류에게 어느 정도의 고통은 필연인지도 모르지만 오늘날처럼 방대하게, 체계적으로 고통받을 필요는 없다. 경제적 낭비, 노동자의 소외와 좌절, 정치의 역기능, 천연자원의 고갈, 사회 분열과 국제 갈등이 인류의 유전자에 새겨져 있는 것은 아니다. 그보다는 지금 우리 사회가 작동하는 방식에 심각한 결함이 있음을 시사한다.

2장

위기는
어디서 왔는가

우리를 둘러싼 위기를 극복하려면 근본 원인을 정확히 진단해야 한다. 주된 이유는 무능력, 탐욕, 근시안적 행동 등임은 확실하다. 그러나 현 정치경제 체제의 구조적 특성이 인류의 안 좋은 특성들을 조장하고 영향력을 증폭시키고 있다.

자본주의는 상당히 다양한 형태로 나타난다. 현재 주류를 차지하는 신자유주의부터 강력한 규제와 폭넓은 복지 정책을 갖춘 사회민주주의에 이르기까지 말이다. 형태는 여러 가지이지만 자본주의에는 모두 공통점이 있다. 이를 살펴보면 앞서 봤던 여섯 가지 위기의 원인과 해결하기 힘든 이유를 이해할 수 있다.

앞으로 제시할 분석 내용을 요약하자면 다음과 같다. 근본적으로 경제적 불합리라는 위기가 발생하는 이유는 자본주의가 이윤을 추구하는 사기업으로 구성된 특별한 재산 체계를 기반으로 하기 때문이다. 노동자 권리 박탈의 문제는 자본주의 체제의 회사들이 임금을 주는 대가로 노동자를 고용하는 데에서 기인한다. 반응이 없는 정부가 나타나는 것 역시 어떤 자본주의 체제하에서든 정부가 경제 개입에 거리를 두면서도, 동시에 정부의 자원과 합법성 면에서는 민간 경제의 수익성에 의존한다는 데 있다. 어떤 자본주의 체제에서든 회사는 각자의 수익 창출에만 집중해 모든 회사와 인류가 살아가는 자연환경을 신경 쓰지 않고 무책임한 행동을 저지르다 보니 환경 위기로 이어진다. 같은 맥락에서 사회 분열 문제 역시 기업이 수익을 창출하는 과정에서 각자의 이익에만 몰두한 채 사업을 진행하다 보니 우리 사회에 피해를 주는 행동을 무책임하게 저지르는 데에서 기인한다.

자본주의 체제에서 우리의 자연과 사회를 관리할 책임을 지는 주체는 기업이 아닌 정부다. 그러나 정부는 민간 기업의 이윤 창출에 의존하고 있으므로, 운신이 자유롭지 못하다. 국제적으로 협력이 필요한 사안 역시 국제적인 경쟁 관계 때문에 제대로 해결할 수가 없다. 미국 정부는 다른 자본주의 국가의 정부와 마찬가지로, 자국의 기업이 다른 나라의 기업과 경쟁을 벌이는 상황에서 자국 기업의 이익을 도모해야 하기 때문이다.

이와 같은 진단은 현재 대다수 진보 평론가들이 말하는 내용과는 사뭇 다르다. 평론가 대부분은 제2차 세계대전 시기부터 20~30년간 유지된 자본주의의 '황금시대'와, 근래 40년간 나타났던 신자유주의 체제의 차이를 강조하고는 한다. 황금시대 당시에는 강성 노동조합의 영향으로 수많은 노동자가 정기적인 임금 인상을 보장받았으며, 사회 분위기도 올바른 방향으로 가는 것처럼 보였다. 예컨대 1945년부터 1970년까지의 기간 동안 흑인과 백인 사이의 임금 격차는 상당히 줄어들기도 했다. 이에 수많은 진보주의자는 현대의 병폐가 과거에 번영을 이루었던 구조가 망가진 데 있다고 본다. 하지만 이는 너무 얕은 생각이다. 현재 우리 앞에 놓인 여섯 가지 위기의 뿌리는 훨씬 더 깊숙이 숨겨져 있다.

일부 진보주의자들은 조금 더 인간적인 형태의 자본주의, 예컨대 북유럽의 사회민주주의와 같은 자본주의와 작금의 신자유주의 자본주의를 비교하기도 한다. 북유럽 국가들의 성공에는 분명히 칭찬할 거리가 많다. 그러나 북유럽 역시 결국에는 자본주의의 특성 때문에 여섯 가지 위기에 효과적으로 대처하기가 어렵다. 이는 책 후반부에서 다시 설명하겠다.

문제의 원인을 따라가는 과정일지라도 장점은 분명히 인정해줘야 한다. 장기적인 관점에서 보았을 때, 자본주의 체제는 분명히 과거의 체제였더라면 꿈도 못 꿨을 커다란 혜택을 안겨주었다. 대가를 치러야 했지만 말이다. 자본주의의 문제점을 진단할 때 자본주의가 가져다주는 혜택을 함께 고려한다면 더욱 탄탄한 기반을 다질 수 있을 것이다.

기업의 성장을 위해 치른 엄청난 대가

경제 체제가 그토록 불합리하게 돌아가는 까닭은 무엇인가? 바로 경제 체제가 근본적으로는 사기업과 이익 창출을 위한 생산에 기초하기 때문이다.

자본주의 경제 체제하에서, 우리는 거의 자급자족하지 않으며 다른 사람과 물물교환을 하지도 않는다. 그 대신 우리는 이윤 창출을 위해 상품을 생산하고 판매하는 기업으로부터 필요한 것을 산다. 물론 우리가 필요로 하는 모든 것을 기업에서 구매할 수는 없다. 가족끼리 서로를 대가 없이 보살펴주는 것(주로 여성이 남성과 아이의 뒤치다꺼리를 하는 형태), 정부가 제공하는 공공 서비스, 공기나 물과 같은 천연자원, 여러 비영리단체의 활동 역시 우리에게 꼭 필요하다. 하지만 개인이 소비하는 재화와 서비스, 기업이 소비하는 재화와 서비스는 대부분 기업이 이윤 추구를 위해 생산한 결과물이다.[1]

민영 기업으로서 자본주의 기업은 각자의 방식으로 생산 및 투자 결정을 내린다. 물론 가장 중요한 목표는 이익 창출이다. 특히 경영자는 이익 창출이라는 목표를 계속 신경 써야만 한다. 경쟁 업체보다 더 빠르게 성장하고, 더 많은 이익을 창출해내야 한다는 부담감에 늘 얽매여 있다. 그렇다고 경영자의 탐욕이 근본 원인은 아니다. 기업은 성장을 계속하지 못하면 도산할 위기에 처하기 때문이다.[2] 경쟁 업체만큼 빠르게 성장하거나 이익을 내지 못하다가는 시장에서 퇴출당하고 만다. 특히 기업 외부에서 투자를 받았을 경우, 외부 투자자들이 현 경영진의 교체를 요구할 수도 있다. 아니면 투자자들이 자금을 빼서 경쟁 업체에 투자해버릴 수도 있다. 그러면 투자를 받은 경쟁 업체는 더욱 발전된 기술력을 얻어 매출량을 빠르게 확대할 것이다. 결국 이보다 느리게 성장하는 소규모 기업들은 짓밟히고 만다.

민간 기업과 이윤 추구야말로 그동안 경제 발전의 주역이었다. 역사적으로 자본주의 체제의 성장 동력으로 인해 각각의 사업체들은 독립적으로 상업적 교류를 하게 되었다. 그리고 전 세계의 기술력과 아이디어가 서로 만나게 되었고, 회사들은 새로운 수요를 찾아내고, 기존의 수요를 더욱 충족하기 위해 혁신을 일으켰다. 그 결과, 자본주의는 전 세계 수많은 사람의 물질적인 생활 수준을 크게 개선했다. 그럼에도 우리의 분노는 정당하다. 자본주의의 탄생과 번영은 종종 인류와 자연을 상대로 끔찍한 폭력을 동반했으며, 부의 분배 또한 불평등했다. 자본주의의 역기능이 심하게 나타난 적도 있었고, 민중의 투쟁이 없었더라면 전혀 발전하지 못할 시기도 있었다.[3] 물론 장기적으로 넓게 봤을 때 자본주의가 발전한 덕분에 수많은 사람의 삶의 질이 급속도로 향상되었다. 순전히 수명만 놓고 본다면 이는 더욱 극명하게 드러난다. 미국 평균 수명은 1880년 40세에서 오늘날 79세로 늘어났다. 같은 기간에 전 세계 평균 수명은 30세에서 71세로 연장되었다.[4]

그러나 민간 기업의 성장을 위해 엄청난 대가를 치러야만 했으며, 종합적으로는 결국 경제 불합리라는 위기에 이르렀다.

첫 번째로, 경쟁은 역설적이게도 집중을 발생시켰다. 경쟁이 심해지면 큰 물고기가 작은 물고기를 잡아먹는다. 마찬가지로, 활발한 시장 경쟁의 이점은 독점 시장의 단점으로 인해 퇴색되고 만다. 한때는 대부분의 기업과 농장을 개인이나 가족이 소유했지만, 작금의 우리 경제는 외부 투자자에 의존하는 거대 기업들이 지배하고 있다.

미국 문화는 소규모 사업을 계속 장려해왔음에도 불구하고, 결국에는 대기업이 농업과 제조업, 서비스업 등 전반적인 산업에 모두 관여하는 지경에 이르렀다. 2012년 미국의 4대 대기업은 미국 전체 산업의 절반가량 되는 시장에서 25% 점유율을 차지한다. 또한 미국 전체 산업의 14%에서는 4대 상장기업이 시장의 50% 이상을 점유한다. 종합해서 보면 각 산업에서 4대 기업이 미국 노동력의 30% 고용을 책임지며 경제 수익의 40%를 생산한다.[5] 사실 미국 경제에는 아주 많은 수의 기업이 존재하며, 그 수는 주식회사 550만 개, 합명회사

200만 개, 비농업 분야의 비법인기업 1,700만 개, 농업 분야의 법인 기업 180만 개에 이른다. 그리고 절대다수가 아주 영세하다.

2015년 직원이 500명 이상인 기업(전체 민간 기업 중에서 0.5% 미만이 다)이 전체 민간 부문 노동력의 52% 이상을 차지했으며, 계속 증가하는 추세다.[6] 대부분 회사는 규모가 아주 작지만, 대부분 사람들은 큰 회사에서 일하는 것이다.

기술의 효율과 독점권이 서로 얽히면서 경쟁은 결국 집중으로 이어진다. 먼저 기술 효율부터 살펴보자. 규모가 큰 회사는 효율적이기 때문에 더욱더 규모가 커지며, 동시에 거대한 규모 덕분에 효율성을 추구할 수 있다.[7] 이런 경우 기업은 '규모의 경제(특정 제품의 대량 생산 과정에서 장비와 시설, 전반적인 행정 기능 등을 나눠 쓸 수 있다)'와 '범위의 경제(다양한 종류의 제품 생산을 위해 모든 자원을 서로 나눠 쓸 수 있다)' 효과를 톡톡히 볼 수 있다. 실제로 이러한 집중을 통해 자본주의가 발전하면서 우리 사회에 물질적 부가 늘어났다.

하지만 자본주의 경제에서 우리는 이러한 혜택을 누리는 동시에 이에 상응하는 대가를 독과점이라는 형태로 감수해야 한다. 예컨대, 아마존Amazon은 미국에서만 5억 개 이상의 다양한 제품을 판매하며 전 세계적으로는 2조 개 이상의 규모를 이룬다. 아마존이라는 회사 하나가 현재 56만 6천 명의 직원을 고용하고 있다. 아마존은 온라인 소매업의 40% 이상을 점유하고 있다. 온라인 시장이 전체 소매업에서 차지하는 비중이 빠르게 증가하는 상황에서 말이다. 모든 온라인 쇼핑 검색 중 절반은 아마존에서 시작한다. 2016년 아마존의 미국 온라인 수익은 630억 달러였다. 규모 면에서 아마존을 뒤따르는 온라인 소매기업 2위에서 11위까지의 매출량을 모두 합한 총액보다도 더 큰 금액이었다. 또한 아마존은 전자책 판매의 74%를 차지한다. 아마존은 현재 온라인 의류 소매업 중 최대 규모를 기록했고, 머지않아 미국에서 가장 큰 의류 소매업 기업이 될 것이다. 또한 140년 전통의 오래된 신문인《워싱턴 포스트》를 인수해 발행하고, 가장 큰 규모의 클라우드 컴퓨팅 플랫폼을 운영하며, 영화 및 TV 시리즈를 제작·유통하고, 음식 판매와 배달까지 섭렵한다.

아마존은 거대한 규모와 방대한 범위의 사업 덕분에 유통 비용을 절감하고 자동화를 도입했다. 한편 아마존은 자사의 독점력을 이용해서 아마존을 통해 판매하는 소매상들에게 가격을 내리도록 하여 경쟁 업체들을 따돌릴 수 있었다. 그 결과 아마존은 혁신적인 경쟁 기업과 계속해서 가격전쟁을 벌였다. 예컨대 아마존은 다이퍼스닷컴Diapers.com의 모회사인 퀴드시Quidsi와 가격전쟁을 벌였고, 결국 퀴드시는 아마존에 넘어가고 말았다. 퀴드시를 사들이는 데 성공한 아마존은 독점적 지위를 되찾은 후 다시 가격을 인상했다.[8]

독점은 미국에서 오랫동안 대중의 분노를 샀다. 1세기 전만 해도 독점으로 인한 사람들의 분노는 석유와 철강, 철도, 담배, 소매업 프랜차이즈 체인을 향했다. 오늘날엔 기술, 제약회사, 케이블 서비스, 건강보험, 항공사로 분노의 대상은 바뀌었으나 근본적인 우려는 그대로다. 독점권은 기업에 터무니없이 높은 가격을 책정할 수 있는 권력을 쥐여준다. 독점권을 통해 의도적으로 가격을 낮춰서 경쟁자들을 시장에서 모조리 내쫓거나, 잠재적인 경쟁자가 참여할 여지조차 뿌리 뽑아버린 후에 다시 가격을 올리면 그만이니 말이다. 잠재적 경쟁자들이 새로운 기술을 개발하여 기존 사업을 쓸모없게 만들고, 소비자에게 싼값에 좋은 품질을 제공할 수도 있다. 경쟁 업체로 인해 수익이 줄어들 수 있다. 이를 미연에 방지하기 위해 기업은 경쟁사를 아예 사들여서 손안에 넣는다.

독점권을 보유한 기업은 매우 질이 나쁜 상품이나 서비스를 제공해도 아무런 상관이 없다. 또한 노동 시장에서 공급이 부족한 상황이어도 낮은 임금과 열악한 근무 조건을 강요할 수 있다. 독점권은 입법부가 법안을 세우는 과정과 행정부가 규제를 시행하는 과정에서 크나큰 영향력을 행사할 수 있다. 독점권을 쥔 회사의 입김 아래, 독점 금지와 환경, 보건, 안전 관련 법안은 제대로 세워질 수도 없고 제대로 시행될 수도 없다.[9]

게다가 미국 경제에서 독점 기업은 계속 증가해 경제적 불평등을 심화시키고 있다. 독점권을 쥔 회사는 그렇지 않은 회사보다 더 많은 수익을 차지한다. 자본의 집중으로 인해 격차는 더욱 벌어지고 있다. 1960년대와 1970년대의 경우, 산업별로 평균 수준의 기업이 벌어들이는 수익은 상위 10% 기업이 벌어들이는 수익의 절반가량 되었다. 그런데 이제는 평균 수준의 기업이 상위 10% 수준 기업의 고작 5분의 1밖에 벌어들이지 못한다.[10] 자본의 소유 역시 과도할 정도로 집약되는 바람에, 산업 구조의 독점 현상은 전반적인 빈부격차를 심화시켰다. 현재 상위 1%의 부자는 미국 내 모든 주식 지분의 38%를 보유하고 있다. 상위 10%까지 부자의 범위를 넓히면, 미국 내 모든 주식 지분의 81%를 보유하고 있다는 계산이 나온다. 그러나 소득 하위 20%가 보유한 주식 지분은 고작 8%에 불과하다.

부의 집중 문제를 차치하고서라도, 성장을 해야 한다는 압박과 자본가들이 소유한 민간 기업의 기본 골격은 여러 방식으로 경제적 불평등을 야기한다. 자본주의 사유재산 체제에서 기업은 무엇을 생산하고 어떻게 투자할지 결정할 때 '최종 수익'에 얽매이고, 결국 시간과 공간에 대한 고려는 근시안적일 수밖에 없다. 당장 수익을 내라고 압박하는 투자자들로 인해, 기업은 단기적인 관점에서 벗어나지 못한다. 장기적 이익(선진 연구개발 등)과 장기적 비용(근로자들이 고통을 받으며 기업에 대한 충성심을 잃어버리는 문제 등)에 신경을 쓰지 못하는 것이다. 또한 기업은 자신과 거래 파트너의 이익과 비용에만 집중하므로 공간적으로도 멀리 내다볼 수가 없다. 기업은 울타리 밖의 존재, 즉 별로 관련이 없는 다른 기업이나 지역 사회, 자연 생태계의 문제는 그저 단순한 외부효과external effect로만 취급한다. 즉 수많은 거래 파트너 중 하나가 져야 하는 비용에 일부 영향을 미치는 존재로만 여긴다.[11] 시간적으로도 공간적으로도 근시안적 시각에 갇힌 기업이 내리는 의사 결정은, 인류의 기술력이 워낙 강력해져서 기후변화 등 자연환경을 파괴할 지경이 되었기에 특히나 치명적이다. 상황이 이러하니 미래 세대를 고려하는 발상 같은 것은 기업의 전략 수립과 투자자의 결정 과정에서 아무런 관심을 받지 못한다.[12]

민간 기업 체제에 깃든 근시안적 태도로 인해, 우리 경제는 본질적으로 불안정할 수밖에 없다.[13] 서로 경쟁하는 기업들이 투자 및 생산에 대해 각자 독립적으로 의사 결정을 내리다 보면, 한때 성장하고 번영했다 한들 결국 경기 침체와 대량 실업이 닥쳐올 수밖에 없다. 물론 2008년 금융위기 때는 사기 행위나 잘못된 경영 방식이 경기 침체를 야기하기도 했다. 그러나 이것은 근본 원인이 아니며, 그저 상황을 악화시키는 요인에 불과하다. 여기서 각각의 요소 사이에 있는 관련성을 좀 더 면밀히 살펴보자.

자본주의를 옹호하는 사람들은 민간 기업이 기업가정신을 발휘하며 각자의 시장에서 (다른 회사와 독립적으로, 그리고 정부와 독립적으로) 경쟁하는 환경을 조성하는 데 찬사를 보낸다. 또한 자본주의가 시장 가격에 의존하는 것도 높이 평가하는데, 시장 가격을 통해 경쟁 업체의 움직임과 소비자의 구매 패턴에 따라 판매 전략을 어떻게 조정해야 할지 효과적으로 알 수 있기 때문이다. 예컨대 가격이 오르면 수요가 공급을 초과하는 신호이니 생산량을 늘릴 때다. 가격이 내려가면 생산량을 줄일 때다. 이것이 애덤 스미스가 말한 '보이지 않는 손'이며, 시장을 통한 조율을 의미한다.[14]

하지만 '보이지 않는 손'을 높이 평가하는 이들은 종종 조율 기능을 망치는 중대한 결함을 간과한다. 즉 시장의 동향은 다각적이고 복합적으로 나타나며, 동시에 경쟁이 존재한다는 점이다. 그 결과 기업은 중요한 정보인 기업 생산 및 구매 계획을 서로에게 알리지 않는다. 각 기업은 경쟁 업체가 과거에 어떻게 행동했는지(어떤 제품을 제공했는지, 양은 어느 정도인지, 가격은 어떤지) 파악하지만, 미래에 할 행동을 예측하기란 여간 어려운 게 아니다. 빨리 규모를 키워야 한다는 압박이 심한 가운데 경쟁 상대들은 어떤 계획을 품고 있는지 숨기는 상황이라면, 기업이 내릴 수 있는 유일한 합리적인 판단이라고는 자사의 성장에 모든 걸 건다는 결정뿐이다. 하지만 다른 기업들도 똑같은 논리로 행동하기 때문에 결과적으로 자본주의 시장의 동향은 보통 과잉생산과 추락의 굴레에 갇힌다.[15] 그래서 노동력 등 사용 가능한 자원을 고려하지 않고 무조건 더욱 큰 기업으로의 성장을 도모하게 되고, 결국 기업은 높은 비용과 낮은 이윤에 허덕인다. 이에 기업이 생산과 고용, 투자를 축소하면 다시 불황으로 치닫게 된다.

경제적 불합리 역시 악화한다. 불황은 경제 성장을 방해하는 우발적 사고가 아니라, 자본주의 경제 성장을 위한 필수 과정이다. 위기는 자본주의의 특징이지 오류가 아니다. 기업들이 총체적으로 시장 수요보다 더 많이 생산하는 상황이니, 기존의 넘쳐나는 생산품과 생산 시설, 그리고 수백만 개 일자리를 정리하고 청산해야지만 또다시 새로운 성장과 투자 기회를 얻을 수 있기 때문이다.[16] 그 이유는 간단하다. 기업은 투자 수익이 날 가능성이 있어야 투자를 결정하기 때문이다. 물론 수익성이란 투자 대비 순이익을 말하는 것이기에 분자(순이익을 더 많이 창출하기)를 키울 수 없다면 분모(투자 크기를 줄이기)를 덜어내면 된다. 사실상 이와 같은 대규모 정리와 청산이 일어날 방법이라고는 전체적인 경기 불황뿐이다… 아니면 전쟁이 일어나거나. 제2차 세계대전 이후 대호황이 나타난 이유가 바로 경기 침체와 전쟁이 함께 일어났기 때문이다. 실제로 전쟁이 없었다면 대공황은 훨씬 더 오래 이어졌을 터다. 이처럼 대대적인 청산이 없다면 극심한 침체에 빠진 자본주의 경제의 수익률은 점점 낮아질 뿐이다. 실제로 1990년대 이후 많은 나라에서 이미 똑같은 상황이 벌어지고 있다.

노동 시장과 상품 시장이 불안정한 상태에서 금융 시장마저 위태로워지면 상황은 더더욱 악화한다. 정기적으로 찾아오는 금융위기는 산업을 크게 무너뜨리고 기업을 파산시키며, 그로 인해 직원은 일자리와 연금, 예금을 잃게 된다. 미국을 비롯하여 각국의 큰손들은 2008년 금융위기 이후로 대개 투자 손실을 회복했지만, 수많은 근로자, 특히 노년층은 상대적으로 훨씬 더 큰 규모의 장기적인 타격을 입었으며 노후에도 쉬지 못하고 일하거나 상당히 줄어든 수입을 가지고 생활해야 했다.[17] 65세 이상 미국인의 파산 신청률은 1991년 이후 2배 이상 증가했으며 75세 이상은 수치가 3배까지 뛰었다.[18]

경제신문을 읽다 보면 금융 시장의 불안은 투자자들의 비이성적인 '군중심리'나 연방준비제도의 무능력 때문에 발생한다고 생각할 수도 있다. 하지만 경기 침체란 본질적으로 자본주의 체제에 내재해 있다.[19] 그 과정을 알아보자.

경기가 안정기에 접어들면, 투자자는 대출을 늘리는 등 더 큰 위험을 감수해가며 위험성이 높은 투자 혹은 투기에 가까운 투자를 한다. 이렇게 부채 수준이 높아진 투자자들은 현금 흐름 문제에 직면한다 (투자 수익률이 충분하지 않아 투자를 위해 대출한 자금을 갚을 수가 없기 때문이다). 상황이 나빠지는 것을 보며 돈을 빌려준 채권자들은 불안감을 느끼고, 채무자에게 어서 상환할 것을 요구한다. 이는 필연적으로 자산 가치의 붕괴를 가져온다. 너무 많은 대출을 진 투자자들은 상환을 위해 자산을 매각해야 하는 처지에 놓인다. 심지어 투기성이 낮은 안정적인 자산마저 처분해야만 한다. 그러나 이 시점에서, 투자자는 매입 당시의 가격을 보장받을 수가 없다. 자신이 과거에 매입했던 가격에 맞춰 새로이 매입해줄 사람을 찾기가 어려운 탓이다. 이제 시장은 전반적인 공황의 시기로 접어들며 가격 폭락, 시장 유동성 급감, 현금 수요 급증으로 이어진다. 이후 상황이 진정되고 안정기가 찾아오면 다시 악순환이 반복된다.

독점과 불평등, 불안정, 위기와 더불어 낭비 현상 역시 민간 기업의 또 다른 특징이다. 1960년대와 1970년대, 1980년대에 미국 전체 기업 이익의 15%를 차지했고, 이제는 그 2배를 가져가는 금융업계를 살펴보자. 금융업계의 성장이 사회적으로 복지에 기여했다거나 금융 외의 분야에서 혜택을 보았다거나 아니면 심지어 금융 시장 자체의 효율성이나 수익성 증가에 도움이 되었다는 증거는 없다.[20] 아니면 창의력 넘치는 과학자들이 더 중독성 있는 담배와 식품을 만들기 위해 노력하는 모습을 보라.[21] 그도 아니면 일류 수학자들이 구글과 페이스북의 광고 알고리즘 개선을 위해 최선을 다하는 모습, 즉 광고주들이 소비자를 더 잘 겨냥할 수 있도록 돕는 일에 종사하는 모습을 떠올려보자. 유능한 심리학자들이 TV를 보는 어린이들의 입맛을 돋울 방안을 연구하며 아침용 시리얼 광고에 최적화된 색상을 고르기 위해 노력하는 모습은 또 어떤가.

자본주의의 재산권 개념이 아이디어 영역까지 확장해 '지식 재산권'의 형태(특허, 저작권 등)를 띠자, 자본주의 체제의 낭비 현상은 더욱 도드라졌다. 물질뿐만 아니라 아이디어의 소유권을 인정하면서 발생하는 비용은 막대하다. 미국에서 제약 산업만 보더라도, 소비자는 특허 보호가 없었더라면 800억 달러도 안 될 약품에 4,400억 달러 이상을 내야 한다. 이러한 차이(제약회사의 수익으로 곧장 들어가는 액수)는 미국 전체 소득의 2%를 차지한다.[22]

혹자는 발명가들이 자신의 아이디어를 통해 돈을 벌지 못한다면 지금 같은 노력을 쏟지 않을 것이라고 반박한다. 지식 재산권에 찬성하는 이들은 이와 같은 반론을 근거로 든다. 하지만 이는 근거가 부실한 논리다. 정부가 기업 혁신과 특허의 기초가 되는 기초과학에 상당한 예산을 지원한다는 사실을 간과하고 있으니 말이다. 또한 학계에 몸담은 이들처럼, 수익 창출을 최우선으로 두지 않는 발명가들의 창의적인 노력을 무시하는 셈이다.[23] 그리고 특허 제도가 오히려 여러 혁신적인 노력을 방해하고 있다는 점도 간과한다.

특허가 가장 많이 존재하는 분야인 제약업계와 생명공학, 전자공학 방면을 살펴보자. 이들 업계에서 혁신과 연구를 방해하는 요소는 바로, 모든 특허권자에게 그들의 소유인 특허권을 사용할 권리를 허락받는 과정에 들어가는 비용과 현실적 어려움이다.[24] 또한 혁신이 특허로 보호받지는 못하지만, 경쟁에서 우위를 차지하는 데 도움을 주기 때문에 계속해서 혁신을 일구어가는 다른 경제 분야의 활력을 무시하기도 한다. 특허권에서 오는 수익으로 일부 기업이 기술 혁신에 투자할 동기를 얻는다고 치자. 그러나 이러한 이점은 곧 다른 경쟁업체가 새로운 아이디어에 접근할 가능성을 차단해버리는 특허권의 역할로 상쇄되어버린다. 모든 점을 고려해보았을 때, 특허는 전반적인 기술 혁신의 속도를 증가시키는 데 아무런 영향을 주지 않는다는 계산이 나온다… 그 대신 부자들을 위해 더 많은 부를 효율적으로 빼돌려줄 뿐이다.[25]

착취에서 벗어날 수 없는 고용 관계

일터에서 노동자 소외와 권리 박탈이 이토록 만연한 까닭은 무엇일까? 근본 원인은 사람들 대부분이 민간 기업에서 일하기 때문이다.

미국이 초기 자본주의 단계에 놓여 있을 때, 대부분은 자신이 소비하는 것을 생산하는 데 필요한 자원(토지, 도구)을 직접 소유했다.[26] 본인이 생산하지 못하는 것은 자신이 직접 생산해 판매한 것과 교환하여 자신이 사는 지역 내에서 구할 수 있었다. 신발 만드는 이는 신발을 만들어 판 뒤 농부에게서 먹거리를 샀다. 그러나 이미 살펴본 바와 같이, 경쟁은 집중으로 이어지기 때문에 이러한 상황은 바뀌게 마련이었다. 대규모 농장과 제조업자들은 자신의 효율성과 독점권과 교묘한 법적 술책, 때로는 폭력마저 동원해가면서 약소 경쟁자들을 몰아냈다. 그 결과 오늘날 대다수는 고용주를 위해 일해야지만 살아가는 데 필요한 것들을 대부분 얻을 수 있다. 이들은 임금이나 급료를 받으며 고용주가 시키는 대로 일한다.[27] 미국 내 노동 인구 중에서 진정으로 독립적인 생산자의 비율은 오랫동안 감소해왔으며, 현재는 10%도 채 되지 않는다.[28]

이러한 자본주의 기업에서 일이란 공동의 목표를 달성하기 위해서다 함께 노력하는 것이 아니라, 그저 목적을 위한 수단에 불과하다. 예컨대 투자자들에게 목적은 수익이다. 직원들에게 목적은 주로 수입이며, 일은 자신과 가족을 부양하는 데 필요한 수입을 얻는 유일한 방법이다. 많은 노동자가 자신의 업무에서 의미를 찾으려 하지만, 앞서 살펴보았듯이 대부분은 의미를 찾지 못한다. 게다가 일에서 큰 의미를 찾아내든 못하든 상관없이, 우리는 모두 누군가를 위해 일해야 한다. 고용주가 노동자들을 무자비하게 착취하는 신자유주의 모델에서건, 아니면 고용주가 노동자들을 친절하게 대우하건 상관없이 직원들은 고용주와 동등한 위치의 파트너는 될 수 없다. 생산과 급여, 투자를 민주적으로 결정하는 과정에 참여하며 서로 협력할 수는 없는 것이다.[29]

이러한 자본주의 고용 관계는 인류가 진보하는 데 도움이 된 요소였다. 자본주의 기업의 규모가 커지면서 경영자들은 차별화되고 분화된 업무를 통합적으로 조정하기 위해 대단히 복잡한 분업체계를 개발해왔다. 편협한 전문화와 독단적인 경영권으로 수많은 직원이 경악할 정도로 고통받고 있지만, 자본주의 기업이 끝없이 생산성을 키워나간 능력은 부인할 수 없다. 게다가 종종 (항상 그렇지는 않지만) 증가한 생산성 수익 중에서 일부는 직원들에게 임금 인상의 형태로 흘러가기도 한다.

더구나 이러한 고용 관계 덕분에 직원들은 자본주의가 출현하기 전 봉건 체제에서는 불가능했던 이동의 자유를 얻게 되었다. 봉건제도와 노예제도 아래에서 소작농 등은 토지에 종속되었으며, 지주의 농노 계약에 묶여 있었다. 그러나 자본주의 고용 관계에서는 피고용인이 다른 고용주를 찾아 떠날 수 있는 자유가 있다. 비록 사람들이 독립적으로 일하거나, 자신이 속한 일터에서 중대한 의사 결정 과정에 참여하지는 못하더라도 이는 분명한 인류의 발전이다. 자본주의가 아직 완전히 자리 잡지 않은 여러 나라를 살펴보면, 대다수 젊은이들은 시골의 구시대적인 사회 구조의 제약에서 벗어나기 위해 자본주의가 발달한 대도시로 이주하려고 한다. 비록 억압적인 환경의 공장에서 쥐꼬리만 한 월급을 받더라도 말이다.[30]

자본주의의 발전은 개인주의의 성장을 불러왔다. 오랜 전통을 지켜온 부족이나 마을, 씨족사회의 특성과 정체성에 매여 있던 개인을 둘러싼 집단주의에서 탈피한 문화적 변화의 결과가 곧 개인주의이다. 현대 자본주의 문화에서 나온 개인주의는 인간 소외 문제를 초래하기도 했지만, 그래도 구시대적인 집단주의 전통에 비하면 한 걸음 나아가는 진보였다고 볼 수 있다. 개인주의 덕분에 우리는 자기 삶의 과정을 결정하는 더 넓은 시야(비록 아직도 너무 제한되어 있지만 말이다)를 가질 수 있다.

이처럼 긍정적인 결과를 낳았음에도 불구하고, 자본주의 체제에서 고용이란 근본적으로 착취에서 벗어날 수 없다. 착취라는 말이 너무 가혹하게 들릴 수도 있겠다. 그러나 경영자들의 태도를 일반화하려는 것이 아니라 그보다는 피고용인이 고용주와 구조적으로 종속 관계를 맺는 방식을 말하려는 것이다. 어느 자본주의 사회에서든 해당 사회의 생산 자원은 소수가 소유하며, 이에 속하지 못하는 대다수는 고용주의 피고용인이 될 수밖에 없다. 딱히 다른 부양 수단이 없으니 말이다. 피고용인은 임금을 받는 대가로 고용주의 지시를 받아들인다. 고용주는 피고용인들에게 임금을 지급하고, 차입자본에 대한 이자 비용 등 사업상의 비용을 제한 뒤 남은 이익을 모조리 자신의 통제하에 둔다.

기업 이윤을 극대화하라는 압력에 고용주들은 수익을 늘리고 비용을 줄이려고 노력한다. 어떨 때는 피고용인들에게 해를 끼치지 않으면서도 수익을 증대할 수 있다. 예컨대 혁신적인 제품은 가격을 아주 높게 책정할 수 있으며, 효율 증대를 위해 업무를 재구성할 수도 있다. 그러나 피고용인들에게 해로운 방법으로 이윤을 늘리는 것 역시 경영진의 변치 않는 특권이다. 인력을 기계로 교체한 후에 직원을 해고하고, 더 열심히 일하라며 직원들을 압박하고, 급여와 복리후생을 제한하고, 노동조합 활동을 억제하고, 비싼 임금을 받는 직원을 대체할 값싼 노동력의 원천을 찾는 등등의 다양한 시도가 있다. 사실 기업은 직원들에게 충분한 보수를 주고 잘 대우해줌으로써 사업체를 계속 유지해야 한다. 그러나 대부분 사람들은 고용 관계를 맺지 않고는 스스로 부양할 능력이 없기 때문에 고용주는 직원들의 집단노력으로 창출되는 이익에 대한 통제권을 누리고 있다.

노동자들은 노동조합을 통해 노동 시장에서 서로 경쟁하지 않고 하나가 되어 권력 불균형을 어느 정도 완화할 수도 있다. 그러나 노동조합의 권력이란 언제나 제한적일 수밖에 없다. 지난 세기 노동조합은 노동 조건을 개선하는 법안 추진에 일조하였으며, 제2차 세계대전 이후 수십 년 동안 노동조합은 노동자들이 임금과 복리후생의 방식으로 생산성 향상의 혜택을 누릴 수 있도록 하였다. 그러나 노동조합의 힘이 가장 강력할 때조차 고용주는 회사 이익의 처분과 투자 결정, 제품 및 작업 과정에 대한 궁극적인 통제권을 장악해왔다.

어떤 노동자들은 고급 전문기술이나 특별한 자격을 갖춰서 고용 관계에서 실질적인 협상력을 발휘할 수도 있다. 그러나 그 수가 많지는 않다. 대다수 노동자들은 일자리를 간절히 필요로 하는 데 반해 고용주들은 피고용인이 그다지 절실하지 않다. 결국 노동자들은 구조적

으로 불리한 처지에서 고용주와 임금이나 노동 조건을 협상해야 한다.[31]

실제로 자본주의 시장 체제는 노동자들의 협상력을 끊임없이 약화시키는 대단한 메커니즘이다. 우선, 언제든지 일자리를 빼앗길 위협을 느끼며 노동자들은 노동 시장에서 서로 경쟁한다. 자연히 고용주에 비해 취약한 위치에 선다. 이 같은 노동자들에 대한 위협은 기업이 직원을 고용해야 하는 유인과 기업이 직원을 해고할 유인 사이에 존재하는 중대한 비대칭성을 그대로 드러낸다. 이윤을 지속적으로 추구해야 한다는 압박 때문에 기업은 늘 생산성을 높일 방법을 추구하며, 특히 대규모 기업일수록 생산성 향상을 위한 정교한 프로그램을 모색한다. 그러나 기업이 증대한 생산량보다 판매 수익을 충분히 올리지 못한다면, 궁극적으로는 정리해고에 도달하고야 만다. 물론 기업들은 수익을 증대시키기 위해 정교한 마케팅과 판로를 개발한다. 그러나 아무리 마케팅과 판로를 개척하기 위해 노력한다고 해도 성공 여부는 예측할 수 없다. 수익은 회사의 임원이 아니라 시장의 혼란스러운 경쟁에 따라 결정된다. 생산성을 높이기 위한 체계적이고 정교한 노력, 그리고 수익 증가에 도움이 될지 안 될지 모르는 혼란스러운 경쟁 과정이 서로 합쳐진다고 했을 때 결과는 분명하다. 자본주의 산업은 때로는 빠르게, 때로는 천천히 사람들을 일자리에서 끊임없이 몰아낸다. 그리하여 실업의 위협은 항상 도사린다. 실업은 불행한 우연의 결과가 아니라 자본주의의 영구적인 특징이다.

두 번째로, 협상력의 비대칭성은 자본주의 경기순환에서 더욱 극심해진다. 사업이 호황이면 실업률이 감소하며 대개 평균 임금이 상승하고 고용주의 협상력이 일부 감소한다. 이로 인해 민간 기업의 이윤이 감소하면 결국 일부 기업은 도산하고, 기업 투자도 줄어든다. 그 결과 고용률이 떨어지고 실업률은 다시 상승하며 고용주는 완전한 협상력을 되찾는다.[32]

회사에서 권력의 비대칭은 현재 자본주의 사회에서 나타나는 부의 불평등의 가장 근본적인 원인이라 할 수 있다. 소수의 사람이 사회의 생산 자원을 소유하고, 나머지 모든 사람이 임금을 받기 위해 소수를 위해 일할 때, 소수는 나머지 모든 사람의 노력을 통해 이득을 얻고 부유해진다. 거대 기업의 꼭대기를 점유한 사람들은 부와 소득 분배에 있어 상위 1%에 속한다. 산업의 집중도가 높아지면서 불평등은 점점 더 심해진다. 그러나 최근 불평등에 관심을 보이느라 자본주의의 결정적 특징인 고용주와 피고용인 사이의 지속적이며 근본적인 불평등을 간과해서는 안 된다.

긴 역사적 관점에서 현재의 불평등 수준은 이전 2세기 동안 경험한 수준과 유사하다. 1860년에 미국에서 가장 부유한 1%가 국가 총자산의 29%를 보유했다. 1929년경 이 수치는 52%까지 치솟았다가 제2차 세계대전 이후 급속도로 떨어졌고, 1970년대부터 다시 오르기 시작해서 오늘날에는 42%로 돌아왔다.[33] 20세기 중 가장 낮은 불평등 수준을 보였던 1970년대조차 적당히 불평등했다고 말할 수는 없다. 적당한 불평등이라면 사람들에게 동기를 부여하고 최선을 다하도록 하는 데 도움이 될지도 모른다. 그러나 1970년대조차 불평등은 필요한 수준의 몇 배는 더 컸는데, 최상위 1% 부자가 미국 전체 자산의 23%를 보유했다.[34]

자본주의 기업에서 노동자 소외는 바로 이러한 착취 관계에서 비롯한다. 우리는 피고용인에 불과하므로 임금이나 급여를 받는 대가로 업무 능력을 제공하며 경영진의 지시에 복종한다. 우리는 기업의 목적을 위한 수단에 불과하다. 자신의 개인적인 목적은 노동과 별 관련이 없다. 고용주와 피고용인의 관계는 근본적으로 도구적이다. 회사는 단지 이익을 얻기 위해 우리를 고용하며, 우리는 주로 '집세를 내기 위해' 노동력을 바친다. 회사가 아주 작다면 소유주가 직원들과 함께 노동하며 그들을 돌봐야 할 수도 있다. 하지만 대부분 노동자들은 규모가 큰 회사에서 일하고, 회사의 소유권은 노동하지 않는 투자자들의 손에 달려 있다. 기본적인 의사 결정권은 높은 자리의 경영진들 손에 달려 있다. 물론 대기업에서도 경영진과 직원들은 일상 업무에서 서로 협력해야 한다. 협력하지 않았다가는 아무것도 이루지 못할 테니 말이다. 그러나 회사의 주요한 전략적 결정에 직원들은 참여할 권한이 없다. 직원들은 공장과 상점을 새로 열지 아니면 닫을지, 일자리를 새로이 창출할지 아니면 없애버릴지에 대해 발언할 권리가 없다. 우리 사회에 도움을 주는 재화와 서비스를 생산할지 아니면 해악을 끼치는 재화와 서비스를 생산할지에도 관여할 수 없다. 공기 오염의 주범이 되는 화석 연료 자동차를 생산할지, 아니면 오염이 덜한 전기 자동차를 생산할지 결정하는 과정에도 끼어들 수 없다. 강압적으로 노동을 착취할지, 아니면 노동자를 존중하는 일자리를 제공할지에 대해서도 마찬가지다.

경영진이 피고용인을 무시하는 것이 노동자 소외의 근본 원인은 아니다. 민간 기업이 지배하는 자본주의 체제의 근간이 곧 노동자 소외를 야기하기 때문이다. 자본주의 체제에서 회사의 가장 근본적인 목표는 수익성이다. 최고경영자의 바람 따위는 고려 사항이 아니다. 주식회사에서는 주주가 이사회를 선출하고, 이사회가 최고경영자를 선출한다. 최고경영자는 이사회에 책임을 져야 하며, 이사회는 주주들에게 책임을 져야 한다. 최고경영자도 이사회도 직원과 소비자, 기타 이해당사자에게 책임을 지지는 않는다. 이사회나 최고경영자가 주주의 이익에 충분히 기여하지 못한다는 판단이 서면, 주주들은 이사회 또는 최고경영자를 교체하려고 한다. 상장되지 않은 회사 등 주주가 곧 경영진인 회사일지라도, 시장에서 도태될지 모른다는 우려 때문에 같은 방식으로 경쟁해야만 한다.

노동자 소외에 대한 이러한 분석은 우리 사회가 '능력주의' 사회라는 생각과 상충적으로 보일 수도 있다. 물론 미국에는 부모로부터 물려받지 않고 스스로 능력을 발휘해 자수성가한 지도자들이 많다. 그러나 실력의 원칙이 적용된다 한들 그다지 위안이 되지 않는다. 자본주의 사회에서 능력주의란 누가 지배 엘리트에 편입하느냐에 대한 문제에 불과하다. 상위에 오르지 못하는 이들은 결국 소외되고 만다.

기업에 종속된 정부

어떤 자본주의 사회에서든, 정부 규제가 엄격하든 아니든, 정부가 걷는 세금과 서비스가 광범위하든 제한적이든 경제와 정치는 서로 다른 분야에 속한다. 자본주의 사회에서는 정치와 경제의 구분을 당연시한다. 그러나 이는 중대한 해악을 초래하는데, 특히 문제가 되는 것은 정부가 기업에 종속되는 것이다.[35]

자본주의 기업과 경쟁에 있어 정부는 필수적인 전제조건이다. 정부는 시장에서 벌어지는 상호작용의 규칙을 정하고 규제한다. 또한 수익률이 낮아 민간 기업이 공급하지 못하는 몇몇 필수적인 서비스를 제공하며 국방을 책임진다. 그러나 대부분의 경제 활동은 정부의 직접적인 통제 범위 밖에서 벌어진다.

정치와 경제의 차이와 분리를 통해 얻을 수 있는 큰 혜택이 있다. 바로 개인이 더욱 넓은 범위에서 자율성을 발휘할 수 있다는 점이다. 우리의 일상적인 사회 활동은 자발적으로 이뤄지며, 정부의 지시나 주어진 공동체의 규범에 구애받지 않는다. 우리는 누구를 위해 일할지, 무엇을 사고팔며(물론 예산의 제약은 있지만) 소유한 것을 어떻게 사용할지, 심지어 스스로 새로운 사업을 만들고자 노력할지도 우리가 직접 결정할 수 있다. 자본주의가 정치의 민주주의를 자동적으로 발생시키지는 않는다. 오히려 자본주의의 경제적 불평등은 정치적 평등을 저해하며, 주기적인 경기 침체는 권위주의적인 정치적 해결책을 부활시키기도 한다. 하지만 경제 영역에서 개인이 누리는 자율성 덕분에 개인은 독립적으로 사고할 수 있고 목소리를 내며 사회에 참여하고자 한다. 물론 늘 뜻대로 되지는 않지만.

그러나 정치와 경제의 분리로 인해 정부의 능력은 심하게 제한받으며, 경제가 인류와 세계의 수요를 충족시키기 위해 작동하도록 관리할 권한을 가질 수 없다. 만약 어떤 사회가 대부분 경제 활동을 민간 기업에 의존한다면, 정부는 기업의 이익을 희생시켜서 다른 공적인 이익을 추구할 수가 없다. 결국 정부는 기업에 종속된다. 기업에 종속된 정부는 시민의 요구에 반응할 수 없기에 냉담한 정부가 되고 만다.[36]

자본주의 사회에서 정부가 맡는 역할은 규제와 법률을 통해 울타리를 세우고, 공공 서비스를 통해 민간 부문의 부족한 부분을 보완하며, 국방을 책임지는 등 기본적으로 민간 분야 활동을 뒷받침하는 데 국한된다. 수익성 있는 행위에서 정부가 민간 기업을 대체하는 일은 드물고, 공기업 역시 민간 기업과 거의 직접 경쟁하지 않는다.

대중 인터넷 서비스가 좋은 예시다. 컴캐스트Comcast와 버라이즌 Verizon, 에이티앤티AT&T 등 상업용 인터넷 서비스 제공업체는 터무니없이 높은 가격과 형편없는 서비스를 제공한다. 심지어 소규모 마을과 시골 지역에 인터넷을 제공하는 것은 수익성이 낮으므로 인터넷망을 느리게 보급한다. 인터넷 서비스 제공업체가 제대로 일을 하지 않으니 '미국의 인터넷 서비스는 선진국 사이에서 웃음거리가 되고 있다.'[37] 이러한 문제점에 맞서 130여 군데의 지역 사회에서 저렴한 가격 또는 무료로 고품질, 고속 인터넷을 제공하는 공유 서비스를 개발했다. 자, 재계에서는 어떤 반응을 보였을까? 바로 극심한 반대였다. 20개 주에서 사업적 이해관계가 우위를 차지했고, 결국 아주 빈약한 근거를 내세우며 지방정부가 저렴한 인터넷 서비스를 제공하는 것을 금지하는 법안을 통과시키고야 말았다. 그 결과 미국 내 인터넷 사용자가 3억 명에 달하는 데 비해, 지방정부가 제공하는 초고속 인터넷의 혜택을 받는 인구는 고작 1~2백만 명에 불과하다.[38]

민간 기업은 로비나 기부 등 다양한 방법으로 정부에 영향력을 행사함으로써, 공기업이 수익성 있는 분야를 넘보지 않도록 계속 압박한다. 또한 정치인들과 규제 당국도 자진해서 민간 기업을 넘보려 하지 않는다. 헌법상 우리는 정치적 견해를 드러내고 투표할 권리를 지니고 있다. 더욱이 다른 여러 나라에 비해 미국에서는 시민들이 의견을 표명할 권리를 행사할 때 상대적으로 자유로운 편이다. 그리고 귀중한 권리들 덕분에 우리 정치 체제는 민주주의에 속한다. 그러나 자본주의의 기본 구조로 인해, 정부는 기업의 이익보다 취약할 수밖에 없다. 결국 우리의 민주주의는 확실히 금권주의 성향을 띤다. 우리의 황금률은 곧 '황금을 가진 자가 지배한다'는 것이 되었다.[39] 그리하여 소득과 부는 더더욱 불평등해진다. 미국의 정계와 법계에 있는 인물들은 권력자와 부자가 싫어할 내용의 세법은 거의 제정할 수가 없다.

정치학자들은 정부가 기업에 종속된다는 확실한 증거를 수집했다. 그중 한 연구는 1981년부터 2002년까지 미국 의회에서 의결된 정책 변경안 1,779건에서 찬반 여부를 조사했다.[40] 연구자들은 평범한 시민, 소득 상위 10%, 대중을 중시하는 이익 집단, 기업을 중시하는 이익 집단 등 네 개 집단의 견해가 입법에 미치는 영향을 비교했다.[41] 연구 결과에 따르면 평범한 시민의 선호도는 정책이 채택될 때 눈에 띄는 영향력을 전혀 행사하지 못한다는 것이 밝혀졌다. 대중을 중시하는 이익 집단은 어느 정도 영향력을 보였다. 반면 기업을 중시하는 이익 집단의 영향력은 대중을 중시하는 이익 집단의 2배나 되었다. 또한 부유한 엘리트의 영향력은 이보다 더 막강했다. 기업을 중시하는 이익 집단과 대중을 중시하는 이익 집단 양쪽 모두 견해를 표명한 1,779건 중 369건에 대해서, 후자는 아무리 노력을 기울여도 전혀 영향력을 행사하지 못했다. 그러나 전자의 영향력은 어마어마한 수준이었다.

이러한 정부의 종속을 어떻게 설명하겠는가? 우선 시장만능주의의 확산을 원인으로 꼽을 수 있다. 시장만능주의는 대부분 대중매체를 통제하는 민간 기업의 이해관계에 따라 막대한 지지를 받는다. 또한 미국 법이 기업의 로비 활동과 정치 기부를 허락하며, 수익성이 좋은 '회전문 취업revolving-door job(민간 기업 고위직이 공공 분야 고위직에 취업하고, 공공 분야 고위직이 민간 기업 고위직에 취업하는 현상-옮긴이)'을 허용해주는 것 역시 원인이다.[42] 이를 통해 미국 정치 무대에서 기업과 부자들의 발언권은 크게 증폭된다. 또한 부자와 기업 경영진이 정치에 영향력을 행사하고자 자금을 동원할 때, 그들은 상대적으로 미미한 비용으로 대단한 경제적 이득을 볼 수 있다. 한편 노동 계층이 정치에 관여하고자 할 때 필요한 돈과 시간은 그들에게 훨씬 더 막중한 부담이 된다.

그러나 정부가 기업에 종속되는 근본 원인은 바로 자본주의의 구조적 특성에서 비롯한다. 경제와 정치가 분리되어 있으니 어떤 자본주의 사회일지라도 정부는 민간 부문에 재정적으로 의존할 수밖에 없으며, 이는 정부의 권한을 제한한다. 민간 부문이 성장하면서 발생한 소득과 부에 과세함으로써 정부는 활동에 필요한 자금을 조달받는다. 만약 투자자와 기업 경영진이 정부의 조치(신규 과세, 신규 규제, 신규 정책 제정 등)로 인해 수익 성장이 둔화하리라 판단되면, 그들은 '자본 파업capital strike(민간 부문 투자 둔화)' 또는 '자본 도피capital flight(금융 자산의 해외 이동)'를 일으킬 가능성이 매우 크다. 둘 중 어떤 상황에서라도 정부는 경제적 자원과 정치적 정당성을 잃어버린다. 결과적으로 어떤 자본주의 사회에서도 민간 부문의 이익을 거스르는 정부는 장기간 존속할 수가 없다. 정치인과 규제 당국 모두 이를 인지하고 있다. 한마디로 우리의 정치 체제는 기업의 이윤에 볼모로 잡혀 있는 셈이다.

자본 파업과 자본 도피라는 위험이 현실화하기도 한다. 한 가지 사례를 보자. 2008년 금융위기 이후 오바마 대통령이 취임했을 때, 비금융 분야 사업체는 현금을 무려 2조 달러를 보유하고 있었고, 은행은 1조 달러를 보유하고 있었다. 이 모든 현금의 출처는 과연 어디였을까? 바로 그들이 투자하지 않고 쌓아둔 수익에서 비롯되었다. 위기가 닥친 상황에서 그들은 수익성 있는 투자 기회가 별로 없었기에 현금을 비축하고 있었다. 그러나 그 이유가 전부는 아니었다. 기업 대표들은 전망이 좋은 투자 기회가 있더라도 무시하고 현금을 쌓아둠으로써 자본 파업을 벌였다. 그리하여 의회가 금융 분야에 더 엄격한 규제를 가하지 않게끔 압력을 가하려는 방편이었다.[43] 또한 만일 의회가 은행에 더 엄격한 규제를 가할 경우, 미국의 은행은 뉴욕에서 런던으로 옮겨갈 것이라며 자본 도피가 벌어질 수 있음을 경고했다. 만약 영국마저 은행을 규제한다면 (당시에는 그럴 가능성이 있어 보였다) 싱가포르 등 다른 이주할 장소는 많았다. 이러한 위협에 직면한 미국의 정치 지도자들은 금융 분야 개혁안이 그다지 엄격하지 않았는데도 불구하고 그 규모를 축소했다.[44]

또 다른 사례를 보자. 1981년 프랑수아 미테랑은 프랑스 대통령에 선출되었다. 그가 내건 공약은 프랑스 경제가 비록 본격적인 사회주의까지는 가지 않더라도, 자본주의를 규제하는 수준에서 한 걸음 더 나아가겠다는 것이었다. 그로부터 며칠 만에 수십억 달러와 프랑이 프랑스에서 빠져나갔다. 이후 몇 달 동안 프랑스는 해외 투자자들 때문에 프랑의 가치를 여러 번 평가절하해야만 했다. 이듬해, 프랑스 내에서 생산적인 투자는 서서히 줄어들었다. 결국 미테랑 정부는 2년 만에 온건한 사회주의 목표를 완전히 버릴 수밖에 없었으며, 신자유주의의 긴축 정책을 채택할 수밖에 없었다.[45] 이와 유사한 사례는 다른 나라에서도 발견된다.[46]

경제의 핵심을 자본주의의 사유재산에 기반을 두는 한, 정부가 기업 이익에 종속되는 구조적 요인에서 벗어날 방도는 없다. 기업 로비, 정치 기부금, 회전문 취업 등을 모두 불법으로 규정하고 언론이 자본주의적 이익에서 자유로워진다 한들, 자본주의 사회의 정부는 민간 부문의 수익을 증대할 수 있는 정책을 펼쳐야만 한다. 각 기업과 투자자는 자신의 경제적 이익을 추구하면서 수익 전망이 어두워 보이면 투자를 줄이고 자금 축적을 늘리거나, 아니면 수익 전망이 좋은 다른 나라로 자금을 이전하기만 하면 된다. 입법자들은 해당 문제가 발생하면 경제에 어떤 영향을 끼칠지 잘 인지하고 있기에 속수무책일 수밖에 없다. 민간 분야의 이해관계는 의회의 의제에 오르내리는 안건에 불가피하게 영향을 준다. 즉 이해관계는 법률이 시행되는 방식에 불가피하게 영향을 미친다.[47]

시민들이 정부에 신뢰를 잃는 것은 당연하다. 그리고 사람들이 정치에 참여하지 않는 현상은 금권주의를 따르는 정치가들에게 축복이나 다름없다. 반면 민주적 가치를 지지하는 이들에게는 엄청난 장애물이다. 우리가 직면한 여러 가지 위기와 문제를 해결하기 위해 정부의 힘을 사용할 가능성이 사라져버리기 때문이다. 보편적인 의료보험, 최저생활을 보장하는 최저임금, 재교육과 무상보육, 대학과 기술교육에 대한 정부 투자, 물리적 공공 기반시설 개선, 기후변화에 대한 적극적인 국제 협력, 그리고 여기에 들어가는 모든 비용을 조달하기 위한 증세 등 수많은 문제를 해결하기 위한 자원은 충분하며, 상식적인 해결책을 바라는 대중의 지지 역시 강력하다. 하지만 자본주의 사회에서 정부는 재계의 강력한 권한에 종속되어 있어서 옴짝달싹하지 못한다.

자본주의 기업이 일으킨 자연에 대한 외부효과

환경 위기는 기업 대표나 정부 관료, 일반 시민들의 환경 의식 부족으로 생기는 것만은 아니다. 또한 화석 연료 산업에서 자금을 지원받아 만들어지는 허위 정보가 퍼져서만도 아니다. 방금 살펴보았던 자본주의의 기본 특성, 특히 개별 기업이 짊어진 성장에 대한 부담감과 정부의 종속 역시 원인의 하나다.

민간 기업 체제에서 회사는 자신이 소유하지 않거나, 비용을 질 필요가 없는 자연환경 따위는 무시한다. 예를 들어 폐기물을 그냥 버리기보다는 판매할 수 있다거나, 좀 더 에너지 효율이 높은 발전 방식이나 장비로 전환하면 예산을 절약할 수 있다거나 등 '경영 사례'가 있는 경우에만 자연환경에 대한 '외부효과'를 고려한다.[48] 기업이 손해를 감수하면서 친환경 기술을 개발하고 사용할 까닭은 전혀 없다.

경기순환에서 경기가 오르락내리락하지만 궁극적으로는 상승으로 이어진다. 그러나 환경 파괴는 딱히 매력적인 투자 기회가 반작용으로 나타나지 않는다. 만약 석탄이나 석유가 고갈될 가능성이 커지면 시장은 가격을 올릴 것이며, 더욱 효율적인 채굴 기술이나 대체 연료를 개발하겠다는 경제적 동기가 발생할 수 있다. 반면 이산화탄소가 과다하게 대기 중에 배출된다거나 석탄 채굴 폐기물로 강이 오염될 때는 그 결과로 인한 악화를 역전시킬 경제적 동기를 창출할 자발적인 시장 반응이 일어나지 않는다.

환경 악화는 정부가 해결해야 할 문제로 남는다. 이처럼 기업의 책임을 좁혀나갈 때 확실한 이점이 있다. 기업은 자신의 업무를 세세하게 숙달해야 한다는 강력한 동기가 있으나, 자신의 업무 범위를 넘어서서 광범위하게 바라보며 환경에 미치는 영향 등을 전문적으로 조사할 위치는 되지 않는다. 만약 임원진이 기업의 미래 수익성을 포기하면서 환경에 도움이 될 만한 일에 회사 수익 일부를 지출하기로 했다고 상상해보자. 투자자들은 굳이 임원진이 직접 해결해야 하는 것도, 해결할 능력을 갖춘 것도 아닌 문제에 쓸데없이 달려든다며 반대할 것이다. 반면 정부는 원칙적으로 환경에 대한 전문지식을 개발하고 적절한 환경보호 정책을 수립할 최적의 기관이다. 정부는 오염원을 저지하기 위해 세금을 부과하거나, 오염을 줄이도록 그들의 활동을 규제할 수도 있다.

불행히도 정부는 기업에 종속되어 책임질 능력이 없다. 자본주의 사회에서 정부는 세금이나 규제가 필요할지라도 기업에 이를 부과하는 것을 피하려 든다. 정부가 환경 문제에 개입할 경우 기업의 수익성을 높이는 데 도움이 될 때도 있으나(예컨대 하천을 정화하면 강변에 도시 편의시설을 만들어서 민간 투자를 유치할 수 있다), 인류에게 절실히 필요한 수많은 개입(화석 연료 제거 등)은 여러 산업 분야에서 광범위한 이익 감소를 뜻하기 때문이다. 비록 당장은 이익이 감소하지만, 21세기 말에 닥쳐올 커다란 손해를 모면하는 데 도움이 될지라도 투자자들은 너무 먼 미래라고 생각하며 정부 조치에 격렬하게 반대한다.

결론은 확실하다. 자본주의는 산림과 어류, 광물, 비옥한 토양, 신선한 물이 보충되는 것보다 더 빠른 속도로 소모해버린다. 그리고 기후가 위태로워질 정도로 빠르게 화석 연료를 연소한다. 강과 바다, 공기를 위태롭게 할 정도로 빠르게 오염 물질과 쓰레기를 배출한다. 자본주의란 결국 환경 '약탈'을 조장하는 체제다.[49] 환경 약탈로 인해 기업의 최종 수익 및 부자와 엘리트가 보유한 주식 가치는 늘어나는 반면, 환경 파괴로 인한 비용은 가난한 사람과 소수 집단이 과도하게 떠맡게 된다. 이들은 오염된 물과 공기, 그리고 건강상의 문제로 고통받는다.[50]

더욱이 지구 온난화의 위험성을 알게 되었음에도 얼마나 느릿느릿 대처하는지 생각해보라. 과연 자본주의 체제는 계속 존속할 수 있을까? 비록 자본주의가 대단히 유망한 몇 가지 기술 발전(예컨대 태양에너지에 필요한 비용을 급속히 줄인 기술 등)을 이루기는 했지만, 그렇다고 해서 환경 문제가 점점 더 심각해지는 가운데 자본주의가 혁신을 통해 시의적절하게 대응하는 모습은 상상이 되지 않는다. 환경 문제를 해결하기 위하여 대대적으로 꾸준하게 연구개발에 노력을 쏟아붓는 것, 그렇게 탄생한 신기술이 널리 사용되도록 하는 것, 이로 인해 기존에 축적된 엄청난 양의 자본 자산이 쓸모없어져서 포기해야만 하는 것, 그리고 이 모든 것을 너무 늦지 않게 해냄으로써 수많은 환경 위기와 사회 체제의 붕괴를 방지하는 것, 이 모두를 시장 경쟁으로 해낼 수 있을까? 설령 정부의 보조와 규제가 있다고 하더라도, 시장 경쟁이 이 모든 문제를 해결할 가능성은 점점 희박해지고 있다.[51]

노벨 경제학상 수상자인 엘리너 오스트롬Elinor Ostrom에 따르면, 인간 본성이 불가피하게 환경 파괴를 일으키는 것은 아니다. 오스트롬은 수많은 전통적인 공동체에서 모든 구성원이 접근할 수 있지만 과도하게 사용할 경우 파괴될 수 있는 '공유 자원(넓은 들판이나 수자원 등)'을 대단히 효율적으로 관리한다는 것을 확인했다. 그러나 오스트롬은 이와 같은 공동체의 관리 방식으로는 기후변화 위기를 해결할 수 없다는 점 역시 지적했다. 왜냐하면 이산화탄소 배출량에는 한계가 없고, 배출량을 감소시키는 것은 너무 방대하고 복잡한 문제이기 때문이다. 더군다나 관련자들은 몹시 상호의존적인 관계에 놓여 있기 때문이다. 세계 기후변화 위기에 대처하려면 공동체에서 하는 마을 회의 그 이상이 필요하다.[52] 그리고 자본주의 체제하의 정부는 본질적으로 이에 적합한 능력을 갖출 수가 없다.

아직은 최악의 기후변화 시나리오를 피할 여지가 남아 있을지도 모른다. 수많은 사람이 반발하고 기업에서도 이윤만 좇는 태도를 반성한다면, 세계 여러 정부에 압박을 넣어 인류에 필요한 정책을 행하도록 할 수도 있다. 하지만 우리에게 필요한 정책을 단순히 자본주의나 이와 유사한 체제로는 펼칠 수 없다는 점을 지금부터 설명하겠다.

자본주의 기업이 일으킨 사회에 대한 외부효과

환경 위기가 점점 심각해지는 와중에 자본주의 특성은 사회 위기마저 다각적으로 발생시키고 있다. 자본주의 기업이 생산 활동에서 '자연적' 환경 전제조건을 무시하는 것과 마찬가지로, '사회적' 환경 역시 무시해도 되는 외부효과로 여긴다.[53]

사회 구조에 막대한 피해를 주지만, 기업에 종속된 정부는 피해를 복구할 능력이 없다. 노동조합 등 여러 사회 운동을 통해 파괴적인 경향이 주춤한 적도 있고, 앞서 봤던 자연환경 파괴보다는 좀 더 성과를 거두기도 했다. 그러나 여전히 자본주의 체제의 기본 구조에서 우리는 산 정상까지 큰 바위를 힘들게 밀어 올리는 시시포스와 같은 처지다. 산 정상으로 올라간 바위는 다시 굴러떨어지고, 우리의 고통은 계속 반복된다.

가정을 살펴보자. 모든 선진 자본주의 국가에서 '부양의 위기' 현상이 나타나고 있다. 한부모 가정과 빈곤 상태에서 성장하는 아동의 비율이 증가하고 있고, 일과 생활의 적절한 균형을 찾지 못한 이들의 스트레스가 커지며, 세계 곳곳의 빈곤 지역 여성들이 부유한 지역으로 옮겨가서 간병인과 가사 노동자로서 일하는 추세도 증가하고 있다. 페미니즘 운동은 오래전부터 해당 문제를 논의해왔다.[54] 보수 진영 역시 한숨이 나올 정도로 심각한 논의를 이어나갔다. 하지만 보수주의자는 이를 정치경제 체제의 기반에서 해결하려 하기보다는 도덕적인 결함으로 치부해왔다.

자본주의의 기본 특징이 어떻게 사회적 위기를 유발하는지 파악하려면 '노동자는 가정, 공동체, 지역 사회에서 태어나고 자라며 지탱받는다'는 말의 의미부터 이해해야 한다. 자본주의 기업은 강철을 만드는 기계를 생산하지만, 기계를 냉각시킬 때 사용하는 물까지 생산하지는 않는다. 마찬가지로 기계를 돌리거나 관리하는 직원도 생산하지 않는다. 수익을 내야 한다는 압박을 받는 기업은 사회적 조건(기업에 노동자를 공급하는 사회)과 자연환경적 조건(기업에 수자원 및 자연 자원을 공급하는 자연환경)을 모두 이용하면서도, 사회와 자연환경의 유지에는 신경을 쓰지 않는다. 수익에 대한 압박과 이윤을 추구하는 기업들 간의 경쟁으로 인해, 이들 기업은 고용된 노동자에 의존함과 함께 결국 기업 환경에 필요한 사회적·자연환경적 조건을 모조리 파괴해버리고 만다.

가정이 어떻게 변화했는지 살펴보자. 1800년대 초 이전의 미국에서는 대부분의 생산이 가정 단위로 이루어졌으며, 대부분의 남녀는 농장에서 함께 일하거나 가내 수공업에 종사했다. 하지만 자본주의 산업이 발달하기 시작하면서 역사상 유례가 없을 정도로 사회 분열이 일어났다. 사회 분열의 한편에는 임금 노동자의 고혈에 의존하는 시장 지향적 생산이 존재한다. 맞은편에는 양육과 사회 재생산의 영역이 있다. 여기서 사람들은 아이를 낳아서 기르고 가르치며, 퇴근한 임금 노동자를 보살핀다. 남성이 여성을 지배하는 가부장적 문화가 자리 잡고 강화된 결과, 주로 남성은 임금 노동자 역할을 맡고, 여성은 가족 부양자와 가정주부 역할을 맡았다.[55] 산업 영역이 확장되어 조리 식품과 기성복, 가사 도구 등을 만들어내자 분열 현상은 더욱 가속화되었다. 도시는 물론 농촌에서도 가정이 자급자족에 필요한 상품을 생산하기 어려워졌으며 남성의 임금 소득 없이는 여성의 가사 노동도 불가능해졌다. 19세기에 미국 여성 중 임금 노동자 비율은 20% 이하였으며, 대부분 가정적이고 개인적인 용역을 맡거나 교직에 종사했다.[56]

이후로도 자본주의가 계속 발전하면서 점점 더 많은 여성이 가정 밖에서 임금을 벌어들이게 되었으며, 상대적으로 높은 임금과 권한이 부여되는 광범위한 직업군으로 진출했다. 1970년대에 여성운동이 다시 힘을 얻고 노동자 계급 가정의 임금 동결 문제까지 더해지자 여성의 일자리 진출 추세는 한결 가속화되었다. (실제로 1970년대 초부터 남성의 임금증가율이 감소하자 가정 수입을 늘릴 유일한 방법은 여성도 임금 노동에 참여하는 것뿐이었다.) 아직 갈 길이 멀긴 하지만 임금을 벌어들이는 노동 인구의 남녀 비율과 남녀 평균 임금의 차이는 점차 줄어들고 있다.[57]

아주 느린 변화였지만 결과는 극적이었다. 구체적으로 살펴보자면, 많은 여성에게 더 이상 결혼은 경제적으로 필수가 아니게 되었다. 1970년까지만 하더라도 30~50세 여성의 44%는 스스로 벌어들이는 수입이 전혀 없었다. 이제 그 비율은 25%까지 낮아졌다. 해당 연령대 여성의 평균 연봉을 오늘날 통화 가치로 환산하면 1970년 1만 9천 달러에서 3만 달러까지 올랐다. 보수 진영은 전통적인 가정 구조가 쇠락했다며 슬퍼하지만, 우리는 여성이 가정 밖에서 다양한 직업을 구하고 배우자를 좀 더 자유롭게 찾게 된 현실(결혼 생활을 유지할지 그만둘지 자유롭게 결정할 권한까지)을 축하해야 한다. 우리 공동체의 사회적 구조 해체에는 기존 구조를 공고히 했던 지배체제를 해체한다는 점에서 긍정적이다.

그러나 긍정적인 측면만 있는 것은 아니다. 자본주의 경제 구조의 근본적인 한계와 가부장적 권위가 흔들림에 따라 발생하는 어두운 측면도 있다. 첫째, 자본주의 경제에서 여성이 결혼에 대한 경제적 필요성을 못 느끼면서 전통적인 성 위계 구조가 무너짐에 따라 많은 이들이 시대 변화를 받아들이지 못하고 불안해하며 거부 반응을 보인다(대부분 남성이지만 일부 여성도 그러하다). 임신중단권과 성 정체성 등 많은 주제에서 격렬하고 감정적인 논쟁이 벌어지는 까닭도 이에 기인한다.

둘째, 실업(주로 블루칼라 노동자의 경우) 상태거나 전과가 있거나 장애가 있는 남성은 결혼 시장에서 매력적인 위치에 있기 힘들다. 그 결과 빈곤 지역에서 결혼하는 여성의 수가 줄어들었다. 한부모 가정에서 태어난 아동 비율은 증가하는데, 한부모 가정은 평균적으로 더 가난한 경향이 있으며 더 많은 아이가 극빈층으로 떨어지기도 한다. 현재 한부모 가정의 30%가 빈곤층인 데 비해 양부모 가정은 그 비율이 5%에 불과하다. 한부모 가정의 76%에서 여성이 가장이며, 이때 16%만이 동거 중인 파트너가 있다.[58]

셋째, 임금 근로자가 된 여성이 증가하면서 가사도우미와 이를 위한 재정적 지원이 필요한 가정이 늘어나고 있다. 그 결과 현재 미국에서 다른 사람의 집을 청소하고 가족을 돌보는 가정부가 200만 명에 육박한다. 미국의 전국가사노동자연맹에서 아동과 노인을 돌보고 집 안을 청소하는 가사노동자 2천여 명 이상을 대상으로 설문 조사한 결과, 23%가 해당 주의 최저임금보다도 낮은 급여를 받았으며, 65%

가 건강보험에 가입조차 안 되어 있었다. 또한 60%는 임대료나 주택 담보대출에 소득의 절반 이상을 지출했으며, 29%는 노동으로 인한 만성질환으로 고생하고 있었다. 11%는 입주 노동자였으며, 그중에서 25%는 설문 조사가 진행된 바로 직전 주에 할 일이 많아서 밤에 5시간 이상 잠자지 못했다고 응답했다. 설문 조사 대상 중 35%는 미국 시민이 아니었으며 그중에서 47%는 불법체류자여서 착취와 남용에 더욱 취약했다.[59]

하지만 구체적인 면면에서 한걸음 물러나 보면, 여성이 임금을 버는 노동 인구에 통합되었다는 게 나쁘다는 것은 아니다. 남녀 모두 좋은 직장을 구할 수 있고, 노동 시간이 짧아지며, 정부의 지원을 받고, 질 높은 보육과 노인 부양 서비스를 받고, 적절한 임금을 받으며 유급 가사도우미의 도움을 받을 수 있는 조건이 갖추어진다면 앞서 언급한 위기의 상당 부분을 해결할 수 있다. 상상도 못 할 일이라고 생각하는가? 아니다. 좀 더 분별 있는 체제였더라면 우리는 경제가 생산하는 수익의 일부를 이용해서 점진적으로 변화를 이루어낼 수 있었으리라. 하지만 자본주의와 성차별이 만연한 체제에서 이런 발상은 수익을 제대로 낼 수 없다는 구실로 재계의 완강한 반대에 부딪힌다.

가정 밖 영역에서도 자본주의가 발전하면서 사회적 긴장은 끊임없이 커지고 있으며 위기도 계속 늘어나고 있다. 자본주의의 기원에서 인종차별은 빼놓을 수 없는 요소였다. 자본주의는 성차별과 마찬가지로 인종차별을 통해 이익을 거뒀으며 차별은 더욱 심각해졌다. 자본주의가 맹렬하게 이익을 추구함에 따라 생산 시설에서 노동자 착취가 증가했으며, 노동자의 노동력 재생산 비용을 절감하려는 노력도 계속되었다. 또한 노예제도와 인종차별적 지배를 통해 인적·물적 자본의 강탈이 촉진됐다.[60] 노예제도는 영국과 프랑스, 스페인, 포르투갈과 마찬가지로 미국의 자본주의 발전에서도 핵심 역할을 담당했다. 노예제도에 힘입어 미국은 세계 면화 시장을 지배할 수 있었다. 면화는 바로 18세기 산업혁명의 핵심 원료이기도 했다. 19세기 초반에 면화는 미국 수출의 절반을 차지했다. 면화 수출을 통해 미국은 세계적인 경제 강국으로 성장했다. 미국 남부의 노예제도(1860년경에는 노예가 약 400만 명에 달했다)에 힘입어 뉴잉글랜드에서 섬유 제조업이 부상했으며 뉴욕은 자금을 조달받았다.[61] 야만적인 노예제도라는 과거의 유산에 더해 직업과 주거, 치안, 사법, 일상적인 사회 교류 영역에 걸쳐 인종차별이 계속 이루어지면서 흑인들은 몇 세대 동안 부를 축적할 기회를 박탈당하고 있다.

좀 더 최근에 미국으로 들어온 이민자들 역시 차별 문제에 직면해 있다. 그들은 값싼 노동력을 이용하려는 기업들 때문에 미국으로 이주했고, 심지어 모국의 자본주의 경제로 촉발된 세력에 쫓겨나듯 이주한 예도 있다. 좀 더 일반적으로, 자본주의 체제가 세계적으로 상호 의존적인 관계를 형성하면서 많은 사람이 모국의 경제, 환경 위기 때문에 세계를 떠돌고 있다. 이민자들은 노동 시장에서 과도한 경쟁에 노출되고, 자본주의 경제에서 기업의 제약을 받는 정부는 더욱 심한 압박에 시달린다.

환자와 노약자를 책임지는 체제 역시 자본주의 성격을 지닌 정치적·경제적 특성 때문에 취약성을 보여준다. 이 체제에서 일부는 수익성의 기회를 기업에 제공하기도 한다. 기업은 높은 가격에 서비스를 제시하지만, 간병인에게는 급여를 제대로 지급하지도 않고 고객에게는 수준 낮은 서비스만 제공한다. 정부로 넘어간 다른 영역에서는 기업이 끊임없이 압력을 행사하여 정부의 자금 지원이 제대로 이루어지지 못한다.[62] 그러는 동안 과자와 탄산음료, 패스트푸드 등 건강에 좋지 않은 음식을 판매하면서 기업은 이익을 벌어들인다. 우리가 자녀를 위해 TV에 정크푸드 광고를 내보내는 것을 저지하려 하면 기업의 대변인들은 분노를 표출한다.[63]

우리가 사는 동네와 도시, 지역에서의 여러 위기 역시 자본주의에서 비롯되었다. 지역 사회는 세금 환급이나 무조건적 지원, 혹은 지역이 지닌 자연적·사회적 이점을 활용해서 민간 기업을 유치하기 위해 경쟁해야 한다. 2017년 아마존이 본사 건물을 더 지을 제2의 도시를 찾고 있다고 발표했다. 이는 당시 시애틀이 펼쳤던 진보적인 주택 정책을 축소하라는 압력으로 작용했다. 또한 아마존의 발표 직후 미국 내 여러 도시의 시장(市長)들은 아마존을 유치하기 위해 큰 폭의 세금 감면과 보조금을 헐레벌떡 제안하는 애처로운 현상이 벌어졌다.[64] 이런 지역 경쟁의 결과로 특정 지역은 번창하는 반면 다른 지역은 쇠퇴한다. 2014년 미국의 일부 카운티에서는 기대수명이 87세였지만, 동시에 기대수명이 66세에 불과한 곳도 있었다. 1980년 이후부터는 확실히 격차가 더 벌어지고 있는데, 대부분 사회경제적 조건과 의료 접근성에 대한 불균형에서 비롯된다.[65]

주거 위기에서도 현 신자유주의 정책보다 더 뿌리 깊은 원인이 있다. 민간 부동산 사업의 이익에 떠밀려 공공주택과 임대료 통제, 도시 계획 등의 정책이 상당히 축소되는 실정이다. 정부의 강력한 개입이 없다면 저렴한 주택 대신 고급 주택과 콘도를 짓는 편이 훨씬 더 큰 수익을 창출한다. 그 결과 미국 대도시에는 고급 주택이 넘쳐나는 데 비해 공공주택은 턱없이 부족하다.[66]

마지막으로 교육 부분을 보자. 교육은 개인과 국가의 풍요로운 미래를 위해 점점 더 중요해지고 있다. 따라서 학교와 대학교에 대한 요구도 늘어나고 있다. 그럼에도 자본주의 사회에서 기업들은 전 국민을 위한 무상교육 예산을 마련하거나 심지어 교사에게 적절한 임금을 지급하기 위한 과세 제도에 반대한다. 20년 전만 해도 공립학교 교사가 받는 임금은 비슷한 수준의 학력과 경력을 보유한 다른 노동자에 비해 1.8% 작은 데 그쳤지만 2015년에는 그 격차가 17%까지 벌어졌다. 물론 교사는 노동자보다 나은 복지를 누리지만 이를 고려해 계산하더라도 격차는 여전히 11%였다.[67]

세계 경제의 위계질서

국제 관계가 협력보다는 경쟁으로 굴러가는 근본 원인은 세계 경제 강국들의 자본주의 특성에 기인한다. 국가 간에는 언제나 경쟁이 있게 마련이고, 경쟁의식에 영합해 이를 부추기며 이익을 보는 정치 지도자도 항상 존재한다. 하지만 자본주의 기업과 국가가 세계 경제를 장악할 때 기업의 성장 추구와 권력 구도에서 오는 경쟁 관계로 인해 국가 간 협력은 더욱 크게 제약을 받는다. 유엔UN 등의 국제기구는 국제적인 경쟁을 확실히 견제할 수 없다.

자본주의 초기 단계부터 기업은 성장에 대한 압박으로 자국을 넘어서 움직였으며, 거대 기업들은 이미 국제적으로 경쟁을 벌이고 있었다. 자본주의가 발전하면서 기업 간 경쟁 관계는 점점 범위를 넓혀 해외로 뻗어 나갔다. 기업들은 가난하고 약한 다른 나라에서 원자재를 찾아낸 뒤, 개발과 생산 시설을 세우고 모든 곳에서 자사 제품을 팔았다. 그리고 기업은 해당 지역 지배 계층과 연합했다. 기업은 동맹을 맺었던 지배 계층이 독자적인 이익을 주장하거나, 다른 나라에 기반을 둔 경쟁 업체가 방해할 경우 본국으로부터 정치·경제적 지원을 받아 수익 창출이라는 목표를 견고히 지켜나갔다. 1800년경 유럽에서 가장 부유했던 국가들은 세계 영토의 35%를 지배했으며 1914년에는 무려 85%까지 올라갔다.[68]

제국주의 지배체제는 처음 1917년 소비에트 혁명으로 도전받았다. 제2차 세계대전 이후 동유럽의 사회주의 블록과 중화인민공화국 및 여러 대륙에 흩어져 있는 비동맹 블록이 출현하면서 제국주의는 또다시 도전을 받았다. 하지만 사회주의 블록 밖에서, 심지어는 식민지였다가 독립한 수많은 나라에서도 지배적인 자본주의 경제와 기업의 이익 추구 때문에 국가 간 위계질서가 세워졌다. 자본주의 국가 중 (비공산주의) 세계 무대에서 영국으로부터 패권을 넘겨받은 나라가 바로 미국이었다.[69]

이러한 위계질서 안에서 미국이나 서유럽 같은 '핵심' 국가들은 가난한 '주변' 국가와 여러 중간 계층의 '준주변' 국가를 착취하면서 부를 계속 증대시키고 있다. 국제적인 분업 안에서 위계질서를 정하는 체제이므로, 부의 일부는 핵심 국가의 노동자들에게 흘러간다. 핵심 국가는 고부가가치 산업에 특화되어 있는데, 고등교육을 받은 직원이 필요하며 더 높은 임금을 제공한다. 반면 주변 국가는 원자재와 노동력을 제공하며, 준주변 국가는 덜 숙련되고 임금이 낮은 직원을 고용하는 저부가가치 산업에 특화되어 있다.[70]

물론 위계질서가 영구적이지는 않다. 주변 국가 중에서도 자본주의가 발전하면서 번영을 이룬 나라가 있다. 그렇지 못한 나라들은 여전히 극심한 가난에 허덕이고 있지만 말이다. 석유를 발견해서 특별한 자리를 차지한 나라도 있으며, 아르헨티나와 인도, 브라질, 멕시코, 인도네시아와 같은 국가는 주변 국가에서 준주변 국가로 신분 상승을 이뤘다. 이런 '중간 소득' 국가들은 핵심 국가의 기업들이 추가 투자를 고려할 법한 매력적인 기회를 제공한다. 한국이나 대만 등은 이제 핵심 국가로 여겨질 정도가 되었다.

자본주의 세계 경제는 전반적으로 상호의존적이며 불평등한 양상으로 발전하고 있다. 자본주의가 발전하면서 국가 내에서는 물론이고, 국가와 국가 사이에서도 끊임없이 불평등 문제가 발생하고 있다.[71]

구소련과 동유럽 사회주의 블록이 붕괴하고 중국과 베트남이 자본주의 기업의 투자를 허용함에 따라, 세계 자본주의 시장에 거대한 노동력이 새로 공급되었으며 투자와 판매를 할 수 있는 새로운 시장이 열렸다. 이는 크게 세 가지 결과를 낳았다.

첫 번째로 세계적인 기업은 훨씬 더 크고 강력해졌다. 세계 전체 총수입 순위 100위 안에 드는 조직을 살펴본다면, 69개가 기업이며 31개만이 국가다.[72] 이러한 기업은 여러 국가에 세워둔 자회사들을 통해 원하는 대로 가격을 설정해 내부 거래를 할 수 있으며, 조세회피처를 통해 수익을 안전하게 지킬 수 있으므로 세금 납부 여부와 어디에 세금을 납부하는지에 대한 통제력이 매우 높다.[73] 또한 정부의 힘은 약하고, 사람들은 자포자기 상태인 주변 국가로 환경과 사회 면에서 파괴적인 행위를 수출한다.[74] 거대한 규모를 가진 기업들은 수입하는 국가에 지대한 영향력을 행사한다. 세계적인 기업은 정치·경제·군사 수단을 통해 자신들에게 필요한 자국 정부의 자원을 이용한다.[75]

두 번째로, 미국과 서유럽 경제가 극심하게 붕괴되었다. 이들 핵심 국가에서도 발달이 더딘 분야의 노동자들은 준주변 국가로 새로이 진입한 노동자들과 경쟁해야 했다. 자본은 국가 간 이동이 자유로워졌으나 노동자의 이동 문제는 여전히 제약이 많다. 여러 국가에 시설을 갖춘 다국적 기업은 이주에 대한 위협을 이용해 임금을 낮출 수 있다. 또한 노동자가 더 부유한 지역으로 이주할 경우 국내 노동 시장 경쟁이 치열해지면서 갈등이 고조된다. 자본주의 체제에서 노동자는 폐쇄적인 나라이건 개방적인 나라이건 양쪽 모두에서 구박받을 뿐이다. 더욱이 세계의 정의와 평등을 추구하는 강력한 국제 세력이 없다 보니 포퓰리즘이나 독재정권, 외국인 혐오 등 우익 운동이 핵심 국가에서 부상하는 것은 당연한 결과라 하겠다.

세 번째로 세계 경제에서 중국이 새롭게 떠오르면서 미국은 패권 국가로서 지위를 위협받고 있다. 또한 개발도상국에서 영향력을 얻기 위해 경쟁하는 사회주의 블록이 존재하지 않기 때문에 미국과 중국, 유럽, 아마도 러시아까지 4자 간 경쟁을 벌이고 있다. 경쟁 관계를 제어할 수 있는 패권 국가가 없으므로 현재 세계는 냉전 시대보다 훨씬

불안한 상태다. 단언컨대 그 어느 때보다 세계 핵전쟁의 위험이 가까워지고 있다.[76]

근본적인 국제적 긴장 관계로 인해 기후변화와 전쟁, 이민, 핵 문제 등 중대한 사안에 대해 국가 간 합의를 이루기가 매우 어려운 실정이다. 또한 바로 이 때문에 긴장 관계를 개선하는 데 미국이 걸림돌이 되고 있다.

물론 자본주의가 우리 주변 모든 문제에 책임이 있는 것은 아니다. 하지만 자본주의의 기본적인 특징(사회의 생산 자원을 사유재산으로 소유한 극소수층과 임금을 대가로 고용주를 위해 일하는 다수 계층 사이의 갈등, 소유주를 압박하는 수익과 성장 의무, 그리고 소유주들의 수익 창출에 종속된 정부 등)은 모든 문제의 직접적인 원인은 아닐지언정 많은 문제를 증폭시키고 해결하기 힘들게 만들고 있다.

3장

생산의 사회화가
가져온 양면성

자본주의의 특성상 생산의 사회화가 촉진되었다.
생산의 사회화는 물질적 풍요로움과 안락함을 제공하는 동시에
자본주의가 유발한 문제점을 악화시킨다.
우리는 사회화된 생산의 결실을 누릴 기회를 박탈당했다.

앞서 살펴본 자본주의의 특성은 또다시 독특한 성질로 이어진다. 바로 경제 활동이 이루어지는 가운데 거미줄처럼 이어진 상호의존성이 계속 확장된다는 점이다. 자본주의가 끊임없이 수익, 성장, 생산성, 시장을 추구함에 따라 기업들은 덩치를 키우고 활동 범위를 넓혀나가며, 기업 내부에서 상호의존성은 배로 증가한다. 또한 기업들이 공급자, 소비자, 정부 지원의 저변을 키워나가는 과정에서 기업과 기업 사이의 상호의존성, 그리고 기업의 범위를 넘어선 상호의존성도 덩달아 증가한다.

상호의존성이 증가함에 따라 자본주의는 생산성을 높이고 많은 사람의 생활 수준을 향상시켰다. 한편 자본주의가 발전할수록 증가하는 상호의존성은 자본주의의 다른 특성이 유발한 문제들과 복합적으로 얽혀 상황을 더욱 악화시킨다. 서로 경쟁하는 독립적인 기업들로 이루어진 사기업 체계와 생산 체계가 점점 더 서로 떼어놓을 수 없는 관계가 되고 있다. 지금부터는 고조되는 긴장 상태를 살펴보고자 한다. 두 가지 측면을 차례차례 알아보자.

상호의존적 생산의 확대

인류 역사상 자본주의는 가장 빠르게 생산성을 키워낸 제도다. 이전의 어떤 사회보다도 월등히 빠르게 말이다.[1] 이윤을 얻기 위해 생산하는 기업은 더욱 싼 부품, 더욱 생산적인 장비, 신제품 아이디어, 신규 고객, 신규 시장을 찾아 부단히 노력해야 한다. 임금 노동자를 고용한 기업은 계속하여 더욱 저렴한 노동력을 찾아 나서며, 인건비를 줄일 새로운 방법을 찾는다. 정부는 법률, 규제, 외교 정책, 심지어는 무력까지 동원하여 기업의 노력을 거들어준다. 한편 기업은 환경적 또는 사회적 외부효과에 책임질 생각이 없다.

양쪽에서 압력이 가해지면서 경제 활동의 상호의존적인 네트워크는 계속 커져간다. 그 덕분에 한쪽에서 생산성과 이윤을 혁신적으로 증가시키면, 상호의존적인 다른 곳에서도 혜택을 누린다. 상호의존성은 다양한 형태로 확대된다. 기업은 내부적으로는 활동 범위를 넓혀나가며, 외부적으로는 더 다양한 공급자를 찾고, 더 다양한 소비자에게 물건을 판다. 기업이 접하는 정보의 출처 역시 다양해진다. 그리고 기업은 사회적·물질적으로 공유되는 기반시설 확장에도 의존한다. 과거의 경제 체제에서도 무역 네트워크가 발달하였으며 대륙 간 거래도 일어났다. 그러나 자본주의는 상호의존성을 사상 최대의 속력으로, 극적으로 키워냈다.[2]

상호의존성이 점차 증가하는 현상을 보고 사회의 생산 능력을 점점 '사회화'하고 있다고 생각할 수 있다. 여기서 사회화는 생산자가 고립된 상태에서 개발·운영하기보다는 다른 생산자와 더 넓은 사회의 다른 부분에서 역량을 흡수·활용해 노하우와 기술의 혜택을 받는 정도를 말한다. 재료, 성분, 장비, 기술, 공유된 기반시설 등이 정교해지면서 이러한 자원을 활용하는 생산자의 능력은 더욱 향상된다. 자본주의가 장기간에 걸쳐 발전하면서 생산 영역의 사회화는 가속화되고 있다.[3]

19세기 초 미국 등 초기 자본주의와 현대 자본주의의 전형적인 기업을 서로 비교해보면 구체적으로 와닿을 것이다.[4] 초기 자본주의의 전형적인 기업은 인구 밀도가 높지 않은 시골이나 소도시의 작은 농장이 대부분이었으며, 작업소나 상점도 있었다. 대규모 농장과 은행은 그리 많지 않았다. 작은 농장이나 작업소, 상점에서는 가족이 아닌 사람을 고용한다 해도 같은 동네 출신이었다. 이들 기업은 대개 경제적으로 자급자족을 이루었다. 자신이 먹을 식량을 직접 생산하고, 자신의 건물을 짓고, 자신의 옷과 도구를 만드는 사람들도 많았다. 전문적인 도구나 재료(편자나 직물 등)가 필요할 때는 지역 상점에서 샀으며, 상점 주인들은 해당 상품을 직접 생산하거나 인근 도시에서 들여왔다. 생산자들은 자신의 생산품을 지역 고객에게 직접 팔기도 하고, 자신을 대신해 물건을 판매해줄 상점 주인에게 넘기기도 했으며, 때로는 다른 마을에서 되팔아줄 도매상에게도 팔았다. 1800년대 초 미국에서 장거리로 이동하고 교역할 수 있는 실용적인 방법은 바다와 강 등 수로를 이용하는 것뿐이었다. 주요 도시 몇 군데를 연결하는 도로가 있었지만, 매우 어렵고 힘든 여정이었다. 물론 대도시에서는 해외 무역이 이뤄졌으므로 넓은 범위에서 상호의존성이 형성되었다. 그러나 1800년에는 미국인의 94%가 도시가 아닌 시골 지역에서 살았다. 1850년이 되어도 시골 인구는 여전히 전체 인구의 85%에 달했고, 1890년에는 60%였다.

소유주와 노동자, 공급자, 소비자는 모두 대체로 해당 지역의 전통 방식과 노하우에 의존했다. 업무에 필요한 것은 부모에게 배우거나, 직접 일을 하면서 배워나갔다. 학교에 다닌 사람은 드물었으며, 설령 학교에 간다 해도 대개 초보적인 교육에 그쳤다.[5] 많은 이들이 읽기를 배우긴 했지만 대부분 『성경』만 읽고 말았다. 흑인 노예들은 읽는 것도, 읽기를 배우는 것도 금지당했다. 일부 지배 엘리트층을 제외하면, 지적으로 가장 우수한 이들은 바로 공예가들이었다. 전체 노동 인구 중 공예가는 극소수에 불과했으며, 도제 기간에 엄청난 양의 공예 기술을 익히고 배워야 했다.

이와 같은 과거의 전형적인 모습을 현대의 전형적인 기업과 비교해보자. 회사와 회사 관련 시설(공장, 사무실, 상점)의 규모가 평균적으로 매우 커졌으며, 경영자가 직접 관리하는 상호의존적 활동 역시 범위가 훨씬 넓어졌다. 앞서 보았듯이, 현재 노동 인구의 절반 이상은 직원이 500명이 넘는 대형 회사에서 근무하고 있다. 이토록 회사가 커진 것은 독점과 규모의 경제가 서로 영향을 미친 결과다. 회사는 독점력을 추구하며 성장한다. 독점력을 갖춘 회사는 경쟁 업체들을 모두 쫓아내고, 제품을 비정상적으로 높은 가격에 판매하거나, 원자재를 비정상적으로 낮은 가격에 구입할 수 있다. 한편 경영자가 상호의존적 활동을 통합적으로 관리할 경우, 업무를 효율적으로 진행할 수 있으므로 회사는 더욱 성장할 수 있다.[6]

공급자와 고객이 묶인 시장에서 간접적 형태의 사회화 역시 발전하였다. 전 세계에 퍼진 수십, 수백 공급자들은 생산성을 키우기 위한 혁신을 담은 도구와 원자재를 기업에 공급하고 있다. 여기서 공급자 역시 전 세계 구석구석에 퍼진 이전 단계 공급자의 원료를 사용한다. 미국의 전형적인 기업은 미국뿐만 아니라 다른 대륙에도 소비자가 있으며, 소비자에게 혁신적인 아이디어를 받기도 한다.

과거에는 이동과 통신이 느리고 비쌌다. 오늘날 기업들은 육지, 항공, 해상과 전화, 인터넷 통신 등의 치밀한 네트워크 덕분에 내부적 (다양한 부서, 공장, 상점, 사무실 등)으로도 외부적(공급자와 고객 등)으로도 서로 연결되어 있다.[7] 파타고니아Patagonia 같은 중견기업만 봐도, 전 세계 수천 개 매장에서 제품을 판매하고 있다. 파타고니아는 14개국 81개 공장에서 완제품을 공급받으며, 공장의 소재지는 베트남(18곳), 스리랑카(17곳), 중국(11곳), 중남미(20곳) 등에 분포해 있다. 또한 공장마다 각기 원자재와 장비를 책임지는 수많은 공급자가 있다. 이러한 '세계화'로 인해 많은 미국 공장 노동자들이 비참한 결과를 얻었으나, 미국의 소비자들은 저렴한 가격에 물건을 살 수 있었다. 그리고 가난한 나라의 많은 사람에게 일자리가 생기는 등 실질적인 생산성 향상을 가져오기도 했다.

여기서 사회화는 기업 내부와 기업 간의 폭넓은 유대관계, 공유된 지식 자원에 대해 커져가는 의존도, 주로 정부가 제공하는 사회적·물질적 공유 기반시설에 대해 커져가는 의존도에 따라 발전해왔다.[8] 이러한 현상은 적어도 세 가지로 나타난다.

첫째, 현대 기업들이 공유하는 방대한 과학 및 기술 지식에 의존하는 데 있어 대단히 높은 상호의존성이 드러난다. 미국을 비롯하여 전 세계 대학과 기업 연구는 계속해서 지식의 풀을 확장하고 있다. 미국 정부는 모든 기초 연구의 60%에 지원하고 있으며, 후속 응용 연구 분야에 대한 관여도 점점 증가하고 있다.[9] 200년 전은 말할 것도 없고 50년 전, 100년 전과 비교했을 때 지식 선진화를 위한 정부의 역할은 대대적으로 커져왔다.

둘째, 기업은 미국의 초등·중등·고등 교육 체제를 통해 사회에 축적된 지식의 전달에 점점 더 크게 의존하고 있다. 1850년에는 미국의 5~19세 사이 인구 가운데 학교에 다니는 비중은 절반 이하였으며, 그중에서도 흑인은 채 5%도 되지 않았다.[10] 오늘날 그 비율은 90% 이상으로 꾸준히 증가했으며, 1980년경에는 모든 인종이 같은 비율을 보였다. 고등학교를 마친 미국인 비율 역시 19세기 중반에는 훨씬 낮았고, 1900년에도 여전히 7% 이하였으나 꾸준히 상승해서 오늘날에는 약 88%에 이르렀다.

기업에서 더 많이 교육받은 피고용인을 필요로 했다는 이유만으로 교육이 확대된 것은 분명 아니다. 교육은 계급 간 격차가 여러 세대에 걸쳐 지속되는 현상을 완화하며, 젊은이들을 훈련하고, 훗날 직장에서 경험하게 될 관료적 통제에 익숙해지게 하는 방법이기도 하다.[11] 미국 경제에서 일자리가 계속 줄어들고 있다는 우려에도 불구하고, 산업의 장기적인 추세에 따르면 분석 기술과 사회적 기술에 대한 요구는 점점 증가하고 있다. 그 결과 산업은 좀 더 교육받은 노동 인구를 필요로 했다.[12]

셋째, 도로, 철도, 통신, 상하수도, 소방기관, 연금, 의료 복지, 산업 지원, 지역 사회 지원은 물론 법 체제와 국방 등 정부가 지원하는 기반에 대해서도 산업의 상호의존성이 커지고 있다. 미국 정부(연방정부, 주정부, 지방정부를 통틀어서)의 총지출은 1900년 국내총생산GDP의 약 7%였으나 오늘날은 약 37%로 꾸준히 증가해왔다. 정부의 경제 활동 분담률을 축소하려 한 적도 있었으나 거의 성공하지 못했다. 전쟁이 벌어져서 정부가 극적으로 팽창했던 짧은 시기와 2008년의 금융위기 해결을 위해 정부가 팽창했던 시기의 경우 어려운 시국이 끝나고 나서 후속 조치로 정부를 축소하였는데, 이때는 제외한다. 신자유주의는 규제 완화와 정부 축소를 지향하며 분투해왔지만, 실제로는 정부를 축소하기보다는 정부의 서비스 제공을 민영화하는 차원에 가까웠다.[13]

요컨대 과거 경제 활동이란 주로 지역이나 개인의 일이었으며 상대적으로 서로 고립된 소규모 기업이 경제 활동의 주체였다. 당시 기업들은 서로 연결되지 않은 지역에 흩어져 있었으며 독립적으로 활동했다. 반면 오늘날의 여러 기업은 복잡한 재료와 기술, 과학과 공업 기술, 교육받은 근로자, 사회와 물질적 기반 등 방대한 사회적 자원을 활용하고 있다. 이에 따라 지역 내, 그리고 지역 간의 상호의존성 네트워크가 점차 증가하고 있다. 즉, 생산이 점차 사회화되고 있다.

사실 그 덕분에 가족 농장의 구조가 재편성되어 생산성이 훨씬 좋아지기도 했다(환경 파괴이긴 하지만 말이다). 오늘날 농장은 엄청난 기술과 과학 자원에 의존한다. 카길Cargill 등 다국적 기업과 거래하고, 몬산토Monsanto 등의 회사에서 조달하는 화학물질과 종자를 사용하며, 아그코Agco 등 거대 기업의 장비에 의존하는 식이다. 은행에서 대출받아 자금을 마련하고, 미국 농무부와 기타 정부 기관의 보조금도

지원받는다.[14]

미국 경제가 경험한 이러한 거대한 변화를 고려하지 않고서 사람들이 우리 경제는 '민간' 기업에 기반을 두고 있다고 말하면 고개를 갸웃하게 된다.[15]

사회화된 생산 vs. 사유재산

경제 활동의 실체가 점점 더 사회화되었다고는 하지만, 사회의 주요 경제 자원에 대한 재산권은 본질적으로 여전히 사적인 영역에 속한다. 생산 활동은 점점 더 상호의존적으로 이뤄지는 데 반해 생산 활동이 의존하는 자원, 즉 우리 삶에 필요한 재화와 서비스를 만드는 데 필요한 물질과 장비는 여전히 사유재산인 것이다. 개인(투자자와 투자자가 임명하는 최고경영자)은 생산적 자산을 사고팔 권리('소유권')와 자산을 어떻게 사용할 수 있는지를 결정할 권리('통제권')를 모두 갖는다. 이들 민간 기업은 상호의존성이 심화해가는 데도 이익과 성장을 위해 서로 경쟁한다.

사회화된 생산과 사유재산 간의 차이가 점차 증가하면서, 자본주의 체제의 다른 특성들에 내재한 문제들도 악화하고 있다. 해당 특성들을 하나하나 살펴보고 상호작용이 어떤 식으로 이루어지는지 알아보자.

첫째, 이윤을 위한 생산과 그로 인한 경제적 불합리를, 날뛰는 경기순환이라는 틀 안에서 분석해보자. 회사의 규모가 작고 국지적인 시장만 존재했던 시기, 즉 생산의 사회화가 제한되었을 때의 경기순환은 대개 지역 시장에 한정되었다. 그러나 광범위한 지역에 걸쳐서 생산의 상호의존성이 커지면서 이제 경제 침체는 국가 전체는 물론이고 방대한 영역의 세계 경제에까지 영향을 미치고 있다.[16] 금융위기 역시 점점 더 세계화되고 있다. 2008년 금융위기 때 확인한 바와 같이 미국에서 시작된 금융위기가 다른 나라들에까지 빠르게 퍼졌으며, 유럽을 비롯한 많은 나라의 경제가 큰 타격을 입었다. 상호의존성을 지닌 생산 네트워크는 촘촘하면서도 전 세계적으로 널리 퍼져 있다. 맹목적이고 앞날에 대한 계획도 없는 신생 시장 프로세스에 의존해서 생산 네트워크를 조정하겠다는 시도는 불합리하며 치러야 할 대가도 증가하는 실정이다.

앞서 살펴봤듯이 이윤을 위한 생산 역시 집중과 집약을 향해 가는 경향을 보이며, 사회화에 따라 독과점과 관련된 위험과 비용도 증대한다. 규모가 큰 회사가 작은 규모의 경쟁 업체보다 효율적인 것은 사회화 덕분이다. 그렇지만 이윤을 위한 생산 체제에서 규모가 큰 회사는 자사의 시장 지배력을 독점적으로 사용하며 불평등과 낭비 문제를 심화시킨다. 몇몇 회사가 산업을 지배한다면, 그들에게는 임금을 낮추고 가격을 올려서 이윤을 증대할 힘을 손에 쥔 셈이다.[17] 회사들은 더욱 높은 수준으로 규모를 유지하면서 잠재적 경쟁 업체가 자신들의 산업에 진입하지 못하게 막는다.[18]

사회화는 규모의 경제는 물론이고 '네트워크 경제'를 제공하는 기술 발전을 촉진한다. 따라서 사회화는 독점의 위험성을 키운다. 자산을 사용하는 사람이 늘어날수록 자산의 가치가 증가할 때 이를 네트워크 경제라 한다.[19] 페이스북Facebook 이용자가 늘어날수록 이용자들이 누릴 수 있는 가치가 얼마나 늘어날지 생각해보자. 그리고 네트워크 효과가 광고주들에게 얼마나 매력적일지도 생각해보자. 페이스북이 총 온라인 광고비의 70%를 점유하는 것은 당연하다. 구글Google도 마찬가지로, 사람들이 구글을 더 많이 사용하여 검색 알고리즘이 발전함에 따라 구글 검색이 얼마나 더 효과적으로 바뀔지 생각해보자. 또한 페이스북과 마찬가지로 광고주들 역시 구글의 네트워크 효과에 편승할 것이다. 네트워크 경제는 규모의 경제보다 훨씬 더 빠르게 성장하며, 그 결과 디지털 기반 산업은 종종 유별날 정도로 집중되고는 한다… 그리고 거대 기술 기업은 대체로 어떠한 견제도 받지 않으며 어마어마한 독점력을 마음껏 휘두르고 있다.[20]

둘째, 사회화로 인해 임금 노동자들의 소외가 얼마나 더 나빠지는지 고려해보자. 생산이 사회화되면서 기업당 평균 직원 수가 증가한다. 통합된 소유권 아래에서 기업들은 광범위한 내부 활동 네트워크를 조정하며, 더 큰 경제 효과를 확보하기 위해 각 활동의 상호의존성을 정밀하게 조율한다. 그러나 통제를 맡은 최상위 경영자들은 직원들을 단순히 고용된 인력으로 여기며 일터에서 소외시킨다. 회사의 규모가 클수록 직원의 참여가 줄어든다는 것은 놀랍지도 않다. 직원 수가 25명 미만인 회사에서는 직원 중 약 59%가 직장에서 아예 참여하지 않거나 적극적으로 참여하지 않으며, 직원이 1천 명 이상인 기업에서는 그 비율이 70%까지 올라간다.[21] 사회는 사람들이 자신에게 영향을 미치는 의사 결정 과정에 목소리를 낼 수 있어야 민주주의라고 부르짖지만, 일터에서 노동자 소외로 인해 그 기능은 점점 약해지며 사람들을 좌절시킨다. 그래서 우리의 위기는 더욱 심각하다.

두 번째 메커니즘, 즉 교육 수준 상승으로 인한 사회화도 노동자 소외를 한층 더 강화한다. 앞에서 살펴보았듯이 생산의 사회화는 점점 더 높은 교육 수준으로 이어지며, 점점 더 많은 사람이 과학, 기술, 문학 등 넓은 세계를 만나고 있다. 산업이 발전함에 따라 수작업은 기계와 자동화로 대체된다. 직원들의 업무는 직접 원자재를 다루는 데서 벗어나서 이제는 기계를 조작하는 일로 이동하는 추세다. 이러한 변화에는 대개 (항상 그렇지는 않지만) 교육을 더 많이 받은 직원이 필요하다. 그런데 교육을 더 많이 받고 더 복잡한 업무를 맡은 직원들은 직장에서 의사 결정을 맡은 독재적 권위에 의해 훨씬 더 소외된다. 따라서 고졸 이하의 직원들에 비해 대졸 직원들의 소외 수준이 더 높다는 것은 놀라운 일이 아니다.[22]

셋째, 정부가 민간 기업에 종속됨에 따라 시민에게 냉담해지는 상황을 살펴보자. 생산의 사회화로 인해 민간 부문의 사회적·물리적 기반을 확보하기 위해 정부에 투자를 요구하는 목소리가 증가한다. 정부는 교육, 교통, 통신 기반시설 및 연구개발 등 더 광범위한 분야에 투자해야 하지만 기업에 종속된 정부는 민간 부문의 수익성에 별 도움이 되지 않는 영역에는 투자하려 하지 않는다. 그리고 사업 부문 자체도 경쟁 관계로 분열되고 있다. 그 결과 민간 부문의 혜택을 줄일 것으로 예상되는 공공 투자가 지연되거나 축소되고, 아예 사라져버리기도 한다.[23] 아주 좋은 결과를 가져오리라 알려진 영역에서조차 기본적인 연구개발에 대한 정부의 투자가 제한되는 것이다. 교량과 고속도로는 망가지거나 위험한 상태가 되고 교육과 건강 및 의료 분야에 대한 자금 조달은 부족해진다. 생산이 사회화되면서 더 광범위하고 효율적인 정부가 필요하지만, 민간 기업을 중심으로 하는 경제에서는 근시안적인 비전을 가진 기업이 추구하는 수익성에 도움을 주는 정부만 있을 뿐이다.

민간 기업 체제가 자연환경을 외면하면서 점점 지속 불가능해지는 현상에 대해서도 고려해보자. 사회화로 인해 경제 성장이 가속화되고, 이윤을 최우선으로 추구하는 산업이 생산량을 증대할수록 환경 파괴도 심각해진다. 그리고 민간 기업에 기반을 둔 체제에서, 정부는 기업 이익에 종속되었기 때문에 환경 파괴에 적절하게 대응할 능력이 없다. 기후변화에 직면한 상황에서조차 문제를 해결할 의지가 없고, 규제 당국이 농업, 광업, 산업, 전자 분야에서 유독성 폐기물이 늘어나는 것도 막지 못하는 현실이 바로 그 증거다.

생산의 사회화가 사회 분열이나 여성의 지위에 미치는 영향에 대해서도 생각해보자. 생산의 사회화가 점차 확장되면서 과거 집안에서 생산하던 음식과 의류까지 대부분 아우르게 되었다. 이런 상황과 앞서 논의한 다른 요소들로 인해 여성은 대거 노동 시장에 뛰어들었다. 그러나 자본주의 민간 기업 체제에서는 생산의 사회화로 인해 일과 가정생활 사이에서 여성이 느끼는 긴장이 더욱 고조된다.

도시와 지방에 대해 생각해보자. 생산의 사회화로 인해 도시와 지방은 촘촘하게 연결되어 상호의존하게 되었다. 그러나 민간 기업 경제 체제하에서 도시와 지방은 산업과 투자를 유치하기 위해 서로 경쟁하는 처지가 됐다. 경쟁에서 패배하면 공동체가 쇠퇴하고 정부 지원마저 제대로 이루어지지 못한다.

마지막으로 사회화가 국제 관계에 미치는 영향에 대해 생각해보자. 사회화가 진행되어 국가 장벽을 뛰어넘으면 생산과 투자, 판매도 국제화된다. 핵심 국가의 대기업들은 방글라데시와 중국 등 여러 나라를 아우르는 국제적 공급망을 동원한다. 경제적 상호의존성이 증대되면 국제 관계가 좋아질 것이라 기대할 수도 있겠다. 하지만 자본주의 체제에서 경제의 국제화는 제국주의적인 모습을 띠며, 여러 국가의 정부에 큰 힘을 행사하는 소수의 다국적 거대 기업이 경제적 권력을 손에 쥔다. 기업과 정부 사이에서 벌어지는 경제적 갈등이 국제화되면, 국제적인 긴장감과 불평등을 줄이기는커녕 오히려 악화시킨다.

미국 정부는 자국 경제의 경쟁 조건을 개선하고자 독점 기업을 해체하려고 독점 금지 조치도 시도했다. 그러나 미국의 독점 금지 조치는 미국에 기반을 둔 독점 기업이 국제 경쟁에서 갖는 위상을 약하게 할 수 있다. 바로 이 때문에 '너무 거대해서 망할 수 없는' 은행들이 미국에 아직도 남아 있는 것이다. 오바마 행정부는 거대 은행을 해체하고자 독점 금지 시도를 했지만 모두 저지되었다. 거대 은행을 해체했다가는 외국 은행과의 치열한 경쟁에서 미국 은행의 입지가 줄어들기 때문이다.

앞서 보았듯이 자본주의 경제 체제의 기본 특성 때문에 우리가 직면한 여섯 가지 위기가 발생했다. 또한 자본주의의 특성 때문에 생산의 사회화가 촉진되었다. 우리는 생산의 사회화가 가져오는 두 가지 결과에 대해서도 살펴보았다. 생산의 사회화는 물질적 풍요로움과 안락함을 제공하는 자본주의의 놀라운 기술 혁신과 생산성의 향상을 뒷받침한다. 그러나 한편으로 생산의 사회화는 자본주의가 유발한 문제점을 악화시킨다. 사회화로 인해 여러 가지 위기는 더욱 심각해졌고, 우리는 사회화된 생산의 결실을 누릴 기회를 박탈당했다. 위기 상황에 대처하고 우리의 잠재력을 발휘하려면, 점점 더 사회화되는 생산과 민간 기업의 아집 사이에서 고조되는 갈등을 해소해야만 한다.

4장

무엇으로 자본주의를
구할 수 있을까

자본주의를 개혁할 수 있는 모델들을 살펴보자.

생산의 결실이 특정 지배 계층이 아닌 모두에게 돌아가게 할 수 있을까?

윤리적 자본주의, 규제 자본주의, 사회민주주의, 테크노 유토피아주의를

하나하나 살펴보며 어느 정도 잠재력을 가졌는지 알아보자.

생산 활동에서 상호의존성이 점점 증가함에 따라 사회의 생산 자원에 대한 소유권과 통제권에 대한 조정이 필요해졌다. 또한 상호의존적인 생산의 결실이 지배 계층이 아닌 모두에게 돌아가도록 해야 한다. 따라서 우리는 기업이 이익 추구라는 목표보다는 사회적이고 환경적인 지침에 따라 움직이게 하는 방법을 찾아내야 하며, 이런 취지에서 재산을 '사회화'할 필요가 있다. 그러면 기업은 의사 결정 과정에서 자사의 수익성을 중시하는 동시에 광범위한 사회의 우선순위역시 고려하게 될 것이다.

이미 수많은 사회적 혁신이 일어나고 있고, 재산을 사회화하려는 노력도 나타나고 있다. 공상과학 소설가인 윌리엄 깁슨의 표현대로, '미래는 이미 여기 와 있다. 단지 균등하게 퍼져 있지 않을 뿐이다'.[1] 예컨대 지역 사회의 식품협동조합의 경우, 수익 창출보다는 건강한 음식을 먹는 것과 마음이 맞는 사람과 일하는 것을 우선으로 한다. 또한 '지향하는 바와 이익 창출 사이에서 균형을 잡는다'라는 목표를 선언한 '비 코퍼레이션B corporations ('비콥B Corp'이라고도 하며, 일종의 사회적 기업 인증 제도와 비슷하다. 국내에서도 비콥 인증을 받은 기업이 늘어나고 있다-옮긴이)'에 대한 관심도 증가하고 있다.[2] 수익 중심의 부동산 산업에 맞서 등장한 도시계획 노력은 적절한 가격의 주거 공간을 제공하기 위해 최선을 다하고 있다. 미국에서는 건강보험의 민영화 대신 공영화를 추구하는 움직임도 있다. 시장 경제에 박애주의적 대안을 제시하는 다양한 비정부기구들도 있다.

또한 위키피디아Wikipedia와 같은 '오픈소스open source' 프로젝트에도 주목해보자. 위키피디아는 어떠한 수익 창출도 없이 순전히 사람들의 자발적인 노력으로 탄생한 강력하고 새로운 검색 도구다. 이 같은 사례들은 사유재산 축적을 위한 이익 창출 위주의 체제가 인간의 삶을 망치며, 생산 자원이 수익성만 추구하기보다는 인류와 지구의 복지를 위해 사용되어야 한다는 점을 입증한다.

사회 혁신을 향한 시도는 당연히 높이 살 만하지만, 그동안 제안된 개혁안들이 앞서 본 여섯 가지 위기를 확실히 해결할 수 있을지는 불분명하다. 개혁 시도의 근간이 되는 네 가지 개념, 즉 윤리적 자본주의, 규제 자본주의, 사회민주주의, 테크노 유토피아주의를 하나하나 살펴보며 어느 정도 잠재력을 가졌는지 알아보자.

여기서 다루는 개혁 모델들은 모두 민간 기업 체제를 유지하는 것을 기본 전제로 하면서, 더욱 넓은 범위에서 이해당사자의 요구를 받아들이도록 기업의 목표를 확장하고, 정부의 역할 강화를 촉구하기도 한다. 해당 개혁 모델들은 나중에 논의할 급진적인 민주사회주의 모델과 마찬가지로, 기업이 의사 결정을 하는 과정에서 사회적 요소와 환경적 요소를 먼저 고려하도록 유도할 수 있다. 그러나 여기서 개혁은 기업에 대한 통제를 부분적으로만 사회화시킨다는 한계가 있다. 결국 이들 개혁 모델은 점차 심화되는 위기에 대한 해결책은 되지 못할 것이다.

윤리적 자본주의?

윤리적 자본주의 모델에서 기업은 인류와 지구의 미래를 생각하며 소비자, 투자자, 경영자의 가치관과 양심을 당장 눈앞의 이익보다 더 우선시한다. 좀 더 나은 세상을 위하여 기업의 힘을 선한 목표를 위해 사용하는 데 집중한다는 점에서 다른 전략과 차이가 있다. 반응 없는 정부에 좌절한 많은 사람이 해결책을 찾기 위해 기업으로 눈을 돌리는 것은 어찌 보면 당연하다.

윤리적 자본주의 모델은 크게 두 가지 형태로 나타날 수 있다. 첫 번째 형태는 기업이 외부적 요소인 사회적·환경적 목표에 더 전념하는 것이다. 이는 '기업의 사회적 책임,' '깨어 있는 자본주의,' '공유가치' 등의 이름으로 언론에 등장하기도 한다.[3] 예컨대 유니레버Unilever와 파타고니아Patagonia는 유기농업과 지속 가능한 해산물 생산을 지원하고, 팜유 생산 플랜테이션을 환경적·사회적으로 관리한다.

윤리적 자본주의의 두 번째 형태는 기업이 내부적으로 직원들을 위해 '고차원 전략high-road strategy'에 집중하는 것이다. 여기서 기업은 직원을 교육하고 발언할 기회를 늘리는 데 투자한다. 예컨대 사우스웨스트 항공Southwest Airlines과 코스트코Costco 등의 기업은 업계 평균 이상의 임금과 직원 복지, 직원의 경영 참여 등으로 유명하다.[4]

윤리적 자본주의는 매력적인 아이디어를 잔뜩 제공한다. 이미 수많은 미국인이 기업에 좀 더 책임감 있는 행동을 요구하고 있으며, 선견지명을 갖춘 일부 기업 경영자들은 이를 따르고 있으니 분명히 좋은 현상이다. 더 많은 기업 경영자가 책임감 있게 행동한다면 자본주의 체제에서 발생한 여러 가지 문제 상황이 다소 나아질 것이다. 이 책 뒷부분에서 나는 일부 기업이 도입한 혁신적인 경영 체제를 통해 사회주의자가 많은 것을 배울 수 있다는 사실을 언급할 것이다. 게다가 이런 경영 방식이 기업 경쟁력 향상에도 도움이 될 수 있다는 증거도 많다. 또한 기업이 현행보다 더 윤리적으로 행동하더라도 수익에 타격을 입지 않는다는 증거 역시 많다.[5]

그러나 현재 우리가 직면한 가장 심각한 문제를 해결하기 위해 윤리적 자본주의 모델을 도입하기에는 큰 장애물이 있다. 사업 활동 과정에서 발생한 부정적 외부효과(직원, 지역 사회, 자연환경 등)를 기업이 책임지려고 한다면 추가 비용이 발생할 수 있고, 그러다 보면 책임을 지지 않는 다른 기업에 뒤처질 우려가 있다. 때로는 기업이 창의적 해결책을 고안해서 추가 비용을 발생시키지 않으면서 부정적 외부효과를 줄일 수도 있다. 기업들이 이처럼 윈윈전략을 찾기 위해 노력한다면 좋기는 하겠지만 윈윈전략이 거대한 환경 문제와 사회 문제를 본격적으로 해결할 수는 없다.[6] 우리가 아는 부정적 외부효과가 모두 허상이 아니고서야, 윈윈전략으로 문제를 해결할 수 있을 리가 없다.[7]

윤리적 자본주의를 주장하는 사람들은 추가 비용 문제와 관련해서 고수익을 낼 가능성이 있다는 쪽으로 우리의 관심을 돌리고자 한다. 사회적이고 환경적인 문제에 민감한 이해당사자(소비자, 직원, 투자자, 경영자)는 좀 더 책임감 있는 기업이 제공하는 제품과 서비스에 기꺼이 비용을 더 낸다는 주장이다. 예컨대 환경적·사회적 영향에 대한 책임을 지고자 하는 파타고니아는 수많은 소비자에게 지지를 받고 있다. 파타고니아의 제품이 조금 비싸도 소비자는 추가 비용을 기꺼이 낼 의지를 보여준다.[8] 윤리적 자본주의를 주장하는 사람들은 모범적인 기업들이 시장 점유율을 많이 차지할수록 경쟁 업체도 그 뒤를 따를 수밖에 없다고 주장한다.

하지만 애석하게도 현실에서는 기업의 윤리성이 수익성과는 평균적으로 아무 상관이 없는 것으로 드러난다. 몇몇 사례 조사 결과에 따르면, 윤리적인 기업 활동이 수익을 창출할 때도 있지만 대부분의 경우 정반대 인과관계가 나타난다. 즉 애초에 높은 수익을 내는 기업들이 환경이나 사회 환원 프로젝트를 진행할 여력이 있다는 것이다. 기업을 광범위하게 조사한 다른 연구 결과에 따르면, 윤리적인 행동이 긍정적인 수익으로 이어진다고 제시한다. 그러나 보다 체계적인 연구에 따르면 기업이 내부적으로든 외부적으로든 사회적 책임, 혹은 환경적 책임을 진다고 해서 딱히 평균적으로 더 나은 실적을 올리지는 않는다. 따라서 시장 경쟁으로는 윤리적이지 않은 기업들이 윤리적인 기업 활동을 하도록 유도할 수 없다. 이런 상황이 계속된다면 윤리적 자본주의 모델을 통해 자본주의의 실패를 극복할 수 있다는 주장은 점차 신뢰를 잃어갈 것이다.[9]

이번에는 기업의 다양한 이해당사자들을 하나씩 살펴보며, 과연 이해당사자들이 기업을 압박해 윤리적 행동을 촉구할 수 있을지 살펴보자. 먼저 소비자부터 보자. 소비자는 원료 공급 및 생산 과정에서 사회적·환경적 책임을 지는 제품을 위해 기꺼이 추가 금액을 지불할 의사와 여력이 있을까? 대다수 소비자가 기업의 사회적·환경적 활동 이력에 신경을 쓴다고 주장하기는 한다. 그러나 막상 윤리적이지만 값이 비싼 제품과 윤리적이지 않고 싼 제품이 있을 때 전자를 선택하는 소비자는 별로 없다. 대부분 소비자는 자신이 구매하는 제품의 생산 과정에 아무런 관심도 없다.[10] 물론 윤리적 기업이 가격을 비싸게 매기더라도 기꺼이 선택하는 윤리적 소비자도 존재할 것이다. 그리고 사회적이고 환경적인 지속가능성에 대한 논의에 소비자들이 관심을 두면서, 좀 더 많은 윤리적 기업이 시장에 진출할 수도 있다. 하지만 윤리적 기업이 시장에 진출할수록, 윤리적이지 않은 기업은 책임보다는 가격에 더 민감한 소비자들을 더욱 잘 끌어들일 수 있다. 몇몇 기업, 어쩌면 점점 더 많은 기업이 사업을 윤리적으로 운영하더라도, 윤리적이지 않은 기업이 시장에서 공고한 위치를 차지해 결국 그 효과는 상쇄되어버리고 말 것이다.

다음으로 직원을 보자. 만약 기업이 직원을 대하는 방식을 좀 더 윤리적으로 바꾸고, 다른 경쟁 업체들도 뒤따라서 사회적 책임을 진다고 해서 경쟁 우위를 점할 수 있을까? 분명 높은 급여와 좋은 근로조건을 제공하는 기업은 좀 더 능력 있는 직원들을 끌어들일 수 있으며, 직원들은 좋은 직장을 계속 다니기 위해 열심히 일해야겠다는 동기를 갖는다. 그래서 지난 몇 년간 경영자들이 '고임금이 고수익을 만든다'라고 말해왔다(요즘은 조금 덜하기는 하지만 말이다). 하지만 오늘날 우리가 직면한 주요 위기를 되새겨본다면, 상당히 다른 차원의 문제임을 알 수 있다. 전면적인 경제 침체가 닥쳤을 때 윤리적인 기업이 과연 직원을 해고하지 않을 수 있을까? 답은 간단하다. 기업은 재무적으로 중대한 위협을 받는다면 직원을 해고할 수밖에 없다. 그러지 않았다가는 경제가 되살아났을 때 기업 경쟁력을 잃을 뿐만 아니라, 경영자가 투자자에 대한 신의성실 의무를 어기게 되니 말이다.

사실 윤리적 기업은 이와 같이 직원 해고를 제한하는 내규가 있으며, 일부 기업은 해고하지 않는 데 들어가는 경제적 비용을 (어느 정도는) 기꺼이 감내할 것이다. 또 많은 회사가 해고를 당한 직원들을 위해 재취업 서비스를 제공한다. 하지만 경제 전반에 걸쳐 불황이 나타날 때, 특히 불황이 장기화할 때 이 조치는 직원을 실업 위기에서 보호하기에 턱없이 모자란다. 최근 몇 년 동안 많은 기업이 경기순환의 변동 속에서 살아남기 위해 임시 계약직 근로자를 고용함으로써 '핵심' 직원을 경제 불황의 위기에서 지키려고 했다. 이는 핵심 직원에게는 좋겠지만, 점점 임시 계약직들을 늘려 이들을 훨씬 위태로운 상황으로 몰고 갔다.

이런 상황을 조금이나마 해결할 수 있는 윤리적 자본주의 모델이 있기는 하다. 기존의 자본주의 기업의 소유주는 투자자이며 구성원은 직원이지만, 상당히 급진적인 윤리적 자본주의 모델에서는 기업을 노동자가 소유하는 협동조합으로 전환할 것을 주장한다.[11] 협동조합이 구성될 경우 직원들은 자신의 기업에 실제로 영향력을 행사할 수 있으며 노동자 소외 위기도 해결할 수 있다. 이사회도 외부 투자자들이 아니라 직원들이 직접 선출한다. 매출이 떨어질 때 자본주의 기업은 직원을 해고하지만, 협동조합은 노동 시간을 줄이고 임금을 덜 지급하는 방식을 택한다. 따라서 협동조합은 직원을 해고하는 경우가 드물다. 하지만 동시에 직원이 받는 임금이 평균적으로 더 낮으며 임금 변동도 큰 편이다.[12] 또한 협동조합의 구성원들은 신규 직원 채용에 소극적이며 외부 투자도 유치하기 힘들고, 결국 성장 속도가 뒤처질 터다. 즉 협동조합이 직원에게 어떤 혜택을 제공하든지 간에, 자본

주의 경제의 다양한 업계에 협동조합 모델을 유행시키기에는 역부족이다.[13]

기업의 사회적·환경적 외부효과에 대한 태도가 직원 고용에 어떤 영향을 줄까? 유능하고 열성적인 노동자들은 윤리적인 회사를 더 선호할까? 물론 기업의 윤리적 태도를 고려하는 노동자들이 있긴 하다. 그러나 그 수는 별로 많지 않으며, 그들의 선호가 기업의 사회적·환경적 행동을 변화시킬 만큼 영향력이 있다는 증거도 없다. 결국 노동시장 역시 제품 시장과 마찬가지로 기업이 사회적·환경적 책임을 지도록 압박하는 힘이 별로 없어 보인다.[14]

투자자는 어떨까? 윤리적인 투자자들, 그리고 윤리적인 투자자들을 위한 사회책임투자SRI 펀드가 기업을 더 나은 방향으로 인도할 수 있을까? 확실히 점점 더 많은 투자자가 사회적·환경적 성과를 내는 기업을 투자 대상으로 고려하고 있다.[15] 그런데 투자자들이 왜 이를 고려하는 것일까? 대부분은 정부의 강력한 규제를 예상하기 때문이지, 기업의 윤리적 활동을 좋아해서가 아니다.[16] 만약 '규제 리스크' 요인이 없다면 투자자가 최우선으로 윤리적 기업을 고려하리라는 증거는 없다. 결국 정부 규제가 실제로 이루어질지에 문제가 달려 있다. 따라서 이는 윤리적 자본주의 모델보다는 (앞으로 언급될) 규제 자본주의 모델로 이어진다.

게다가 SRI 펀드 사이의 경쟁이 심해지면 펀드 운용사는 수익에만 집중할 것이다. 또한 시장 수익률보다 낮은 수익률이 예상될 경우 사회적이거나 환경적인 투자에 대한 비중도 줄어들 것이다. 결국 SRI 펀드 역시 SRI 시장에서 높은 점유율을 차지하기 위해 서로 경쟁하며, 고객에게 '저희는 선한 행동으로 수익을 창출하고 있습니다'라고 간절하게 도움을 청하고 있다. 결국 SRI 펀드 중 상당수가 같은 업종의 다른 펀드에 비해 실적 위주로 기업을 선정하고,《포춘》선정 500대 기업의 90% 이상(대형 석유회사를 포함한다)이 SRI 펀드에서 흔히 나타나고 있다.

윤리적 자본주의 모델은 윤리적이지 않은 기업과 경쟁을 없애지 않는 한 멀리 나아갈 수가 없다. 경쟁을 없애기 위한 유일한 방법은 정부 규제를 통해 사회적·환경적 표준을 높임으로써 '저차원low-road' 기업을 막는 것이다. 윤리적 자본주의를 신봉하는 사람들 대부분이 정부 규제를 거의 신뢰하지 않지만, 아이러니하게도 정부 규제 없이는 윤리적 자본주의도 성립할 수 없다.[17]

규제 자본주의?

정부가 개입할 수밖에 없는 좀 더 근본적인 이유가 있다. 어떤 경제 체제가 전부 윤리적 기업 또는 노동자 협동조합으로만 구성되었다 한들, 자본주의의 위기 중에서 가장 심각한 구조적 특성을 해결하기에는 역부족이다. 기업들이 적자를 내가면서까지 실업과 싸우기를 기대할 수는 없는 노릇이다. 또한 석유, 가스, 석탄 관련 기업이 환경적인 책임을 지기 위해 스스로 사업을 접기를 기대할 수도 없다. 자본주의가 유발한 구조적인 위기에 효과적으로 대응하려면 반드시 정부의 개입이 필요하다.

지금보다 규제가 더욱 강력해진다면 수많은 분야가 발전하리라는 사실에는 의심의 여지가 없다.[18] 최저임금 상승, 완전 고용을 위한 통화 정책과 세금 정책, 독점 행위를 막기 위한 강력하고 체계적인 행정 조처, 환경 규제, 차별금지법 등에서 정부가 적극적으로 밀고 나간다면 우리 삶의 질과 경제 상황은 훨씬 나아질 것이다.

하지만 더 큰 위기를 해결하려면 규제 자본주의 모델의 한계를 살펴봐야 한다. 앞서 본 여섯 가지 위기를 고려하여 정부가 강력하게 규제할 때 민간 기업들도 그 뜻에 동참할 것이라는 생각은 망상에 불과하다. 몇 가지 사례를 보자.

첫째, 불합리한 경제 체제로 발생한 실업 문제를 해결하기 위해 여러 기업이 지원한다고 상상해보자. 시장 기반의 자본주의 경제 체제가 계속되는 한 경기순환을 피할 방법은 없다. 하지만 경기 부양책과 같은 정부의 적극적인 조치를 통해 경기순환을 조정하거나 대량 해고 사태를 상당히 줄일 수는 있다.[19] 저명한 경제학자 존 메이너드 케인스의 주장에 따르면, 해고를 당한 사람은 누구나 공공기관에서 적절한 보수를 받으면서 일할 수 있도록 정부가 도와야 한다. 사회적·환경적 영향을 생각하면 정부가 실업자를 고용해야 할 이유는 아주 많다. 설령 실업자들이 아무런 가치를 생산하지 않을지라도 정부가 그들에게 지급한 임금은 대부분 민간 기업에서 생산한 상품이나 서비스를 구매하는 데 사용된다. 수요가 증가하면 민간 기업은 사업을 키우면서 더 많은 직원을 고용하게 되고, 공공 부문에서의 고용은 차차 예전 수준으로 줄어든다. 경기 침체기에 노는 돈을 대출받으면 정부가 일시적인 일자리를 창출하는 데 필요한 비용을 충당할 수 있다.

이때 발생한 정부 부채는 침체기가 끝나고 소득이 증가한 기업과 직원에게 세금을 부과해서 갚을 수 있다.

기업 경영자들의 '현명한 이기심'이 케인스 식 정책을 뒷받침할 것이라고 상상할 수도 있다. 침체기가 닥치면 이윤이 줄어들고 주식 시장이 폭락하면서 기업들도 고전하기 때문이다. 하지만 경영자들은 실업자가 겪는 고통에는 동감할지는 몰라도 완전 고용 정책에는 맹렬히 반대한다.[20]

여기에는 몇 가지 이유가 있다. 그중 가장 큰 이유는, 대놓고 말하기는 어렵지만, 해고가 경영에서 긍정적인 요소로 작용하기 때문이다. 해고라는 수단을 통해 직원을 징계하는 효과를 얻을 수 있다. 경기가 침체기에 빠지는 근본적인 이유는 수익 전망이 나빠지기 때문이며, 기업이 수익을 빠르게 개선하는 가장 확실한 방법은 임금을 삭감하고 직원들에게 더 열심히, 더 오래 일하게 만드는 것이다. 실업자의 수가 늘어날수록 임금으로 나가는 지출이 줄어들고, 경영진의 횡포에 저항하려는 직원의 의지도 꺾인다.

규제 자본주의가 경제 위기와 실업 문제를 해결할 수 없다면, 노동자 소외에는 도움이 될까? 체계적인 정책이 세워진다면 노동조합 승인이 활발히 이루어지고, 더 나은 근무 규정이 마련되며, 실업 문제가 개선되고, 기존 계획에 대한 예산이 확보될 것이다. 하지만 이러한 정부 정책조차 경영자가 의사 결정할 권한을 규제하거나, 기업이 목표를 설정할 때 관여할 수 있는 투자자들의 권한을 빼앗을 수는 없다.

점점 심각해지는 환경 위기는 규제로 해결할 수 있을까? 이 역시 장담할 수 없다. 기후변화에 대처하려면 세계에서 가장 강력하고 가장 큰 몇몇 기업에 근본적인 변화(심지어 사업을 접으라고 할 수도 있을 정도)를 요구할 만큼 엄중한 규제가 필요하다. 셰브론Chevron, 엑슨모빌 ExxonMobil, 피바디석탄Peabody Coal 등 석유·가스·석탄회사는 물론 제너럴모터스General Motors, 보잉Boeing, 유나이티드 항공United Airlines, 페덱스FedEx 등 석유가 있어야 운영되는 기업 역시 규제 대상이 된다. 게다가 매우 많은 산업군에서 제품 및 생산 과정이 기후변화에 영향을 미치기 때문에 빠르게, 근본적으로 변화해야만 한다. 농업, 시멘트업, 광업, 임업, 어업, 물 관련 산업, 그 외 다양한 소비재 등등 말이다. 여기서도 역시나 거대하고 강력한 기업들과 맞서야 할 것이다.[21] 입법자들과 규제자들이 기업과의 전쟁에서 과연 승리할 수 있을까? 민간 기업과 자본주의 경제가 우세하는 한 규제를 가하기란 쉬운 일이 아니다.

여러 양상으로 드러나는 사회적 위기에 대응하려면 정부의 강력한 규제가 분명 지대한 도움이 될 터다. 정부가 차별금지법과 안전 표준을 엄격하게 집행하고, 기업에 출산 휴가, 가족 휴가, 연차, 실업보험 가입을 늘리라고 지시한다면 삶의 질이 얼마나 개선될지 생각해보라. 한편 민간 기업이 이와 같은 정부 규제에 어떻게 반응할지도 생각해보자. 세율을 인상하고 민간 기업이 누리는 특권을 침해하는 규제에 대해 격렬한 반대가 불을 보듯 뻔하다.

마지막으로 미국 정부가 국제무대에서 좀 더 건설적인 역할을 맡을 수 있을지 고려해보자. 이는 현실적으로 불가능하며, 특히나 경제적 이해관계가 얽힌 경우에는 더더욱 불가능할 것이다. 미국이 사업을 통해 이익을 창출하는 과정에 방해가 되는 행동을 세계가 요구한다고 해서 미국 정부가 흔쾌히 받아들일 리가 없다. 기후변화만 봐도 명백하다. 무기 판매 또한 비슷한 사례다. 미국의 무기 산업은 아주 거대하고, 전 세계에서 가장 큰 무기 수출국이다. 몹시 폭력적인 국가와 거래할 때만이라도 무기 거래를 제한하려는 시도가 있었지만 전부 좌절되었다.[22] 전 세계적으로 봤을 때 미국 정부는 무기 판매를 매우 장려하고 있으며, 군대를 위한 고급 무기는 물론 비국가 활동세력의 폭력을 조장하는 소형 무기도 판매한다.

지식 재산권은 또 다른 논쟁거리다. 미국 제약회사가 요구하는 터무니없는 가격을 지불할 능력이 없는 개발도상국들의 경우, 인간면역결핍바이러스HIV 등의 보건 비상상태를 해결하기 위해 미국의 특허권을 무시할 때가 많다. 이에 미국 정부는 제약업계의 이익 창출을 도와주기 위해 해당 국가들에 계속해서 위협적인 제재를 가하는 실정이다.[23]

사회민주주의?

사회민주주의social democracy와 민주사회주의democratic socialism는 이름이 비슷하지만 사실 완전히 다른 모델이다. 민주사회주의는 민간 기업을 공공이 소유하는 것을 목표로 하는 데 비해 사회민주주의는 경제의 핵심을 개인 투자자에게 맡기고 그로 인해 발생한 여러 문제를 정부가 강력한 규제와 사회 복지에 대한 광범위한 투자를 통해 해결하고자 한다. 일부 사회민주주의 국가, 특히 스웨덴과 노르웨이에서는 국가 정책과 산업 정책을 수립하는 데 있어서 정부, 산업 연합체, 중앙집권적 노동조합연합이 함께 결정하는 '협동조합주의corporatism'를 채택한다. 한편 기업 내부에서는 노동조합과 경영진이 함께 '공동 결의codetermination'하는 제도를 운용한다. 북유럽 사회민주주의 국가(스웨덴, 덴마크, 노르웨이, 핀란드, 아이슬란드)의 성공 사례는 정부의 강력한 권한과 함께 정부와 기업, 노동자가 서로 협력했기에 이룰 수 있었다.[24]

신자유주의 자본주의가 도입되고 거의 40년이 지났으니, 수많은 진보주의자가 북유럽 사회민주주의의 모델로 눈을 돌리는 것도 당연하다. 북유럽 사회민주주의 모델에는 윤리적 자본주의와 규제 자본주의, 엄격한 환경 규제, 의료·출산 휴가·육아·교육을 아우르는 국가 차원의 복지, 노사협력의 제도화 등이 포함되어 있다. 하지만 지난 20년간 북유럽 국가들은 사회민주주의에서 상당히 후퇴했으며 점차 신자유주의 자본주의적인 모습을 띠게 되었다. 최근에는 난민 수용 문제에 대해 민족주의자들이 포퓰리즘적으로 반발하기도 했지만, 그럼에도 불구하고 여전히 북유럽 모델은 매력적이다. 북유럽 국가들은 미국보다 노동자에게 적절한 삶의 질을 보장하는 능력이 훨씬 뛰어나다.[25]

하지만 우리가 직면한 여섯 가지 위기를 해결하는 데 사회민주주의에는 한 가지 근본적인 한계가 있다. 사회민주주의 모델에서 진보는 민간 기업의 수익성을 저해하지 않는 선에서만 가능하다. 물론 이와 같은 제약 속에서도 다양한 진보적 변화가 가능하지만 여섯 가지 위기를 극복하기에는 턱없이 부족하다.[26]

첫째, 사회민주주의 모델에서도 자본주의의 불안정성은 국가를 휘청이게 한다.[27] 최근 경기 침체기에 직면한 북유럽 정부는 경제 성장을 촉진하기 위해 노력했다. 이러한 노력은 평등주의 정책을 후퇴시키는 효과를 낳았다. 사회민주주의 정부들은 이례적으로 높은 청년 실업률을 극복해내지 못했으며 미국보다도 훨씬 높은 수치를 기록했다. 가정에서는 점점 커지는 주택 가격 거품에 막대한 비용을 지출하고 있다. 가계 부채는 1990년대 이후 급격히 늘어나서 미국보다 훨씬 높은 수준에 이르렀으며, 부채를 지속 가능한 수준으로 관리할 수 없는 지경이 되었다.

둘째, 북유럽 사회민주주의 기업에서 일하는 직원은 회사 내에서도 제한된 권리만을 누릴 수 있다. 물론 직원들은 몇몇 이사회 후보에 대해서 투표할 권리가 있으니 미국의 신자유주의 자본주의 모델보다는 훨씬 낫다. 하지만 직원들이 선출한 대표는 직위가 그리 높지 않으며, 투자자나 고용주에 비하면 별로 힘이 없다. 고용주는 여전히 금융 투자자들의 대리인이며, 기업 상황이 안 좋아지면 재정적 이익이 중요시된다. 경제에서 핵심 부분은 여전히 민간 부문에 남아 있기에 사회의 부 또한 매우 편향되어 있다. 각 북유럽 국가에서 상위 10%의 부자가 전체 부에서 차지하는 비중을 살펴보면, 노르웨이는 50%, 스웨덴은 67%, 덴마크는 69%에 이른다. 미국에서는 상위 10%의 부자가 국가 전체 부의 75%를 차지하고 있으니 이보다는 나은 수치지만, 사회민주주의가 말하는 평등주의 사상과 노동자의 권리 보호가 제대로 이루어지는 것 같지는 않다.[28]

셋째, 환경 위기에 대처하기 위해서는 많은 민간 기업이 기존의 수익성을 희생하는 여러 조치를 따라야만 하는데, 기업들이 자발적으로 따를 가능성은 높지 않다. 덴마크를 제외한 북유럽 국가를 환경의 관점에서 바라보자면 1인당 '환경 발자국(인간의 의식주에 필요한 자원을 생산하고 폐기하는 데 드는 비용을 토지 면적으로 환산하여 나타낸 지수-옮긴이)' 수치가 미국보다 작기는 하다. 하지만 사회민주주의 모델을 표방하지 않는 프랑스, 이탈리아, 영국 등의 선진국보다 작지는 않다.[29] 북유럽의 이산화탄소 배출량 감소율은 미국보다는 크지만 그렇다고 특출한 정도는 아닌 것이다.

국제 관계를 살펴보면, 북유럽 사회민주주의는 어느 정도 고무적인 성과를 보였다. 가장 주목할 만한 점은 스웨덴이 외교 관계에서 페미니즘과 성평등을 핵심 고려 사항으로 둔다는 것이다.[30] 하지만 성평등 문제를 고려하는 것이 딱히 스웨덴에 부담이 되지 않기 때문에 가능할 뿐이다. 만약에 스웨덴 정부가 무기 수출 사업을 축소하려 든다면, 사브Saab나 보포르Bofors 같은 대기업과 충돌할 터다.[31] 1인당 무기 수출량을 따져보면 이스라엘과 러시아에 이어 스웨덴은 3위를 기록한다. 스웨덴은 잔혹한 예멘 전쟁이 벌어지는 와중에도 여전히 사우디아라비아에 무기를 판매하고 있다.[32]

기후변화에 대처하기 위해 국제적 노력에 나서겠다는 선언을 보자. 노르웨이는 기후변화 대처를 지지한다고 선언하고 대단히 적극적인 정책을 추진하지만, 노르웨이 경제는 여전히 석유와 천연가스 수출에 크게 의존하고 있다. 노르웨이의 석유와 천연가스 생산량은 전세계 15위이며, 1인당 생산량을 계산해보면 세계 5위에 이른다. 게다가 노르웨이는 북해와 바렌츠해에서의 새로운 유전 개발도 적극적으로 추진하고 있다. 노르웨이 자체의 온실가스 배출량은 적지만, 노르웨이가 수출한 석유에서 발생하는 배출량을 고려하면 전 세계에서 7위를 기록한다.[33]

테크노 유토피아주의?

오늘날 모든 것이 디지털로 변하면서 놀라운 변화가 일어나고 있다. 수많은 진보주의자가 이를 긍정적인 사회 변화의 전조로 여긴다. 디지털로 전환한 결과, 생산 활동의 사회화가 확실하게 진행되고, 기업 안에서 그리고 기업 간에 상호의존적 관계를 더욱 효과적으로 관리할 수 있으며 효율성이 증대되고 새로운 상품과 서비스가 다양하게 생산된다.

더욱이 디지털 혁명은 시대의 요구와도 잘 맞아떨어진다. 그중에서도 디지털 전환이 가져올 새로운 네 가지 기회가 눈에 띈다. 기존의 기업은 거대한 계층 구조로 이루어졌으나, 디지털 전환 덕분에 여러 개의 중소기업과 노동자 협동조합으로 이루어진 네트워크로 변모하게 될 것이다. 따라서 독점적인 지식 재산권은 '동료생산peer production(시장 논리나 조직의 위계로부터 자유로운 개인들이 공유할 수 있는 재화를 생산하기 위해 각기 동등한 위치에서 자발적으로 협력하는 생산 모델-옮긴이)' 네트워크로 변화할 것이다. 또한 노동 시간을 획기적으로 줄이고, 토론과 투표 등 민주적인 행위를 보다 풍성하게 만들어줄 것이다. 과거의 위대했던 기술 혁명이 가져온 대량 생산 시스템과는 달리, 앞으로의 디지털 혁명은 보다 나은 미래를 만들 수 있다는 전망을 우리에게 전파하고 있다.

이를 실현하려면 무엇이 필요할까? 자본주의는 기술 혁신을 적극적이고 역동적으로 수용하는 체제다. 경쟁에 시달리는 기업들은 여러 가지 새로운 기술을 채택하고 적극적으로 활용할 것이다. 하지만 경쟁 구도에서 기업이 디지털 전환의 이점을 깨닫고, 인류와 지구의 미래를 위하는 방식으로 사회를 변화시키려고 할까? 다양한 테크노 유토피아주의는 그러기를 바라고 있다.[34]

하지만 나는 테크노 유토피아주의는 가망이 없다고 생각한다. 디지털 전환이 가져올 네 가지 기회를 차례대로 살펴보자. 기술 혁명을 활용해 세상의 발전을 이끌 흥미로운 기회를 접하게 될 것이다. 그러나 다른 한편으로는 기회를 실현하는 과정에서 자본주의 체제의 기본적인 속성이 훼방을 놓으리라는 점도 확인할 수 있다. 생산 활동의 사회화를 통해 만들어지는 진보적인 기회는 자본주의 민간 기업 체제가 가진 한계와 팽팽하게 맞서고 있다. 기술 혁명이 대두되는 오늘날 그 대립은 어느 때보다도 더욱 심각하다.

첫째, 새로운 기술로 인해 기존의 중앙집권적인 대규모 기업 생산에서 소규모 지역 생산으로 전환되고 있다.[35] 이는 크게 두 가지 방식으로 나타난다. 첫 번째는 3D 프린팅 기술과 컴퓨터 제어 기계 도구와 같은 저렴한 디지털 생산 기술의 발전이다. 이러한 기술들은 규모의 경제와 범위의 경제 효과를 축소시킨다. 디지털 시기 이전에는 제품을 많이 생산해 자금을 번 후 공장과 창고, 사무실, 전문 장비와 인력에 투자함으로써 생산 증가에 필요한 간접비를 절감하였고, 그 결과 단위 비용을 낮출 수 있었다. 그러나 오늘날 발전한 신기술은 이미 여러 산업에서 1만 개를 생산할 때 드는 단가와 거의 비슷한 비용으로 1개 또는 10개 등 소량의 제품을 생산할 수 있다. 한 종류로만 이루어진 제품을 생산할 때 드는 것과 비슷한 비용으로 다양한 제품을 같은 양만큼 생산할 수 있는 것이다.

새로운 디지털 기술은 생산비뿐만 아니라 통신비도 절감한다. 클라우드 컴퓨팅, 소셜 미디어, 휴대전화와 같은 통신 기술과 인터넷을 생각해보라. 통신 기술 덕분에 기업이 소통할 때 발생하는 비용은 줄어든다. 또한 소규모의 전문적으로 특화된 기업들이 서로 네트워크를 구성하면 수직적으로 통합된 대기업에 맞서 경쟁력을 가질 수 있다. 기존의 기술력으로는 기업이 공급업체와 협력하여 부품 설계를 그때 그때 상황에 맞춰 개선하기를 희망하더라도, 협력하는 데 들어가는 시간과 비용이 너무 많이 들어서 실현 가능성이 작았다. 그리하여 기업은 맞춤 제작한 부품을 기업 스스로가 생산하는 방식이 더 편했다. 하지만 새로운 기술을 활용한다면, 컴퓨터로 모델을 만들어 기업과 공급자가 함께 공유하고 시뮬레이션해볼 수도 있다. 또한 설계를 변경할 때 발생하는 비용도 훨씬 저렴하다.

새로운 통신 기술을 통해 기업이 속한 네트워크를 확장할 수 있다는 점은 명백하다. 기술 혁신이 일어나는 과정은 사회화 과정의 일종으로 볼 수 있으며, 사회화는 또 다른 기술 혁신으로 진보할 수도 있다. 하지만 앞서 본 생산이나 통신과 관련된 새로운 기술들은 중소기업뿐만 아니라 대기업에도 적용되므로, 대기업 내부 운영에서도 효율성과 유연성을 높일 수가 있다. 따라서 신기술 덕분에 중소기업이 대

기업을 제치고 대세가 될 가능성은 그리 크지 않아 보인다.[36]

그래도 중소기업이 신기술 덕분에 대세가 되었다고 가정해보자. 우리는 어떤 영향을 받게 될까? 신기술을 지지하는 사람들은 노동자 소외 현상을 완화하는 데 도움이 된다고 주장한다. 다양한 중소기업의 네트워크로 구성된 경제 체제는 실제로 노동자와 지역 사회의 요구에 잘 대응할 수 있다. 또한 최소 자본금이 낮아지는 효과가 일어나 중소기업이 노동자 협동조합으로 전환하는 것도 쉬워질 것이다.

그러나 여전히 다섯 가지 위기가 남아 있으며, 디지털 전환으로 이 모두를 해결할 수는 없다. 이유는 간단하다. 다섯 가지 위기의 근원은 개별 기업 차원에서 발생한 것이 아니라 자본주의 정치경제라는 거대한 구조 때문에 일어났기 때문이다. 소규모 기업들이 서로 유연하게 연결된 경제라 할지라도, 기업과 네트워크 사이에서 발생하는 근시안적인 자본주의 경쟁은 여전할 것이다. 결국 반복적인 경기 침체와 과도한 생산으로 인한 경제적 불합리도 변함없이 발생한다. 더욱이 정부는 새롭게 구성된 민간 기업의 수익성도 보호해줘야 하므로 여전히 민간 부문에 종속되어 제약을 받아야 한다. 오늘날의 대기업과 마찬가지로 중소기업들도 수익 창출이라는 압박에 떠밀려 시민의 삶에 필요한 환경, 사회, 국제적 상황을 악화시킬 것이다.[37]

또한 디지털 혁명은 재산권을 집행하기 어렵게 만들어서 이를 위태롭게 한다. 예컨대 녹음 기술이 등장한 덕분에 음악 산업은 혁신을 이루었다. 콘서트홀에서 직접 좌석을 파는 것보다 훨씬 더 많은 음반을 판매할 수 있게 되었다. 최근에는 음원의 디지털화와 인터넷을 통한 유통 덕분에 음반 복제 비용이 0에 가까워졌다. 실제로 신시사이저와 기존 음반 샘플링을 통해 원곡을 전자 음원으로 변환하여 재생산할 수 있다.[38] 동시에 지식 재산권 집행은 한층 어려워졌다.

디지털 기술의 특징에 주목한 '오픈소스' 지지자들은 '동료생산'의 시대가 다가오리라 주장한다. 디지털 콘텐츠는 모두에게 무료로 개방되며, 자유롭게 콘텐츠를 만들고 결과물을 활용할 수도 있다. 대부분의 인터넷 서버는 리눅스라는 오픈소스 소프트웨어를 이용하여 운영된다. 리눅스란 수많은 개발자가 아무런 보상을 받지 않으며 필요할 때마다 개선하고 보수하면서 함께 '동료생산'한 결과물이다. 위키피디아 역시 오픈소스 동료생산의 저력을 보여주는 좋은 예시다.

위키피디아와 같은 사례는 상사의 강압적인 지시나 시장 경쟁 없이 자발적인 협력만으로도 얼마나 큰 성과를 거둘 수 있는지를 잘 보여준다. 노동자 소외 문제나 이윤 창출을 위한 생산에만 의존하는 문제를 극복할 모델 중 하나가 바로 동료생산 방식이다.

하지만 사회가 요구하는 많은 문제를 모두 동료생산으로 해결하기는 어렵다. 첫째로 대부분의 동료생산이 이루어지는 분야는 컴퓨터와 인터넷 외에는 딱히 준비물이 필요하지 않은 분야에서 이루어진다. 동료생산이 실질적으로 자본을 대거 투자해야 하는 산업에서도 일반적으로 실현될 수 있을지는 분명하지 않다. 둘째, 모든 동료생산은 높은 수준의 '모듈성modularity(각 성분을 변경하더라도 다른 성분이 영향을 거의 받지 않도록 분할하는 성질-옮긴이)'을 특징으로 한다. 즉 각각의 구성요소는 서로 상당히 독립적이거나(예컨대 위키피디아의 개별 항목), 상호 의존적이더라도 적용하기 쉬운 인터페이스 표준을 통해 관리된다(예컨대 리눅스 시스템에 새로운 모듈을 추가할 때 요구되는 표준 사항). 하지만 우리가 사용하는 수많은 것들을 생산할 때는 모듈성이 나타나지 않는다. 예컨대 오늘날에도 주택을 지을 때는 모든 것을 한꺼번에 지어낸다. 건설 기술자들은 각각의 하부 시스템(전기 배선, 조명, 배관 등)을 다른 하부 시스템(주택의 물리적 배치 및 다른 하부 시스템의 공간 구조)과 조율하며 주택을 짓는다. 더욱이 모듈성을 갖춘 생산 방식이 일반화되더라도 동료생산 프로젝트에 기여하는 사람들이 생계에 필요한 것을 충분히 얻기 위해서는 여전히 사회 체제의 급진적인 변화가 필요하다.[39]

디지털 혁명이 일으킬 변화와 관련한 세 번째 영역이 고용이다. 새로운 디지털 생산 기술(주로 로봇과 인공지능 기술)이 빠르게 발전함에 따라, 머지않은 미래 경제에서 노동자는 그리 많이 필요하지 않다. 만약 업무 부담을 줄이기 위해 기술을 적용할지라도 경제적 불합리와 일터의 노동자 소외라는 문제를 해결하기까지는 오랜 시간이 걸릴 것이다.

기술 혁명이 대규모 실업 파동을 가져오리라는 예측에 대해서는 신중할 필요가 있다.[40] 물론 자본주의는 항상 실업 문제를 낳았지만, 기술 발전이 실업을 일으키는 주요 원인이었던 적은 거의 없었다. (실업률이 증가하면 소비자 수요가 감소하므로, 자동화 시설에 투자해봤자 그리 수익 전망이 좋지 않아서일 수도 있다) 하지만 앞으로 닥쳐올 기술 혁명은 과거의 기술 발전과는 전혀 차원이 다를 수도 있으며 우리는 대규모 영구 실업 위기를 겪을 수도 있다. 그렇다면 어떻게 대처해야 할까?

다가올 혼란에 대비하고 자기 계발을 할 새로운 기회를 만들기 위해서 '보편적 기본소득'이 필요하다고 주장하는 사람도 있다. 확실히 매력적인 제안이다. 소득 수준이 어느 정도 보장된다면 노동자가 느끼는 경제적 불안감은 크게 줄어들 것이다. 보편적 기본소득은 임금 수준을 올리고 고용주와 직원 사이의 권력 불균형을 바로잡는 데도 도움이 될 것이다. 현재 시장 경제에서는 창의적 활동이나 남을 돌보는 일에 보상해주지 않지만, 보편적 기본소득이 제공된다면 보다 많은 사람이 이에 참여할 것이다. 더욱이 기본 전제가 아주 합리적이다. 선진국들은 이미 적절한 생산 능력을 갖추었으므로 모든 시민이 고용 여부와 상관없이 건강한 삶의 질을 보장받도록 도와줘야 한다는 것이다.[41]

하지만 세 가지 문제가 있다. 첫째, 빈곤 수준 이상의 소득을 모든 시민에게 제공하는 데 필요한 자금을 어떻게 확보하느냐 하는 문제다. 그리고 기본소득이 높아질수록 보다 많은 사람이 일하지 않으려 할 수도 있다. 목표에 다가갈수록 재정 문제는 더더욱 어려워지는 것이다.

둘째, 사회의 수요를 충족시킬 수 있는 노동 시간이 주당 평균 20시간이라고 가정해보자. 그렇다면 전체 인구 중 절반은 40시간을 일하고, 나머지 절반은 전혀 일하지 않는다는 생각은 말이 되지 않는다. 만약 디지털 혁명이 경제 전반(특정 산업이 아니라)에서 필요한 노동력을 크게(점진적이 아니라) 줄인다고 치자. 그렇다면 다음으로 해야 할 일(좀 더 고무적인 목표)은 디지털 혁명의 기회를 잘 활용해서 업무를 재편하여 노동 시간을 줄이고, 모두에게 지속적인 소득을 제공하는 것이다.[42]

셋째, 아직도 해결되지 않은 문제가 곳곳에 있는 상황에서 보편적 기본소득이 과연 얼마나 좋은 효과를 가져올지 의심스럽다. 환경 복원과 노후 기반시설 재건, 그리고 아동·환자·노인 복지에 대한 수요는 여전히 충족되지 않은 상태다. 민간 기업은 이들 수요를 충족시켜 봤자 수익이 나지 않으므로 내버려둔 상태다. 기본소득이 지급된다면 일부 문제는 시민들이 자발적으로 나서서 해결할 수도 있겠지만, 전부는 아니다. 대량 실업 사태를 제대로 해결할 방안은 보편적 기본소득 지급이 아니라, 공공으로 운영하는 프로그램에 실업자들을 투입하여 사회적 수요를 충족시키도록 하는 것이다. 연방정부의 일자리 보장이 바로 그 첫걸음이다.[43] 정부가 이처럼 일자리를 보장하기 위해서는 우리의 정치경제 체제에 급진적인 변화가 필요함은 물론이다.

디지털 혁명이 변화를 가져올 네 번째 영역은 바로 민주주의다. 인터넷 덕분에 소통이 수월해지면서 시민들은 더욱 활발히 논의하고 투표할 수 있고, 광범위한 주제에 대해 토의할 수 있으며, 체계적으로 정보를 얻을 수 있다. 민주주의 운영이 얼마나 향상될지 상상이 된다. 정기적으로 선거를 하고, 아날로그 매체로 운영되던 우리의 과거 민주주의 운영 방식보다는 훨씬 더 나을 것이니, 무척 기대가 된다. 하지만 그렇다고 해서 근본적인 사회 변화를 일구어낼 수 있을지, 정확히 말하자면 민주주의를 해치는 게 아니라 강화하는 방향으로 나아갈 수 있을지는 알 수 없는 노릇이다.

자본주의 개혁의 주요 모델을 검토하다 보면 한 가지 강력한 결론에 도달한다. 현재 세상을 지배하고 있는 신자유주의 모델보다 진보한 여러 유용한 아이디어를 제공하기는 하지만, 개중 어떤 모델도 우리가 직면한 여섯 가지 위기를 해결할 수는 없다는 결론이다. 이윤을 추구하는 자본주의 기업들이 우리 경제의 주축을 이루는 한, 여섯 가지 위기를 극복할 수 없다. 새로운 기술의 혜택을 마음껏 누릴 수도 없다. 실제로 생산의 진보적 사회화는 민간 기업의 존속과 팽팽하게 대립하고 있다. 위기 상황이 앞으로 더욱 심각해질 것임을 암시하는 현상이다. 우리는 기존의 시장 경쟁 체제에서 벗어나 무엇을 어떻게 생산할지를 민주적으로 함께 결정하는 방식으로 나아가야 한다. 바로 이것을 민주사회주의라 부른다.

5장

민주적이고 효과적으로
경제를 관리하는 법

전략 경영을 실천하는 일부 대기업의 방식을 분석하면서

대단히 민주적이면서도 효과적으로 경제를 관리하는 모델을 관찰할 수 있었다.

이러한 새로운 경제 관리 체제를 새로운 소유권 체제와 연결한다면

민주사회주의 체제를 탄생시킬 수 있다.

생산 활동은 이미 상당히 사회화되었다. 이를 고려하면, 사회의 생산 자원에 대한 통제력을 어느 정도 가져야만 우리가 직면한 위기 상황들을 해결하고 바람직한 방향으로 나아갈 수 있다. 달리 말하면 민간 기업의 수익 창출에만 부응하기보다는 사회가 요구하는 바를 충족시키기 위해 자원을 사용할 수 있어야 한다. 이것이 민주사회주의의 근본적인 목표다.

민주사회주의 체제에서는 경제적·환경적·사회적 목표를 함께 정한 후 이를 달성하기 위해 전략적으로 자원을 관리할 수 있다. 사회가 생산하는 상품의 양과 종류를 개별 기업과 시장 경쟁에 맡기는 것이 아니라 사람들이 민주적으로 결정할 수 있다. 또한 제품 생산에 어떤 기술을 활용할지, 다양한 기업과 산업, 지역 및 연구개발계획에 무엇을 얼마나 어떻게 투자할지, 경제 전반의 노동 시간과 임금 수준을 어느 정도로 조정할지, 정부의 정책과 기업의 성과 및 투자 제안을 평가하기 위해서 어떠한 경제적·환경적·사회적 기준을 적용할지 등도 개별 기업과 시장 경쟁에 맡기지 않고 우리가 민주적으로 직접 결정할 수 있다.

만약 노동자 소외 문제와 정부의 반응하지 않는 태도와 같은 위기 상황을 극복하고자 한다면, 경제 전반에서 일어나는 전략적 기업 경영이 반드시 민주적으로 진행되어야 한다. 다른 위기들을 극복하는 데도 민주적 진행 과정은 효과적이다. 우리 사회가 가장 일반적인 수준에서 효과적으로 작동하기 위해서는 세 가지 문제를 더 해결해야 한다. 우선 혁신이 일어날 수 있도록 도와야 한다. 위기를 해결하는 방안을 내기 위해서는 소수의 혁신적인 기여뿐만 아니라 다수의 도움도 필요하다. 또한 체제가 효율적이어야 한다. 민주사회주의적 사회라고 자원의 희소성이 사라진다거나 효율적 과정이 필요하지 않을 리는 없다. 마지막으로 혁신과 효율성이라는 목표를 달성하기 위해 시민들은 충분한 동기 부여를 받아야 한다. 아무리 유토피아라도 인간이 갑자기 천사가 되는 건 아니다.

민주사회주의가 혁신, 효율, 동기 부여라는 세 가지 민주주의에 대한 도전을 어떻게 극복할 수 있을까? 답을 찾기 위해서는 현실적인 관점과 희망적인 상상 사이에서 균형을 잘 잡아야 한다. 민주사회주의 체제를 그리면서 물리학과 심리학의 기본 원칙들을 무시한다거나 시민의 삶의 질이 하락하는 것을 신경 쓰지 않는다면 결코 현실적인 대안이 될 수 없다.

본격적으로 논의를 이어가려면, 인류가 단 한 번도 겪어보지 못한 세상을 상상할 수 있어야 한다. 정말 어려운 일이다. 노예 노동력에 기반을 둔 고대 그리스의 위인 아리스토텔레스는 모든 시민에게 투표권을 주는 정치적 민주주의는 절대로 성공할 수 없다고 말했다.[1] 하지만 오늘날 시민들은 보편적인 민주주의 모델을 믿고 있다. 민주주의의 진행 과정이 비록 완벽하지는 않더라도 말이다. 앞서 논의한 내용을 통해 민주주의 원칙이 정치 영역을 넘어 경제 영역까지 확장되어야 한다는 것을 살펴보았다. 하지만 자본주의 세계에서 나고 자란 우리가 실현 가능한 경제민주주의를 상상하기란 매우 어려운 일이다. 아리스토텔레스가 정치적 민주주의를 도저히 상상할 수 없었던 것 만큼이나 말이다.

다음 내용은 미국의 일부 대기업이 실천하는 전략 경영 방식을 분석하면서 내가 그려본 대략적인 스케치다. 여기서 대기업들은 하나하나가 곧 소규모 경제 체제나 다름없었는데, 내부 운영을 살펴보자면 대단히 민주적이면서도 효과적으로 경제를 관리하는 모델을 관찰할 수 있었다. 이와 같은 방식에 내재하는 원칙이 기업 차원에서 자리를 잡도록 한 뒤 전체 경제로 확대하고 싶다면 새로운 경제 관리 체제를 새로운 소유권 체제와 연결해야 한다. 여기서 탄생하는 민주사회주의 체제는 다음 장에서 살펴보자. 우선은 경제를 민주적이고 효과적으로 관리하는 모습이 어떨지 그려보자.

경제 전반에 대한 관리

개별 기업 관리 방식에 민주주의를 적용하기 위해서는 기업을 통제하는 이사회가 직원 대표와 외부 이해당사자로 구성되어야 한다. 이사회가 자본 투자자의 이익을 대변하는 현 상황에서 벗어나 여러 당사자의 이익을 고려하게 된다면, 기업은 이익 창출만 추구하지 않고 인류와 지구의 미래에 이바지할 수 있다.

하지만 각 기업의 이사회를 민주적으로 바꾸는 것만으로는 경제 영역 전체를 민주화할 수 없다. 우리에게는 두 단계가 더 필요하다.

첫째, 독재적이고 하향식인 자본주의 기업의 내부 경영 방식을 민주화해야 한다. 현대의 대규모(자본주의) 기업이 소규모(협력) 기업으로 쪼개진다면 경제 민주화는 한층 가까워질 것이다. 앞서 살펴보았듯이, 새로운 디지털 기술도 민주화에 보탬이 될 것이다. 그렇다고 해서 규모의 경제와 범위의 경제에서 오는 효율적인 이익 창출을 포기하고 싶지는 않을 것이다. 대규모 기업에서도 민주적인 경영을 보장할 수 있는 방식을 찾아야만 한다.

둘째, 기업 내부 활동은 물론이고 기업과 기업 사이의 상호의존성도 민주적으로 통제할 수 있어야 한다. 앞서 언급한 바와 같이, 이미 생산은 널리 사회화되었다. 분산된 과정으로는 효율적으로 관리할 수 없을 정도로 방대하고 체계적인 상호의존성이 이미 존재한다. 생산 과정에 참여하는 기업들이 내부적으로 어떻게 의사 결정을 하는지와 무관하게 말이다. 설령 민주적인 기업 이사회와 민주적인 내부 경영 방식이 합쳐지더라도 반복되는 실업 문제를 해결하지는 못할 것이며, 이산화탄소 배출을 빠르고도 강력하게 줄일 수도 없을 것이고, 다양한 사회적 위기와 국제 갈등을 해결할 방안을 얻을 수도 없을 것이다. 이처럼 광범위하고 체계적인 기업과 기업 사이의 상호의존성은 중앙의 관리를 받아야 한다. 개별 기업 수준에서의 선택과 좀 더 고차원적인 수준, 즉 지역, 산업, 국가 차원에서의 요구를 서로 조율하는 과정을 통해서 말이다.

이처럼 의사 결정 과정에 상당한 권력이 중앙에 집중되는 것을 내포하기 때문에 대다수 진보주의자들은 이를 반기지 않을 것이다. 일반적으로 집중은 지배와 착취의 수단으로 여겨져 민주주의를 발전시키는 도구로 보기 어려울 수 있다. 하지만 인류의 전반적인 삶의 질을 저해하는 기업을 제재할 강력한 힘이 없다면, 그리고 그 힘이 우리를 대신하여 사회에 투자하지 않는다면, 인류가 직면한 경제적·환경적·사회적·국제적 위기를 극복할 방법은 없다.

여기서 상상력의 한계에 부딪힌다. 넓은 범위에서 중앙집권적 의사 결정이 이루어질 때, 과연 민주성을 보장할 수 있을까 하는 점이다. 다른 세 가지 문제를 해결할 수 있을지도 의문이다. 심지어는 현재 수많은 한계를 드러낸 민간 기업 체제보다 효율적인지조차 알 수가 없는 노릇이다. 자본주의 시장 체제에서 각각의 기업이 고군분투하여 얻어내는 것이 없다면, 혁신을 일으킬 동력은 무엇이 있을까? 경쟁에 대한 압박, 그리고 경영진이 권력을 쥐어서 얻는 이점이 없다면 자본주의 체제의 효율성은 어떻게 유지될 수 있을까? 집단의 효율성과 개인의 다양한 사고를 동시에 요구하는 혼란스러운 체제에서 어떻게 노동자들에게 동기 부여를 계속할 수 있을까?

자본주의 기업에서 찾은 교훈

위 질문들에 대한 답을 찾고 싶다면 우선 초대형 기업 몇 군데를 조사해볼 것을 권한다. 물론 아주 명확하지는 않겠지만, 가장 큰 대기업의 경험에는 민주사회주의의 귀중한 교훈으로 삼을 만한 세 가지 요소가 있다.

첫째, 초대형 기업의 규모는 여러 국가를 합친 만큼 크다. 대기업의 생산 활동이 점차 사회화되면서 초대형 기업의 규모와 복잡성은 놀라울 정도로 증가했다. 월마트는 전 세계에 1만 1,700개 소매점을 두고 있으며 직원이 230만 명에 달한다. 10만 개 이상의 공급업체가 제공하는 400만 개의 제품을 판매한다. 한편 아마존은 전 세계에 740개 유통 시설을 가지고 있으며, 매년 약 3억 명의 소비자에게 20억 개에 가까운 제품을 아마존 창고에서 배송하고 있다.

둘째, 초대형 기업 내부에서 진행되는 과정, 즉 원자재 공급부터 최종 완제품 판매까지 이어지는 과정은 자본주의 시장 경쟁에 의해서가 아니라 경영자의 전략 경영으로 조정된다.[2] 다시 말해서 대기업을 구성하는 여러 하위 조직들은 이익을 창출할 때 서로 경쟁하지 않고, 공동의 목표를 위해 협력하며 적절히 사업 계획을 조율한다. 하나의 기업을 구성하는 특정 하부 조직이 다른 하부 조직에 재화와 서비스에 대한 비용을 청구한다고 해서 해당 하부 조직이 개별적인 수익 창출을 꾀하는 것이 아니다. 오히려 기업 전체의 큰 목표를 반영하기 위해 가격을 설정하는 것에 가깝다. 기업은 하부 조직들이 상호작용할 때 발생하는 부정적 외부효과는 최소화하고 긍정적 외부효과는 최대화하는 것을 목표로 한다. 예컨대 특정 하위 조직이 다른 하위 조직의 경쟁 우위를 침해하리라 예상되는 경우에는 새로운 시장에서 철수하여 부정적 외부효과를 축소하기 위해 노력한다. 특정 하위 조직이 새로운 기술을 개발하여 다른 하위 조직들과 공유하는 것은 긍정적 외부효과를 확대하기 위한 노력에 해당한다.[3]

셋째, 초대형 기업이 우리 경제 전체의 축소판과 유사하기 때문이다. 즉 각각의 대기업이 조직을 관리하면서 내부적으로 맞닥뜨리는 문제는 우리가 경제를 사회주의적으로 관리하려고 할 때 극복해야 할 문제와 유사하다. 어떤 대기업들은 문제를 해결하기 위해 조직원리를 개발했다. 바로 앞서 언급했던 고차원적인 접근법이다. 우리는 이를 더욱 큰 규모에서도 적용할 수 있다. 나는 이 조직 원리를 '협력하여 전략 세우기, 협력하여 혁신 이루기, 협력하여 학습하기, 협력하여 일하기'로 명명하겠다.[4] 모두 협력이 들어간다는 점이 핵심이다. 여기서 협력이란 공동의 목표 및 목표 달성을 위해 필요한 바를 함께 설정하는 것을 말한다.[5]

물론 아무리 고도로 발전한 기업일지라도, 지속적으로 수익을 내고 성장해야 한다는 의무감, 자본주의 경쟁이 주는 압박, 노동자를 지배하는 고용주의 권력 등으로 인해 협력 과정은 제한된다. 그러나 기업의 지배구조를 민주화한다면 협력은 여러 분야에서 좀 더 체계적으로 자리 잡을 수 있다. 또한 민주사회주의 사회에서는 지역, 산업, 국가 규모에서 경제 활동을 민주적이고 효과적으로 관리하기 위해 해당 원칙을 응용할 수 있다.

각각의 원칙을 설명하기에 앞서, 먼저 짚고 넘어갈 부분이 있다. 자본주의 기업의 경영 방식을 통해 민주사회주의에 대한 비전을 설명한다는 점에 놀랐을지도 모르겠다. 사회주의가 자본주의를 넘어서 발전을 이루어낼 수 있다면, 자본주의가 이룬 업적을 바탕으로 한 사회주의이기 때문에 가능한 결과다. 자본주의가 이룩한 다양한 업적 중에서도 생산 활동의 사회화는 아마 가장 중요한 축에 속할 것이다. 사회화를 통해 기술은 놀랍도록 발전했으며, 대기업의 복잡한 경영 전략을 위한 강력하고 새로운 경영 기법도 개발되었다. 기업 내부의 상호의존성을 관리하기 위해 고안해낸 경영 기법은 무척 소중한 결과물이다. 이와 같은 경영 기법은 (기술과 마찬가지로) 자본주의 체제의 착취와 지배를 위한 수단으로 사용된다고 비평가들이 주장할 법도 하다. 하지만 경영 기법과 기술의 기반이 되는 원칙들에서 민주사회주의는 이득을 얻고 새로운 시대에 맞게 응용할 수 있다는 주장도 일리가 있다.[6]

협력하여 전략 세우기

여섯 가지 위기를 극복하기 위해 기업, 지역, 산업, 국가의 경제 전반을 관리하고자 한다면 공동의 목표를 찾고, 목표를 달성하기 위한 계획을 세우고, 자원을 분배하며, 성과와 실패를 고려하면서 계획과 목표를 계속 수정해나가는 과정이 필요하다.[7] 거대 자본주의 기업들은 내부적으로 이러한 전략 경영을 하고 있다. 대부분의 대기업에서 하는 전략 경영은 민주주의와는 상당히 거리가 있으며, 매우 독재적이고 하향식이다. 그러나 몇몇 고차원적 기업은 전략 경영에 대한 다른 접근법을 개발했는데, 구체적으로 충분히 나아가지는 못했더라도 민주사회주의의 지향점과 상당히 맞닿은 면이 있다.

고차원적 전략이란 사업 과정에서 창의적인 해결책을 찾기 위해 모든 직원의 참여를 유도하는 것을 말한다. 고차원적 전략 경영을 시행하는 대기업은 하위 관리직과 최전선에서 일하는 직원들에게 힘을 실어주려고 한다. 그 결과 민주사회주의가 경제 전반을 관리하려고 노력할 때와 유사한 문제가 미시적으로 발생한다. 간단히 말하자면, 집중적인 의사 결정 과정이 실질적인 권한 부여를 위해 어느 정도 필요한 자율성과 서로 충돌하는 것처럼 보이는 문제이다.

고차원적 기업들이 마주한 이러한 도전 과제를 해결하는 열쇠가 바로 참여다. 기업 활동이 상호의존적일 때, 직원에게 권한을 부여하는 문제는 자율성보다는 참여도와 관련이 깊다. 자율성이란 권한 부여의 소극적 형태에 불과하며, 강압적인 제한으로부터의 자유를 말한다. 물론 직원에게 권한을 부여하기 위해서 자율성이 필요하기는 하다. 그러나 직원의 잠재력을 실현할 수 있는 보다 적극적인 형태가 꼭 필요하다.[8] 만약 직원에게 자율성을 보장하느라 협업이 필요한 기회를 제대로 활용하지 못한다면, 자율성은 괜찮은 권한 부여 방법이라 할 수 없다.

규모가 크고 복잡한 조직에서 효과적으로 전략 경영을 하려면 집중화가 필요하다. 하지만 직원 참여와 집중이 결합해야만 직원에게 권한을 부여할 수 있다(직원이 윗사람에게 휘둘리지 않는 형태에서의 권한). 자신의 결정에 자율적인지, 모두에게 적용되는 시스템 전체 정책에 종속되어 있는지가 집중화의 문제이다. 직원 참여는 기업이 전반적인 정책을 설정하는 과정에서 직원이 얼마나 큰 목소리를 낼 수 있는지의 문제이다. 집중화는 자율성과 자유라는 개념과는 반대되지만, 집중적인 구조는 참여의 정도에 따라 오히려 더욱 민주적일 수도 있고, 비민주적일 수도 있다.[9] 물론 조직이나 사회의 규모가 크다면 사람들이 직접민주주의의 형태로 참여하기는 어렵다. 하지만 대의민주주의

적인 참여 방식은 집단의 규모와 상관없이 가능하다.[10]

집중화와 경영 참여가 결합한 형태는 역설적으로 보일 수도 있다. 일반적으로 집중화란 참여와는 정반대로 간주되며, 자본주의 기업과 자본주의 사회에서는 실제로 그러하다. 보통 권력을 가진 엘리트가 기업의 의사 결정 권한을 대부분 차지하며, 권력층은 집중된 권력을 무기처럼 휘두르며 직원의 경영 참여를 막는다. 권력층이 가져가는 경제적 이익은 하위 직원들이 가져가는 경제적 이익과는 차이가 너무나 크기 때문이다. 자본주의 기업의 경영진은 흔히 자신의 손안에 의사 결정권을 두며, 직원의 경영 참여 정도와 범위를 제한한다. 이러한 현실 때문에 수많은 진보주의자가 집중화라는 개념을 왜곡해서 받아들인다.

고차원적 기업은 이러한 역사에서 탈피하여 내가 '협력하여 전략 세우기'라 부르는 원칙을 활용해 경영 관리 과정에서 참여적인 성격을 띤 집중화를 제도화하고자 한다. 협력 전략 원칙을 적용한다면 조직의 목표 및 도달 방법을 어떻게 설정하는 것이 최선일지에 대해서 다양한 분야의 직원들이 발언권을 가질 수 있다.

하지만 고차원적 기업이 협력 전략 원칙을 실행할 때 기업 내 고용 관계와 시장 경쟁이라는 기본적인 자본주의 구조 때문에 제한을 받는다. 자본주의는 기업의 권력 지배층부터 최전방 직원에 이르기까지 경영 참여를 확대하기 어렵게 만든다. 또한 회사가 직면하는 중대한 전략적 사업 문제까지 직원이 참여하는 예도 드물다. 동등 계층으로 구성된 하위 조직은 자신의 수준을 뛰어넘어 조직의 중요 결정에 참여하기 힘들다. 더욱이 의사 결정 과정에 참여한 직원들이 실질적인 영향력을 갖는 경우도 드물다. 몹시 실망스러운 참여 과정만을 경험해왔기에 직원 참여라는 개념도 오명을 얻었다.

비록 한계가 있는 정책일지라도 다양한 고차원적 기업들이 협력 전략을 수립하는 과정을 보면 유익한 교훈을 얻을 수 있다.[11] 몇 가지 사례를 살펴보며 기업이 활용한 원칙들이 기업 내에서 어떻게 보강되는지, 그리고 민주화된 경제 전반에서 어떻게 응용할 수 있을지에 대해 알아보자.

우선 집중화의 영역을 보면, 대기업이 전략 경영에 필요한 모든 정보를 통합하는 데 성공한 성과에 주목해야 한다. '전사적 자원 관리 enterprise resource planning, ERP'와 '판매 운영 계획sales and operations planning, S&OP' 같은 최신 시스템으로 기업은 경영 전략을 세우는 데 필요한 모든 기본 자료를 통합한다. 즉 제품과 과정에 대한 재무회계 정보와 기술 정보, 수요와 판매 예측, 프로젝트 관리 도구, 인사기록, 소비자와 공급자의 상호 관계를 비롯한 모든 것을 하나로 모은다.[12] 좀 더 발전된 시스템에서는 '지식 저장소'까지 보유하여 직원은 어떤 문제에 대해서든 가장 지식이 많은 전문가를 신속하게 찾을 수 있다. 그 결과 대규모 회사에서 흔하게 볼 수 있는 지배적인 조직 구조에 변화가 생겼으며 중앙집중식 의사 결정을 위한 토대를 마련했다. 바로 몇 년 전만 하더라도 사회주의에 반대하는 이들은 현대 경제가 너무나 복잡해서 어떠한 중앙 기관도 시의적절하게 기업 경영과 관련한 모든 정보를 모으거나 분석하는 것이 불가능하다고 주장했다. 그 주장에 비춰보면 새로운 시스템의 효율성은 더욱 인상적으로 다가온다. 특히 대부분 정보의 양이 물리적으로 방대하고, 재정 정보보다는

기술 정보에 속한다는 점을 고려하자.[13]

　둘째로, 하위 조직의 목표를 효과적으로 조율하기 위한 경영 기법의 발전에 주목해야 한다. 대기업은 수십 년 동안 단계적으로 이뤄진 과정에 따라 최고위층의 전략적 목표를 하위 조직의 목표로 하달하였으며, 조직의 다양한 계급을 통해 필요한 자원을 할당해왔다. 예컨대 최고위급에서 신규 시장에 진출해야겠다고 결정하면, 그 아래 계급에서는 진출 방식과 비용에 대한 계획을 세우고, 더 아래 계급에서는 특별 팀과 특별 예산을 배정받는다. 단계적 과정에서 최고위급은 하위 계급의 바로 이전 시기에 올린 실적을 평가하고, 이를 고려하여 다음 시기의 목표와 예산을 결정한다. 더욱이 단계적으로 아래로 내려가는 과정은 성과를 재정적으로만 바라보는 것에 국한되지 않는다. 신제품 계획을 세울 때도 비슷한 단계적 하향식 과정이 이뤄진다. 예컨대 '품질 기능 전개Quality Function Deployment, QFD' 과정에서 고객의 요구를 회사 내 세부적인 기술적 요구로 바꾼 후, 특정 팀의 설계 작업에 할당한다.

　고차원적인 기업들은 중앙집중적 전략 경영을 위해 다양한 장치를 개발하는 데서 나아가 상향식 경영 참여를 확대하려는 노력도 대대적으로 진행했다. 고차원적인 기업의 다층적 구조에서는 하위 계급이 상위 계급의 목표를 명령이 아니라 검토해볼 만한 '제안'으로 받아들인다. 각각의 과정에서 상위 계급이 제안한 목표가 의욕이 과하여 지역적 제약을 무시한다거나, 의욕이 없어서 지역의 잠재력을 충분히 활용하지 않는다면 하위 계급 직원은 상위 계급의 목표를 무시하는 것이 좋다. 고차원적인 기업은 수평적인 직원 참여도 독려하므로 조직 내 여러 분야의 직원은 물론 다양한 직급의 직원이 함께 포럼을 구성해서 과거의 실적을 평가하고 전략적인 목표와 예산을 개발할 수 있다.

미국 최대 의료 서비스 제공업체이자 최대 의료보험회사인 카이저 퍼머넌트Kaiser Permanente, KP는 협력 전략 수립이 어떻게 실현되는지를 흥미롭게 보여준다. 카이저는 공동으로 세운 전략하에서 인상적인 규모의 기업 활동을 벌인다. 2017년 기준으로 카이저의 의료보험 가입자는 1,200만 명이었으며 직원은 20만 8천 명, 의사 2만 1천 명, 간호사 5만 4천 명, 병원 39개, 진료소 680개를 보유한 기업이다. 규모뿐만 아니라 활동 범위도 독특한데 의사, 병원, 보험 활동을 하나의 전략으로 통괄한다. 그 결과 카이저는 기업 관리비용을 어마어마하게 절감했다. 또한 보험회사가 의료 서비스 제공자와 싸우고, 의사를 놓고 병원들이 서로 경쟁하고, 개업의끼리 경쟁하는 미국 의료 체제의 중심이 없는 구조에서 벗어나 예방 차원의 치료를 할 수 있게 만들었다.[14]

협력 전략 수립은 카이저에서 다양한 방식으로 제도화됐다. 핵심은 카이저에서 '가치 나침반Value Compass'이라 불리는 것이었다. 가치 나침반은 카이저의 중앙집중화에 도움이 되었다. 최상의 품질, 최상의 서비스, 가장 합리적인 가격, 최고의 일터라는 네 가지 핵심 전략 목표를 나침판에 시각적으로 표현한 뒤 기업 체제 전반에 걸쳐 구체화했다.[15] 네 가지 전략 목표는 본사에서 지사까지 계층적으로 전달되었고, 모든 시설과 부처가 공동의 목표로 움직였다. 각 단계에서 '대시보드dashboards'는 네 가지 항목에 대하여 목표에 얼마나 도달하였는지, 그리고 업계 최고 수준과 비교했을 때 상대적으로 어느 수준인지를 추적한다. 대시보드가 추적한 정보는 각 조직에 모두 공유되었으며, 정보의 통합과 사업의 결과에 대한 논의가 널리 진행됐다. 네 가지 항목에서의 성과를 지도자가 평가하면 이는 인센티브 계획으로 이어지며, 최전선에서 일하는 직원과 노동조합원에게 상여금을 주는 근거로 활용된다. 운영 관리자는 목표를 달성하기 위해 발전에 대한 책임을 진다. 각 분야의 성과는 단순히 재무 성과를 향상하는 도구로서가 아니라 그 자체로 중요하게 여겨진다.[16]

카이저는 중앙집중화와 더불어 직원 참여 수준도 뛰어나다. 직원이 참여하는 문화는 카이저가 고차원 기업으로서 써 내려간 긴 역사를 그대로 반영한다.[17] 카이저퍼머넌트가 1945년 창립되었을 때부터 노동조합은 필수로 있었다. 카이저 기업의 의사와 관리자가 아닌 직원 중 80%가 노동조합에 가입하였다. 간호직, 기술직, 사무직, 사회복지사, 취사와 경비 인력, 검안사, IT 인력이 여기에 해당한다. 1997년 국제서비스직노동조합Service Employees International Union, SEIU이 주도하여 카이저의 노동조합 대부분이 모인 연합단체가 놀라운 규모와 야망, 지속성에서 특별한 동반자적 노사 관계를 시작하는 역사적 협약에 서명했다.[18] 동반자적 노사 관계 덕분에 직원들은 매우 확실하게 경영에 참여할 수 있는 제도를 누리게 되었다. 노사 관계 협약이 성공한 데 힘입어 카이저는 의료 서비스 제공 기관으로서 임상 품질, 혁신, 효율성, 환자 만족도 부문에서 거의 최고의 평가를 받았다.[19] 무기명으로 진행한 조사에 따르면 카이저 직원들은 사기가 진작되었을 뿐만 아니라 동반자적 노사 관계 과정과 결과물에 대해 광범위한 지

지를 보여주었다. 그리고 노동조합원 증가와 임금 및 복지 향상과 같은 결과를 낳았다.[20]

협력하여 전략을 세우는 과정에서 직원 참여와 관련 있는 부분은 카이저에서 다양한 방식으로 제도화되었다. 첫째, 다층적 계획 수립 과정에 관여한 다양한 직급의 관리자 중에서 하위 관리자도 사업에 대한 우려나 혁신적인 해결책에 대해 상부에 자유롭게 말할 수 있었다. 예컨대 임상 결과를 개선하려는 목표를 최상위 직급이 제시하였지만, 하위 단위에서 지나치게 공격적인 목표라 판단하고 미루어서 최상위 직급이 목표를 완화한 예도 있었다. 또한 본사가 미처 몰랐던 비용 절감의 기회를 지사에서 파악하여 본사가 그에 따라 목표를 수정하기도 했다.

둘째, 부서 간 협업은 수직적 관계를 넘어서 여러 부서에 걸쳐 수평적일 때 대단히 두드러졌다. 여러 부서의 경영진이 협업 활동에 대한 권한과 책임을 공유하는 '매트릭스matrix' 조직 구조가 사내 수평 관계를 정착시킬 수 있었던 핵심 요소였다. 매트릭스 조직 구조는 기존의 기능 중심의 부서 상태를 유지하면서 특정한 프로젝트를 위해 서로 다른 부서의 인력이 함께 일하는 현대적인 조직 설계 방식이다. 대부분의 미국 산업에서 매트릭스 경영은 평판이 좋지 않다. 수많은 독재적인 조직에서 경영진은 권한과 책임을 직원과 공유하고 싶지 않다는 이유로 매트릭스 경영 방식을 피하고 있다. 효과적으로 공유가 이뤄지려면 경영진은 높은 차원의 목표에 전념해야 하지만, 독재적인 성향의 기업 지도자들은 명령할 수 있는 권한에만 매달린다. 자신이 세운 목표에 하위 직급자들이 우려를 표하는 것을 용납하지 않는다. 반면 카이저는 매트릭스 구조를 통해 얻을 수 있는 수평적 참여를 중시했으며, 성공적인 매트릭스 경영 도입을 위해 직원 연수와 재정적인 장려책을 통해 기업 내 여건을 조성하려고 최선을 다했다.[21]

셋째, 위로는 전략적인 문제부터 아래로는 조직 구조에 이르기까지 모든 분야에서 참여가 이루어졌다. 가치 나침반에서 가장 중요한 목표는 최고 경영진이 지시한 것이 아니라 카이저의 세 분야(의료보험, 병원, 의사들)와 노동조합연합이 내부 논의와 상호 협의를 거쳐 공동으로 설정한 것이다.[22] 참여의 결과, 조직의 가장 중요한 전략 목표는 채권 보유자를 만족시키거나 시장 점유율 높이기가 아니라, 경영진과 의사들은 물론이고 직원들에게 중요한 내용이었다. 직원의 관점에서 일자리와 임금을 보전하기 위해 조직의 재정적인 성공을 얻는 것이 지상목표는 아니었다. 그들이 세운 목표는 단순히 도구에 불과한 것이 아니라 그 자체로 가치를 지니고 있었다.[23]

카이저의 경영 위계 구조는 참여 체제를 비롯해 국가, 지역, 시설, 부서 차원에서 노사 공동 포럼 체제도 갖추고 있다. 공동 거버넌스 구조 덕분에 회의가 늘어나서 조직의 간접비용이 확실히 증가하기는 했지만, 한편으로는 고위층에서 내린 전략적 결정이 하위 직급의 직원과 노동조합 대표들에게도 정당하게 받아들여지는 데 도움이 되었다. 직원들은 경영진의 결정이 그들만의 이익보다는 공동의 이익을 지향한다는 확신을 얻었다.

카이저는 정당성에 힘입어 큰 갈등을 일으키지 않고서 몇 가지 변화를 단행할 수 있었다. 예컨대 전자 건강 기록(카이저가 세계 최강이던 분야) 체제로 전환하면서 업무 자동화가 이루어졌고, 사무직 인원을 대규모로 삭감한 일이 있었다. 사전에 함께 전략을 짜고 일자리가 사라진 노동자들을 재교육하고 재배치하겠다는 동반자적 노사 관계의 의지에 힘입어 감원은 특별한 갈등 없이 진행되었다.[24]

전략적 경영 과정을 민주화하려는 시도를 카이저라는 기업에서만 했던 것은 아니다. 치열한 경쟁은 물론 경영과 기술 환경이 급격하게 변화하여 압박을 느낀 회사들은 점점 더 크라우드소싱에 기초한 '개방 전략' 모델을 선택하는 추세다. 개방 전략 모델에서는 대개 직원을 포함하여 외부 이해당사자까지도 주요 전략 문제에 대한 회사 전체 차원의 논의에 인터넷을 통해 참여할 수 있다.[25]

협력 전략은 카이저를 비롯한 다양한 규모의 회사에서 그 효과가 입증되었다. 따라서 민주사회주의 체제에서 협력하여 전략을 세우는 원칙은 민주화된 지배하에 있는 기업의 전략 수립을 보다 광범위하고 심도 있게 진행하는 데 활용할 수 있다는 확신을 얻을 수 있다.

더욱이 카이저라는 대규모 기업에서도 효과가 있었다는 점을 감안하면 지역, 산업, 국가라는 광범위한 규모에서 전략 경영을 지도하기 위해 협력하여 전략을 세울 때의 핵심 요인들을 어떤 식으로 확장할 수 있을지도 예측할 수 있다. 핵심 요소들은 본질적으로 기업 단일 규모에만 국한되지 않는다. 최상위 목표의 민주적 결정(카이저의 가치 나침반과 유사하게), 최상위 목표를 하위 계급으로 전달하는 다층 구조, 하위 계급의 우려와 제안을 상위 계급과 소통하도록 권장하는 것, 계획 수립 과정에서 수평적(여러 조직에 걸쳐서) 대화와 수직적(여러 직급에 걸쳐서) 대화를 위한 포럼이라는 요소 등등은 보다 넓은 범위에서도 응용할 수 있다.

예컨대 협력 전략의 원칙을 활용하여 화석 연료에서 급속히 벗어나야 한다는 시급한 요구를 해결할 수 있을지 상상해보자. 일단 연료 전환 과정이 얼마나 빨리 진행될 수 있는지, 그리고 친환경 대체 연료가 소득 증가와 좋은 일자리 제공 등의 다른 목표와 어떤 식으로 균형을 이루며 통합될 수 있는지에 대한 토론의 장을 구성할 수 있다. 토론 결과를 바탕으로 민주적인 '국가경제위원회'가 구성되면 정부가 투자를 추진해야 할 분야(핵심 기술 선진화를 목표로 하는 연구개발 프로그램이나 공해 유발 행위를 중지하는 것 등)를 확인할 수 있다. 도시 단위, 주 단위, 산업 단위를 관장하는 민주경제위원회(선출직 혹은 제비뽑기로 시민 중에서 선정[26])는 목표를 이루기 위한 방안을 국가경제위원회에 제안할 수 있다. 국가경제위원회는 하급 기관의 제안이 국가적 목표를 달성하기에 충분히 적극적이지 못하거나, 다른 사항과 서로 양립 불가능할 때는 뒤로 미룰 수 있다. 전략 목표를 어떻게 달성할 수 있을지에 대한 대화는 수직적·수평적으로 모두 이루어질 수 있다. 국가경제위원회의 대표들은 도시, 지역, 산업, 지역 사회 대표들과 함께 모여 서로의 생각을 나누며 에너지 전환을 위한 공동의 전략을 함께 세우게 될 것이다.

협력하여 혁신 이루기

당면한 위기를 해결하고 생산의 사회화로부터 더 많은 혜택을 누리기 위해서는 기술, 제품, 절차 등에서 상당한 혁신을 이뤄내야 한다.

혁신에 관해 우리는 이를 대대적으로 관리하는 자본주의 기업에서 배울 점이 많다.

자본주의 대기업은 생산의 사회화와 규모를 지렛대 삼아 혁신을 촉진한다. 중앙집중식 연구개발을 맡은 조직에 비판적인 전문가 집단을 동원하여 혁신을 수행한다. 그 덕분에 운영을 맡은 조직은 불필요한 중복 연구를 하지 않아도 되며 기업은 비용을 절감한다. 또한 연구개발의 긍정적인 외부효과를 '내부화'할 수 있다. 연구개발을 맡은 조직이 일궈낸 혁신을 다른 하부 조직이 활용하면 비용을 청구하는 것이 자본주의 시장 과정이겠지만 실제로는 그렇지 않다. 그 대신 운영을 맡은 하부 조직이 상부에 일종의 '세금'을 냄으로써 회사는 연구개발 조직에 자금을 지원하고, 모든 하부 조직은 자유롭게 혁신의 결과물을 누리게 된다.[27]

민주적으로 관리되는 경제 체제에서는 연구개발 조직을 중앙에 집중함으로써 자본주의 기업과 마찬가지로 지역, 산업, 국가 차원에서 유사한 효과를 맛볼 것이다. 연구개발 조직은 민주적인 지도하에 우리의 공동 목표를 위한 임무를 맡을 수 있다. 현재의 기업 연구개발이 이윤 창출이라는 목표에 종속되기 때문에 항상 제한되고 왜곡되는 모습과는 대조적이다.

그러나 혁신의 중앙집중화는 늘 장애물과 부딪힌다. 자본주의 체제든 사회주의 체제든 상관없이, 기업 차원이든 더 넓은 차원이든 상관없이 말이다. 자본주의 시장 체제는 중앙 없이 서로 분산되어 있는데, 집중화를 했다가는 혁신적 기업가정신이 약해지는 것은 아닐까? 자본주의 체제에서 기업가들은 지역 상황에 대한 암묵적 지식을 활용해 신규 사업 기회를 파악하며, 기업인들 사이의 시장 경쟁을 통해 어떤 기회가 실제로 수익성이 있는지 가려낼 수 있다. 자본주의의 주창자들도 인정하듯이, 시장 과정에서 기업과 기업 사이의 조율, 기업과 소비자 사이의 조율은 근사치에서 그친다. 기업가정신을 담은 도박이 성공했는지 아니면 실패했는지를 확인한 후에만 사후 조정이 이뤄질 수 있기 때문이다. 따라서 곳곳에서 병렬적으로 프로젝트를 진행하는 경우, 노력은 어느 정도 불필요하게 중복될 수밖에 없으며 시행착오 과정에서 사회 자원도 낭비된다. 자본주의의 주창자들은 해당 지역의 기업인들만이 지역 상황에 대한 상세하고 직접적인 지식을 충분히 가지고 있으므로, 중앙에 집중된 관리자가 사전에 조정하는 것보다 더욱 많은 혁신과 빠른 성장을 이뤄낼 수 있다고 주장한다. 더군다나 기업가들의 지식은 종종 암묵적이고 수량화하기 어려우므로 멀리 떨어진 본사의 경영진에게 원격으로 전달하는 것이 불가능하지는 않더라도 상당히 어려울 것이다.[28]

하지만 여러 지역에 분산된 기업가가 해당 지역의 운영 조건에서 기회를 발견하는 데서만 혁신이 이루어지는 것은 아니다. 오히려 생산의 사회화가 어느 정도 수준에 도달한 이후부터는 혁신의 주요 중심지가 지역 장인의 실험에서부터 전 세계 과학과 공학의 영역으로 이동한다. 오늘날 산업계의 수많은 혁신은 일상적인 작업장으로부터 멀리 떨어져서 진행되는 연구에 기초한 과학과 기술에 대한 발견에서 유래한다.

그럼에도 불구하고 과도한 집중화가 실제로 위험할 수도 있기에 일부 기업(특히 고차원 전략을 채택한 기업)은 집중화된 연구개발 조직보다는 경영 분야에서 혁신을 일궈내고 있다. 소수의 선별된 전문인력을 통해서만 기업 혁신이 이루어진다면, 직원으로 구성된 대규모 집단의 혁신적 아이디어를 활용할 기회는 날아가 버린다는 사실을 경영자들도 알고 있다. 또한 집중화된 연구개발팀이 고립된 상태에서 혁신적 아이디어를 개발할 경우, 혁신의 결과물이 현실적으로 어떻게 활용될지 모른다는 단점도 인정한다. 예컨대 운영팀이 당면한 최대 장애물이 무엇인지 연구개발팀이 알지 못할 경우, 현실적이지 않은 혁신 방안만을 내놓을 수도 있다.

고차원 기업들은 집중화와 참여 중에서 하나만 선택할 필요가 없다는 점을 인정하고 '협력하여 혁신을 이룬다'는 원칙을 택한다. 협력 혁신의 원칙 아래 집중화된 연구개발팀과 지역 운영의 책임을 맡은 하위 조직은 따로, 또 같이 작업하면서 혁신을 이뤄낸다. 협력하여 혁신을 이룬다는 원칙에 따라 기업은 중앙 하위 조직과 지역 하위 조직 양쪽 모두에서 나오는 혁신적인 아이디어를 자극, 포착, 선별 및 신속하게 배치하는 체제를 만든다. 또한 연구 목표를 확인하고 혁신 프로젝트를 수행할 때 연구 인력과 실무 인력이 협력할 기회를 마련한다.

집중화와 참여가 결합하는 경우가 흔치 않기 때문에 이러한 '협력 혁신'의 아이디어가 타당해 보이지 않을 수 있다. 게다가 저차원 자본주의 기업이 인건비를 절약하려고 '창의적' 업무(연구개발 등)와 '일상' 업무(운영 등)를 분리하는 사례가 더욱 익숙해서 그럴 수도 있다. 사실 협력하여 혁신을 이루는 데에는 비용이 많이 든다. 하위 직급을 교육해야 조직의 혁신 노력에 효과적으로 참여시킬 수 있고, 조직 내 고위 직급과 하위 직급 간에, 그리고 연구개발 하위 조직과 운영 하위 조직

간에 효율적인 소통 수단이 유지되어야 한다. 저차원 회사는 이와 같은 비용을 피하려 든다. 반면 고차원 기업은 해당 비용을 투자로 간주하며, 혁신이 증가함에 따라 장기적으로 이익이 되리라 확신한다.

카이저퍼머넌트는 협력하여 혁신을 이루는 모습도 보여준다. 카이저에서 혁신을 향한 노력은 하향식과 상향식이 혼합되어 있다. 하향식의 경우, 집중화된 연구개발 조직은 새로운 제품, 서비스, 작업 과정을 제안해서 해당 지역팀, 운영팀, 실무팀에 전달한다. 카이저는 하향식 프로세스에 직원들이 참여할 수 있도록 부단한 노력을 기울여왔다. 전문성을 갖춘 직원들은 고립된 채 일하는 게 아니라 실무를 맡은 직원들과 힘을 합쳐 주어진 기회를 파악하고 해결책을 설계하고 적절한 실행 계획을 개발해왔다.[29]

예컨대 카이저는 몇몇 중앙 연구개발부서 중에서 혁신 컨설팅이라는 부서를 만들어 일선 직원 및 환자와 협력하여 문제 영역을 확인하고 더욱 좋은 의료 서비스를 제공하기 위해 업무 체제를 재설계했다. 그중 2007년에 시작된 관련 프로젝트는, 간호사들이 근무를 교대할 때 서로 정보를 전달하는 과정을 개선하는 데 초점을 맞췄다. 간호사들은 자주 업무에 시달리고 교대 과정도 힘든 일이기 때문에 주요 안건을 전달하지 못하는 일이 종종 발생하였으며 그로 인해 환자의 건강이 위태로워지기도 했다. 혁신 컨설팅 부서는 일선 간호사와 환자와 협력해서 새로운 방식을 개발했고, 이에 따라 중앙간호사국이 아닌 환자의 병상 앞에서 간호사의 업무 교체가 진행되었다. 눈에 띄는 특징 중 하나는 중요한 정보가 간과되지 않게끔 환자에게도 참여를 권장했다는 점이다. 또한 업무를 교대할 때 핵심 요소를 표준 포맷으로 정착시키는 새로운 소프트웨어 도구도 개발했다. 혁신적인 업무 교대 절차는 카이저의 모든 병원에 공유되었다. 혁신 컨설팅 부서는 서로 유사한 16개의 의료기관으로 구성된 '혁신 학습 네트워크'를 만들어 공통된 문제를 연구한 뒤 결과를 공유했다는 점에 주목하자.[30]

한편 상향식 혁신의 경우, 주로 조직기반팀Unit Based Team, UBT을 통해 추진되었다. 카이저의 조직을 이루는 모든 부서의 직원들은 경영진과 노동조합이 공동으로 주도하여 운영하는 UBT(3,500개 이상)로 편성되었다. UBT를 구성하는 노동조합원과 노동조합에 가입하지 않은 직원, 경영진, 의사들은 일상 업무를 관리하는 것은 물론 소속 지역의 가치 나침반 우선순위를 위한 혁신을 일궈내기 위해 서로 협력했다.[31] 부서가 작을 때는 모든 직원이 UBT에 소속되어 함께 일했고, 혁신 프로젝트를 논의하기 위해 매주 회의를 진행했다. 부서가 클 때는 자발적으로 나선 직원들이 UBT를 구성하였다. (직원 대표들로 구성된 UBT가 내놓은 제안은 다른 부서 직원들의 정기적인 논의를 거쳤으며, 제안을 시험하기 위해 실험 계획을 운영하기도 하였다.) UBT '박람회'를 통해 각각의 팀은 부서 전체에 걸쳐 혁신 성공 사례를 공유할 수 있었다.

UBT에 속한 경영진과 의사들은 자신의 계급과 지위에 기반한 권한을 포기하고 간호직, 기술직, 경비직, 사무직 직원들과 협력해야 했다.[32] 또한 일선 인력은 혁신을 창출하고 시험하는 것을 목적으로 하는 좀 더 창의적인 활동에도 참여할 수 있었다. 프로젝트는 일반적으로 의료 서비스 또는 임상 의료를 개선하며, 품질이나 직원 참여, 인력 배치, 작업장과 환자 안전에 방해되지 않으면서 비용을 절감하는 데도 집중되었다. 일부 UBT는 환자 경험을 개선하는 방법을 찾는 프로젝트에 환자도 참여시켰다.

협력 혁신에 좀 더 기술을 활용한 접근 방법을 개발한 고차원 기업들이 있다. 그중에서도 IBM은 대단히 인상적이다. IBM은 약 36만 6천 명의 직원을 고용하고 있으며, 세계 최대의 기업 연구개발기관인 IBM 연구소는 6개국에서 3천 명 이상의 연구원을 고용해 특허 분야에서 세계 최고의 위치를 차지하고 있다. 2006년 최고경영자 샘 팔미사노Sam Palmisano는 연구소를 둘러보며 엄청난 기술에 놀라면서도 유용한 제품과 서비스로 전환되는 경우가 거의 없다는 사실을 알고 좌절했다. 그보다 몇 년 전에 IBM은 기업의 방향과 가치에 대해 전사 차원에서 토론을 진행하는 과정을 개발했으며, 재즈의 즉흥연주에서 따온 '잼jam(재즈에서 연주자들이 악보를 보지 않고 즉흥적으로 연주하는 것을 '잼 세션jam session'이라고 부른다-옮긴이)'이라는 이름을 붙였다. IBM의 경영진은 잼을 이용해서 전 직원을 집단 브레인스토밍에 동참시켜 기술을 활용할 새로운 방안을 찾게 했다. 2006년 사흘에 걸친 '이노베이션 잼innovation jam' 행사가 두 차례 열렸다. 참여자는 대부분 IBM 직원과 경영진이었으며 공급업체, 소비자, 대학 연구원까지 모두 합쳐 약 15만 명이 참여했다.[33]

이노베이션 잼은 대규모로, 병렬적으로 이루어지는 온라인 대화로, 서로 연결된 수많은 게시판과 웹페이지의 지원을 받아 여러 개의 토론 포럼으로 나뉘었다. 신기술을 어떻게 배치할지에 대한 논의에서 무려 4만 6천 개 이상의 아이디어가 쏟아져 나왔다. 고위 임원과 연구자들은 1차 회기에서 가장 유망한 31개 분야를 골라냈으며, 2차 회기에서는 해당 분야를 실질적인 사업 제안으로 바꾸는 것을 목표로

삼았다. 그 결과 10개의 신규 사업에 대해 1억 달러를 조달하겠다는 결론이 나왔다.[34]

카이저와 IBM에서 협력하여 이루어낸 혁신의 효과가 입증되었고, 민주적으로 관리되는 경제에서 광범위하게 응용할 수 있으리라는 확신을 준다. 민주화된 거버넌스하에 있는 기업에서 협력하여 혁신을 이룬다는 원칙이 어떻게 도입될지 상상하기 어렵지 않다. 교육, 훈련, 노동 시간에 참여 기회를 제공한다면 더 많은 사람이 당면한 혁신 과제를 해결하는 데 앞장설 것이다.

더욱이 카이저와 IBM에서 협력을 통한 혁신이 대규모로 성공을 거둔 것을 보면 지역, 산업 및 국가 차원에서 혁신 목표를 신속하게 달성하는 데에도 활용될 수 있으리라는 확신이 든다. 협력 혁신의 핵심 요인은 규모의 제한을 받지 않는다. 집중화된 연구개발과 지역 인력에 대한 투자, 연구개발 인력과 실무 인력이 협력하는 프로젝트, 교육과 지원 및 인센티브에 대한 투자, 혁신 노력을 지향하는 중요한 목표 등의 요인은 규모에 상관없이 이뤄질 수 있다. 미국국립보건원의 의료 복지와 미국 국방성 고등연구계획국의 방어기지 등 국가 단위의 구조에도 이미 협력적 혁신의 핵심 요소가 일부 적용되고 있다. 다른 산업에도 적용될 수 있음은 물론이다.[35]

아이디어를 좀 더 구체화하기 위해, 앞에서 논의했던 급속한 환경 에너지 전환을 지원하기 위해 협력하여 혁신을 이룬다는 원칙을 어떤 식으로 활용할 수 있는지 알아보자. 태양에너지와 풍력에너지, 그리고 에너지 저장 기술 등을 개발하려면 막대한 연구개발 투자가 필요하다. 국가경제위원회는 꼭 필요한 중대한 기술 개발을 목표로 연방 기금을 조성해서 국가 차원의 연구개발프로그램을 만들 것이다. 대학 연구소들도 함께 참여하며 연구비를 지원받기 위해 연구제안서 제출을 장려받을 것이다. 또한 주택 및 상업용 건물 단열재, 다양하고 저렴한 대중교통 이용 등으로 에너지 소비를 줄이는 방법을 개발하는 데 전념하는 지역 혁신 거점도 고려할 것이다. 국가 수준과 지역 수준에서 혁신을 위해 서로 소통하며 함께 프로젝트에 참여할 것이다. 또한 지역 혁신 거점들은 다양한 노력을 기울여 수평적으로 협력하며 정기적으로 모여 정보를 꾸준히 교환할 것이다. 민주적으로 관리되는 경제 체제에서는 각개전투로 경쟁하는 모습은 사라지며, 기업간 협력하여 연구해나가기는 훨씬 수월해질 것이다. 시민과 근로자로서 우리는 기술의 결과를 활용하는 것은 물론 에너지 보전과 생성을 위한 혁신적인 아이디어를 개발하도록 장려받는다. 과학과 기술 교육에 대한 투자는 여기서도 '시민 과학'을 일으키고 양성하는 데 도움을 줄 것이다. 우리 사회 전체가 협력하여 혁신을 이룬다는 원칙에 따라 함께 움직이면 신속하고 적절하게 에너지 전환을 성공적으로 이룰수 있을 것이다.[36]

협력하여 학습하기

민주사회주의 경제는 효율적이어야 한다. 자동화 기술이 크게 발전하였는데도 오늘날 대부분의 노동은 창의적이기보다는 반복적인 작업으로 이루어진 틀에 박힌 일이다. 다음 세기까지 자동화 기술이 계속 발전하면서 일자리가 감소하겠지만 당장 일어날 일은 아니다.[37] 따라서 경제를 관리하기 위해서는 반복적인 작업을 수행하는 데 우리가 효율적인가를 확실히 해야 한다. 노동자로서 우리는 일을 쉽게 하는 편을 선호하지만 소비자(사회주의 소비자라도 마찬가지다)로서는 다른 노동자들이 효율적으로 작업하지 않으면 분개할 것이다. 다시 말해서 작업의 효율성(창의성 및 혁신과는 별개다)이란 앞으로의 미래에서도 여전히 중요한 과제로 남는다. 사회주의 미래에서도 말이다.

자본주의 기업의 경영 사례를 통해 과제 해결 방안에 대한 교훈을 얻을 수 있을까? 답은 확실하지 않다. 자본주의 기업이 종종 높은 수준의 효율성을 달성하지만, 효율성에 이르는 길은 대개 추악하다. 중소기업은 강압과 협박을 동원하여 효율성을 높이려 한다. 대기업에서는 수많은 사람이 비슷비슷한 업무를 수행하며, 경영진은 전문가에게 업무별로 가장 효율적인 절차(엄밀히 말하자면 전문가의 시각에서 효율적으로 보이는 절차)를 알아내라고 지시한다. 전문가는 효율적인 절차를 체계적인 작업의 표준으로 삼은 뒤 실무 관리자에게 전달하고, 실무 관리자는 직원들에게 표준을 따르라고 요구한다.[38] 경영진은 직원들이 새로운 표준을 따르도록 급여 인센티브를 지급하거나, 지시에 따르지 않으면 해고하겠다고 협박하여 원하는 결과를 얻을 수 있다. 또한 자동화 시스템의 비용이 훨씬 저렴하다고 판단되면 기존 직원을 기계로 대체할 수도 있다. 또한 높은 급여를 받는 숙련된 직원을 해고하고, 대신 낮은 급여에 숙련도가 떨어지는 직원을 고용할 수도 있다. 만약 경쟁 기업보다 효율성이 현저하게 떨어질 때는 시장 경쟁에서 패배하여 도태당한다.

그렇다면 민주적인 경제 체제에서도 '효율성 전문가'를 고용해 직원이 지켜야 하는 표준과 절차를 지시해야 할까? 절대 아니다! 하향식 접근 방법은 현재의 노동자 소외 위기를 개선하기는커녕 오히려 악화시킬 것이다.

고차원 자본주의 기업이 주는 교훈은 상당히 흥미롭다. 고차원 기업은 표준화가 작업 효율을 위한 핵심 요소이지만, 전통적인 하향식 접근을 통한 표준화에는 문제가 있음을 알고 있다. 전문가는 실무에 사용할 효율적인 작업 표준을 구현하는 데만 집중하다 보니, 현실적인 운영 조건에 대해서는 잘 알지 못하는 경우가 많다. 또한 새로 제시된 표준이 이론상으로 좀 더 나을지 몰라도, 그 때문에 업무량을 늘리고 업무 속도에 대한 압박을 강요하다 보면 실무 직원들을 소외시키고 반발을 살 수도 있다.

고차원 기업은 문제를 일으키지 않으며 작업 효율성을 높이기 위해 평사원을 직접 작업 표준화 과정에 동참시킨다. 여기서 적용되는 원칙이 바로 협력하여 학습한다는 원칙이다. 고차원 기업은 직원을 교육하고 표준화 과정에 참여시켜 업무 과정을 분석하고 효율성을 높이는 방법을 찾도록 격려한다. 협력하여 학습한다는 원칙에 따라 인사 전문가는 자신이 생각하는 모범 사례를 직원에게 강요하지 않고, 일선 직원과 함께 작업 표준화를 진행한다. 고차원 기업은 직원이 주도하여 효율성을 개선해도 어떤 직원도 일자리를 잃지 않을 것을 약속한다. 즉 직원의 제안으로 효율성 개선이 이루어지면, 직원 본인이 잉여인력이 되어버릴 수도 있지만, 그런 경우 직원을 재훈련하여 다른 업무에 투입한다. 경영진은 인간공학적 태도로 직원을 교육하며, 업무 설계 스트레스가 몹시 막중하다는 사실을 깨닫는다. 생산 활동을 통해 창출한 수익은 성과금이나 임금 인상의 형태로 직원들과 나눠 갖는다.

고차원 기업의 직원은 업무 방식을 규정, 실행, 개선하는 절차에 종종 동참한다. 이를 통해 만들어진 작업 표준은 직원에게 강요가 아닌 생생한 경험으로 와닿는다. 실무 관리자가 일상적인 업무에서 직원들과 적절히 협력하고 존중하는 태도를 보인다면, 작업 표준은 통제 수단이 아닌, 최선의 업무 실행 수단이 된다. 직원은 작업 표준을 통해 업무를 가장 잘하는 방법을 서로 협력해가며 빠르게 배울 수 있다.[39]

협력하여 학습한다는 개념이 타당해 보이지 않는다면, 그동안 우리는 저차원 기업의 맥락에서만 작업 표준화를 바라봐왔기 때문이다. 저차원 기업에서는 직원과 경영진의 수익 차이가 극명하게 드러나며, 작업 표준화는 직원을 억누르는 무기로 사용된다. 그 결과 직원은 절박한 심정으로 자유(강압적인 상사와 억압적인 작업 표준으로부터의 탈출)를 갈구한다. 이러한 맥락에서 바라봤을 때, 작업 표준화는 업무 만족도를 떨어뜨리기 때문에 본질적으로 동기를 부여하지 못하고 오히려 직원을 소외시키는 결과를 가져온다는 주장이 일견 타당해 보인다.[40] 윗사람인 경영진이 아랫사람인 직원에게 작업 표준을 강요하고, 사업 목표가 곧 직원 복지를 희생시켜서 수익 창출을 꾀하는 것일 때 작업 표준은 실제로 직원의 업무 의욕을 꺾고 노동에서 소외시키는 결과를 낳는다.

반면에 고차원 기업에서 경영진은 직원의 참여를 기업의 경쟁력을 키우는 요소로 보며, 직원은 경영진과 상호 관계를 유지하며 업무 효율을 늘리기 위해 경영에 동참할 수 있다. 하지만 고차원 기업은 여전히 자본주의적이기 때문에, 협력하여 학습한다는 원칙이 실무 현장에서는 찾아보기 어려울 수 있다. 경영진은 사업 결과에 조바심을 낼 때가 많으므로, 본인의 권력을 이용해 직원을 압박함으로써 속도를 높이거나 안전 수칙을 무시하게 한다. 하지만 협력하여 학습한다는 기본 원칙을 우리는 받아들일 수 있다.

내가 연구했던 자동차 제조회사 누미New United Motor Manufacturing, Inc., NUMMI의 특징이 바로 협력하여 학습하는 곳이다. 누미는 캘리포니아주 프리몬트에 자리 잡았으며 조합을 결성한 자동차 조립 공장이었다. 제너럴모터스General Motors와 도요타Toyota가 공동 소유주였으며 도요타가 일상 업무를 총괄했다. 누미는 2010년 공장이 문을 닫을 때까지 고차원 정책을 실행했다.[41] 원래 누미의 공장 시설과 모든 인력(경영진 제외)은 제너럴모터스에 속해 있었다. 제너럴모터스가 운영하던 프리몬트 공장은 1982년에 폐쇄되었는데, 제너럴모터스 전체를 통틀어서 품질, 생산력, 작업 중단율 측면에서 가장 성과가 나쁜 공장이었기 때문이다. 도요타 경영진은 제너럴모터스의 프리몬트 공장의 인력, 그리고 미국자동차노동조합United Automobile Union, UAW 지역 조합장의 2,244명을 그대로 넘겨받아 관리하기 시작했다. 제너럴모터스의 프리몬트 공장은 누미로 탈바꿈하여 영업을 시작한 지 2~3년 만에 세계 최고의 자동차 생산력과 품질 수준에 도달했다.

이처럼 놀라운 성과는 도요타 생산 시스템을 엄격하게 시행하고, 기업과 노동조합이 고차원 동반자적 관계를 유지했기에 가능했다. 노사 단체협약을 통해 누미는 노동조합이 영향력을 행사할 수 있도록 하였으며 강제 해고를 없앰으로써 회사 운영에서 많은 개선을 이루었다.[42]

도요타 체제의 핵심 요소는 업무 표준화 정책이었다. 제너럴모터스에서는 업무관리팀의 공학자가 작업 표준을 결정하였기에 논란의 여지가 많았으나, 누미에서는 일선 직원들이 직접 작업 표준을 설정했다. 도요타는 직원에게 공장 스톱워치 사용법, 업무 대안을 분석하고 비교하는 법을 알려줬다. 이렇게 도요타는 공장의 업무 효율과 생산 품질을 대폭 늘리는 한편, 직원의 건강과 안전에도 신경을 썼다. 누미의 자동차 조립라인 직원은 60초 중 57초를 업무에 집중했다. 제너럴모터스 시절에는 60초 중 35초밖에 안 되었는데 말이다. 직원들의 부담은 줄이면서 도요타가 작업 동선 및 부품과 도구의 배치를 매우 세심하게 고려했기 때문이다. 누미에서 근무하던 조립라인 직원의 인터뷰를 보자.

"제너럴모터스 시절 프리몬트 공장에서는 (…) 쉬는 시간이 되면 방석을 빠르게 쌓아 올린 뒤 그 위에서 몇 분간 담배를 피우거나 동료와 수다를 떨고는 했죠. '서둘러, 기다려' 방식의 휴식은 정말 피곤했어요. 빌어먹을 공장에는 부품과 완제품이 너저분했고 절반 정도는 불량품이나 다름없었죠. [누미에서는] 계속 분주했지만 예전과 달리 들볶이지도 과로하지도 않아서 업무 부담을 많이 덜 수 있었죠. 이전 공장보다 누미에서 더 열심히 일했지만, 이거 하나는 확신해요. 하루 일을 마치고 집에 가면 피로가 덜 느껴졌으며 스스로가 매우 대견하게 느껴졌다는 거예요!"[43]

직원에게 개선 사항(도요타 기업은 일본어로 '카이젠'이라고 불렸다)을 찾아내게 하고, 개선할 점을 제안하면 감독관과 기술직이 함께 처리했다. 개선점을 제안하더라도 보상은 크지 않았으나 현장 노동자의 80% 이상이 매년 최소 한 건의 개선 사항을 제안했다. 전체 직원으로 봤을 때, 1인당 평균 연간 3건 이상의 제안을 제출했고, 85%가 채택되었다.

직원들은 새로운 업무 표준을 잘 받아들였다. 어떤 직원은 제너럴 모터스 시절 프리몬트 공장과 누미에서의 작업 방식이 업무 표준 결정에서 어떤 차이가 있는지에 대해 이렇게 말했다.

"제너럴모터스 체제는 권위에 의존했어요. 고위 직급의 사람들(경영진)은 자신의 능력이나 주장하는 바의 타당성과는 상관없이 군림하려 했죠. 군대 위계질서와 본질적으로 다를 게 없었어요. 하지만 누미에서는 직급이 그렇게 중요하지 않아요. 작업 표준화란 업무를 수행할 때 객관적으로 무엇이 가장 최선인가를 찾아내는 것이죠. 다들 그렇게 하고 있어요. 예를 들어 어떤 표준은 제 키 때문에 살짝 불편할 수도 있지만 함께 만든 절차에 따랐죠. 누가 봐도 타당하니까요. (…) 경영진은 업무 담당자에게 책임을 부여했고, 직원은 자신의 업무에 대해 자부심을 느낄 수 있어요."

누미의 '협력하여 학습한다'는 방식에는 비용이 많이 들었다. 제너럴모터스 공장에 비해 훨씬 광범위하게 직원을 교육하였으며 노동자들의 제안을 수행하기 위해 공학 기사들이 파견되었다. 모든 '카이젠'을 관리하는 데에도 상당한 시간과 관심이 필요했다. 하지만 누미는 이러한 비용이 긍정적 노사 관계 및 지속적인 효율성과 품질 향상을 위한 투자라고 여겼다.

앞서 봤던 카이저 기업은 협력하여 학습한다는 원칙을 어떻게 제도화하는지를 잘 보여준다. 카이저의 임상 지침을 살펴보자.[44] 도요타의 표준화된 작업 기준처럼, 임상 지침은 임상 진단과 치료와 관련된 단계별 지침을 명시한다. 여러 전문 의학협회가 지침을 개발해서 회원에게 전달하지만, 협회는 의사에게 지침을 받아들이라고 압력을 행사할 방도가 없다. 보험회사도 보험 관련 지침(자사의 이윤을 극대화하는 지침)을 개발하는데, 의학협회와는 달리 의사에게 자사 지침을 강요할 힘이 있다. 지침을 따르지 않은 의료 서비스에 대해서는 보험금을 지급하지 않는 방식으로 말이다. 의사는 보험사의 수익 창출을 위해 판에 박힌 의료 행위를 강요받는 상황에 매우 분개한다.

의학협회 또는 보험회사와 달리 카이저는 의사와 임상 직원, 비임상 직원을 한곳에 모아 최고의 품질과 가장 합리적인 가격으로 의료 서비스를 제공하는 지침을 만들게 했다. 또한 의사가 전문가로서 재량을 포기하지 않으면서도 지침을 채택할 수 있게 하는 경영 시스템도 구축했다. 더 나아가 의사와 환자의 제안에 따라 지침을 정기적으로 개정했다. 그 결과, 지침은 거부되지 않고 대대적으로 받아들여졌다. 적절치 못한 변종 치료를 효율적으로 줄여서 비용을 절감하고 임

상 품질도 끌어올렸다.[45]

카이저 기업에서 업무 표준화가 실현되자 카이저의 UBT에서도 부서의 업무를 좀 더 효율적으로 처리할 수 있도록 개선할 사항을 찾았다. 하위 조직 기반의 구성원(의사, 경영진, 간호사, 사무직, 경비직 등)들은 업무 처리의 각 단계를 함께 분석하고 개선을 위한 아이디어를 개발해서 높은 수준의 표준화된 작업 절차를 만들었다. 여러 부서에 게시판을 설치해 표준화 현황 및 진행 과정을 살펴볼 수 있게 했다. 인사 전문가는 기업 전체에 UBT 혁신을 확산하기 위해 이를 문서화하여 공유했다.

표준화 덕분에 UBT의 개선 활동에도 효율성이 증대되었다. UBT는 개선 활동에서의 효율성과 효과를 강화하기 위해 표준화된 '계획-실행-연구-행동하기plan-do-study-act 주기'를 따른다. 또한 규칙적으로 '데일리 허들daily hurdle'을 진행하는데, 교대 근무 전에 전체 부서가 짧게는 5분 정도 함께 모여서 직원이나 경영진 UBT 공동 리더가 주재하는 그날의 업무 일정과 작업 절차 개선과 관련한 '변화 실험'을 검토한다.[46]

카이저 역시 협력하여 학습하기를 시도하기 위해 적잖은 비용을 들였다. 카이저는 지침을 설정하고 작업 절차 개선 기법을 일선 직원에게 교육하고자 많은 시간과 노력을 투자했다. UBT는 직원들이 함께 효율적으로 근무하기 위해 종종 직원 코칭을 실시했다. 또한 일선에서 일하는 직원은 직원 교육과 UBT 미팅을 위해 정규 업무 외에도 추가로 시간을 들여야 했다. 카이저가 여기에 쏟은 투자는 더 높은 품질, 더 효율적인 업무 절차, 더 높아진 직원 참여도 등 좋은 성과로 돌아왔다.

이번에는 소프트웨어 개발 영역에서 또 다른 사례를 찾아보자. 임상 진단이나 치료와 마찬가지로 소프트웨어 개발 역시 일반적인 업무와는 다소 차이가 있다. 작업 표준화가 오히려 역효과를 낳을 수도 있다고 여기지만 이는 틀린 생각일 수도 있다. 실제로 소프트웨어 개발은 산업 전반에 걸친 작업 표준화가 많이 발달하였기에 의료 분야보다 상대적으로 더 발전했다. 따라서 소프트웨어 개발을 들여다보면, 경제를 민주적으로 관리하는 과정에서 업무 효율을 보장하는 방법에 대한 답을 구할 수 있다.

규모가 큰 소프트웨어 시스템의 경우, 배포하는 데 완전히 실패하거나, 기한을 넘기거나, 예산을 초과하거나, 품질이 저하되는 문제가 비정상적일 정도로 많아서 산업 전반에서 업무 표준화를 추구해야 했다.[47] 소프트웨어 개발의 이러한 '혼돈'에 낙담한 미국 국방성은 신뢰할 만한 소프트웨어 개발 절차를 위한 모델을 만들기 위해 1984년에 카네기멜런 대학교에 소프트웨어공학연구소SEI를 설립했다.[48] SEI는 소프트웨어 업계 전반에 외부 검토자 1천여 명을 투입했으며, 그 결과 1991년에 능력 성숙도 모델CMM을 개발했다. CMM은 도요타 사례와 매우 유사한 전사적 품질 경영 원칙에 영감을 받았으며, 표준화가 학습 메커니즘으로서 지닌 힘을 강조했다. CMM은 소프트웨어 개발 과정을 다섯 단계로 나누는데, 각 단계를 거칠수록 성숙도가 높아진다. 성숙도가 높을수록 작업 표준화의 범위가 더 넓다는 것을 의미한다. 1단계는 특별한 접근이 필요한 초기 단계다. 2단계는 개별 프로젝트에 대한 표준화된 관리를 의미한다. 3단계에서는 조직의 전체 프로젝트 포트폴리오에 대해 표준 절차를 규정하고 활용한다. 4단계는 작업 표준화를 더 발전시켜, 개발 과정을 정량화하는 메커니즘을 의미한다. 5단계는 그 과정에서 지속적인 개선이 이루어지도록 작업 표준을 규정한다.[49]

CMM 자체에는 조직이 사용해야 할 표준의 내용이 명시되어 있지 않지만, 작업 표준의 성숙도를 측정하는 기준이 된다. 공인된 평가팀은 기업이 진행하는 사업의 성숙도를 평가한다. 성숙도 수준이 높으면 홍보를 통해 소비자의 신뢰를 얻는다. 일부 소비자는 성숙도의 최저한도를 정해둔 후 그 이상을 달성한 기업의 소프트웨어에 대해 상담을 받는다.

CMM은 미국 국방성뿐만 아니라 규모가 큰 소프트웨어 개발에서 업무의 효율성과 품질을 향상시키는 수단으로 널리 쓰이기 시작했다(CMM은 2000년 더 다양한 기능을 포함하게 되었으며 명칭도 CMM-Integration, CMMI로 바뀌었다). CMM 절차 성숙도가 높아질수록 품질, 비용, 시의적절성은 개선되면서도 혁신성은 떨어지지 않는다는 점을 발견했다. 개발자 260명으로 구성된 팀이 우주왕복선 제어 소프트웨어를 만든 것이 초창기에 CMM 성숙도 최고 단계를 달성하는 위업을 이루었으며, 이렇게 기록되어 있다. "프로그램의 최종 3버전은 각각 42만 행에 달하였는데, 오류는 겨우 하나씩밖에 없었다. 프로그램의 최종 버전 11개를 통틀어도 오류는 17개밖에 없었다. 같은 수준으로 복잡한 상업용 소프트웨어였더라면 오류가 5천 개는 되었을 것이다."[50]

소프트웨어에 표준화를 처음 도입하려고 했을 때는 강압적이며 하향식으로 지시를 내리는 모델이 채택되었다. 당연히 소프트웨어 개발자들은 반발했고 표준화 작업은 완전히 실패로 끝났다. 시간이 흐르면서 대부분의 소프트웨어 기업은 협력하여 학습한다는 고차원 접근으로 방향을 틀었고, 개발자와 협력해 소프트웨어 개발 표준을 규정했다.

컴퓨터과학 주식회사Computer Science Corporation, CSC의 운영 서비스 부서 역시 고차원적 접근을 시행한 사례로 꼽힌다.[51] 나는 HP와 합병하기 전의 CSC를 연구한 적이 있는데, 당시 CSC는 세계에서 가장 큰 전문 소프트웨어 서비스 회사였다. CMM을 받아들였던 CSC의 부서는 놀라운 수준으로 업무 표준화를 이루었는데, 사내의 개발자들이 광범위하게 참여해 만들어낸 표준에 따랐다. 개별적인 작업 지침은 고급 설계 업무, 기본 설계 업무 2종, 코드 검토 2종, 테스트, 변경 요청 실현, 변경 요청 해결, 근본 원인 분석 등으로 구성되었다. 각각의 지침마다 여러 페이지에 걸친 상세한 설명과 작성해야 할 양식이 명시되어 있었으며 작업 절차의 단계를 설명하는 흐름도도 포함되었다. 과거에는 지침을 적은 문서 바인더가 2미터가 넘는 선반 공간을 다 차지했을 정도였다. 하지만 이제 문서는 온라인으로 저장되며, 작업 흐름도 절차는 점점 자동화 협업 시스템에 녹아 들어갔다. 개발자와 경영진으로 구성된 상임위원회(소프트웨어 엔지니어링 프로세스 그룹)는 개발자에게 표준 변경에 대한 제안을 자유롭게 제시하도록 권장했다. 또한 개발자는 기존의 작업 표준을 검토하고 개선하기 위해 공정을 개선하는 프로젝트에 정기적으로 참여했다.

하지만 소프트웨어 개발 프로젝트는 워낙 각양각색이어서 그 차이를 고려하지 않고 지침을 적용하는 것은 오히려 혁신을 방해하는 결과를 야기할 수 있다. 그렇다고 표준화를 포기하는 것이 아니라 CSC는 '맞춤 주기'라는 초기 단계를 추가했다. 맞춤 주기 동안에 프로젝트 담당자는 개발자와 협의하면서 프로젝트에서 어떤 작업 표준을 써야 하고 어떤 것은 연관이 없는지, 프로젝트의 어떤 과제에 초점을 두어야 하는지 등을 확인한다.

협력하여 학습한다는 모델에서는 직원을 강압적으로 통제하지 않고 참여를 유도한다. 따라서 전문가의 역할도 하향식 모델에서와는 상당히 달랐다. 예컨대 품질 보증QA을 보자. 과거에는 품질 보증이 개발자의 일상 업무에 속하지 않았으며, 작업이 끝날 무렵 현장에서 결과물을 살펴보는 수준에 불과했다. 전문가와 개발자는 서로에게 괜스레 적대적이었지만 오늘날 품질 보증 직원의 말을 들어보면 다음과 같다.

"(표준화된) 절차 덕분에 사람들은 기능적 구조나 모듈성 구조에서 벗어나게 되었으며, 경계를 뛰어넘는 체계적인 소통 방식에 적응하게 되었습니다. 예컨대 품질 보증은 검토 및 절차 개선 과정에서 확실히 자리를 잡게 되었죠. 그렇다고 해서 품질 보증 직원이 감시자가 된 것은 아닙니다! 품질 보증은 프로젝트의 성공을 돕기 위한 요소로, 필요한 절차를 파악하고, 필요에 맞게 절차를 수정하고, 직원들이 절차를 잘 밟는지 파악하는 데 도움을 줍니다. 만약 문제가 발생하면 프로젝트가 잘 진행되도록 도와주는 것이 품질 보증 직원의 임무입니다."

협력하여 학습한다는 개념을 담은 CSC의 표준화 방식은 개발자의 창의적 사고를 방해하지 않으며 도움을 주는 도구가 되었다. 작업 표준화는 목표를 명시하는 데 도움이 되었고 목표 달성을 위한 모범적인 지침을 제공한다. 개발자들은 CSC에 만족하였으며 CSC 소속 개발자의 이직률은 업계 평균보다 낮았다. CSC의 실적 또한 인상적이었다. 가장 성숙도가 높았던(CCM 5단계) 개발팀 대부분은 비교적 크고 복잡한 프로젝트에서 발생했던 비용을 10년 동안 60% 절감할 수 있었고, 오류 발생 비율은 90% 감소했으며, 예상 일정과 예산의 정확도는 2배나 상승했다.

협력하여 학습하기는 도요타, 카이저, CSC와 같은 여러 사례에서 볼 수 있듯이 작업 효율을 높이는 데 효과적이었다. 따라서 민주적 거버넌스하에 있는 기업은 어떤 산업에서건 작업의 효율성을 높일 수 있다는 확신을 얻을 수 있다. 또한 이들 기업의 거대한 규모를 감안할 때, 협력 학습의 원칙이 지역, 산업, 국가 차원에서도 효율성을 높여줄 수 있으리라 믿는다. 교육, 훈련, 작업 시간이 충분히 주어진다면 시민들은 작업 절차를 개선하는 활동에 효과적으로 참여할 수 있다. CMMI 등 작업 지침을 기업 문화에 정착하기 위해 전문가가 도움을 줄 수 있으며, 모범 사례를 정리하여 직원들에게 설명한다면 충분히 관행으로 자리 잡을 것이다.

민주적으로 관리하는 경제 체제에서 협력하여 학습한다는 원칙을 적용하면 의료 복지의 효율성을 얼마나 높이고, 피할 수 있었던 끔찍한 의료 사고를 얼마나 줄일 수 있을지 상상해보자. 분명히 협력 학습은 큰 도움이 될 것이다. 미국의 의료 시스템은 비효율성으로 악명이 높다. 병원에서 실수로 발생하는 의료 사고는 매일 700여 건에 달하며, 미국 내의 사망 원인 3위가 바로 의료 사고이다.[52]

미국의 국가경제위원회가 모든 의료협회, 간호협회, 의료협동조합, 환자보호단체와 협력하여 의료 사고를 막을 수 있는 임상 지침을 체계적으로 만드는 모습을 상상해보자.[53] 또한 카이저의 사례처럼 모든 의료기관마다 각각 팀을 구성해서 새로운 지침을 검토하고, 지역의 요구에 적합한지와 시행 현황, 결과를 확인하고, 검토 결과를 상위 조직 협의회에 전달해 지속적으로 지침을 수정할 수 있다고 생각해보자. 그러면 환자가 거주지, 소득, 보험, 인종에 따라 치료 유형, 품질을 차별받고 불평등한 지출을 져야 하는 상황이 나아질 것이며, 전반적인 진료의 품질 향상과 비용 절감 효과가 있을 것이다. 의료 산업 전반에서 시행한 노력은 다른 산업 분야에서도 얼마든지 적용될 수 있다. 그리고 경제에 혁명을 일으킬 효율성 개선이라는 거대한 물결을 불러올 수도 있으리라.

협력하여 일하기

사회주의는 오랫동안 집단주의와 연관이 깊었다. 민주사회주의가 효과적으로 작동하기 위해서는 사회와 기업이 시민의 선호에 따라 우선순위를 정하는 폭넓은 합의 과정이 필요하다. 하지만 자본주의 체제에서 노력, 창의력, 혁신의 동기를 부여하는 핵심 요소였던 개인주의가 집단주의로 인해 잠식될 수 있다는 우려도 있다.[54]

역사적으로 개인주의란 자본주의의 주요 성과물이다. 자본주의가 출현하기 전에는 사람들 대부분이 집단 내의 전통과 물려받은 신분에 따라 열망이 제한되었다. 자본주의가 등장하면서 사람들은 구속에서 벗어났고, 창의력과 혁신, 경제 발전의 원동력인 개인의 다양한 사고와 자유롭게 행동할 기회의 장이 마련되었다.[55]

따라서 민주적으로 경제를 관리하려면 집단적인 동기와 더불어 개인의 동기도 보장해야 한다. 우리는 여기서 딜레마에 빠진다.

대기업도 사업을 진행하며 같은 딜레마를 겪어왔다. 직원이 집중화된 정책과 표준화된 절차를 따르도록 하려면 집단주의 정신이 필요한 데 반해 직원이 창의적이고 혁신적인 발상을 내놓도록 하려면 개인주의 문화가 필요하다.

저차원 기업의 경우 딜레마를 해결하기 위해 일상 업무와 창의적인 생각이 필요한 업무를 분리한다. 일상 업무(조립라인 작업이나 병원, 전문 서비스 기업에서의 보조 업무)가 중심인 팀에서는 대부분 직원이 상사의 지시에 따른다. 창의적인 발상(의료 진단 및 치료나 소프트웨어 개발, 연구개발)이 필요한 팀에서는 직원이 각자 자신에게 맞는 방식으로 업무를 수행하도록 기업이 권장한다.

저차원 기업이 이처럼 업무를 분리할 때 생기는 장단점은 이미 밝혀졌다. 창의적인 업무에 배당해야 하는 인력이 적을수록 기업은 업무 분리를 통해 비용을 절감할 수 있다. 하지만 몇 가지 단점도 있다. 각자 맡은 업무가 다른 두 팀은 서로 소통이나 협업을 원활하게 진행할 수 없다. 창의적인 업무를 하는 직원은 상당한 자율성을 누리지만, 작업의 효율성 향상에는 관심이 없는 편이다. 한편 일상적인 업무를 수행하는 직원은 자율성을 보장받지 못하며, 작업의 효율성을 높이는 데에도 역시 무심하다. 더욱이 혁신적인 아이디어를 낼 능력이나 동기도 없다. 또한 자신이 떠올린 아이디어를 자유롭게 건의할 기회도 없다면, 일상적인 업무로 인해 소외된다고 느낄 터다.

고차원 기업은 직원들의 역량을 개발함으로써 팀 프로젝트 실행 및 목표 개선, 반복적인 업무의 효율적 처리, 성과 개선을 위한 창의적 아이디어를 내도록 격려한다. 그렇게 딜레마를 해결하려 하는데, 이때 사람들이 집단의 추진력과 개인의 동기 부여를 모두 지니고 있음을 전제로 한다. 그런데 과연 그러할까? 만약 그렇다면 기업은 전자와 후자를 통합하도록 유도하기 위해 무엇을 해야 할까?[56]

개인의 성취에 기반하는 자존감은 독립성을 낳고, 주변 사람으로부터 받는 인정에 기반하는 자존감은 의존성을 낳는다. 몇몇 고차원 기업은 상호의존성 기업 문화를 자아냄으로써 독립성과 의존성을 모두 아우르는 상당한 성과를 이루어냈다. 여기서 중요한 것은 기업의 원대한 목표를 향해 개인과 팀이 협력한다는 점이다. 즉 창의적인 아이디어를 내기 위해 독특하고 다양한 발상이 필요한 상황이더라도, 직원과 기업이 공동의 목표를 공유한다면 개인주의 문화가 집단주의 문화와 충돌하지 않는다. 또한 일상적인 업무를 수행하는 직원이 팀에서 결정한 업무 지침을 따라야 하더라도 집단주의 문화는 향상할 기회를 확인하며 도움이 될 혁신적인 아이디어를 개발하는 데 필요한 개인의 창의력을 방해하지 않는다.

상호의존성의 기풍 아래 개인주의와 집단주의가 통합을 이루는 것이 불가능해 보인다면, 이는 모든 자본주의 사회에서 자신을 생각하는 개인주의와 다른 사람을 신경 쓰는 집단주의가 서로 대치하기 때문일 것이다. 경쟁을 통해 성공을 이루는 사회(기업 간의 경쟁이나 노동 시장에서 노동자끼리의 경쟁)에서는 성공을 위해 분투하다가 다른 사람을 배려하지 못하는 일이 종종 벌어진다.[57] 그리고 일터에서 기업(특히 저차원 기업)의 목표가 직원의 목표와 상충되는 경우가 많아서 기업과 개인이 함께 목표를 향해 나아간다는 말은 상투적인 거짓말로 느껴진다. 반대로 서로를 배려하는 것이 당연한 자리(가족과 저녁 식사를 할 때나 동료와 점심을 함께 먹을 때)에서 개인주의는 설 자리가 없어 보인다. 시장의 불합리성과 기업의 강압적 경영이 가득한 험난한 세계에서 살아남으려면 집단 구성원들이 서로를 지지해주는 것이 필요하다.[58] 개인주의는 종종 소유욕이 강하고, 경쟁적이며, 반사회적인 사람의 모습으로 표현된다. 한편 집단주의는 기업이 직원의 욕구와 창의력을 억압하고, 기업 없이는 살 수 없도록 만들어지는 현상으로 표현된다.

고차원 기업은 이런 딜레마를 해결하고 상호의존적인 사내 분위기를 조성하기 위하여 협력하여 일한다는 원칙을 제도화했다. 협력하여 일한다는 원칙은 네 가지 방법으로 구성된다. 첫째, 직원에게도 의미가 있는 기업의 목표를 구체적으로 공유한다. 고차원 기업 경영진이 주주보다 소비자의 요구를 충족시키는 것이 우선이라고 말한다면 그다지 신뢰가 가지 않을 것이다. 하지만 왜 경영진이 그렇게 말하는지 알 필요는 있다. 이유는 단순하다. 사업의 성과가 개인에게도 의미가 있어야 직원들이 기꺼이 기업의 사업 성공이라는 목표를 위해 창의적 아이디어를 내놓으려고 하기 때문이다. 대주주에게 돌아가는 수익은 대개 직원에게는 의미가 없다. 또한 자신의 일자리를 지키고자 하는 직원은 매우 조심스러운 태도만 보일 뿐이다.[59]

둘째, 협력하여 일하기 위해 지속적이고 합리적인 논의를 통해 기업의 목표가 일상적인 업무 처리 과정과 어떤 연관이 있는지 파악한다. 둘의 관계를 분석하려면 시간을 투자해서 조직적인 토론이나 포럼을 열어야 한다. 포럼에서 진정한 논의를 진행하기 위해서 참가자는 개개인의 이익이 아니라 직원 모두를 위한 방향이 무엇일지 고민하면서 의견을 말해야 한다. 모든 사람이 선하다고 가정할 수는 없지만, 토론의 장에서 직원들이 자기 생각을 말할 때 '내면의 선한 모습better angels'이 드러날 터다.[60]

셋째, 협력하여 일하기에는 개인주의와 집단주의의 통합을 다지기 위한 평가와 보상 제도가 필요하다. 그러면 기업이 공유하는 목표를 위해 개인과 집단이 함께 노력한다는 점이 받아들여질 수 있다. 평가와 보상 제도는 상호의존적인 문화를 퍼뜨리는 데 큰 역할을 하지는 못할 수 있지만, 최소한 무너지지 않도록 방지하는 데 도움을 줄 수는 있다. 더욱이 평가와 보상 제도가 제대로 진행되지 않았다가는 상호의존적 분위기가 급속하게 붕괴할 수 있으므로 중요하다. 그리고 개인의 성과에만 집중하는 체제는 기업과 직원이 공유하는 목표를 심각하게 왜곡시킬 수 있다. 한편 각 직원이 조직의 성공에 얼마나 기여했는지와 상관없이 모두 똑같은 보상을 받는다면 직원들은 일할 동기를 잃어버릴 수 있다.

마지막으로 협력하여 일하기는 특별한 기술이 필요하다. 상호의존적으로 일하겠다는 마음이 실제로 상호의존적인 일로 이어지지 않으면 직원들은 사기가 꺾인다. 따라서 고차원 기업은 T자형 기술을 개발하기 위해 투자하고 있다. T자의 세로축은 개인의 전문적인 수준을 의미하며, T자의 가로축은 상보적인 기술력, 경영 능력, 사회성 등 다른 전문 분야와 효과적으로 협력할 수 있는 능력의 폭을 나타낸다.[61]

앞서 언급했던 기업 네 곳(카이저, 누미, IBM, CSC)은 협력하여 일하기와 관련해서도 흥미로운 사례들을 보여준다. 카이저는 직원에게 의미가 있는 방식으로 공동의 목표를 설정하면 가장 동기 부여를 잘 이룰 수 있다는 사례를 보여준다. 카이저의 가치 나침반에서 최종 목표(최상의 품질, 최상의 서비스, 가장 경제적인 가격, 일하기 최고의 장소)는 회사와 노동조합연합이 함께 의견을 나누어 정해졌다. 직원, 의사, 경영진 모두에게 개인적으로 의미가 있는 목표였다. 회사에서 일하는 사람 모두 기업의 목표와 자신의 목표를 동일시했고, 자연스럽게 기업의 목표를 내면화했다.

협력하여 일한다는 상호의존적 문화는 특히 카이저의 의사들에게 두드러지게 나타났다. 의료계에는 의사 개인의 자율성과 독립성을 중시하는 직업 문화의 뿌리가 깊다. 카이저는 의사들이 개인주의에만 머무르지 않도록 최선을 다했다. 카이저에서 일하는 의사는 임상 지침에 따라 업무를 봤고, 지침 개선에도 적극적으로 참여했다. 또한 카이저에서 의사들은 정기적인 회의를 통해 비용과 품질 성능, 그리고 그것이 어떻게 개선될 수 있는지에 대해 논의했다. 의학과 회의에서 의사들은 같은 과 동료 의사들과 비교해서 자신의 업무 실적을 보여주는 차트를 확인했다. 같은 과에 속한 의사들은 서로 실적 차이에 관해 이야기를 나누었으며, 지침을 언제 어떻게 따랐는지, 지침을 따른 정도의 차이가 어떤 결과를 가져왔는지 고려해볼 수 있었다.

　이와 비슷하게 의약품은 의약품 조제법 모음집이라는 형태로 표준화가 진행됐다. 의사, 간호사, 약사로 구성된 위원회는 가장 낮은 비용으로 가장 좋은 임상 결과를 낸 약물을 찾기 위해, 복용 가능한 복제 의약품과 브랜드 의약품을 평가했다. 의사는 의약품 조제법 모음집에 있는 것이라면 어떤 약품이라도 환자에게 처방할 수 있다. 조제법 모음집에 없는 약품을 처방할 수도 있지만, 여러 번 반복해서 처방할 때는 왜 그런 선택을 했는지 다른 의사들과 대화를 나누라는 요청을 받는다.

　최근 들어 상호의존적 문화를 정착시키기 위해 적극적으로 밀어붙이는 기업에서 일하는 한 의사의 이야기를 들어보자.

　　"여기 의사들은 마치 개업의가 진료 공간만 임대한 것처럼 진료를 보는 경향이 강했어요. 학제 간 연구팀에서 만날 때도 있었지만, 연구팀이라기보다는 사회적인 교류의 장에 불과했죠. 자신이 목격한 힘든 환자들에 관해 이야기를 나눴죠. 그러고는 같이 점심을 먹으러 나갔어요. 그러나 임상 문제에 관해 논의하는 상호의존적인 분위기가 없었죠. 그런데 이제는 실제로 같이 일하는 것처럼 느껴져요. 자신이 진료하는 환자뿐만 아니라 우리 모두의 환자에게도 관심을 두기 시작했고 자신의 진료뿐만 아니라 우리 병원에 무엇이 좋을지 고민하기 시작했어요."

　물론 모든 곳에서 항상 개인주의와 집단주의 문화를 성공적으로 통합할 수 있는 것은 아니다. 의사들은 종종 자신의 개인적 판단에 간섭을 받는다고 느끼거나 환자 건강은 뒷전이 되기도 한다고 느꼈다. 어떤 의료센터에서는 전통적인 병원 기풍이 우세하기도 했다. 하지만 많은 의사가 협력적으로 논의하는 문화에 참여했으며 의사의 평균 업무 만족도 또한 높았다.

상호의존적인 문화를 의사들에게 퍼뜨리는 데는 개인주의가 걸림돌이 되었다고 볼 수 있다. 이와는 대조적으로, 카이저에서 일하는 비전문직에게 가장 큰 걸림돌은 모두 자유롭게 발언할 기회가 필요하다는 것이었다. 카이저에서 직원의 발언권이란 팀 전체의 성과를 향상하기 위해 개인의 힘을 행사하는 것이다. UBT와 데일리 허들 모두 상호의존성을 뿌리내리는 데 일조했다. 카이저 기업의 내부 문서를 인용해보겠다.

> "직원이 자유롭게 발언할 수 있는 기업 구조를 만들면 직원들이 문제점과 실적 개선을 솔직하게 말할 수 있도록 장려할 수 있다. 직원이 이성적인 태도로 자신의 의견을 명확히 표현하는 방법을 배우는 분위기를 만들고, 업무의 가치와 목적의식을 연결할 수 있는 논의의 장도 마련할 수 있다."[62]

카이저는 평가와 보상 시스템을 구축해 협력 작업의 기틀을 마련했다. 카이저에 새로 입사한 의사는 3년의 수습 기간에 개인의 기술적 역량과 다른 의사와의 협력 관계, 직원과 환자들을 존중하는 태도, 기업의 성과 개선을 위해 내놓은 아이디어와 노력 부문에서 평가를 받는다. 수습 기간 이후로도 의사는 정기적으로 같은 항목에 대한 평가를 받는다. 그리고 평가의 책임을 맡는 의사 또한 다각도로 검토 대상이 되었는데 부하 의사, 동료 의사, 상사 의사 모두에게 평가를 받았다. 카이저 소속 의사들은 정해진 월급을 받기 때문에 서둘러 진료를 마쳐야 한다거나 비싼 검사나 치료를 지시해야 할 경제적 이유가 없었다. 매년 받는 보너스는 전적으로 환자 만족도와 임상 결과에 근거했으며, 의사가 내린 결정으로 발생한 비용이나 회사 자원 사용률에는 영향을 받지 않았다. 의료팀이 비용 절감(연간 환자당 비용 발생과 비교해서)에 성공하면 카이저는 절약한 금액만큼을 의료 장비와 프로그램 구성에 재투자했다.[63]

또한 카이저는 직원(경영진, 의사, 간호사, 기타 직원)들에게 협력하여 일하기에 필요한 T자형 기술을 제공하고자 노력했다. 의사들이 T자의 세로축을 강화하는 전문 기술에만 집중하지 않고, 가로축을 강화하기 위해 경영, 사업, 리더십 역량을 키워야 했다. 또한 노동조합 대표부터 평사원까지 카이저의 모든 직원은 T자의 가로축 능력 개발을 목표로 하는 자사 교육 프로그램에 참여해야 했다. 문제 해결, 회의 주관, 업무 절차 분석, 개선점 파악, 팀 리더십, 노사 단체협약 관리, 상반된 견해와 이해관계 파악은 물론 자사의 사업 측면과 의료경제학 등에 필요한 능력이었다. 역량 개발 프로그램의 종합적인 커리큘럼이 개발되었고 교육 예산도 책정되었다.

한편 누미에서는 상호의존적인 동기 부여를 위해 기업의 목표를 직원에게도 의미가 있도록 새롭게 정의해야 했다. 그래야 직원이 업무에 대한 자부심과 목적의식을 가질 수 있기 때문이다. 비용 절감을 위해서는 품질 향상에 집중해야 한다는 도요타의 원칙에 따라, 누미의 품질 향상에 집중하는 것을 전략적 우선순위에 두었다. 도요타는 소비자가 세부적으로 평가한 품질 등급을 조립라인 구간별로 직원이 볼 수 있도록 만들었다. 이를 통해 직원은 자신의 업무가 소비자에게 미치는 영향을 실감할 수 있었고, 개선 사항이 필요한 작업을 정확히 파악할 수 있었다. 그리고 경영진은 품질 향상을 위한 직원의 아이디어를 적극적으로 경청했다. 제너럴모터스 프리몬트 공장 시절에는 경영진이 조립라인의 가동 시간을 최대로 늘리는 데 비중을 두었는데, 도요타는 직원이 제품의 문제점을 찾아내면 바로 조립라인을 멈출 수 있는 권한을 줬다. 문제가 발생하면 직원은 코드(일본어로 '안돈 코드')를 뽑거나 버튼을 눌러 노동조합장이나 조립팀 상사에게 보고하도록 교육받았다. 만약 60초 내로 문제를 해결할 수 없을 때는 조립라인을 멈추고 팀원이 모두 모여 함께 문제를 해결하거나 필요할 경우 관리자와 기술자를 부를 수 있었다.

일상적인 업무의 경우 작업팀은 팀장을 포함해서 근로자 4~6명으로 구성되며 교대로 순환 업무를 맡았다. 표준화된 작업 진행표 작성과 수정도 팀별로 이루어졌다. 각 팀의 직원은 모두가 동의하는 작업 방식을 의논해야 했고 다른 교대 조와도 업무에 관한 논의를 진행해야 했다.

도요타는 직원에게 의미 있는 여러 목표를 세우게 하고, 제너럴모터스 프리몬트 공장에 존재했던 매우 배타적인 집단주의 문화에서 벗어날 수 있도록 혁신을 장려했다. 제너럴모터스 시절에는 배타적인 집단주의로 인해 노동자가 서로 강경하게 연대했으며 폭력적인 지시에 반대하는 파업이 여러 번 일어났다. 누미 역시 직원들은 여전히 집단적인 정체성을 지니고 있었지만, 창의적인 아이디어를 내고자 하는 개인적인 열망이 기존의 집단주의 문화와 결합되었다. 제너럴모터스 시절부터 오랫동안 일해온 어느 조립라인 근로자는 다음과 같이 말했다.

> "이곳에서는 모두가 (조립라인 팀으로) 단단히 묶여 있어서 자율적으로 작업할 수는 없어요. 그렇다고 해서 누가 우리보고 더 열심히 일하라고 쥐어짜는 것은 아니에요. 상황이 돌아가게 만드는 이들이 우리 직원들이니까요. 표준 작업과 개선 사항을 만드는 것도 우리이고, 공장을 운영하는 것도 우리입니다. 만약 작업에 문제가 생기면, 공장을 멈출 권한도 있죠."

다른 노동자는 상호의존적인 문화가 더욱 확대되면서 도요타가 직원과 납품업체 모두를 창의적으로 행동할 수 있게 도와주는 것 같다고 말한다.

> "제너럴모터스에서 23년 동안 일하면서, 한 번도 납품업체를 만난 적이 없었죠. 상자에 붙은 이름 말고는 업체 직원을 알 길이 없었어요. 이제 저희는 납품업체와 함께 작업하며 품질을 개선하고 있어요. 저희 직원은 엔지니어, 관리자, 납품업체 직원과 함께 앉아 문제점을 분석하고 개선하죠. 심지어 부품 판매자와 의논하기도 합니다. 논의를 거치면서 전체 작업 과정과 저희의

작업이 어떻게 관련되는지 더 잘 알 수 있게 됩니다. 이제 저희는 드릴로 구멍을 내고 볼트와 너트를 조이는 작업과 더불어 제품을 어떻게 만들어야 하는지에 대해 말할 권리도 갖게 되었습니다."

어떤 노동자는 상호의존적인 문화가 작업 현장을 넘어서 자신의 태도와 행동에도 스며들었다고 말한다.

"직원들의 아내들이 어떤 변화를 목격했는지 들어보세요. 당시 제너럴모터스에서 근무할 때 저는 전형적인 멍청한 마초 남자였어요. 맥주를 사 들고 퇴근하면 의자 위에 발을 올려놓고 저녁이 나오기를 기다렸죠. '난 8시간 (교대) 근무를 했으니 내버려둬'라는 생각이 있었던 것 같아요. 하지만 이제 저는 가족에게 업무 스트레스를 풀지 않고, 직장의 한 팀원으로서 가졌던 태도를 가정에서 유지하려고 노력합니다. 가정에서도 동업자라는 생각을 더 많이 하게 되었어요. 설거지하고 장도 보죠. 직장에서 하는 일이 부품을 돌보는 건데, 그 일을 매일 8시간 하면 집에서 가족을 챙기는 것도 자연스럽게 하지 않겠어요?"

IBM은 서로 조화를 이루며 참여하는 방식의 토론을 통해 상호의 존성으로 나아갔다. 앞서 언급한 것처럼 IBM의 이노베이션 잼은 초기의 잼 사이클을 모델로 하며, 2003~2004년에 진행된 1회 차와 2회 차는 특히 가치와 문화에 초점을 맞추었다.[64] 1회 차 사흘 동안에는 약 4천 명의 직원이 참여해 9천 개가 넘는 게시물을 올렸으며, 게시물을 올리지 않은 참여자도 6만에서 6만 5천 명이나 되었다. 2회 차에서는 가치를 어떻게 주입할 것인가에 집중했고 1만 3천 명이 적극적으로 참여했으며 3만 5천개의 게시물이 작성됐다. 토론은 "자유분방하고 포괄적이며, 열정적일 때도 있고 대립적일 때도 있었다. 기업 내 상위 조직, 하위 조직 모두가 직종과 지역을 넘나들며 참여했다."[65] 이노베이션 잼은 정식 투표까지 이어지지는 않았지만 1회 차 잼 이후로 채택된 공식 가치선언에 영향을 주었으며, 가치를 운영 정책으로 바꾸는 데 집중한 2004년 2회 차의 기초가 되었다.

잼의 1회 차에서 논쟁의 핵심은 이전 IBM의 가치(개인 존중, 최고의 고객 서비스, 우수성 추구)가 새로운 사업 환경에 맞는가였다. IBM의 이전 문화는 상사와 기업에 대한 집단주의적 충성심(IBM 기업에서 흔히 볼 수 있는 파란 정장과 하얀 와이셔츠, 검은색 넥타이 구성의 유니폼은 하나의 상징적 요소다)을 중요시했는데, 윤리성과 정직함, 기술적 우수성을 뜻하는 개인주의 문화와는 상충되었다. 한 IBM 직원은 다음과 같이 말했다.

"근면 성실하게 일을 잘하면 회사가 돌봐줄 것이라는 IBM의 단순한 신조는 유명하죠."[66]

새로운 IBM에는 상호의존적인 사내 분위기가 필요했다. 상호의존적인 문화가 정착되어야 직원이 소비자의 요구를 이해하고 소비자와 협력하거나, IBM 부서의 여러 팀원과 협력해 고객의 요구를 만족시킬 해결책을 개발할 수가 있었기 때문이다. 이노베이션 잼은 보다 강력한 상호의존적인 동기 부여의 기반이 필요하다는 사실을 분명히 보여줬다. 이를 통해 "민첩성과 대응성이… 고객 솔루션을 위한 조직 간 벽 허물기 등을 실행할 수가 있기 때문이다."[67] 변화를 효과적으로 이루기 위해 IBM은 현지 사업팀의 이익이 아닌 IBM 기업 전체의 이익을 반영하도록 입찰 지정가를 정하는 등 교육, 보상, 사업 절차 같은 분야에 상당한 변화를 일으켰다. 당시 경영에 참여했던 일본인 엔지니어는 다음과 같이 말했다.

> "팀이 성공하기 위해서는 그저 의존하면서 독립하는 것이 아니라, 상호의존적인 정신이 필요합니다. 서로를 돕고 존중해야 하죠. 그때 당시 저는 다른 사람을 돕고자 하는 사람들에게 보상을 주는 제도가 필요하다고 제안했습니다."[68]

그리고 IBM은 이어지는 잼 세션에서 상호의존적인 직원에 대한 보상과 실적 관리의 문제를 다루었다.[69]

한편 CSC의 개발자들은 CMM이 요구하는 새로운 가치와 동기가 무엇인지 정확히 인식하고 있었다. 가장 두드러졌던 부분은 개발자들이 상당히 통제된 절차에 따라 진행하는 문서화 작업에도 크게 반발하지 않았다는 점이다. 미성숙한 조직의 경우 개발자들이 가장 크게 불만을 토로하는 작업이 바로 문서화인데 말이다.[70] 개발자가 자신이 만든 코드를 문서화하는 작업은 이제 개발자의 당연한 업무로 여겨졌다. 그의 코드가 다른 이들의 업무와 상호의존성을 갖추기 위해서는 문서화 작업이 필요하기 때문이다. 어떤 개발자는 다음과 같이 말했다.

> "저는 문서화 작업을 포함해서 회사의 업무 방식이 기본적으로 괜찮다고 생각해요. 제가 코드를 문서로 남겨놓는다면, 차후에 코드를 검사하거나 고치는 다른 사람에게 도움이 될 수 있다고 생각해요. 반대로 제가 다른 사람한테 코드를 받을 때도 관련 문서가 있다면 편하겠죠."

또 다른 개발자는 새로이 도입된 상호의존적인 기업 문화를 스포츠에 비유하며 설명했다.

> "업무 과정이 성숙해지면, 자유롭게 혼자서 업무를 하던 방식에서 벗어나 다른 사람의 비평을 듣기 시작해야 합니다. 주먹구구 방식에서 체계적인 방식으로 바뀌는 것이죠. 아마 길거리 농구와 NBA 프로 농구의 차이와 비슷할 것 같습니다. 길거리 농구는 마구잡이로 경기를 진행하고, 선수들은 개인기를 뽐내죠. 팀 플레이보다는 개인 플레이가 대부분이고, 경기 내내 즐기면서 하죠. 한편 프로 농구의 경우 선수는 프로팀에 소속되어 있고, 다른 팀원과 함께 훈련을 받고 연습 게임을 하며 실력을 연마합니다. 연습은 개인만을 위한 것도, 팀만을 위한 것도 아닙니다. 개인과 팀뿐만 아니라 여러 관계자가 포함되어 있죠. (…) 선수들은 동료는 물론이고 팀에 새로 들어온 선수의 교육까지

책임을 지죠."

경제를 민주적이고 효과적으로 관리하려면, 개인주의와 집단주의를 망라하는 상호의존적인 문화를 갖추어야 한다. 그리고 상호의존적인 문화 속에서 직원에게 업무에 대한 동기를 부여해야 한다. 카이저, 누미, IBM, CSC와 같은 기업이 보여준 협력하여 일한다는 원칙은 효과적으로 직원들에게 동기를 부여했다. 민주적으로 관리되는 기업, 산업, 지역, 국가 차원에서 협력하여 일하기를 적용할 때 핵심 요소를 차근차근 살펴보자.

첫째, 우리 기업과 정부 각계각층은 주주의 이익이나 국내총생산 GDP, 주가지수를 목표로 하는 것이 아니라 사람들의 실질적인 요구에 부응하는 것을 지향한다. 그러면 사람들은 더욱 강력한 헌신을 보여줄 것이다.

둘째, 목표를 설정하고, 어떻게 목표를 이뤄낼 것인지를 민주적으로 논의하는 과정을 일반화한다. 그리하면 상호의존적 문화는 빠르게 퍼질 것이다. 기업의 결정 과정을 민주화한다는 것은 업무팀, 부서, 기업 전체 차원에서 목표로 하는 바를 모든 직원이 함께 모여서 정기적으로 논의하는 것을 뜻한다. 정치 체제와 경제 경영 방식을 정말로 민주적으로 바꾸고 싶다면, 마찬가지로 지역 사회, 도시, 지방, 국가 차원에서 다루는 정기적인 심의에 시민이 참여해야 한다. 규모가 커질 경우 노동자와 시민의 참여는 선출된 대표나 무작위로 뽑힌 대표를 통한 간접적인 방법이 될 수도 있다. 정말로 민주적인 체제라면 선출된 대표들은 자신을 뽑은 지역이나 단체와 정기적인 대화를 통해 대중이 원하는 요구를 찾아낼 것이다. 즉 집단적 논의가 추가로 일어날 것이다.

셋째, 민주적으로 경제를 관리하면서 평가 및 보상 제도를 세울 때는 집단이 얼마나 성과를 냈는지, 그리고 개인이 얼마나 기여했는지를 모두 살핀다. 이러한 제도를 보편적으로 사용한다면 상호의존적인 동기를 널리 부여할 수 있다.

마지막으로, 경제 전반에 직원 교육과 양성 정책을 적용한다. 즉 모든 직원이 자신이 선택한 전문 분야(T자의 세로축)를 심도 있게 발전시키고, 사회적 역량과 기술적 역량(T자의 가로축) 역시 확장한다. 그러면 직원들은 다른 분야의 사람들과 효과적으로 협력할 기회를 누릴 수 있을 것이다.

이처럼 정책을 통해 협력하여 일한다는 원칙을 제도화하고, 상호의존성의 정신을 확산함으로써 사람들에게 널리 받아들여질 수 있을 것이다. 또한 경제를 관리하면서 민주주의, 혁신, 효율성을 이루고 동기 부여를 할 수 있을 것이다.

고차원 기업에서 가능성을 찾다

저차원 기업이 우세한 자본주의 조건에서는 앞서 살펴본 네 가지 원칙(협력하여 전략 세우기, 협력하여 혁신 이루기, 협력하여 학습하기, 협력하여 일하기)이 자리 잡기란 불가능하며, 자가당착에 빠진 모순덩어리가 되기 쉽다. 근본적으로 비민주적인 권력 비대칭은 사유재산에 기반하며, 앞서 논의한 네 가지 원칙이 설 자리를 없애버린다. 오늘날 저차원 기업 대부분에서 이러한 비대칭이 나타나고 있다.

자본주의 기업은 인류와 지구의 미래를 무시하며 사적 이익만을 추구하고 있다. 기업의 지배구조에서 경영진은 기업 목표를 달성하기 위해 직원을 고용하거나 해고할 권한과 동기를 지니고 있다. 노동 시장에서 노동자들은 서로 경쟁한다. 이런 상황에서 중앙집중화는 사람들의 참여를 배제한다. 결국 협력하여 전략을 세운다는 것은 꿈 같은 소리로만 들린다. 현재 상황에서 혁신은 하향적으로만 일어나며, 상위 조직에만 국한되어 있다. 대부분 직원은 반복적인 업무에 빠져 있다. 따라서 협력하여 혁신을 이룬다는 것도 허무맹랑하게 들린다. 현재 상황에서 작업의 표준을 세우는 것은 강압적으로 진행된다. 모든 직원이 협력하여 학습함으로써 모두를 위해 업무 효율을 높이는 지침을 제공한다는 개념도 현실성이 없어 보인다. 개인주의는 다른 사람들을 배려하지 않는다는 뜻으로 통하고 있다. 개인주의와 타인에 대한 배려를 통합하려고 해봤자 의미 있는 결과를 얻기란 힘들 것이다. 결국 협력하여 일한다는 말도 허황한 상상처럼 느껴진다.

5장에 소개한 고차원 기업들이 협력하여 이룬다는 원칙을 실천할 수 있었던 것은, 권력의 비대칭을 가까스로 완화했기 때문이다.

우선 기업의 방대한 규모는 다양한 기업 활동을 통제하면서도 시장 경쟁에 휩쓸리지 않도록 보호막이 되어주었다. 예컨대 카이저는 퍼머넌트 의료 그룹에 의사 2만 1천 명이 소속되어 있다는 점에서 크게 혜택을 보았다. 이에 비해 대부분의 의료 산업에서 의사들은 환자 유치와 병원 수익을 위해 다른 의사들과 경쟁하는 자영업자들과 다름없는 처지다. 또한 카이저는 병원 및 보험 시스템과 의료 그룹의 긴밀한 관계에서도 도움을 받았다. 반면 대부분의 의료 산업에서는 병원 시스템, 보험 시스템, 의료 그룹이 각기 독립적인 자리를 차지하고 경쟁 업체와 겨루며 경제적인 목표를 추구하는 상황이다. 설령 상호 작용을 하더라도 어느 정도 거리를 둔다. 더욱이 카이저는 의료보험과 병원 구성이 어느 정도 비영리적이라는 점에서도 보호를 받았다. 누미는 거대한 모회사인 도요타와 제너럴모터스 덕분에 시장 경쟁에 크게 휘둘리지 않을 수 있었다. IBM과 CSC 역시 그 자체로 거대 기업이었다. 협력하여 전략 세우기, 협력하여 혁신하기, 협력하여 학습하기는 모두 거대한 규모의 기업들이 성과를 거두려는 노력의 일환이었다.

둘째, 기업이 고차원적인 접근을 목표로 설정하면서 자본주의 고용 관계로 발생한 회사 내의 부정적인 영향을 완화할 수 있었다. 고차원 기업에서 직원은 정책과 업무 표준을 결정하는 데 특별한 영향력을 행사할 수 있다. 카이저 기업의 경우, 국제서비스직노동조합과 카이저 노동조합연합이 함께 영향력을 행사했다. 누미도 전미자동차노동조합United Automobile Union, UAW의 강세가 두드러졌다. 고도의 전문 인력(카이저에 소속된 의사, CSC의 소프트웨어 개발자, IBM 전문 컨설턴트)이 노동 시장에서 강점을 보이기도 했다. 이 같은 환경에서 직원이 누릴 수 있었던 특별한 힘은 곧 네 가지 기업 원칙을 성공적으로 세우는 기반이 되었다.

한편 기업의 자본주의적 성격에서 비롯된 제약에서 벗어날 수 있는 기업은 없었다. 그 결과 네 가지 기업 원칙은 언제나 제한적으로만 시행되었다. 각 기업이 처한 상황에 따라 제한되는 방식도 가지각색이었다.

중앙집중화가 진행될 경우 직원은 부분적으로만 참여할 수 있으며, 따라서 부분적으로만 협력하여 전략을 세울 수 있다. 카이저의 경우, 일선에서 근무하는 직원들은 노동조합을 통해 조직의 상부가 정책을 수립하는 과정에 참여할 수 있었다. 그러나 노동조합의 영향력은 제한적이었으며, 어떤 정책을 논의하는 과정에서는 완전히 배제되기도 했다. 누미의 직원들은 기업의 대규모 전략 선택에 전혀 참여할 수 없었다. 가장 근본적인 문제는 바로 협력하여 전략 세우기가 단일 회사에만 국한되었다는 점이다. 그 결과 변덕스러운 시장 상황에서는 무기력했다. 결과적으로 누미는 공장의 문을 닫았고, CSC는 다른 회사와 합병하는 결과를 맞았다.

협력하여 혁신하기의 경우 자본주의 기업이 항상 겪는 단기적인 비용 문제 때문에 제약을 받았다. IBM은 이노베이션 잼을 시작했는데, 정해진 기간에만 진행되는 프로그램이었다. 잼 기간이 끝나면 직원들은 다시 이전과 비슷한 업무로 복귀했다. 업무 분리는 아주 조금 줄어들었을 뿐이다. 카이저는 팀에 기반한 혁신을 위해 노력하는 모습을 보여줬으나, 빠르게 성과를 내고 싶어 하는 고위직 상사들은 직원들이 업무 현장에서 벗어나 꼭 필요한 교육에 참여하는 것을 그다지 반기지 않았다. 결국 카이저의 노력은 종종 실패하고는 했다. 누미의 노동자는 차량 설계에서는 실질적인 의견을 내지 못했다. 조립 절차를 개선하고자 노동자가 사소한 설계 변경을 제안하더라도 보통 무시되기 일쑤였다.

경영진은 실적에 대한 압박으로 성과를 창출하기 위해 업무 표준을 강조했다. 결국 협력하여 학습한다는 원칙도 힘을 잃고 말았다. 카이저에서 근무하던 의사와 CSC 개발자는 자신들이 전문가로서 내린 판단이 회사의 지침과 종종 충돌한다고 느끼고는 했다. CSC의 중간 관리자는 다음과 같이 말했다.

> "(절차 개선을 위해서) 핵심 요소 중 하나는 바로 상부의 승인을 받을 수 있느냐입니다. 회사의 최고경영진은 수익만 바라보는 주식 시장으로부터 지속적으로 압박을 느끼죠. (…) 결국 업무 절차 개선을 위한 예산은 많이 남지 않습니다. 특히 2, 3년 후에야 성과를 낼 수 있는 경우에는 더욱 문제가 되죠."

누미의 근로자들은 몇몇 업무 표준 지침이 인체공학적이지 못하다고 건의했지만 관리자는 무시했다. 결국 노동자들은 지속적인 통증에 시달려야만 했다.[71] 자신의 하위 직급이 아니라 상부에 설명해야 하는 중간 관리자는 성과를 내야 한다는 압박을 받으며 권한을 강압적으로 이용했다.

마지막으로 협력하여 일한다는 원칙도 편협한 충성심과 경쟁적인 개인주의 문화 때문에 방해를 받았다. 중간 관리자는 일반적으로 상사의 눈 밖에 나는 것을 걱정하며, 때로는 부하직원들에게 무조건적 충성심을 요구하기도 한다. 강압적인 관리자 밑에서 안 좋은 경험을 한 직원들은 소외감을 느끼면서 '이게 나한테 무슨 의미가 있나'라고 생각하고는 했다. 결국 개인주의적 태도는 한층 심해졌다.

따라서 나의 주장은, 이러한 고차원 기업들이 민주적으로 관리되는 경제에 필요한 새로운 조직 원칙을 완벽하게 구현했다는 것이 아니다. 다만 앞서 언급한 기업들에서 조금이나마 네 가지 기업 원칙을 발견할 수 있었다는 것이다. 바로 전통적인 자본주의에서 드러나는 독재적인 중앙집권화와 하향식의 혁신, 강압적인 작업 표준화, 경쟁적 개인주의가 다소 완화되었기 때문이었다.

　　그나마 앞서 다뤘던 기업들은 제한적으로나마 네 가지 기업 원칙을 세우는 데 성공하는 모습을 보여주었다. 덕분에 나는 민주사회주의에서 이러한 원칙을 더욱 넓고 체계적으로 실천할 수 있으리라 확신한다. 그리하여 경제를 더욱 민주적이고 효과적으로 경영할 수 있으리라 믿는다. 만약 기업의 의사 결정을 민주적으로 관리하고 지역, 산업, 국가 차원에서 상호의존적인 문화를 조성한다면, 꿈같은 이야기처럼 느껴진 것들이 현실이 될 수 있다. 불가능해 보이는 원칙들이 실현 가능해질 것이다. 노동을 지배하는 자본 권력과 협력을 방해하는 경쟁 문제를 없애면 실현될 수 있다. 민주주의, 혁신, 효율성, 동기부여와 관련해서 경제를 관리할 때 마주할 수 있는 여러 문제를 해결하기 위해서 이러한 원칙들은 필수 요소가 될 것이다.

　　물론 여기서 말하는 원칙도 결국은 원칙일 뿐이다. 민주사회주의에서는 구체적인 제도(법, 규제, 조직, 규범)를 통해 이러한 원칙의 형태를 명시해야 한다. 올바른 제도를 만들기 위해서는 많은 시행착오가 따른다. 그러나 핵심 문제부터 다루지 않고는 경제적 실험은 우회할 수밖에 없다. 즉 생산 자원이 기업의 소유물에 그치는 한, 기업의 기본 원칙이 경제를 민주적으로 관리하기란 요원해진다.

6장

민주사회주의 세상

우리는 민간 기업을 공공 소유로 대체해야 한다.
그러면 재산의 관리와 소유가 사회화될 수 있으며,
생산의 사회화 현상과도 양립할 수 있게 된다. 그 결과 우리를 위한,
즉 99%를 위한 경제가 만들어질 것이다.

우리에게는 국가 전체 경제를 아우르는 민주적인 전략 경영 과정이 필요하다. 그래야 우리가 직면한 여섯 가지 위기(경제적 불합리, 노동자 소외, 반응이 없는 정부, 지속 불가능한 환경, 사회 분열, 국제 갈등)를 극복하고, 첨단 기술의 잠재력을 활용하며, 모든 사람에게 물질적 안락함과 인간으로서 존엄성을 보장하고, 개인과 집단이 발전할 기회를 제공할 수 있다. 이를 구성하는 데 필요한 원칙에 네 가지가 있으며, 원칙을 실행하기 위해서는 민간 기업의 거부권을 제한해야 한다. 현재 민간 기업은 수익성에 해를 끼치는 조치에 반대할 수 있는 거부권을 행사하고 있다. 앞으로도 계속해서 사회의 생산 자원이 민간의 손에 있는 상황이 이어진다면, 생산 자원을 민주적으로 사용하려는 우리의 노력은 어쩔 수 없이 저항에 부딪히고 위축되며 끝내 무산될 터다.[1]

민주사회주의 모델은 이러한 딜레마에 대해 급진적인 해결책을 제시한다. 문제의 근본을 향해 나아간다는 점에서도 급진적이고, 질적인 변화를 요구한다는 점에서도 급진적이다. 우리는 민간 기업을 공공 소유로 대체해야 한다. 그러면 재산의 관리와 소유가 사회화될 수 있으며, 생산의 사회화 현상과도 양립할 수 있게 될 것이다. 그 결과 우리를 위한, 즉 99%를 위한 경제가 만들어질 것이다.[2]

민주사회주의 세상은 과연 어떤 모습일까? 세 단계로 나누어 대답해보겠다. 첫째, 오늘날 민주사회주의와 유사한 무언가가 작용하는 다양한 지역을 간략하게 살펴보겠다. 둘째, 미국 역사상 산업 통제를 국가 수준으로 상당히 사회화했던 시기(제2차 세계대전 중 비상시에 단기적으로 경제 전시 체제화가 이루어졌던 때)를 되돌아보겠다. 마지막으로 경제 전반에 걸쳐 재산의 사회화가 널리 퍼져서 일반적인 모습으로 자리 잡고, 민주적 전략 경영이 결실을 본다고 했을 때 어떻게 여섯 가지 위기를 극복할 수 있을지 자세히 서술하겠다.

우리를 둘러싼 변화

오늘날 미국 경제의 가장자리나 틈새를 살펴보면, 종종 사유재산이 지닌 힘이 약해졌을 때 어떤 일이 벌어지는지 살펴볼 수 있다. 그리고 민주적으로 관리하는 경제 체제에 대해서도 엿볼 수 있다.[3]

우선 협동조합에 대해 생각해보자. 협동조합의 소유 구조 덕분에 직원들은 일터에서 겪는 소외 현상을 극복하는 데 도움을 받을 수 있다. 미국인 중 40%가 어떠한 유형이든 협동조합에 소속되어 있다. 비록 거버넌스에 참여할 기회를 얻은 이는 드물지만 말이다. 이미 오랜 역사를 지닌 농업협동조합은 농산물을 시장에 내놓을 수 있도록 도움을 주기 위해 만들어졌다. 미국 신용협동조합은 미국인 조합원 9,500만 명 몫의 자산으로 1조 달러를 보유하고 있다. 그리고 수많은 미국인이 소비자협동조합의 조합원이다. 예를 들자면 여가 활동 장비 회사Recreational Equipment, Inc. 등이 있다.[4]

특히 스페인 바스크 지역에 본부를 둔 노동조합이 매우 인상적이다. 몬드라곤Mondragon 연합을 이루는 120여 개 협동조합에는 8만 명 이상의 노동자가 소속되어 있다. 개중에는 소비재와 자본재 생산 공장, 건설 기업, 은행, 연구개발센터, 사회보장 시스템, 학교와 기술 교육 기관, 스페인 전역의 소매점 등을 포함한다. 몬드라곤 협동조합은 상품 시장에서 자본주의 기업과 경쟁하지만, 내부 운영은 민주적 절차에 따르며 구성원들은 서로 경쟁하기보다는 협력한다. 매출이 부진해도 사람을 해고하는 대신 노동 시간과 임금을 줄이는 노동자 협동조합과 비슷하게 작동한다. 몬드라곤 연합에 소속된 협동조합이 규모를 줄이거나 완전히 파산할 경우, 연합에 소속된 다른 기업에서 새로운 일자리를 찾을 수 있다.[5] 급여 차등분은 민주적으로 결정되며, 소속된 기업의 최고경영자는 협동조합원의 최저임금에서 최대 8배까지만 받을 수 있다. 반면 미국에서는 평균적으로 대기업의 최고경영자는 노동자 월급의 300배를 받는다.[6] 몬드라곤 연합은 계획을 세울 때 자본주의 기업, 심지어 고차원 기업보다도 훨씬 강력하게 위에서 아래까지 모두가 참여하는 것을 권장하며, 협력하여 전략 세우기 원칙을 따른다.[7] 철강노동조합연합United Steelworkers(미국, 캐나다, 카리브해에서 활동하는 노동조합-옮긴이)은 몬드라곤의 지원을 받으며 미국과 캐나다에 비슷한 노동자 협동조합을 설립하는 프로그램을 시작했다. 이는 신시내티 연합 협동조합 계획Cincinnati Union Cooperative Initiative(별칭은 신시 협동조합CO-OP CINCY이다-옮긴이)에서 성과가 나오기 시작했다.[8]

또한 지역 사회에서 공공기관이나 준공공기관이 협동조합을 지원하는 시도도 진행 중이다. 클리블랜드의 에버그린Evergreen 협동조합 사례를 살펴보자.[9] 에버그린 협동조합은 현재 세 개의 노동자 협동조합(세탁업, 태양에너지 사업, 도시 정원 사업)으로 구성되어 있으며, 저소득 지역 주민에게 최저 생활임금과 사회에도 도움이 되는 일자리 제공을 목표로 한다. 에버그린 협동조합을 지원하는 협력단은 클리블랜드시 정부, 클리블랜드 재단(종잣돈 마련을 도와준다), 민주주의 협동조합(자문과 연수를 지원한다), 그리고 중추 기관 역할을 하며 정부 기금에 주로 의존하는 대형 비영리단체 세 곳(클리블랜드 클리닉, 대학 병원, 케이스웨스턴리저브 대학교)으로 이루어져 있다. 중추 기관은 매입 수요를 협동조합과 연결해주곤 한다. 예컨대 세탁업 협동조합은 클리블랜드 클리닉과 병원에 세탁 서비스를 제공한다. 국가 차원에서 광범위한 정치, 경제 영역의 변화가 일어나지 않더라도 이처럼 계획적으로 지역 사회에 진보적인 변화의 길을 제공할 수 있다는 사실을 알 수 있다. 미국의 다른 도시에서도 비슷한 계획들이 부상하고 있다.[10] 경제 개발과 환경을 전략적으로 생각하는 계획을 개발하고자 관련 산업과 지역 사회 이해당사자들을 끌어모으는 도시 지방자치단체가 점차 늘고 있다.

정부가 기업에 덜 종속되며 인류와 세계에 더 집중하게 만드는 것을 목표로 하는 개발 전선도 있다. 미국 인구의 약 15%가 지방자치단체가 소유한 전력회사에서 전력을 공급받는다. 민간 기업의 반발에도 불구하고 일종의 공공 인터넷 서비스를 제공하는 도시가 500개가 넘는다. 도시가 자체적으로 호텔을 건설하고 운영하는 예도 있다. 미국 병원 중 5분의 1은 공공기관 소유다. 19개 주에서는 노동자 소유 기업에 대한 재정적 지원을 제공하고 있다. 노스다코타주에서는 주 은행이 지역 사업을 지원한다. 경제 영역을 민주적으로 통제해보려는 다양한 시도가 일어나고 있다. 어느 정도로, 얼마나 성공했는지는 다 다르지만 말이다.

공공 부문에서 보면, 시민에게 정부 정책 수립에 참여할 기회를 더 많이 제공하는 것을 목표로 하는 혁신도 여기저기서 진행되고 있다. 이러한 혁신은 '숙의민주주의', '참여적 지배구조', '협력하는 거버넌스' 등의 이름으로 불린다.[11] 혁신을 통해 우리는 반응 없는 정부를 극복하는 방법을 상상할 수 있다. 현재 정부가 시민의 요구에 반응하지 않는 이유는 기업에 종속되었을 뿐만 아니라 의사 결정권이 시민이 아닌 소수의 전문 대표와 관료의 손에 달려 있기 때문이다. 시민으로서 우리에게는 전문가들의 선택에 대해 토론하고 영향력을 행사할 기회가 거의 없다. 한편 전문가들은 사회적으로 가장 강력한 인물, 주로 기업 분야의 사람들에게 영향을 받는다. 그러나 이와는 대조적으로 혁신 프로그램을 통해서라면 입법자와 규제자가 지역 목표를 결정할 때 시민과 이해당사자를 참여시키고, 서로 배우기 위해 인근 지역과 협력하여 일하고, 상위 단계의 중앙 행정 조직과도 협력하여 일할 수 있다. 참여형 거버넌스 체계는 도시 예산, 학교 거버넌스, 치안, 환경 계획 등의 영역에서 전 세계적으로 점점 더 실행 범위가 늘어나고 있다.[12]

또한 중요한 서비스를 제공하는 비영리단체가 이루는 생태계도 상당하다. 그중에서도 몇몇 비영리단체는 민주사회주의에 대한 소중한 교훈을 제공한다. 최근 비영리 분야에서 일어나는 특징적인 사회 혁신의 물결이 바로 오픈소스 운동이다. 그 결과 위키피디아 등의 서비스와 리눅스 같은 소프트웨어 시스템이 생겨났다. 아이디어, 소프트웨어 코드, 설계도 등의 자료는 온라인을 통해 무료로 배포된다. 점점 더 많은 사람이 지적 자산, 정보 자산을 소유하는 것이 아니라 자유롭게 나누기 시작함으로써 다른 사람들은 더욱 수월하게 아이디어를 구축하고 개선해나가며 빠르게 혁신을 진행할 수 있다. 인터넷 역시 오픈소스 프로젝트에서 비롯되었고, 인터넷 덕분에 소프트웨어와 하드웨어 설계, 의학, 교육, 시민 과학 등 수많은 분야에서 오픈소스 커뮤니티가 발전하게 되었다. 민주적이고 참여적인 거버넌스 구조 덕분에 오픈소스 커뮤니티는 조화로운 상생을 보여주고 있다.[13]

새로운 민주사회주의 체제의 선구자로서 매우 고무적인 혁신의 모습들이다. 게다가 혁신의 한계로 드러난 점을 살펴봐도 많은 교훈을 얻을 수 있다. 혁신적인 기업이나 기관의 경우, 강력한 민주적 책임감이 부족한 경우가 많다. 의도적일 때도 있고, 소속원이나 시민 참여가 부족해서 발생할 때도 있다. 좀 더 근본적인 문제는 바로 어떤 식으로 혁신을 퍼뜨려야 우리가 직면한 광범위한 차원의 여섯 가지 위기를 대처할 수 있을지 예측하기 힘들다는 점이다. 지역과 커뮤니티 수준의 제도가 일관성, 적절한 지원, 방향성을 갖추기 위해서는 분명히 광범위한 제도적 틀이 필요하다. 새로운 틀 안에서 혁신이 일어난다. 경제의 가장자리가 아니라 핵심 부위에서 혁신이 일어나기 위해서는, 경제와 정책 분야에서 영리를 추구하는 사업 분야의 힘이 급진적으로 줄어들어야만 한다.

과거에 있었던 시도

지금으로부터 약 1세기 전, 미국의 수많은 도시의 시장(市長)들이 사회주의자였다. 그들은 자본주의 기업이 아닌 공공이 소유하는 대안을 실행하고자 시도했다.[14] 특히 최고조였던 1911년에는 미국 전역에 사회주의자라 자칭하는 시장이 74명이나 되었다. '도시의 사회주의'를 지향하는 이들의 노력 덕분에 얼음, 수도, 전기, 가스, 철도, 저울, 부두, 묘지, 항만 조종사, 견인, 준설 서비스 등의 공급이 사회화되었다. 유권자들은 크게 호응을 보였다. 하지만 재계의 조직적이고 정치적인 반대, 법원의 보수주의자들, 시 정부의 재정 시책에 대해 국가로부터 승인을 받아야 한다는 사실 등으로 결국 좌절되고 말았다. 당시의 결과물 중에서 남은 것이라고는 수천 개의 '준정부' 기관이 마구 난립해서 공공 기반시설보다는 상품화된 서비스(사용자가 요금을 지불함)를 제공하게 된 것, 그리고 민주적 책임이 결여되는 것, 폭넓은 사회 변화에 대한 요구에 힘을 더하기는커녕 오히려 기세를 꺾어버린 것 등이 있다. 과거의 실패 사례를 통해 지역 수준에서부터 상향식 대안을 제안하는 오늘날 많은 진보주의자는 교훈을 얻을 수 있을 것이다.[15]

미국의 수많은 진보주의자는 더 나은 미래를 위해 우리에게 필요한 모델로 뉴딜 정책을 꼽으며 애착을 보인다. 그러나 규제를 받는 사회민주주의 개혁 모델에는 한계가 내재해 있으며, 뉴딜 정책은 이 때문에 어려움을 겪었다. 뉴딜 정책을 시행하더라도 민간 기업은 경제의 핵심을 통제할 수 있었다. 대공황에 대처하려는 미국 정부의 행동은 민간 부문의 수익성을 저해하지 않으면서 도움을 주는 범위로 국한되었다. 공공산업진흥국Works Progress Administration, WPA 등 정부 정책 덕분에 노동자의 고통이 경감되기는 했다. 그러나 정부는 기존의 민간 분야를 공영화하는 것이 아니라, 공공사업 프로젝트에서만 사람들을 고용했다. 민간 부문의 사업자 이익을 펀드는 법원과 정부 보수주의자들은 루스벨트의 급진적인 제안을 끊임없이 무력화시켰다. 연방정부의 적자는 미국 경제 생산량의 3%를 초과할 수 없었다. 그러니 대공황 이후 경제가 느리게 회복되며, 자주 멈춰 선 것은 어쩌면 당연하다.

오늘날 우리가 직면한 여섯 가지 위기에 대처하는 데 희망이 되어줄 만한 모델을 찾는다면, 제2차 세계대전 당시 미국 경제의 전시 체제화가 도움이 될 수 있겠다. 사실 전시 체제화를 현재의 기후 위기에 대처하는 모델로 채택하자고 주장하는 환경운동가들도 있다.[16]

제2차 세계대전 동안 미국인 약 1,200만 명이 군에 동원되었고, 가정에서 1,700만 개의 새로운 민간 일자리가 창출되었다. 선박, 항공기, 군수물자 등이 놀라운 속도로 생산되었다. 전시 체제 덕분에 전쟁 발발 전만 해도 18% 정도였던 실업률이 2% 미만으로 급속히 낮아졌으며, 고소득층에 세금이 부과되고 저소득층은 지원을 받으면서 소득 불평등이 대폭 줄어들었다. 전쟁 중에 실질임금은 상승했고, 주택의 질도 향상되었다. 재계의 반대에도 불구하고 정부는 가정에 텃밭을 가꾸라고 권장했다. 약 2천만 개의 '승리 정원victory gardens'이 조성되어 전쟁 중 미국에서 소비되는 채소의 40% 가까이를 공급했다. 전시 체제화는 성공적이었으며, 이와 더불어 실업률, 빈곤율, 영아 사망률과 산모 사망률이 급감하고 여성과 소수자의 위상도 크게 향상되었

다. 하지만 일본계 미국인을 강제 수용한 사례는 개탄스럽다.[17]

전시 체제는 미국 정부가 전략적으로 경제를 관리한 결과였다. 시장이 자정 기능을 보여준 것도, 기업가들이 애국심을 발휘한 것도 아니었다. 사실 기업가 중에서는 군수품 생산으로 전환했다가 다른 경쟁 업체에 시장 점유율을 빼앗길까 봐 우려하며 반대한 예도 허다했다. 결국 공권력이 군수 생산으로의 전환을 주도했고, 대부분 기업은 압박을 받아 마지못해 수긍했을 뿐이었다.[18]

연방정부는 경제를 전략적으로 관리했으며, 규모가 확장된 공공 부문은 물론 군용과 민간 용도를 위한 민간 부문의 생산까지 아울러 관리했다. 민간 용도의 냉장고, 진공청소기, 축음기, 세탁기 등 전시 상황에서 국민 협력에 기여하지 않는 생산 활동은 금지 또는 제한되었다. 또한 정부 기관들은 경제 전반에서 생산량 목표, 가격, 임대료, 임금 등을 결정했다. 대단위 규모의 군사 부처가 무기와 군수품을 설계하고 생산했다. 정부 기관이 민간에 군수 생산을 위탁할 경우, 어떻게 설계할지 명확히 지시를 내렸으며, 계약 당사자가 아닌 정부가 가격과 이윤을 어느 정도로 할지 책정했다. 정부 관리들은 우량 계약자들이 스스로 대외구매를 결정하게 놔두지 않고, 비우량 공급자를 선정한 뒤 직접 부품을 제공하고는 했다. 연방정부는 160만 명이 넘는 근로자와 현장감독이 새로운 업무를 준비할 수 있도록 대규모 기술 개발 프로그램('산업 내 훈련')을 개발하고 운용했다.

1940년 정부 지출은 경제 전체 생산량의 18%에 불과했으나, 종전 무렵에는 거의 50%를 차지하기에 이르렀다. 정부는 많은 민간 부문의 경영을 상당한 수준으로 관리했다. 인플레이션에 대처하기 위해 가격과 임금을 통제했으며(성공적이었다) 가스, 석유, 커피, 버터, 타이어, 신발, 고기, 치즈, 설탕 등 부족한 소비재를 배급함으로써 모든 사람이 정당한 몫을 받도록 했다. 정부는 모든 소득에 누진세를 부과했으며, 특히 사업 이익이 과다하게 많다고 판단되는 경우에는 공격적으로 과세했다. 정부는 민간 계약자의 이익이 너무 많다고 판단한 분야에 대해서는 공무원에게 소급하여 가격을 재설정할 권리를 주었다(이 권리는 매우 자주 행사되었다). 공장과 장비에 투자하기 위한 민간 자금 조달은 전쟁 기간(1940년부터 1943년까지 총 69억 달러)에도 계속되었지만, 정부의 투자(같은 기간 총 137억 달러)로 인해 상대적으로 작은 비중을 차지했다. 일부 투자금은 '정부가 소유하고 정부가 운영'하는 시설, 주로 조선소에 투입되었다. 대부분 시설은 '정부가 소유하고 도급업자에 의해 운영'되었으나 정부의 엄격한 통제하에 있었다.

전시 상황 같은 비상사태인 만큼 정부가 권위주의적이 되리라 생각할 수도 있겠지만, 실제로는 직장에서와 정치권에서 민주적인 참여가 오히려 더욱 늘어났다. 전시 상황에서 국민의 협력이 긴급하게 필요했기 때문에 노동자들은 기업과 정부의 정책에 강력한 영향력을 행사할 수 있었다(하지만 긴급상황 자체가 때로는 노동자를 누르는 힘, 예컨대 파업을 진압할 때 사용되기도 했다). 시드니 힐먼Sidney Hillman은 미국 의류업종사자연합Amalgamated Clothing Workers of America의 대표이자 산업별로 노동조합을 결성하는 데 중추적인 역할을 한 인물이다. 그와 같은 노조 간부들이 전시 상황에서도 두각을 나타냈다. 그 결과 전시노동국War Labor Board은 오랫동안 노동조합에서 요구해온 안전 보장, 불만 중재, 연공서열, 휴가 급여, 병가, 야간 근무 보충에 대한 사항을 제도화했다. 사업체들은 완강히 반대했지만 결국 굴복했다. 노동조합원은 1940년에 900만 명이었으나 1945년에는 거의 1,500만 명까지 늘어났다.[19] 그러나 민주화에도 한계는 있었다. 전시생산국War Production Board은 공장과 산업 양쪽에서 제조 효율을 높이기 위해 '노사경영위원회'를 만들려고 했으나 재계의 반대에 부딪혀 중단되었다.[20]

사회의 생산 자원은 대부분 여전히 민간 소유였지만, 그 통제만큼은 대부분 사회화되었다. 즉 전시 체제화의 성공은 상당 부분 민간 분야의 자발적인 협조 덕분에 가능했지만, 만일 협조가 이루어지지 않았더라도 정부는 협조를 강요했으리라는 점은 의심의 여지가 없다. 예컨대 미국 정부는 군용 항공기, 군함, 통신 장비, 석탄 생산업체는 물론이고 석유회사, 철도회사 그리고 심지어는 최대 규모의 소매업체인 몽고메리 워드Montgomery Ward의 공장마저 수십 곳을 몰수했다. 물론 정부가 공장을 몰수했을 때 절반 정도는 노동자의 무단 파업이 원인이었으나 나머지는 기업 대표들의 잘못된 행동, 즉 무능, 부패, 노동 규정 준수 거부 등이 원인이었다. 노동자들이 정부에 탄원해서 몰수가 일어난 적도 허다했다(몰수할 것이라 위협하는 경우는 훨씬 더 많았다).

정부가 경제 전반에 걸쳐 전략적으로 경영을 하면서 눈에 보이는 효과가 나타나자 재계는 긴장했다. 재계 단체들은 정부나 노동자보다는 기업가가 전시 체제화의 영웅이라고 묘사하는 광고 캠페인을 조직했다. 캠페인 내용에는 과도한 서류 작업, 무능한 관료 등 일반적으로 널리 퍼진 반정부적 고정관념을 이용했다. 캠페인은 기업 대표들로부터 막대한 지원을 받았다. 정부가 계획한 전시 체제화가 성공하면서 종전 이후 경제에서 정부의 역할이 더욱 확대되리라 걱정한 재계의 불안감이 컸기 때문이다. 1943년 12월 제너럴모터스GM의 알프레드 슬론 회장은 전미제조업자협회National Association of Manufactures 연례총회에서 다음과 같이 수사적인 질문을 던졌다. "경제적인 의미에서 평화를 쟁취하는 것은 군사적인 의미에서 전쟁에 승리하는 것만큼이나 꼭 필요한 일 아니겠습니까?" 그는 전시가 아닌 평화로운 시기에도 승리를 거두기 위해서는 기업 대표들이 퇴역군인을 위한 일자리를 창출하는 것이 필요하다고 말했다. 당시 많은 사람은 퇴역군인들이 돌아와서 노동 시장에 재진입하고 정부의 전쟁 지출이 축소되면서 대공황 상태가 돌아올 것을 우려했다. 민간 부문에서 일자리가 현실적으로 늘어나지 않는다면 정부는 대공황 때처럼 공공 부문을 확장하여 일자리를 창출할 것이며, 시장 경제는 흔들리게 될 터였다. 슬론은 '기업의 사회화'가 일어나 용납할 수 없는 지경이 되리라 표현했다.[21]

당시 많은 사람은 종전이 임박한 시점에서 미국이 더욱 포괄적인 사회주의 계획으로 나아갈 수도 있었지만, 자본주의로 돌아갈 수도 있다고 보았다.[22] 그야말로 한 치 앞을 알 수 없는 상황이었다. 평화로운 시기에 미국 정부가 경제에서 더 강력한 역할을 해야 한다고 주장하던 이들은 서로 분열을 일으켰으며 공산주의자라는 탄압을 받고 반대 세력에 당하고는 했다. 민주적으로 경제를 경영할 수 있을 것인가에 대한 미국의 실험은 빠르게 중단되었다.

제2차 세계대전 동안 촉발된 애국심으로 인해 미국 국민은 긴급한 목표를 공유했으며, 덕분에 전시 체제화는 성공을 거둘 수 있었다. 오늘날 우리의 미래를 생각해볼 때, 전시에 보여주었던 것과 비슷한 수준으로 공동의 목표를 갖기란 힘들 것이다. 하지만 민주사회주의 체제에서 기업들은 우리의 필요와 직접 연결되는 목표를 세울 것이다. 경제와 사회 형태가 변화했을 때, 일상에서 기대하고 동기를 갖는 것들이 얼마나 달라질 수 있을지에 대해 과소평가해서는 안 된다.

이제 민주사회주의 체제를 통해 오늘날 우리가 직면한 위기를 어떻게 극복할 수 있을지 하나하나 살펴보자.[23]

경제적 불합리 극복

첫째, 자본주의에서 민주사회주의로의 변혁은 경제적 불합리라는 위기의 종식을 목표로 한다. 지역, 산업, 경제 전반의 차원에서 경제 활동은 현재 자본주의 시장의 조정을 따르고 있지만, 민주사회주의 체제에서는 민주적 전략 경영에 따르게 될 것이다. 이를 위해서는 사회주요 생산 자원에 대한 소유권을 공공에 두어야 한다. 그러면 생산, 투자, 자금 조달, 혁신, 해외 무역이 자본주의적 이윤과 성장을 목표로 하는 것이 아니라 민주주의적인 우선순위에 따라 일어날 것이다.

민주사회주의 경제는 자본주의 체제의 특성인 경제적·재정적 불안정 문제를 전혀 일으키지 않을 것이다. 현재 민간 기업은 개별적으로 이윤을 예측한 뒤 투자와 일자리 창출을 결정하는데, 이는 신뢰하기 힘들다. 하지만 민주사회주의 체제에서는 사회의 요구에 따라 민주적으로 결정을 내릴 것이다. 민주사회주의 모델은 제2차 세계대전 당시 경제를 전시 체제화했던 것과 유사하게 심화, 확장, 민주화될 것이다.

소유: 민간 기업을 넘어서

사회의 주요 생산 자원을 공공의 소유로 둠으로써, 경제의 핵은 하나의 거대한 기업이나 다름없어질 것이다. 오늘날 경쟁적인 여러 기업은 곧 핵심적인 거대 기업의 부차적인 팀원으로 바뀔 것이다. 대기업의 최고경영진이 기업 내 여러 부서를 경영하듯이, 이제 한 팀이 된 경쟁 기업들은 상호의존적 문화를 바탕으로 전략적으로 경영할 수 있다. 물론 민주적인 방식으로 협력하여 전략을 세운다는 원칙을 대규모로 적용해야 한다.

이를 위해 사회의 생산 자원인 장비, 건물, 토지, 기술 관련 전문 지식의 소유권을 사회화해야 한다. 즉 개인으로부터 생산 자원을 거래할 수 있는 권리를 가져와서 지방, 지역, 국가 같은 공동체에 부여하는 것이다. 한 가지 확실히 해둘 점이 있다. 민주사회주의는 개인 자원을 사적으로 소유하는 것에 관여하지 않는다. 노동을 통해 얻은 세후 소득은 개인이 자유롭게 쓸 수 있는 사적 재산이다. 휴대전화 등 개인 자산을 소유하거나 거래하는 것도 마찬가지다.

현재 생산수단을 사적으로 소유한 사람들은 재산의 사회화에 엄청난 저항을 보일 것이다. 정부는 현재의 소유자(저축한 금액이 주식, 채권, 부동산에 묶인 모든 노동자를 포함해서)에게 보상책으로 장기연금을 제공할 것이다.

재산의 사회화 방식은 정도에 따라 다양한 형태를 취할 수 있다.

그중에서 가장 주된 형태를 민주사회주의 경제 구조 안에서 동심원 세 개로 설명해보겠다.

첫 번째 가장 안쪽 원은, 가장 사회화가 많이 진행된 단계로, 직접적인 공공 소유와 정부 규제로 구성된 경제를 말한다. 소유권은 국가, 지역, 지방 차원으로 존재한다. 시민 복지와 관련이 깊은 기업은 규모의 경제나 경제 전반에 미치는 영향 때문에 여기에 포함된다. 은행, 금융, 통신, 대중교통, 의료, 제약, 에너지, 자동차, 철강, 알루미늄, 방위 산업 등의 기업도 모두 여기에 들어간다. 인터넷과 모든 토지도 포함한다. 월마트나 아마존과 같은 유통 대기업과 카길과 같은 농산물 유통 대기업 등 경제 전반에 영향을 줄 정도로 방대해진 특정 기업 또한 여기에 들어갈 것이다. 상하수도, 보호 서비스 등 전통적인 공익사업 또한 포함된다. 신자유주의 정책에 따라 부분적으로 민영화되었던 교도소나 학교 등 과거의 공공기관도 당연히 공공 부문으로 되돌아간다. 공공 서비스와 민관협력사업을 제공하기 위해 민간 기업과 계약하는 것으로는 사람들의 요구를 충족하지 못한다. 오히려 그 대신 정경 유착의 자본주의로 이어진다는 사실이 지난 수십 년의 경험을 통해 너무나 명확해졌다.

두 번째 원, 즉 중간에 자리 잡은 원은 '사회화된 협동조합'으로 구성된다. 협동조합의 이사회는 기업의 직원(전통적인 노동자 협동조합과 마찬가지다)과 더불어 소비자, 지역 사회, 지방정부와 같은 이해당사자를 포함할 것이다. 두 번째 원에 속한 사회화된 협동조합들은 첫 번째 원에 속한 기업과 더불어 앞으로 다룰 '민주사회주의 경제의 핵심'이 된다. 만약 그들이 일하며 얻는 이익 대신에 국가경제위원회가 세운 전략 과정(사회적 목표, 환경적 목표는 물론 경제적 목표도 수립한다)의 틀 안에서 일하기로 동의한다면 말이다. 첫 번째 원의 기업과 마찬가지로 협동조합은 장비, 건물, 토지를 직접 소유하는 대신 정부로부터 임대할 것이다. 그리고 민주사회주의의 핵심으로서 협동조합이 물적 자원과 인적 자원에 지출하는 비용, 그리고 조합이 자체 상품으로 벌어들이는 비용을 결정하는 것은 상위 조직인 국가경제위원회가 될 것이다. 가격 설정을 통해 기업 활동과 관련된 모든 외부효과가 내재화되고 그 결과 각 자원의 경제·사회·환경 비용이 모두 가격에 반영될 것이다.

하지만 첫 번째 원에 속한 기업과 달리, 두 번째 원에 속한 협동조합은 생산 대상과 생산 방식을 좀 더 자유롭게 운영할 수 있다. 협동조합은 경제위원회와 경제·사회·환경적 목표를 협의하겠지만, 목표를 어떻게 달성할 것인가를 계획할 때는 더 많은 자율성을 누린다. 직원에 대한 보상은 목표를 얼마나 잘 달성했는가에 따라 결정된다. 협동조합은 관련 산업 및 지역경제위원회에 투자나 생산 계획에 변화가 있을 때마다 공지함으로써 영향을 받을 다른 조직과 서로 조율할 수 있다.

세 번째로 가장 바깥쪽에 자리 잡은 원은, 국가의 경제 전략 과정에서 벗어난 협동조합으로 구성된 기업, 그리고 첫 번째나 두 번째 원에 속하는 기업들보다 규모가 작은 기업, 가족 사업 등 소규모 민간 기업으로 구성된다. 세 번째 원에 속하는 노동자는 시민으로서 우선순위를 정하는 경제적인 정책 수립에 참여할 수 있지만, 기업 자체는 우선순위를 달성하기 위해 노력하는 민주사회주의의 핵심 과정에 참여하지 않는다. 기업의 수입은 사회 기여 활동을 통해 상급 위원회로부터 예산을 할당받는 것이 아니라 제품의 구매자를 얼마나 확보하느냐에 따라 결정될 것이다. (공공 소유가 된) 은행 혹은 직접 소유한 재산으로 사업 자금을 마련하게 한다.

따라서 세 번째 원에서 생산 자원의 사회화는 제한적이고 간접적인 방식으로 이루어진다. 여기에 속하는 기업의 이윤은 사적 재산으로 남겠지만, 기업 경영은 여러 방식으로 사회화될 것이다. 정부는 규제를 통해서 기업의 노동자와 지역 사회를 보호한다. 기업들은 다양성과 가격이 사회가 요구하는 전략적 우선순위를 반영하는 민주사회주의의 핵심으로부터 공급된 제품에 의존할 것이다. 또한 민주사회주의 체제를 따르며 직원을 고용할 때 최상의 조건을 제공할 것이다. 기업의 외부 자금 조달은 은행을 통해 이루어지며, 공공 소유의 은행은 신용 할당을 결정하기 위해 민주적으로 결정한 전략적인 기준을 따를 것이다.

전반적으로 경제는 첫 번째와 두 번째 원인 사회주의 핵심에 의해 지배될 것이다. 그러다 보면 결국 거대한 정부 독점으로 이어져 오늘날의 기업 독점보다 훨씬 효율적이지 못하며 소비자와 지역 사회의 요구에 부응하지 못할 것이라는 우려도 있다. 하지만 다음 세 가지 요인을 살펴보면 그러한 우려를 잠재울 수 있다.

첫 번째로, 정부가 관리하는 공기업을 통해 우리는 이미 많은 경험을 쌓았다. 또한 현 체제에서 비롯되는 한계에도 불구하고, 공기업은 평균적으로 민간 기업과 경제적 효율성이 유사하다.[24]

두 번째로, 규모의 경제로 인해 경제적 효과가 떨어지면 몇몇 경쟁하는 기업을 설립할 수 있다. 서비스에 대한 공동 가격을 책정하여 이들 기업이 제품의 품질과 서비스 면에서 다른 기업과 경쟁하라고 권장할 수 있다(기존 체제처럼 가격 경쟁을 허용한다면 기업은 노동력을 쥐어짤 강력한 동기를 부여받는다. 그러면 민주사회주의 목표에서 벗어난다).

마지막으로, 오늘날 공공 부문 기업을 관리하는 것에 비하면 핵심 기업에 대한 감독과 책임을 개선할 수 있다. 현재는 정부가 기업의 이윤 창출에 종속된 결과, 감시기관이 심각한 제약을 받고 있다. 감시기관의 예산은 고갈된 상태이며, 여러 장애물 때문에 양질의 인력을 유치하지도 못한다. 전관예우로 인해 진정성마저 잠식되고 있다. 그러나 민주사회주의 경제라면 이런 문제가 발생하지 않는다.

한편 비효율, 무응답은 어느 정도 불가피하다며 건강한 신호로 받아들일 수도 있겠다. 자본주의에서 가격과 임금은 시장 경쟁의 보이지 않는 과정을 통해 형성된다. 만약 특정 기업의 제품이 너무 비싸거나 품질이 좋지 않다면, 혹은 기업이 임금을 너무 적게 준다면, 더 나은 대우를 제시하는 다른 기업을 찾는 수밖에 없다. 더 나은 기업을 찾지 못했을 경우 누구를 탓할 수도 없다. 또한 산업 전체가 제품을 너무 비싸게 팔거나 조잡한 품질의 제품을 내놓거나 저임금으로 고용한다고 해서 누구를 탓할 수도 없다. 이러한 현상이야말로 '시장의 생리'인 것이다. 민주사회주의 체제에서는 이러한 문제들이 민주적인 심의의 주제가 되며, 그 결과 부실한 실적에 대한 비판이 필연적으로 증가한다. 또한 비판이 많아진다는 것은 시장의 피해자에 그치는 게 아니라, 우리 경제의 운명을 스스로 통제할 수 있다는 긍정적 신호다.[25]

민주사회주의의 대표적인 모습은 어떨지 생각해보자. 먼저 자동차 산업부터 보자. 2008년 금융위기로 최대 자동차 제조회사 제너럴 모터스와 크라이슬러Chrysler를 미국 정부가 짧게나마 실질적으로 소유한 적이 있었다. 하지만 오바마 행정부는 기업을 소유하는 동안 노동자의 임금을 삭감하였고, 기업의 수익 창출을 개선하고, 다시 개인 투자자에게 돌려주었다. 그러지 않고 자동차 기업들을 국유화해 공공 부문으로 유지시킬 수도 있었을 것이다. 민주사회주의 체제였더라면 이들 기업은 선출된 국가교통산업위원회에서 운영하는 공기업으로 바뀌었을 것이다. 노동자, 공급업체, 소비자 중에서 선출된 대표자로 구성된 해당 기업의 자문위원회가 구성되고 이들 기업은 민주사회주의의 핵심으로 기능하면서 전기차 전면화와 대중교통 체제를 주도하는 등의 책임을 맡을 수 있었을 것이다.

　　두 번째로 은행업을 보자. 2008년 금융위기 직후에 미국 정부가 은행을 전부 국유화하려고 시도했다면 성공 확률이 상당히 높았을 것이다.[26] 미국 은행이 제 기능을 되찾을 수 있었던 이유는 정부의 구제금융 투입 덕분이었다. 민주사회주의 체제라면 은행 산업 전체를 완전히 인수했을 것이다. 스웨덴은 1992년 금융위기 때 은행의 국유화를 성공적으로 이루었다. 하지만 스웨덴 정부(사회민주주의가 잘 유지되고 있었다)는 은행의 재무상태가 정상화되자 은행을 다시 민영화했다. 만일 민주사회주의 정부였다면 은행의 공공 소유를 유지하면서도 합리적인 노선에 따라 구조 조정을 진행해 은행을 새로운 민주사회주의의 핵심으로 만들었을 것이다. 새로운 공공은행 체제는 민주적으로 결정된 전략적 목표에 도움을 줄 수 있는 잠재성을 지녔고, 공공 투자 자금을 경제 전반의 기업에 전달할 수 있었을 것이다.

우리 주변의 거대한 유통업체인 월마트, 코스트코Costco, 크로거Kroger, 아마존, 맥도날드가 시민을 위한 민주사회주의 기업으로 바뀐다고 상상해보자. 시민이 선출한 지역경제위원회와 국가경제위원회는 대기업이 책임감 있게 생산한 다양한 소비재와 식품을 제공하도록 지시할 것이다. 직원들은 철저하게 교육을 받고 높은 보수를 받을 것이다. 직원들은 자문위원회를 구성할 대표를 선거(또는 무작위로 선출)로 뽑고, 직원 대표들은 소비자, 공급업체, 지방정부 대표와 함께 전략적인 경제 경영 절차를 통해 기업이 확립한 경제적·사회적·환경적 목표를 추구해나갈 것이다.

그리고 정부가 토지를 국유화한다고 가정해보자. 공공의 목표를 위해 해당 토지에 변화가 필요하지 않은 한, 그곳에 사는 거주민이 쫓겨나는 일은 없을 것이다. 하지만 거주민이 임대료를 내야 한다면 기존의 부동산 소유주가 아니라 정부에 내야 한다. 부동산이 특별히 더 좋은 환경이거나, 비옥한 농경지일 경우처럼 입지가 좋은 경우를 제외하면 거주민이 임대료를 내야 할 필요는 없다. 신주택의 건설, 분양, 임대를 통한 수익은 사라질 것이다. 주택 공급은 정부의 책임이 되고, 공공주택은 시민 주거의 표준이 될 것이다. 주민과 지방정부로 구성된 지방의회가 주거단지를 관리하고, 그보다 상급 의회는 정부가 주택 수요를 충족시킬 수 있도록 자금을 조달하게 할 것이다.

전략적으로 경제 관리하기: 근시안적인 시장을 넘어서

제2차 세계대전 당시 전시 체제에서 미국 정부는 다양한 생산과 투자 계획을 세워서 경제를 활성화했다. 민주사회주의 체제에서 경제의 핵심 부문을 공공에서 소유한다면 당시 미국 정부와 유사하게 전략 경영 과정을 보편화하고 민주화하게 될 것이다.

경제·환경·사회적 목표를 설정하고 실현하기 위해 시민들은 정기적으로 모여 심의를 하거나 위원회를 선출할 것이다. 위원회는 지역, 도시, 지방에 소속된 이들과 팀, 기업, 산업에서 근무하는 이들의 의견을 대표한다. 그리고 국가경제위원회가 의견을 통합한다. 의사 결정은 가능한 한 많은 사람이 참여해 이루어지며 필요한 경우에만 중앙집권적 결정을 내린다. 전략 경영을 진행할 때, 해당 지역의 지식을 최대한 활용할 수 있도록 당사자들이 함께 모여 지역민의 눈높이에서 사업을 심의하고 결정하는 과정에 참여할 것이다. 당사자가 경제 전반에 걸쳐 퍼져 있는 경우, 예컨대 대규모 경제에서 위쪽으로는 공급업체에, 아래쪽으로는 소비자에게 광범위한 영향을 끼치거나 자연환경과 우리 사회에 중대한 영향을 주는 사업일 때는 상대적으로 집중화된 방식으로 의사 결정을 내릴 것이다. 의사 결정이 중앙에 집중되어 있든, 지역별로 분산되어 있든, 참여를 유도하는 민주적인 방식인지 꼼꼼히 살펴봐야 할 것이다.

지역위원회 등에서 결정된 의견을 바탕으로 민주주의 국가경제위원회는 시민과 사회주의 핵심 기업의 의견을 수렴해서 다음 회기 때 사회의 주요 경제 목표를 결정한다. 경제 목표에는 주간 및 연간 노동시간, 무상 공급을 통해 충족할 기본적인 수요의 종류와 수준, 유상으로 공급할 특정 소비자 수요, 경제 및 사회 활동과 관련된 다양한 부서에 직접 투입할 예산, 경제위원회와 은행이 기업의 실적과 투자 제안을 평가할 때 사용할 경제·사회·환경적 기준의 균형, 지역과 집단 간의 불평등을 해소할 투자 등이 있다.[27]

과거 민주사회주의 계획에 비판적이던 이들은 수백만 개의 제품을 생산하는 현대 경제가 매우 복잡하기에, 시의적절하면서도 자세한 생산 및 투자 계획을 세우기가 불가능하다고 말했다.[28] 그들의 주장이 맞는다면 시장이 제품의 수량보다는 가격에 대한 정보를 이용하고, 탈중심화된 개별 기업과 소비자가 의사 결정을 내리기 때문에 시장 경쟁이 수요와 공급의 균형을 맞추는 데 훨씬 탁월하다는 의미가 된다. 그러나 현대의 컴퓨터 기술은 경제 전반에서 일어나는 생산 및 투자 계획을 충분히 계산해낼 수 있어서 자본주의 시장을 통해서만 균형을 맞출 수 있다는 주장은 이제 옛말이 되었다.

일단 민주사회주의에서 전략 경영 과정과 자본주의 시장 경쟁 과정 사이의 차이점을 분명히 확인해봐야 한다. 자본주의에서 가격은 사후에 발생한다. 기업은 가격표가 붙은 제품을 시장에 내놓지만, 경쟁사의 사업 계획을 모르기 때문에 경쟁사의 행동에 대응하며 가격을 조정해야 한다는 필요성을 느낀다. 비용과 제품의 가격을 너무 높게 설정한 기업은 시장 경쟁에서 도태되어 파산의 위기에 놓이며 직원들은 일자리를 잃을 수도 있다. 한편 민주사회주의의 전략적 경영 체제에서 가격은 우리가 함께 정한 공통의 전략 목표를 반영한다. 환경오염 등 다양한 외부효과로 발생하는 비용, 그리고 탄소 배출량에 세금을 부과하는 등 더 먼 미래에 일어날 위험을 대비하는 비용을 포함한다. 자본주의의 전략적 경영은 개별 기업에 국한되며 시장에 종속적이다. 반대로 민주사회주의에서는 시장이 경제 전략에 종속되고,

시장은 수단에 불과해진다. 그렇다고 민주사회주의의 전략적 경영 방식에서 기업 간 경쟁이 완전히 사라진다는 말은 아니다. 민주사회주의 체제를 제대로 경영한다면 기업은 더 매력적인 제품과 서비스를 제공할 동기를 얻으며, 소비자는 시장에서 자신의 선호를 자유롭게 표현할 수 있다.

전략 경영 방식이 효과적이려면 기업은 경제위원회에 자사의 역량을 정확히 알려주고, 상호 합의하여 결정한 목표를 충족하기 위해 최선을 다해야 한다. 기업이 목표를 쉽게 달성하려고 자사의 역량을 축소해서 보고한다면 과잉공급이 일어나게 되고, 기업이 자원을 좀 더 확보하기 위해 자사의 역량을 과장되게 말한다면 자원 부족을 초래할 것이다.[29]

목표를 이루기 위해서는 세 가지 수단이 필요하다. 세 가지 수단을 동시에 동원할 수도 있다. 첫 번째 수단은 투명성이다. 공급업체, 소비자, 경제위원회 등 외부 이해당사자와 더불어 기업 내부의 직원들까지 모두 기업 관련 정보에 자유롭게 접근할 수 있어야 한다. 전략적 경제 경영에서 관련 당사자들이 모두 대화에 참여하면 여러 정보가 자연스럽게 공유되고, 특정 대상에 대해 사람들이 가진 편견도 빠르게 교정될 수 있다.

두 번째 수단은 바로 재정적 인센티브다. 기업의 직원들은 집단적으로 보상을 받을 것이다. 즉 기업이 높은 생산량을 달성하면 직원들은 인센티브를 받고, 생산량이 목표에 이르지 못하거나 너무 초과하여 달성한 경우에는 직원들은 페널티를 받는다. 여기서 경제위원회는 기업의 역량을 분석할 수 있는 양질의 정보를 얻을 수 있다.

세 번째 수단은 경쟁이다. 민주사회주의 경제에서는 특정 제품을 생산하는 기업이 시장을 독점하는 사태가 발생하지 않는다. 여러 공급업체가 존재하고, 어떤 공급업체와 계약할지 선택할 권한을 갖는다면 기업과 경제위원회는 공급업체의 실적을 비교하는 데이터를 얻을 수 있다. 재정적 인센티브와 상징적 인정이 함께 작용할 때, 뒤처진 기업을 독려할 수도 있고 앞서가는 기업에 보상을 제공할 수도 있다. 뒤처진 기업들은 산업 포럼을 통해 앞서가는 기업의 노하우를 배울 수 있을 것이다.

금융: 수익 추구를 넘어서

오늘날 소수의 은행이 은행 산업 전체를 장악하고 있다. 거대 은행들을 해체하고 자본주의 시장 경쟁만으로 건전한 신용 체계를 세울 수는 없다. 그 대신 우리는 은행의 소유권과 통제를 사회화시킬 것이다. 주식과 채권 시장 관련 기관은 모두 사라지고, 주변에서 흔히 보이는 투기적인 카지노 자본주의도 없어질 것이다.

은행 부문은 공공이 소유하여 소비자 은행과 산업은행으로 나뉠 것이다. 소비자 은행은 저축과 대출을 위한 조합처럼 운영되며, 예금에 이자를 제공하고 소비자 대출에 이자를 부과할 것이다. 산업은행은 지역, 산업, 국가 차원에서 전략적 경제 경영 과정에서 만들어진 기준에 따라 경제 재건에 자금을 대는 역할을 한다. 산업은행은 투자 자본의 원천이던 금융 시장을 대체한다. 또한 경제 영역의 세 개의 동심원 중 가운데 원과 바깥쪽 원에 속하는 기업에 융자금을 전달하는 도구 역할을 한다. 산업은행은 경제, 사회, 환경 기준에 기반을 둔 투자와 경제위원회의 전략적 목표에 기반하는 투자에 자금을 조달할 것이다.

생산: 오직 성장만을 추구하는 태도를 넘어서

민주사회주의 체제에서는 노동자가 자신의 노동에 더욱 본질적인 만족감을 느끼며, 편협한 전문화는 감소하고, 능력 개발과 승진할 기회는 더 많아지도록 재편성될 것이다. 더욱 많은 사람이 공공선을 위해 애쓰면서 만족을 느끼기를 희망한다. 하지만 대부분의 사람들에게 일이란 열망보다는 필요를 충족시키기 위한 활동이다. 따라서 가족과 보내는 시간이나 사회적으로 교류하는 시간, 흥미와 재능을 키울 수 있는 여가 시간은 소중한 사회적 재산과 마찬가지로 다뤄질 것이다.

자본주의 체제에서 노동자에게 적절한 생활 수준을 보장하는 데 필요한 노동 시간은 노동자들이 기업 이익에 맞서 처절한 정치적 투쟁을 거친 후에야 줄일 수 있었다. 민주사회주의 체제는 노동에 더 많은 의미를 부여한다는 목표를 갖고 있으며, 또한 현재와는 상당히 다른 일과 삶의 균형work-life balance도 추구한다.[30] 민주사회주의 경제에서 기존의 주 5일 근무제는 단축되고 유급 병가, 유급 육아휴직과 더불어 유급 연차 휴가가 확대될 것이다.

주로 낭비적인 생산을 제거함으로써 노동 시간을 줄일 수 있다. 낭비를 줄이는 방법이란 무궁무진하다. 민주사회주의는 군사비 지출 역시 대폭 축소할 예정이다.

자본주의에서 간접비용으로 낭비되던 것도 사라질 것이다. 민주사회주의 모델을 비판하는 이들은 집중화 계획과 관련된 관료주의적 간접비용을 지적하는 반면 민간의료보험 중개사, 구매를 유도하는 광고주, 증권 중개인, 투자은행원, 상업적인 갈등을 조정하는 변호사와 법원 등의 업무에 사회가 쏟아붓는 시간을 무시한다. 민주사회주의 체제에서 이런 업무는 거의 다 불필요해진다.

자본주의 체제에서는 낭비가 심한 간접비용 외에도 불필요하게 어마어마한 생산 비용도 발생한다. 자동차 디자인의 유형을 단순화하고 자동차 모델에 들어가는 부품을 표준화한다면, 그리고 누구나 무료로 이용할 수 있는 대중교통 시스템에 투자한다면 국가에서 자동차 생산과 수리에 드는 모든 수고를 피할 수 있다. 이렇게 방향성을 바꾸면 자연환경에도 큰 도움이 된다.

민주사회주의 경제 경영으로 수많은 쓸모없는 일자리를 없애고 노동 시간을 줄인 결과 발생하는 재산과 업무를 공유할 수 있다. 가장 긍정적으로 추정할 때 모든 사람이 일주일에 20시간 정도만 일하면 현재의 물질적 번영을 유지할 수 있다고 한다.[31]

혁신: 벤처캐피털을 넘어서

민주사회주의 경제에서 노동은 자본주의에 비해 창의적인 기업 운영의 기회를 좀 더 많이 만들어낼 것이다. 주간 노동 시간이 줄어들면 창업에 관심이 있는 많은 사람이 창업 활동에 필요한 시간을 확보할 수 있다. 게다가 민주사회주의 경제에서 기업가는 벤처 투자자에게 지원을 받는 대신 공공 산업은행과 현재 다니는 회사의 도움으로 자금을 마련할 수 있다. 벤처 투자자는 3~5년 동안 최소 10배 이상 투자 가치를 불릴 가능성이 큰 곳에만 투자하지만, 공공 산업은행은 이익을 상대적으로 덜 추구하며, 투자할 사업이 장기적으로 인류와 지구의 미래에 어떤 영향을 가져올지에 따라 투자를 결정한다.[32]

창업 활동 일부는 첫 번째 원과 두 번째 원에 속하는 기업 내에서 진행되는데, 오늘날 사내창업이라 불리는 활동이다. 민주사회주의 체제에서는 이러한 창업 활동의 기회가 확대된다.[33] 또한 가장 바깥쪽의 원에서도 일부 창업 활동이 발생할 것이다. 따라서 가장 바깥쪽 원은 국가적 전략 경영 과정의 가장자리로서 새로운 기업 실험의 장이된다. 혁신 기업이 성공하고 충분히 성장할 경우 창업자와 직원들은 첫 번째 원이나 두 번째 원의 기업이 인수하도록 넘겨주는 쉬운 '출구 전략'을 사용할 수 있다.

자본주의 체제에서 창업이란 곧 창업자와 벤처 투자자가 개인적으로 부를 누리는 것과 연관이 깊다. 반면 민주사회주의 체제에서 창업자는 상대적으로 금전적 보상을 적게 받지만, 사회적으로는 충분히 인정받을 것이다. 민주사회주의를 비판하는 이들이 주장하길, 경제 발전이란 결정적으로 소수의 창의성에 달려 있으며 막대한 재정적 이익을 거둘 수 있다는 전망이 없으면 창의적이고 획기적인 발전은 있을 수 없다고 한다. 그러나 창의적인 혁신가는 개인의 부를 늘리는 것보다는 인류에 봉사하고 사회적·기술적 인정을 받는 데서 더욱 강한 동기 부여를 받는다는 증거가 많다.[34]

상향식 창업 활동을 넘어서 역동적인 민주사회주의 경제에서 혁신은 중앙에서 집중적으로 관리되며, 민주적으로 결정되는 혁신 개발 및 배치 프로그램에 따라 혁신이 일어날 것이다. 환경 위기에 대응하는 기술력의 중요성을 고려한다면, 대단히 시급한 프로그램이다.

디지털 기술 혁신의 막대한 잠재력을 활용해서 지속 가능한 녹색 성장의 길로 가려면 목표 지향적인 정부 투자와 지역 기반 산업을 위한 정책적 지원이 꼭 필요하다.[35]

역동적인 민주사회주의 경제에서는 '협력하여 혁신 이루기' 원칙을 적용하여 집중화된 하향식 혁신과 지역적 요소를 고려하는 상향식 혁신이 함께 작동하도록 만들 것이다. 경제위원회는 미국국립보건원과 미국 국방성 고등연구계획국의 성공 사례를 교훈 삼아 국가, 지역, 산업 차원의 연구개발기관에 자금을 지원할 것이다. 또한 전략적 계획에서 명시된 제품을 제공하고 또한 소비자의 관심을 끄는 대안을 모색해보라고 창업가들을 장려할 것이다. 창업가의 판단으로 성공적인 결과를 이룬 경우에는 기업의 직원들에게 추가 수당이 제공되고, 경제위원회와 다른 기업들이 차후 전략적 계획을 세울 때 필요한 정보를 제공할 것이다. 혁신에 중대한 자본을 미리 투자해야 한다는 점에서 우리는 전략적 경영을 통해 투자에 드는 비용과 리스크, 투자의 수익을 사회화할 것이다.

물론 어떤 혁신은 인체에 해가 되거나 환경을 위협하는 요소가 있을 수도 있다. 따라서 적절한 검토와 시험, 관리 업무를 맡을 전문 기관이 필요하다. 오늘날 미국 식품의약국과 같은 규제 기관은 기업의 이윤 창출이라는 압박에 짓눌려서 제대로 작동하지 못할 때가 빈번하다. 반면 민주사회주의 체제에서 규제 기관은 혁신적인 신기술로 얻을 수 있는 이점과 리스크 사이에서 균형을 잘 잡을 것이다.

노동자 소외 극복

재산의 사회화가 이루어지면 직장에서 노동자 소외 현상을 해결할 수 있다. 민주사회주의 경제가 된다면 사람들은 더는 '피고용인' 신분으로 노동하지 않을 것이다. 경영진이 직원에게 임금이나 급여를 주는 대가로 직원 업무를 관리하고 수익을 창출할 권한을 독점하는 일도 없어질 것이다. 우리는 동등한 시민으로서 기업 경영(그리고 경제 전반)에 참여할 권한을 가지고 일할 것이다.[36] 고차원 기업과 노동자 협동조합의 사례를 통해, 우리는 민주적인 직원 참여와 경제적 유효성을 모두 누리기 위해 이 기업들이 어떻게 조직을 구성하는지 이미보았다. 민주사회주의 모델은 기업 수준에서 네 가지 원칙, 즉 협력하여 전략 세우기, 협력하여 혁신 이루기, 협력하여 학습하기, 협력하여일하기를 더욱 넓은 수준으로 확대할 수 있을 것이다.

기업: 고용 노동자를 넘어서

민주사회주의 체제는 법률 제정을 통해 일정 규모 이상의 모든 기업에서 이사회를 구성할 때 노동자 대표와 소비자, 지역 주민 대표 등외부 이해당사자를 포함하도록 의무화할 것이다. 공공 부문 기업으로구성된 가장 안쪽 원의 경우 이사회가 자문 역할을 맡는데, 해당 기업의 전략이 경제위원회 산하에 운영되는 관련 정부 기관에 크게 의존해야 하기 때문이다. 두 번째 원에 속하는 사회화된 협동조합의 경우이사회는 좀 더 자율성을 많이 가질 것이다.

이사회를 넘어, 기업의 민주적인 경영 방식은 어떻게 바뀔까? 소규모 기업의 경우 모든 직원이 동등한 투표권을 행사하는 직원 총회에서 주요 정책이 결정될 것이다. 대기업은 총회에만 의존해 민주적 가치를 지키기에는 규모가 너무 방대하다. 정치계와 마찬가지로 기업 차원에서도 민주주의는 직접 민주제와 간접 민주제의 모습을 취할 것이다. 정치계와 비슷하게, 건전하고 다양한 견해를 확보하고 전문적인 대표 등 특권 사회 계층이 발생하는 것을 막기 위해 기업의 대표는 순환제나 무작위로 결정될 것이다. 스페인의 몬드라곤 연합 등 대규모 노동자 협동조합의 사례에서 많은 교훈을 얻을 수 있다.[37]

디지털 기술도 크게 도움을 줄 것이다. 자본주의 기업이 전략적으로 선택을 내려야 할 때 직원의 투표에 맡기는 경우는 거의 없다. 반대로 민주사회주의 기업에서는 디지털 기술을 활용하여 폭넓은 논의를 나누고, 수많은 직원과 외부 이해당사자들이 자주 투표할 것이다. 특정 산업이나 지역에 대한 투자 혹은 매각 결정을 내리기 위해 민주적인 포럼이 열린다고 하자. 그러면 디지털 기술 덕분에 의사 결정의 결과로 기업, 지역, 거주지에서 일자리나 복지에 어떤 영향을 끼칠지 즉각적으로 계산해낼 수 있으며, 여러 가능성을 열어놓고 시민 투표를 체계화할 수 있다.

민주사회주의 기업을 민주적으로 경영하기 위해서 노동조합은 필수다. 직원은 기업 이사회에 직접 참가하거나 대표자를 대신 내보낼 수 있다. 하지만 실제로 관측된 바에 따르면 일선에서 일하는 직원과 회사 경영자 사이를 연결해주는 추가 소통 창구가 있을 때 문제점과 기회를 더 효과적으로 발견할 수 있었다.[38]

기업 경영의 변화 외에도 민주사회주의 정부는 일일 업무를 보다 인간적으로 재구성하기 위해 대대적인 캠페인을 전개할 것이다. 오늘날 모든 고차원 기업은 직원의 참여를 유도하며 생산 현장과 최전선에서 일하는 직원들의 팀워크에 의존한다. 하지만 여전히 많은 기업에서 직원은 업무에 흥미를 느끼지 못하며, 제한되고 반복된 업무를 수년간 하고 있다. 업무를 좀 더 나은 방향으로 개선할 기회도 없고, 직원이 자기 계발을 할 기회조차 없다.

민주사회주의의 모든 기업, 특히 핵심에 있는 기업의 직원은 일상적인 업무를 개편할 권한을 지닐 것이며, 직원의 능력이나 경력을 개발할 방법도 마찬가지일 것이다. 협력하여 혁신을 이룬다는 원칙은 곧 산업과 정부 기관 전반에 널리 퍼진 표준 관행이 될 것이다.

민주사회주의 기업이 과연 자본주의 기업보다 더 효율적일지, 아니 그 근처에는 갈 수 있을지 의심하는 이들도 있다. 협력하여 학습한다는 원칙은 그들의 우려를 종식할 효과적인 해결책을 제시한다. 민주사회주의 기업은 민주적으로 경영될 것이다. 기업의 이사회는 다른 기업, 지역, 산업의 경제위원회와 의논을 거칠 것이다. 또한 소비자와 사회의 제품 선호도와 가격은 물론이고 직원과 지역 사회, 환경의 수요도 충족할 수 있는 기업 목표를 세우기 위해 심의를 거칠 것이다. 업무 효율이 높아지면서 이익이 발생하더라도 오늘날처럼 기업 소유자와 투자자의 잇속만을 채우지는 않을 것이다. 대신 직원들과 이해당사자들이 공평하게 창출된 이익을 공유할 것이다. 새로운 체제에서 직원은 자신의 업무를 가장 효율적으로 처리하는 방법을 찾을 진정한 동기를 부여받을 것이다.

그 결과 민주사회주의 경제에서 업무 표준화는 자본주의 조건에서

보다 더욱 광범위하게 진행될 수 있다. 따라서 더욱 높은 업무 효율을 달성하게 되고, 강압적인 명령과 직원 소외 등 현대의 문제점 없이 잘 이루어질 것이다. 협력하여 학습한다는 원칙은 기업 내부에서 일반적으로 받아들여질 것이다. 업계 차원에서 앞서 논의했던 자동차 설계 사례와 소프트웨어 산업의 CMM 등 업무 절차를 개선하기 위한 기업의 노력을 경제위원회가 지원할 것이다.

노동과 수입: 불안정을 넘어서

민주사회주의의 궁극적인 목표는 모든 사람이 '생계를 위해서 일해야 한다'라는 강박관념에서 벗어나 건강한 삶을 살아갈 수 있게 도와주는 것이다. 하지만 아직은 요원한 목표다. 민주사회주의에서 업무의 질을 높이고 시간을 줄이기 위해서라도 노동에 들어간 수고에 대해 공정하게 분배할 방법을 찾아야 한다.

우리 사회는 사람들의 기본적인 욕구를 무상으로 충족하고도 남을 만큼 기술상의 발전을 이루었다. 노동 여부와 상관없이 의식주, 교육, 의료, 교통, 통신, 공공시설 등과 같은 기본적인 요인이 부족하지 않다. 한편 개인의 재량에 달린 상품과 서비스 또한 충분해서 소비자는 자신의 소득 내에서 비용을 지급하고 소비할 수 있다.

그렇다면 소득 수준은 어떻게 결정해야 할까? (민주사회주의의 핵심 분야의) 다양한 일자리에 따른 기본 급여의 수준은 경제위원회에서 결정할 것이다. 급여 수준의 세세한 설정은 기업 이사회가 결정한다. 다양한 영역에서 일하는 노동자들은 어떤 직업이 다른 직업보다 더 나은지에 대해 서로 대화를 나눌 것이다.

직업별 급여의 차이는 오늘날보다 줄어들 것이다. 뒤에서 더 설명하겠지만, 현 교육 제도는 학생 본인과 가족의 자금으로 유지된다. 하지만 무상교육과 상당한 장학금 지급을 통해 개인이 교육을 위해 투자하는 비용이 사회화될 수 있다. 따라서 직업별 급여 차이를 설명하는 자본주의의 논리 역시 대부분 설 자리를 잃을 것이다.

기본 급여 외에 상여금은 민주사회주의의 상호의존적 문화와 공공선에 대한 기여에 보상하기 위해 지급될 것이다. 협력하여 일한다는 원칙에 따라 단체와 개인 모두 어느 정도 기여했는지에 따라 보상을 받는다. 시간이 지나면 노동자의 근면 성실과 솔선수범을 경제적으로 보상할 필요가 없어지는 사회로 진화할 것이다. 하지만 우선은 사람들이 본질적으로 흥미를 느끼지 못하는 직업이라면 조금이라도 급여를 더 지급하기만 해도 크게 장점이 될 것이다. 사회심리학 연구 결과에 따르면 급여의 액수가 아주 조금 달라져도 지대한 상징적 의미를 띤다.[39]

그렇다면 새로운 체제에서 사람들은 어떻게 적성에 맞는 일자리를 구할 수 있을까? 현재의 대규모 자본주의 기업 체제에서는 직종을 바꿈으로써 전반적으로 경제를 향상할 수 있다고 예측될 때, 예컨대 자동차 엔진 생산자의 수요가 줄고 풍력 발전용 터빈 생산자의 수요가 느는 경우 직원들은 직종을 바꿔야겠다고 생각한다. 이 모습과 아주 다르지 않을 것이다. 그러나 민주사회주의에서 경제적인 성과를 평가할 때는 자본주의 기업처럼 얼마나 큰 이익을 낼 수 있는지가 아니라, 사회의 요구에 얼마나 부응할 수 있는지를 고려하게 된다. 또한 직종 변경의 경우 자본주의 기업 내에서뿐만 아니라 기업 간 이직도 포함한다. 직종을 바꾸라는 요청을 받고서도 직원들이 자발적으로 바꾸지 않을 때는 급여 조정 등의 유인책을 적용할 수 있다.

반응이 없는 정부 극복

재산의 사회화가 이루어지면 민간 부문의 이윤 창출 활동에 정부가 종속되는 상황을 해소할 수 있다. 시민에게 반응하지 않는 정부의 근본적인 문제도 해결된다. 민간 기업이 구조적으로 누리던 권력은 물론이고, 자본 파업과 자본 도피 등으로 정부를 위협할 능력도 잃는다. 로비 활동, 정치 기부, 회전문 인사 등 현 정치 체제에서 기업과 부자가 누리던 권력을 제공하는 다양한 경로도 사라진다.

민주사회주의에서 정부 정책을 수립할 때 시민은 그저 형식적이고 법적인 평등이 아닌 진정한 평등을 누리게 된다. 기존의 금권정치는 금을 소유한 사람이 지배한다는 의미의 '황금률golden rule'을 따르고 있으나, 새로운 사회에서는 진정한 민주주의가 힘을 얻을 것이다. 따라서 시민이 모여 논의하고, 심의하고, 정책을 결정하는 새로운 정치 기관이 필요해진다. 또한 전자시스템의 잠재력을 활용해 대중의 논의를 확산시키며 투표를 더욱 쉽게 할 수 있게 된다.[40] 민주주의의 규모를 경제 체제로까지 확대하기 위해 우리는 공동체는 물론이고 도시, 지역, 국가 전체에 이르기까지 모든 영역에서 새로운 관리기관이 필요해진다. 그리고 관리기관이 민주적 절차에 따라 의사 결정할 수 있도록 새로운 메커니즘도 필요하다.

소수가 독점하는 체제로 빠지는 위험을 막기 위해서는 다양한 메커니즘이 필요하다. 언론의 자유와 집회의 자유는 필수이며, 소수자의 권리를 지키는 안전장치도 필요하다. 일부 분야에서는 일종의 연방주의 정책을 통해 국가적인 정책 결정을 폭넓게 지원할 수 있고, 의사 결정을 내리는 과정에서 지역민의 관심사가 묵살되는 상황도 막을 수 있다.

민주사회주의는 가능한 한 모든 곳에서 직접민주주의를 실현하는 것을 목표로 하며, 필요하다면 간접민주주의 형태를 공고히 하기 위해서도 최선을 다할 것이다. 우리는 대의민주제가 어디까지 퇴보할 수 있는지, 또한 전문 정치인들이 어떻게 선거 제도를 입맛대로 활용하는지 잘 알고 있다. 또한 그 문제를 해결하는 방법에 대해서도 많이 배웠다.[41] 예를 들어 대표자를 선출하는 대신 고대 그리스처럼 단기간으로 정치 임무를 수행하는 시민을 순차적으로 뽑는 추첨제를 도입할 수도 있다.

민주주의의 또 다른 문제는 기술적 전문 분야가 필요하다는 데에서 발생한다. 오늘날은 전문가들이 논의를 주도하고 의사 결정 과정을 장악하는 경우가 많다. 경제위원회 등 입법을 위한 포럼이 열릴 때는 데이터와 분석을 제공할 특별한 전문가가 필요하다. 하지만 우리는 전문가들이 꼭대기에 서도록 하는 것이 아니라, 전문가들을 언제든지 활용할 수 있게 할 것이다.[42]

정부가 민주적으로 의사 결정을 하도록 우리는 다양한 형태의 숙의민주주의와 더불어 여러 경험을 활용할 수 있다. 시민이 물질적 이익만을 추구하며 투표를 한다는 자본주의 맥락에서 형성된 민주주의 개념에 우리는 익숙하다. 숙의민주주의에서는 어떤 문제에 대한 투표를 진행하기 전에 전문가의 지식을 동원해서 유권자에게 정보를 제공하며 솔직한 대화가 이루어지도록 조율하는 체계적인 절차를 따른다. 논의 과정에 참여하는 이들은 안건에 대해 공개적으로 말하라는 요청을 받으며 발언권을 얻는다. 숙의민주주의에서 안건이란 당연히 개인의 물질적 이익보다는 공공의 이익을 기반으로 한다. 따라서 상호의존적인 문화가 생겨나고 오직 개인주의적인 이익만 추구하려는 태도는 사라진다.

숙의민주주의를 비판하는 사람들은 참여자마다 각기 경제적·개인적 능력이 다르며 이에 따라 발언권에 영향을 받기 때문에 힘이 약해질 수 있다고 주장한다. 하지만 이러한 비판은 아리스토텔레스가 정치 민주주의를 두려워했다는 것과 마찬가지로 과장된 면이 있다. 물론 자본주의의 구조적인 불평등이 만연한 사회에서 숙의민주주의를 시행하려 든다면 당연히 실패할 수밖에 없다. 하지만 민주사회주의 체제를 도입하면 그럴 우려는 크게 줄어든다.[43] 성차별적이고 인종차별적인 태도를 지닌 사람, 폐쇄적인 생각을 지닌 사람, 아니면 대중 앞에서 말하는 것을 꺼리는 사람들이 있다면 숙의 과정이 제대로 이뤄지지 못할 수 있다. 그러나 바로 그 때문에 숙의민주주의 전체가 무너져버릴 것이라는 주장은 곧 완벽함이 선함의 적이라는 말과 같은 셈이다. 이러한 문제들은 근본적인 장애물이라고 할 수 없으며, 우리가 현실적으로 다룰 수 있는 문제에 불과하다.

물론 민주주의 사회에서 모든 의사 결정이 숙의민주주의를 통한 합의를 거쳐 이뤄지지는 않는다. 어떤 때는 소수 집단이 불행해질 수도 있다. 그렇다고 해서 민주적인 정부가 현실에 존재할 수 없는 환상인 것은 아니다. 사람마다 뿌리 깊은 가치관의 차이를 보이고 서로 조율할 수 없을 때라도, 불구대천지원수로 여기기보다는 서로 존중할 수 있는 적수로 여길 수 있다(상대하기 몹시 까다로운 적수이기는 하겠지만).[44]

민주사회주의 정부의 특징 중 돋보이는 점은 바로 모든 사람이 더욱 넓은 범위에서 자주 참여해달라는 요청을 받는다는 것이다. 사람들은 직원으로서는 현재 경영진의 전유물이 되어버린 의사 결정에 참여해달라는 요청을 받을 것이다. 또한 시민으로서는 현재 정치인과 관료의 전유물이 되어버린 정책 결정 과정에 훨씬 더 적극적으로 참여해달라는 요청을 받을 것이다. 우리의 발언이 실질적으로 중요한 영향력을 행사하는 논의에 많이 참여하게 된다는 뜻이다. 자본주의는 민주주의를 삼켜버렸지만, 민주사회주의에서 민주주의는 우리가 살아가는 방식이 된다.

환경의 지속 불가능 문제 극복

지속 가능한 환경을 위해 무엇이 필요한지는 쉽게 알 수 있다.[45] 어류, 토양, 지하수와 같은 재생 가능한 자원을 재생 속도보다 빠르게 소모해서는 안 된다. 예컨대 물고기의 번식 속도보다 빠르게 수산 자원을 소모해서는 안 된다. 광물, 화석 연료와 같은 재생 불가능한 자원은 재생 가능한 대체 자원이 나오기 전에 다 소모해버려서는 안 된다. 예컨대 화석 연료를 활용하는 과정에서 발생한 수익은 태양에너지, 바이오 연료와 같은 재생 가능한 에너지를 개발하는 데 투자해야 한다. 그리하여 빠르게 재생 가능한 에너지를 개발해 적절한 에너지 생산 효율을 달성함으로써 석유가 다 떨어져버리는 상황에 대비해야 한다. 환경오염과 폐기물은 자연이 흡수할 수 있는 능력 혹은 자정 능력을 넘어설 정도로 많이 배출해서는 안 된다. 수생 생물이 영양분을 흡수하는 속도보다 빠르게 오수를 하수나 하천에 배출하는 것은 지속 가능하지 못한 행위다.

세계 총인구가 약 100억 명까지 늘어난다고 해도 이러한 조건을 만족시키지 못할 까닭은 없다. 인구 증가는 해결할 수 있는 과제이며 극복할 수 없는 문제가 아니다. 세계 경제는 1970년 이후 매년 약 3%씩 성장하고 있다. 한편 같은 기간 동안 인구성장률은 연평균 1.5%이며, 이조차 둔화되는 추세다. 경제성장률이 인구성장률의 2배를 넘는 것이다. 인류는 지구가 견딜 수 있는 생태학적인 선을 넘어가고 있다. 하지만 주된 이유는 인구 증가 때문이 아니라 생산과 소비를 지배하는 자본주의 체제 때문이다. 따라서 우리의 경제는 화석 연료 대신 재생 가능한 자원을 사용해야 한다. 그것도 반드시 단기간에 이뤄내야만 한다.[46] 수많은 과학자가 풍력 발전, 수력 발전, 태양에너지 발전만 해도 지구 전체에 충분히 전력을 공급할 수 있다고 장담한다.[47] 물론 재생 가능한 자원으로 전환하기 위해서는 엄청나게 노력을 쏟아부어야 하며, 기업으로서는 수익이 나지 않을 수도 있다. 그래도 불가능한 일은 아니다.[48]

지속 가능한 환경을 달성하려는 목표에서 가장 큰 장애물은 바로 자본주의의 사유재산 제도다. 수익을 창출하라고 압박을 가하는 자본주의로 인해 기업은 환경적인 외부효과로부터 눈을 돌리고, 정부는 기업을 적절히 규제할 기회마저 상실해버린다. 결과적으로 자본주의는 지구의 생태적인 균형을 위태롭게 만들어 우리의 삶을 위협한다.

이를 극복하려면 제2차 세계대전 당시 미국이 보여주었던 전시 때와 유사한 체제가 필요하다. 다만 이번에는 5년 정도의 단기간이 아니라 수십 년 이상의 장기간에 포괄적으로, 국제적으로 시행해야 한다. 경제를 전시 체제화함으로써 새로운 에너지 개발과 이산화탄소 흡수 기술 개발을 위해 막대한 연구개발 자금을 마련할 수 있다. 또한 물, 산업, 주택, 농업, 교통 시스템과 같은 분야에서 빠른 변화를 가져올 수 있을 것이다.[49]

경제를 전시 체제화하면 생활방식과 경제 분야 역시 변해야 한다. 그렇다고 삶의 질을 떨어뜨릴 정도는 아니다. 미국의 생태 발자국 평균 수치는 대부분의 유럽 국가 평균에 비해 50% 높다. 특히 미국은 도시 외곽으로 무질서하게 뻗어 나간 정도가 더욱 심각하고 대중교통은 부족하며, 대부분의 선진국에 비해 1인당 에너지와 물 사용량이 더 많다. 한 가지 확실한 점은 미국의 생태 발자국이 다른 나라보다 50%나 더 많다고 해서 삶의 질이 그만큼 더 좋지는 않다는 것이다.[50] 만약 출퇴근 시간에 승용차 대신 도보나 자전거, 대중교통을 이용한다면 생태 발자국 수치는 훨씬 낮아진다. 특히 미국인 75% 이상이 혼자서 차를 몰고 다니며, 오늘날 자동차 연비가 리터당 6.4킬로미터밖에 안 되는 사실을 고려하면 더욱 그러하다.[51] 채식주의자는 고기를 먹는 사람보다 생태 발자국 수치가 훨씬 낮다. 집에 잔디밭이 있는 경우, 특히 물을 자주 주면서 화학약품을 사용한다면 생태 발자국 수치는 더욱 높게 나타난다. 긴 거리를 운전하기보다 짧은 거리를 걸어 다니거나, 육류 소비를 줄이거나, 잔디를 가뭄에 강한 식물로 대체한다고 해서 우리 삶의 질이 떨어질까? 대부분 그렇지 않다.

사 회 분 열 극 복

새롭게 태어난 민주사회주의 체제는 자본주의가 발전하면서 생겨난 사회적 위기를 해소하는 것을 목표로 한다. 현재 우리 정치 체제는 민간 기업에 종속되어 있으며, 통제 불능의 자본주의 시장 경쟁에 휘둘리고 있다. 그에 따라 발생한 지역 불균형 문제와 도시 차원의 역기능 문제를 극복하기 위해 사회민주주의 체제의 경제위원회가 나설 수 있다. 투자가 필요한 지역에는 바로 예산을 투입할 수 있다. 현재 지방정부는 기업이 해당 지역에 계속 머물러줄 것을 바라며, 혹은 해당 지역에 새롭게 투자해줄 것을 바라며 세제 혜택이나 보조금과 같은 뇌물을 주고 있다. 하지만 민주사회주의 체제에서는 그럴 필요가 없어진다. 부동산과 관련된 이해관계 때문에 도시 건축 법규나 건축 허가를 정하는 일도 사라진다.

경제를 민주적으로 경영하는 체제가 되어야 시민이 자기에게 필요한 교육을 받도록 지원할 수 있다. 또한 보육, 노인 복지, 의료 서비스를 조직하고 예산을 책정할 수 있으며, 지역 사회의 치안을 바로잡고 회복적 사법restorative justice(특정 범죄에 이해관계를 가진 당사자가 모두 모여 그 범죄가 미친 영향, 피해의 회복 그리고 그 범죄가 장래에 가진 함의를 도출하는 과정이다-옮긴이)을 체계적으로 적용하고 공공주택을 관리할 수 있다. 사회민주주의 국가와 진보적인 기업, 진보적인 도시는 그동안 다양한 실험을 해 보였으며, 그 덕분에 우리는 무엇이 필요한지 이미 자세히 알고 있다. 민주사회주의 체제에서는 그동안 진행한 실험의 결과를 더욱 체계적으로 적용할 수 있다.

교육: 인적 자본을 넘어서

제2차 세계대전 이후 미국은 제대군인원호법GI Bill을 통해 퇴역한 군인들에게 저금리의 주택담보대출 및 창업자금대출을 제공하고, 실업급여 1년 치와 더불어 고등학교, 대학교, 직업학교 및 기술학교의 등록금과 생활비를 지급했다. 제대군인원호법은 퇴역 군인은 물론 미국 경제 전반에 강력한 경제적 영향력을 행사했다(하지만 제대군인원호법을 적용할 때도 인종차별과 성차별은 여전히 존재했다).[52]

하지만 민주화로 향하던 행보는 곧 멈춰서고야 말았다. 현재 자본주의 사회에서 교육이란 여러 세대에 걸쳐 계급과 인종 불평등을 유지하는 핵심 메커니즘이다. 부유층은 자녀에게 더 많은 교육 기회를 제공하며, 부유층 자녀는 명문 학교와 대학교를 입학할 수 있고, 졸업 이후에도 좋은 직업을 얻는 등 압도적으로 유리한 조건에 놓인다. 교육 불평등의 근원을 해소하기 위해서 민주사회주의 체제는 보육, 유치원, 학교, 대학교를 무상으로 다니게 하며, 공부하는 동안에도 지원금을 줄 수 있다.

민주사회주의에서 업무 관련 기술을 개발하는 데 드는 비용('인적 자본 투자') 역시 사회화될 것이며, 임금 역시 더욱 평등하게 결정될 것이다. 고등교육이 전적으로 무상이 아닌 체제에서 고학력을 요구하는 직업을 지닌 사람들은 고액의 급여를 원하게 된다(무상교육이 아니면 학생들은 학비를 내야 하며, 학교 다니는 기간 동안 직업 활동을 했더라면 벌 수 있었을 수입마저 포기해야 하기 때문이다). 그렇지 않다면 학생이 교육에 투자한 돈과 학자금 대출을 갚을 방법이 없다. 하지만 교육 과정이 무상이라면, 임금 차이가 존재해야 한다는 경제적 논리가 사라진다. 학생들은 부모의 재산에 따라 교육과 진로 선택의 폭이 결정되는 처지에서 벗어난다. 사람들은 자신의 재능이나 관심사에 따라 전문 기술의 유형과 수준을 자유롭게 개발하게 된다.

돌봄: 가정을 넘어서

아이, 노인, 환자, 장애인을 돌보는 일은 중요하며, 돌보는 역할을 맡은 사람은 중요한 사회 기능에 기여한다는 점을 인정받고 합당한 보상을 받을 것이다. 민주사회주의 경제에서 첫 번째 원의 공공기관과 두 번째 원의 사회적 협동조합, 세 번째 원의 소규모 민간 기업, 그리고 공식적인 경제 영역 밖에서 이웃끼리 상부상조하는 방식으로 돌봄이 이뤄질 것이다.

돌보는 일을 맡은 사람은 적절한 임금을 받으며, 같은 지역에 사는 이웃을 돌보는 일이므로 진심으로 업무에 임하게 될 것이다. 공동체에 봉사하는 서비스 기업은 예산안과 활동 방안을 제안함으로써 지역 경제위원회로부터 자금을 보조받는다. 오늘날 일부 지역 사회에서는 지역화폐 제도를 운용하고 있다. 즉 개인은 지역 활동을 통해 지역

화폐를 번 뒤 그 지역에서 사용할 수 있다.[53] 민주사회주의에서 지역 활동은 다른 민주사회 경제 분야와 마찬가지로 지역 사회 위원회의 지원을 받는다.

여성이 사회에 얼마나 기여하고 있는지를 계속 무시한다면 민주사회라 할 수 없다. 그리고 돌봄 서비스를 사회화하면 보다 완전한 양성 평등을 이루는 데 도움이 될 것이다. 우선 민간 기업 위주의 체제에서 벗어나기만 해도 훨씬 효과적으로 성차별 문제를 해결할 수 있다. 예 컨대 남녀 임금 격차를 줄이려는 노력은 표준직업분류에 필요한 자료가 부족하고, 임금 정보가 불투명해서 실패하고는 했다. 자본주의 기업의 경영진은 당연히 임금 격차를 줄이려는 정책에 반대한다. 하지만 소유권이 사회화된 사회민주주의에서는 더욱 쉽게 정책을 시행할 수 있다.[54] 마찬가지로 공공 소유와 민주적인 경제 경영을 통해 사회민주주의 정부는 남녀 임금 격차 문제뿐만 아니라, 흑인과 다양한 소수자에 대한 직업과 임금 차별을 해결하기 위해 더욱 적극적으로 조치할 수 있다.

미국의 의료 제도는 병들었다. 보험회사, 영리병원, 제약회사, 의료기기회사, 의사 모두 이윤을 추구하기 때문이다. 민주사회주의에서 의료 제도는 공적으로 통제를 받는 공공 서비스가 될 것이다. 돈이 많으니 더 좋은 의료 서비스를 받을 수 있다는 주장은 도덕적으로 정당하지 않다. 그리고 가당치도 않은 논리에 따라 의료 제도를 구성할 정치적·경제적인 이유 또한 없어진다.

사법 정의: 감금을 넘어서

아무리 민주사회주의 체제라 해도 범죄는 여전히 발생할 것이다. 그러나 민주사회주의 경제 체제는 빈곤 문제와 교육 기회, 직업 기회의 차등 등 범죄가 발생하는 근본 원인을 많이 근절할 수 있을 것이다. 민주사회주의에서는 범죄 행위에 대처하는 방식도 상당히 달라진다. 현행 사법 제도는 범죄자를 찾아내고, 체포하고, 감금하는 과정에서 큰 비용이 들어간다. 민주사회주의에서도 용납할 수 없는 행동을 막기 위해 여전히 법원과 감옥이 필요하겠지만, 징벌적인 성격의 보복 대신 회복적 사법을 위해 지역 사회 수준의 기관과 진정한 의미의 재활 교도소에 비용을 들일 수 있다.[55]

주거: 주택 소유를 넘어서

미국 정부는 주택담보대출 이자 세액 공제를 통해 주택을 소유하라고 장려해왔다. 하지만 도리어 문제만 악화시키는 결과를 낳았다. 우선 세액 공제는 부유한 사람들에게는 매우 큰 경제적 이득이 되지만, 소득이 적은 사람한테는 그다지 의미가 없다. 한편 정부의 장려책으로 인해 노동자들은 실직하면 더 큰 비용을 감수해야만 했으며 경쟁적인 개인주의가 널리 퍼지게 되었고, 노동자들은 기가 꺾이게 되었다.[56]

주택 임대에 대해서도 살펴보자. 자본주의 주택 시장에서 세입자들은 임대료 인상, 관리비의 부담에 취약하다. 임대인이 더 괜찮은 임대 조건을 찾는다면 임차인인 세입자들은 쫓겨날 위험도 있다. 이에 그동안 임대료를 적절히 통제하기 위해 수많은 시도가 등장했다. 하지만 임대료 통제는 잘 해봐야 뒤죽박죽인 결과물을 낳았을 뿐이다. 그동안 임대료 통제는 너무 빡빡하거나(새로운 주택을 지어봐야 수익성이 없고, 임대료 통제로 혜택을 볼 수 있는 사람은 극히 소수에 불과한 상황) 너무 느슨하거나(너무 많은 사람이 너무 비싼 임대료를 내야만 하는 상황) 둘 중 하나였다.[57]

우리가 자본주의 부동산 시장에 보조금을 지급하든 규제를 가하든 주거에 대한 인권을 보장할 수는 없다는 점만은 아주 확실하다. 우리는 토지와 주택의 소유를 철저히 사회화해야 한다. 그러면 무척 살기 좋은 공공주택 계획을 대규모로 실행할 수 있다. 살기 좋은 공공주택을 희망하는 사람이라면 최소한의 임대료만 내고도 입주할 수 있으며, 오래 대기할 필요도 없다. 꿈같은 이야기인가? 그렇지 않다. 오스트리아의 빈만 해도 5명 중 3명이 도시 또는 협동조합에서 운영하는 주택에 살고 있고, 대부분이 건축학적으로도 매우 아름답다.

지난 수십 년간 미국에서 공공주택이라고 하면 극빈층이 사는 열악한 주거 환경이라는 낙인이 퍼져 있었다. 하지만 공공주택에 대한 낙인을 보면 부동산과 주택 건설 산업이 정부 정책에 얼마나 힘을 발휘할 수 있는지 알 수 있다. 미국의 대규모 공공주택 프로젝트가 실패한 원인은 근대주의 고층 건축물이 지니는 내재적 한계 때문도 아니며 입주민의 잘못도 아니다. 연방 주택관리국과 지방 주택관리국의 무자비하고도 지칠 줄 모르는 예산 삭감에 그 원인이 있다.[58]

민주사회주의 체제에서는 부동산 소유주도 (보상을 받고) 재산을 내놓아야 할 것이다. 다른 생산 자원의 소유주와 마찬가지로 말이다. 그리고 지역경제위원회가 적절한 임대료를 정할 것이다. 쾌적하고 살기 좋은 기본 주택은 무료로 제공되거나 최소한의 임대료만 받을 것이다. 주택 관리기관은 시설이나 입지가 더 좋은 주택에 상대적으로 높은 임대료를 부과할 것이다. 살기 좋은 공공주택이 충분하게 마련된다면 사람들은 더는 주택을 소유하고자 하지 않을 것이다.

공공주택이 보급되면 공동체 생활도 더욱 풍요로워질 수 있다. 지역 자치위원회는 공공주택을 통해 주민들이 함께 식사하고, 아동과 노인을 돌보고, 협동조합 가게를 운영하고, 세탁 시설을 갖출 수 있다. 사람들의 일상에 집단주의를 강요하지 않으면서 말이다. 치안과 회복적 사법 체제는 물론 공동체의 즐거움까지도 지방의회가 담당할 것이다. 이웃은 살아 있는 공동체로 변모할 것이다. 시간이 지날수록 이웃 공동체는 가족과 더불어 사회 조직의 핵심 단위로 자리 잡을 것이다.

국제 갈등 극복

민주사회주의가 세계적으로 널리 퍼지지 않아도, 미국에서만이라도 민주사회주의 지향 운동을 벌일 수 있다. 물론 다른 나라의 엘리트층과 국제 금융 시장에서 적대감을 살 수는 있다. 그리하여 발생할 국제적 긴장 상태에 대비해야 한다. 하지만 미국의 경제는 거대하고 풍요로우며, 국제 무역 및 국제 금융에 대한 의존도도 적절한 수준이다. 국제적 적대감을 산다고 해서 미국이 흔들리지는 않을 것이다.

미국은 외국과 무역을 하면서 국수주의적 보호와 제국주의적 지배를 추구하는 대신 탄탄한 국제적 결속을 지향할 수 있다. 예컨대 비싼 미국산 철강 대신 저렴한 수입 철강으로 대체하여 얻을 수 있는 것을 생각해보자. 철강을 사용하는 미국의 기업, 해당 기업의 직원과 소비자, 그리고 철강을 수입해 온 나라의 노동자들에게 좋은 일이 될 것이다. 미국의 철강 산업에 종사했던 노동자들은 수입 철강 때문에 일자리를 잃게 될 테지만, 정부가 투자하여 노동자들의 이직을 도와주고 철강 노동자들이 사는 지역 사회를 지원할 수 있다. 우리의 자본주의 체제에서는 꿈같은 일처럼 보이지만, 민주사회주의 체제라면 충분히 가능하다.

만약 수출국이 미국의 환경 기준과 노동 기준을 위반하면서 수출품의 가격을 낮추려고 든다면 미국은 관세를 적용할 수 있다. 미국 정부는 관세로 얻은 수입으로 수출국의 환경과 노동 상황을 개선하기 위한 국제적 노력에 일조할 수 있다. 또한 미국 내에서 무역을 조정하기 위한 프로그램을 운영할 수도 있다. 수출국들이 미국의 환경과 노동에 공감하며 협력한다면, '클럽'을 결성하여 환경적 기준과 사회적 기준에 따라 유리한 무역 조건을 제공할 수도 있다.[59]

적대적인 다른 나라들이 미국의 민주사회주의 경제에 피해를 주려고 한다고 치자. 그러면 민주사회주의 경제 운영 체제는 노동자들을 적대국들의 공격으로부터 보호할 것이다. 가장 먼저 자본을 통제함으로써 방어할 수 있다.[60] 하지만 1980년대 초 프랑스 미테랑 대통령이 민주사회주의 개혁을 꾀하려고 했을 때는 이러한 공격으로부터 전혀 사람들을 지켜줄 수가 없었다. 미국에 비하면 프랑스의 자급자족 비율은 훨씬 낮았으며, 프랑스의 사업 공동체가 지속적으로 프랑스 정부를 도와야지만 개혁이 가능했기 때문이다. 당연하게도 프랑스의 사업체들은 딱히 정부를 도와줄 이유가 없었다.

설령 미국이 국제 사회로부터 고립되어 경제적으로 공격을 받는 상황이 벌어지더라도 미국은 더 큰 목표를 위해 완전히 새로운 외교 관계를 짤 수 있다. 미국 내의 군사기지는 물론이고 전 세계에 퍼진 800여 개의 미군 기지는 노동자 보호와 아무런 상관이 없다. 민주사회주의 체제의 미국은 병력을 대폭 감축하여 국내의 광대한 군수산업체와 해외에 있는 군사 제국들을 용도 변경할 것이다. 현재 군수 산업은 미국 전체 경제의 3.5%를 차지하고 있으나 민주사회주의 미국에서는 크게 줄어들 것이며, 대신 국방 능력을 강화하고 다른 나라의 개발을 원조하는 데 쓰이게 될 것이다. 대가를 받는 국가 서비스를 통해 국방의 의무와 기회가 공정하게 배분되도록 할 수 있을 것이다.

한편 전 세계적으로 많은 나라가 민주사회주의 모델을 채택하고, 함께 협력하여 국제 거버넌스 체제를 구축한다면 분명히 더 큰 선을 실행할 수 있다. 생산의 사회화는 확실히 전 세계에 널리 퍼지고 있으며, 사회화된 생산과 사유재산이 팽팽하게 긴장하는 것 역시 미국 내에서뿐만 아니라 국제적 현상이 되고 있다. 국제 경제를 민주적으로 관리하기 위한 국제 포럼을 구성한다면 전 세계적으로 드러나는 긴장감을 민주사회주의로 해결할 수 있을 것이다. 우익 보수주의자들은 국제 정부를 생각하기도 싫어하지만, 민주사회주의자들은 국제 정부를 기꺼이 받아들인다.

미국은 다른 나라와 협력하면서 현재 자본주의 체제로서는 손댈 수 없는 문제를 해결할 수 있다. 민주사회주의 모델로 전환하는 국가가 늘어날수록, 우리는 수익성이 높지만 해로운 산업, 즉 마약, 유독성 폐기물, 군사 장비, 총기 산업 등을 뿌리 뽑을 수 있다. 그리고 훨씬 귀하고 재생할 수 없는 천연자원, 예컨대 현대 산업 생산에 필요한 광물과 깨끗한 물을 확보하기 위해 함께 노력할 수 있다. 전 세계적으로 불평등한 수익, 부, 건강이 평등하게 나누어질 수 있도록 협력할 것이다. 인류 전체의 복지를 위해 현대 기술의 풍요로움을 꾸준히 실현해나갈 것이다.

민주사회주의 미국에 대해 더 큰 그림을 그려보자. 통신과 매체 정책, 문화와 예술, 스포츠 지원, 그 외에도 다양한 중요 분야에 지원할 수 있다. 하지만 나는 세부적인 설계도를 그릴 생각은 없다. 나의 목표는 실현 가능한 민주사회주의 체제를 충분히 묘사하여 민주사회주의 세상이 얼마나 현실적이고 얼마나 바람직할지를 설명하는 데 있다. 지금부터는 실현 가능성에 대해 알아보자.

7장

민주사회주의는
실현 가능한가

우리에게 변혁은 매우 시급한 사안이다.

자본주의의 발전으로 사람들은 많은 혜택을 누렸으나 심각한 위기도 발생했다.

민주사회주의로의 변혁, 즉 99%를 위한 경제를 만드는 것은 조금도 지체할 수 없는,

그 무엇보다도 시급히 해야 할 일이다.

민주사회주의 모델은 현재 미국을 지배하는 신자유주의 모델과는 너무나 다르다. 다른 어떤 나라의 모델과도 다르다. 그래서 민주사회주의로 가는 길을 상상하기란 어렵다.

수많은 회의론자가 민주사회주의로 체제를 변혁시킬 방법이 없다며 민주사회주의를 단념시키고자 애를 쓴다. 자본주의 기업이 더욱더 강력해지면서 급진적으로 변화할 '기회'가 아예 사라졌다고들 한다. 오랜 시간에 걸쳐 생활 수준이 발전하고 사회안전망이 개선됨으로써 변화를 추구했던 사람들의 '동기'가 위축되었다고들 한다. 또한 교육 수준이 낮아진 데다가 각자의 업무가 단순화되고 쪼개지면서, 변화를 위해 투쟁하는 사람들의 '능력'이 줄어들었다고들 한다. 더불어 민주사회주의로 향하는 급진적인 변혁의 '통로'는 대기업의 확고한 권력과 현 정계를 배후에서 조종하는 그림자 정부deep state(민주주의 제도권 밖의 숨은 권력 집단-옮긴이), 그리고 민간 부문의 노동조합이 사라지면서 막혀버리고 말았다고 한다.

그러나 그들의 주장은 틀렸다.

늘어나는 기회

자본주의가 발전한 과정은 그저 우연이 아니라 자본주의의 기본 속성들을 반영하고 있다. 특히 생산 활동을 진보적으로 사회화시킨다는 자본주의의 속성 덕분에 민주사회주의로 변혁을 이룰 가능성이 커진다.

첫째, 산업 구조의 발전 과정을 생각해보자. 기업을 민주적으로 경영한다는 개념은 지난 몇 세기간 대두되어왔다. 그러나 19세기 초 미국에서 경제를 민주적으로 경영한다는 개념은 너무나 비현실적인 생각이었다. 당시 미국 경제는 대부분 지리적으로 멀리 분산되어 있으면서 독립적인 소규모 농장과 수공업 작업장으로 구성되어 있었다. 그러나 자본주의가 발전하면서 소규모 기업은 사라지고 대규모 기업으로 대체됐다. 수만 개에 달하는 소규모 유통업체의 소유권을 사회화하는 것은 매우 힘든 일이지만, 이를 대체한 월마트처럼 단일한 거대 유통기업을 사회화하기란 상대적으로 훨씬 쉬운 일이다.

둘째, 개인이나 가족기업이 소유하던 재산은 이제 여러 투자자에 의존하는 상장법인이나 소수의 기관투자자가 군림하는 금융 시장이 소유하게 되었다. 이에 따라 '월스트리트Wall Street'가 '메인스트리트Main Street(월스트리트에 대비되는 개념으로 실물 경제를 뜻함-옮긴이)'를 통제하는 힘이 그 어느 때보다도 강력해졌으나, 한편으로는 산업 및 금융 구조를 민주적으로 통제하는 것도 훨씬 용이해졌다.

셋째, 자본주의가 발전하면서 경제에서 정부가 맡는 역할이 더욱 커지고 있다. 정부는 점점 더 광범위한 사회, 물질적 기반시설에 대한 투자 예산을 늘리고 있다. 물론 보수주의 진영에서는 '큰 정부big government' 때문에 여러 문제가 발생한다고 비난한다. 그러나 학교, 도로, 사회보장연금, 의료보험 등 정부가 조성하는 기반시설은 시민 대부분의 삶에서 매우 중요하게 작용한다. 따라서 진보주의 진영은 정부를 축소하거나 민간 산업에 관련 업무를 맡기지 말고, 오히려 정부의 역할을 개선하고 확장해야 한다고 주장할 수 있다. 보수주의 진영 또한 효율적인 큰 정부를 직접 경험하면 더욱 많은 시민이 정부의 편을 들어준다는 것을 잘 알기에 정부의 행동을 문제 삼고 있으며, 정부의 재정 원조를 철회하려 애를 쓰고 있다.

마지막으로 자본주의 기업은 점점 더 국제적으로 변화하고 있다. 경제 활동은 국경선을 넘어서 다국적 기업과 공급업체와 소비자 사이에 형성된 의식적인 전략 경영의 협력으로 점점 더 강하게 연결되고 있다. 경제 활동에서 발생할 갈등을 조정하기 위해 국제연합UN, 세계무역기구WTO, 국제통화기금IMF 그리고 지역 무역 협정, 양국 무역 협정 등 다양한 국제 거버넌스 기구가 등장했다. 산업은 국제적인 영역으로 나아가며 이에 상응하여 거버넌스 체제가 발전함에 따라 노동 인구에 비해 자본의 권력이 강화되었다. 그러나 민주사회주의에서도 국제적인 형태를 취할 수 있다는 가능성을 간과해서는 안 된다.

이처럼 자본주의가 발전하면서 민주적인 경제 경영을 달성하는 것 역시 객관적으로 수월해졌다. 민주적 경영은 점점 가능성이 보이는 것 같다. 기회가 늘어나고 있다.

증대하는 동기

경제 영역에서 점점 생산 활동이 사회화되고 있음에도 불구하고 여전히 1%가 우리 경제를 지배하고 있다니, 몹시 부끄럽다. 독점 기업이 들끓고, 불황과 호황이 반복되고, 폐기물이 급증하고, 환경 위기가 심각해지고, 사회적 위기가 증대되고, 끊임없이 국제 갈등이 일어나고 반응 없는 정부와 노동자 소외 현상은 더더욱 좌절감만 안겨주고 있다.

자본주의의 혜택을 누리려면 부정적인 특성까지 감내해야 한다고 여겨졌던 여러 분야에서조차 사람들의 인내심이 점점 바닥을 드러내고 있다. 더 강한 권력을 휘두르게 된 기업들은 어느 때보다 더 방대한 영역을 통제하고 어느 때보다 더 많은 개인 정보를 수집하고 있다. 단기 이익만을 좇는 경영진의 행위 때문에 장기적인 가치를 창출하려는 직원들의 노력은 물거품이 되었다. 월스트리트 분석가들이 고용주가 직원들에게 급여를 너무 많이 줘야 해서 부담을 느낀다고 생각하자 직원들이 해고당하고 있다. 비용 삭감이라는 명목으로 소비자에게 제공되는 서비스의 수준이 저하되고 있다. 이윤을 늘리기 위해서 연구개발 예산도 대폭 줄어들고 있다. 대량 실업 기간에 시민은 낙오된다. 생산 기업은 과잉생산으로 도산하고, 오래된 산업 분야가 쇠퇴하면서 지방은 빈곤에 빠진다. 시민들의 눈에 정부는 재계의 편협한 이익에만 도움을 주거나 혹은 더 광범위한 사회적 목표와 점점 심각해지는 환경, 사회, 국제적 위기에 대처하려 하지만 제대로 해내지 못하는 것처럼 보인다.

고차원 기업이 등장하자 사람들은 더더욱 변화를 갈망하게 되었다. 고차원 기업이 비록 직원의 참여를 유도하고 업무를 개선하겠다는 약속을 지키지 못한다고 해도, 현재보다는 직장이 더 나아질 수 있다는 매력적인 전망을 제시한다. 고차원 기업이 약속하는 더 나은 근무 조건, 사회적 책임과 환경적 책임은 경쟁 업체인 저차원 기업들이 보여주는 최악의 조건들과 점점 더 차별화되고 격차가 벌어지고 있다. 더욱이 정부는 저차원 기업을 규제하기보다는 오히려 조장하는 것처럼 보이기도 한다.

자본주의가 점점 심화함에 따라, 세상이 지금과는 다른 체제를 취한다면 얼마나 더 나아질 수 있을지를 점점 확실하게 그려볼 수 있게 되었다. 시간이 지날수록 현재 상황과 희망 사항의 대비는 심해지고, 현 체제를 전반적으로 바꿔야 한다는 동기가 잠재적으로나마 커질 것이다.

역량 강화

사회를 바꿀 기회가 무르익었을 때, 사람들이 투쟁하려고 일어섰을 때, 그리고 실질적인 행동을 보여줄 역량을 갖추었을 때 비로소 변화는 시작된다. 역량을 강화할 수 있다는 점이야말로 자본주의 발전에서 가장 긍정적인 요소이며, 생산 활동을 사회화한다는 광범위한 과정의 일부다. 고차원 기업은 물론 전반적인 현대 산업 업무에서 직원들은 폭넓은 시야와 사회 조직 기술을 갖추게 된다. 즉 기업 경영에 효과적으로 참여하고 더 좋은 세상을 만드는 데 필요한 역량을 갖추게 된다는 말이다.

앞서 여러 고차원 기업을 살펴보며 논의했듯이, 직원의 창의력을 동원하고자 하는 기업은 광범위한 과학 기술과 사회적 능력을 직원에게 교육하기 위해 더욱 많은 투자를 해야만 한다. 문제 해결, 팀 리더십, 업무 절차 분석, 개선점 파악, 상반된 견해 및 이해관계 문제 해결, 산업경제 이해 등에서 기업 차원의 교육이 필요하다. 이를 통해 직원은 진보적인 사회 운동과 정치 운동에 참여하거나 이끌 역량을 갖추게 된다. 직장 경영에 참여한 경험이 있으면 직장을 넘어서 사회의 다양한 문제들을 의논하는 과정에도 적극적으로 참여하기 쉽다.[1] 카이저퍼머넌트의 경우 국제서비스직노동조합 등의 노동조합은 단순히 즉각적인 임금 인상이나 업무 환경 개선만 주장하지 않는다. 이들은 그보다 더욱 높은 차원의 문제인 의료보험에 대한 보편적인 권리, 이민노동자의 권리, 최저임금 인상 등을 위해 조합원들을 동원하여 성공적으로 주장을 펼쳐 보였다.

심지어 저차원 기업에서도 기술 발전으로 인해 점점 더 과학 기술 역량을 갖춘 직원이 꼭 필요하다는 사실을 인지하기 시작했다. 사실 저차원 기업은 직원의 창의력을 동원하려는 노력을 거의 보이지 않으며, 직원 개발을 위해 투자하거나 공정하게 임금을 주는 일 없이 직원의 능력만 갈취하려는 기회주의적인 태도를 보인다. 그런데도 이런 기업 상당수가 특정 분야의 지식과 계산력, 사회적·기술적 능력을 발전시키는 노동력에 의존하고 있다. 능력을 갖춘 사람들이 점점 늘어나면서 노동, 여성, 성소수자, 시민의 권리를 위한 운동을 조직하는 시민의 역량도 강화되고 있다.[2] 근로자의 교육과 기술 수준이 계속 향상되면서 진보적인 명분을 주장하는 데에도 더욱 효과적으로 발전하고 있다.

세 가지 시나리오

민주사회주의 변혁을 달성하려면 현재의 추세를 어떻게 활용할 수 있을까? 세 가지 시나리오에 주목해보자. 첫 번째와 두 번째 시나리오는 위기를 극복하는 내용이며, 세 번째 시나리오는 점진적으로 누적되면서 진행되는 변화에 대한 전망이다.[3] 세 번째 시나리오는 실패할 확률이 높으며, 민주사회주의로 가기 위해서는 역시나 위기를 극복해야 한다.

첫 번째 시나리오는 심각한 경기 침체나 여러 기업이 파산하면서 발생한 금융 붕괴로 경제에 위기가 닥치면, 민주사회주의가 절실하다는 시민들의 요구가 있으리라는 내용이다. 시민들은 파산한 기업과 은행을 정부가 인수함으로써 공기업이나 사회적 협동조합으로 전환해야 한다고 요구할 것이다.

두 번째 시나리오는 기후변화가 점차 심화하여 사람들이 제2차 세계대전과 유사한 수준의 비상사태로 받아들이게 되리라는 내용이다. 예컨대 몇 개월 안에 엄청난 태풍이 서너 번 몰아닥쳐서 주요 도시의 기능들이 한꺼번에 상실되는 경우 말이다. 예컨대 플로리다주는 해수면 상승으로 부동산 가격에 불가피한 영향이 미칠까 불안해진 주민 대다수가 한꺼번에 부동산을 매각하면서 주택 시장의 붕괴를 일으켜 더 큰 금융 시장에까지 문제가 퍼질 수도 있다. 효과적인 리더십을 발휘한다면 비상사태를 이용해서 우리 경제를 지속 가능한 방향으로 급진적이고 빠르게 변혁하라는 대중의 압도적인 요구를 끌어낼 수 있을 것이다. 산업의 전환을 담당하는 경제위원회가 필요한 기술 혁신과 소비 패턴의 변화를 조정하기 위해 정부가 기업들을 통제할 수도 있다.[4]

경제 위기와 환경 위기를 계기로 민주사회주의의 변혁을 달성하는 두 개의 시나리오와 더불어, 여러 진보 진영은 점진적인 변화를 지향하는 세 번째 시나리오에 주목한다. 진보주의 진영이 최저임금 인상, 더 강력한 환경 규제, 시민 모두를 위한 의료보험, 대학교 학자금 대출과 같은 온건한 민주사회주의 정책을 실현하기 위해, 유권자로부터 충분히 동의를 끌어낼 수도 있다. 다음 단계로 시민의 눈높이에 맞춰 기업 이사회에 노동자 대표가 의무적으로 참석하도록 하며, 국가적 의료 제도를 도입하고 무상 보육 및 대학 교육 지원과 같은 추가적인 조치를 함으로써 유권자들의 지지가 더욱 높아질 것이다. 이렇게 단계적으로 진행해나갈 수도 있다.

적당하고 실질적인 이득을 약속한다는 점에서, 단계적 변화를 추구하는 것이 타당해 보인다. 하지만 한 단계 한 단계 나아갈수록, 민간 기업은 더욱더 강하게 반발할 것이라는 사실을 잊는다면 심각할 정도로 위태로워진다. 게다가 단계를 밟는 과정에서도 우리의 적수가 될 민간 기업의 구조가 지닐 권력을 약화시킬 방법이 거의 없다. 단계마다 사회의 번영과 정부의 대처 능력은 여전히 사업을 통한 이윤 창출에 달려 있기 때문이다. 물론 정치적으로 자금을 마련할 수도 있겠지만, 앞서 본 것처럼 재계의 권력은 본질적으로 정치 자금이나 로비 활동에서 비롯되지 않는다. 그 뿌리는 더 깊은 곳에 있다. 따라서 점진적인 민주사회주의로의 변혁이라는 세 번째 시나리오는 정치적 위기라는 위태로운 상황에 빠질 수 있다.[5] 하지만 위기가 일어난다면 민주사회주의로 가는 또 다른 길이 생겨날 수도 있다.

변혁을 위한 영역별 전략

경제, 환경, 정치적 위기 상황으로 급진적 변혁이 일어날 수 있다. 하지만 위기 상황이 권위적이고 반동적인 결과가 아니라, 진보적인 변화를 가져오게 하려면 민주사회주의의 핵심 개념에 대한 폭넓은 지지부터 마련해야 한다.

공동 플랫폼을 구축하기 위해 다양한 진보적 운동을 규합해야 한다. 미국의 민주사회주의자모임Democratic Socialists of America이 제안하는 '사회·경제적 21세기 권리장전'과 비슷한 유형이 될 수 있겠다. 여기서 다루는 권리는 생활임금을 제공하는 직업, 영양가가 풍부하고 안전한 식품, 저렴하고 안전한 주거, 예방적이며 발전된 장기 의료 서비스, 높은 수준의 무상 공교육, 어린이와 노인을 위한 돌봄서비스, 평생 소득 보장, 적절한 여가 시간, 건강한 환경, 협회와 노동조합 결성의 자유 등이다.[6]

사회에서 여러 문제가 발생하는 주원인이 자본주의라고 볼 때 공동 플랫폼을 위해서는 다음의 기본 원칙이 필요하다. 의료, 보육, 노인 돌봄, 교육은 물론 주거, 노동, 음식, 교통, 문화, 여가 등을 시장 체제에서 보편적인 공공 서비스로 바꾸어야 한다는 것이다. 이를 위해서 플랫폼은 기본적인 욕구를 충족하는 데 필요한 자원의 상품화를 막는 것을 목표로 삼아야 한다. 시장에서 판매되는 민간 기업의 상품이 아니라 보편적이고 무료로 사용할 수 있는 공공재를 만드는 것이다. 이를 통해 모든 시민은 자원에 접근할 수 있으며 시민은 공공 서비스를 민주적으로 경영할 수 있도록 노력할 수 있다.

두 번째 원칙은 국제적인 연대가 필요하다는 것이다. 현재의 위기 상황은 국제적으로 널리 퍼져 있어서 오로지 국내 상황에만 집중하기는 힘들다. 인종, 성별, 성 정체성 등의 차이를 넘어서 문제의 공통 원인을 해결하기 위해 국내의 '다른 사람들'과 지역 연대를 결성하거나, 국경을 넘어 연대를 맺는 것, 그리고 제국주의에 함께 맞서는 것은 결국 같은 맥락이다. '불공정한' 경쟁자와 '불법' 이민자에 대항하는 정치 선동가들에 의해 야기된 외국인 혐오증은 미국의 노동자들을 분열시키고 있다. 이는 노동자 계층과 부유하고 권력을 쥔 엘리트 계층 사이의 명명백백한 자본의 격차를 숨기기 위함이다.

하지만 이런 생각을 말하는 것만으로는 문제를 해결할 수 없으며, 우리는 직접 요구해야 한다. 어떤 방식으로 할 수 있을까? 우리가 영향을 미칠 수 있는 주요 영역은 적어도 네 개다. 정치, 직장, 학교, 지역 사회를 살펴보자.

정치에서

정치권에서 시민의 목소리를 증폭할 수 있는 조직의 형태를 생각해야 한다. 재계가 정부에 막대한 영향력을 행사한다는 사실을 고려하면 우리는 선거 과정 안팎으로 나서야 한다. 민주당democratic party은 재계와 깊게 연관되어 있으므로 진보적인 변화를 위해 일관된 목소리를 낼 수 있다고 보기는 어렵다. 그렇다고 해서 시도를 안 할 이유도 없다. 의회에서 일할 진보주의자 정치인이 더 많이 당선되도록 노력하는 것은 민주사회주의 사상을 대중화하는 데 필수 과정이다.

선출된 대표를 압박할 대중의 움직임이 없다면, 선거에서 승리해도 별 의미가 없다. 지역 차원과 국가 차원 양쪽에서 더욱 단결되고 지속적인 시위, 교육, 동원할 수 있는 역량을 키워줄 기관을 시급히 조직해야 한다. 단순히 선거 지지율을 올리는 역할을 넘어서 동네와 직장에 뿌리를 두는 조직이 필요하다. 여기에서 사람들은 지역과 국가적 문제를 함께 의논하고 행동하며 광범위한 토론의 장을 형성하고, 조직을 대표할 지도자를 뽑고, 지도자가 내놓은 제안에 의견을 표현함으로써 공통 목표를 가진 일관성 있는 정치 조직을 만들 수 있다. 이렇게 만들어진 조직이 지난 세기에 정치 체제를 만들었던 정당과 비슷할지는 확실하지 않다.

우리가 통합된 조직에 속해 있든 아니든, 다른 진보 운동 조직과 함께 연대하는 것으로 얻는 점이 많다. 다른 조직이 자본주의의 대체보다는 개혁을 지향하는 단체라 해도 말이다. 연대를 통해 함께 움직이고 대화하면서 상대방과 견해의 일치를 볼 수도 있다. 이를 통해 우리는 나아가야 할 방향이 어디인지에 대한 의견을 표현할 기회를 얻는다. 그리고 변화를 도와줄 요소가 어디에 있는지도 알게 된다.

이를 위해서 우선은 여러 진보 운동 사이의 연계가 필요하다. 최근 몇 년 동안 '정체성에 기반을 둔' 단체와 좀 더 보편적인 사회적 가치를 주장하는 단체 사이에서 긴장이 심화되고 있다. 두 단체의 공통적인 기반을 찾는 것은 민주사회주의자에게 중요한 과제다. 원칙적으로 민주사회주의 투쟁은 만인의 정의와 평등을 위한 운동이다. 여성 운동(예컨대 미투 운동), 소수 인종과 소수 민족의 운동(예컨대 흑인 인종차별에 저항하는 '블랙 라이브스 매터' 운동), 환경 운동(예컨대 기후변화에 대처하는 세계적 운동 350.org), 이민자와 국제적 연대를 통한 운동 등의 투쟁은 민주사회주의 투쟁과 무관하지 않다. 자본주의가 자연, 사회, 국제적 환경을 무너뜨리는 방식에 대해 우리가 나눈 논의를 고려한다면 더욱 분명해진다. 또한 실질적인 차원에서 민주사회주의 투쟁은 다른 집단과 함께 공통의 목표를 가지고 힘을 합치지 않는 한 멀리 나아갈 수 없다.

다른 집단과 연합하면 우리의 급진적인 경로보다 다른 개혁 경로에 관심을 가지는 이들도 생기게 마련이다. 그래도 공통적인 기반이 많이 있을 터이며 생각을 발전시킬 기회도 많고, 배울 점 또한 많다.

우리는 윤리적 자본주의 지지자와 연대해서 파괴를 일삼는 기업 관행에 맞서고, 기업이 좀 더 책임 있는 원칙을 포용하고, 동료 기업들에 압력을 가하라고 밀어붙일 수 있다. 멀리서 기업에 입바른 소리만 하기보다는 연대하여 함께 투쟁함으로써, 정부 규제의 핵심 기능을 강조하고, 효과적인 규제를 저지하는 민간 기업의 만행을 알릴 수 있을 터다. 물론 연대에 속한 사람들은 대부분 절망적일 정도로 무능한 정부가 변화를 가져올 수 있으리라고는 믿지 않는다. 하지만 지역 정부와 국가 정부가 저차원 기업의 관행을 막고 고차원 기업과 지역 사회 혁신을 위한 길을 개척할 수 있도록, 우리는 정부를 포기한 사람들을 설득해 함께 움직이자고 말해야 한다. 우리의 삶을 만들어내는 계몽적인 기업과 개탄스러운 기업의 사례를 통해 민주사회주의자는 많은 것을 배울 수 있다.

우리는 규제 자본주의를 지지하는 사람들과 연대해서 최저임금 인상, 더욱 강력한 환경 보호, 게리맨더링(특정 정당이나 특정인에게 유리하도록 선거구를 지정하는 것-옮긴이)과 선거자금 규제 등에 맞설 수 있다. 투쟁을 통해 자본주의의 본질과 한계를 더욱 명확히 볼 수 있을 것이다. 여기서도 역시나 멀리 떨어져서 사람들에게 입바른 소리만 하느니, 연대하여 함께 투쟁함으로써 기업의 구조적 권력을 지적할 수 있다. 기존의 선거 정치와 규제 방식으로도 성취할 수 있는 목표를 방해하는 기업의 만행을 꼬집을 수 있다. 금권정치에 대항하는 민주주의 정신을 강화하는 데 연대자들이 관심을 두게 하자. 또한 민주사회주의자는 투쟁 과정에서 배울 점이 많으며, 특히 정부가 시민의 요구에 좀 더 부응하게 만드는 방식 등을 알 수 있다.

우리는 사회민주주의 개혁social-democratic reform을 지지하는 사람들과 연대해서 노동법 개혁, 보육 보조금 지원, 단일보험자 제도, 대학 등록금 무료, 공공주택, 정부 투자를 통한 일자리 창출 등을 위해 싸울 수 있다. 사회민주주의자들은 민주사회주의자들과 함께 투쟁하면서 이러한 개혁을 시행하더라도, 안정적이고 자기중심적인 진보적 변화가 일어나지는 않으리라는 점을 파악할 수 있다. 그리고 기업이 지원할 수 있는 범위 내로 목표를 제한한다면, 지향하는 바를 절대로 달성할 수 없으리라는 점 역시 사회민주주의자들이 이해하게 될 것이다. 민주사회주의자는 투쟁의 하나로 사람들이 대중의 지지를 모으는 목표를 세울 수 있도록 용기를 북돋울 수 있다. 비록 그 결과, 엘리트 계층의 불안을 촉발하더라도 말이다. 단일 의료보험 체제를 위해 민주사회주의자와 사회민주주의자가 함께 투쟁한다고 가정해보자. 투쟁을 통해 목표를 달성했더라도 즉시 새로운 반발에 부딪힐 것이다. 이러한 반발은 공공 의료 시스템에 의사를 끌어들여 월급을 받는 직원으로 고용하고, 제약 산업과 의료기기 산업을 공공의 소유에 두어야만 해결될 수 있을 터다.

오늘날 기술혁명의 물결로 나타나는 기회와 위험에 주목하는 동료들과 함께, 민주사회주의자들은 인터넷의 중립을 위해 투쟁할 수 있다. 또한 연구 저널 등의 문화 자원과 시민이 사용하는 자원에 대한 접근을 통제하는 대기업이 인터넷 정보를 사유화하는 것, 구글과 페이스북 등 독점 기업이 부당 이익을 위해 무책임하게 독점 사업을 진행하는 것, 자동화 과정에서 노동자들이 권리를 박탈당하고 대체되어버리는 것에 대해 맞설 수 있다. 우리는 신기술의 잠재력이 빛을 발하리라는 사실에 기뻐하는 한편, 자본주의의 사유재산 제도가 신기술의 활용을 막는 것에 대한 시민의 분노를 동원할 수 있다. 우리는 새로운 기술이 어떻게 조직을 구성할 수 있을지, 그리고 결국에는 어떻게 경제를 경영할 수 있을지에 대해 배울 수 있다.

노동 현장에서

일터는 경쟁이 일어나는 또 다른 공간이다. 기존의 정치 운동이나 직장 내 운동과 마찬가지로, 노동조합이 조직하는 운동을 통해 민주사회주의자들은 다른 사람들이 자본주의를 비판적으로 이해하며, 비판의 칼날을 더욱 예리하게 벼릴 수 있다.

노동조합은 사기업에서는 지지 기반을 거의 다 잃어버렸으며, 공기업에서도 위기를 겪고 있다. 하지만 노동조합에 대한 수요는 줄어들기는커녕 오히려 늘어났다. 여기에 지속적이고 창의적인 노력이 더해진다면 집단 호소로 울려 퍼질 만한 근거가 충분하다. 월마트나 아마존 등 거대 독점 기업에서 노동조합을 만들려는 노력은 결실을 보지 못했다. 하지만 많은 헌신적인 운동가들은 이러한 기업의 직원들이 노동조합을 구성할 수 있도록 도움을 줄 방법을 찾고 있다. 이는 극복할 수 있는 과제다. 낡은 노동법을 바꾸는 조치가 필요할지도 모르지만, 실현 가능한 범위 안에 있다. 직원들이 기존의 노동조합을 구성하기 위해 노력하더라도, 노동조합의 낡은 제도적 형태가 더는 쓸모없을 수도 있다는 가능성을 늘 염두에 두어야 한다.[7]

고차원 기업에서 직원과 노동조합은 좀 더 계몽된 경영 관행이 제공하는 기회를 포착하기 위해 조직할 수도 있다. 노동조합은 독립적인 행동을 위해 조합의 권한을 지켜야 하지만, 한편으로는 상황에 반응하고 온전히 방어적인 태도를 유지하는 데서 벗어나 새로운 기업경영 방식을 모색하며 사전에 대응하는 태도를 보일 수도 있다. 사회적 책임과 고용 평등을 약속한 경영진의 한계를 비판만 하는 대신에, 진보적인 세력은 좀 더 현실적인 정책이 세워지도록 경영진에게 항의할 수 있으며, 민주사회주의자는 기업이 약속을 지키지 못하는 체계적인 이유를 동료들이 알도록 도울 수 있다.[8]

교육 현장에서

교육 제도 역시 민주사회주의에서 중요한 전략 분야다. 교육 체제가 신자유주의적으로 변하면서 사람들은 좌절하고 있다. 가정의 교육비 부담은 점점 커지고, 교육 제도는 학습 대신 훈련만을 지향하며, 자원 부족에 시달린다. 교육 자금을 마련하고 교사의 전문적 직위를 강화하기 위해 투쟁해야 한다. 이를 통해 교직원 노동조합을 보장하고, 교사가 제공하는 교육의 질과 교사가 받는 급여 수준을 향상할 수 있다.

모든 학년의 교사들은 어린 학생의 생각과 성격 형성에 상당한 영향을 미친다. 공교육과 '진보적인 편향'을 지닌 대학교에 보수파가 전력을 다해 공격을 퍼붓은 데에는 이유가 있다. 우리는 교육 과정의 진보적인 개혁을 위해 투쟁해야 한다. 초등학교와 중학교의 경우 인문학 교육과 시민윤리 수업을 늘리기 위해 투쟁할 수 있다. 많은 사람이 민주주의에 대한 자신감을 잃어 기업과 경제 전체를 관리할 수 있는 민주주의의 확장된 모델에 대해 회의적인 태도를 보인다면, 그 이유는 오늘날 미국의 가짜 민주주의의 추악한 현실과 민주주의 원리를 구별하고 논의할 기회가 제한되었기 때문이다.

미국의 주(州) 대부분이 시민윤리 교육과 관련된 강의를 최소한 하나 이상 개설해야 한다고 요구하고 있으나, 실제로는 단 9개 주와 컬럼비아 지역에서만 1년 과정의 시민윤리 교육을 의무로 규정하고 있다. 당연히 학생의 시민교육 수준은 최악이다. 연방정부의 국가학업성취도평가National Assessment of Educational Progress, NAEP에 따르면, 2014년 미국 8학년 학생 중 23%만이 시민윤리에서 높은 성취도를 보였다. 2010년은 12학년까지 국가학업성취도평가를 시행했던 마지막 해로, 12학년 학생 중 24%만이 시민윤리에서 높은 성취도를 보였으며, 36%는 기초 수준에도 미치지 못했다.[9] AP 시험Advanced Placement(미국의 대학 과목 선이수제 과정) 과목 중 하나인 '미국 정부' 과목 시험 결과를 보면, 5점 만점에 평균 2.64점이었다. 총 AP 시험 과목 45개 중 뒤에서 네 번째를 기록한 것이다.[10]

지역 사회에서

마지막으로 지역 사회에서는 시민들이 구체적으로 민주사회주의가 어떤 모습일지 경험할 기회를 제공할 수 있다. 앞서 우리는 노동자협동조합을 지방정부 및 주요 기관과 연계하는 다양한 가능성에 대해 논의한 바 있다.

일부 진보주의자는 국가 차원의 전망이 어둡다면, 이처럼 지역 차원의 계획을 통해 더 많은 성공을 거둘 수 있다고 말한다. 또한 진보적인 모델을 수용하는 도시들이 우수한 경제 성과를 기록하며 시민들의 삶의 질을 높인 것을 본다면 다른 도시들도 뒤따르게 되리라는 분석도 있다. 이러한 상향식 계획으로 우리가 절실히 필요로 하는 국가적 차원의 변화를 가져올 수 있다는 주장이다. 많은 도시가 지역 사회의 부를 쌓기 위한 정책을 채택한다면 분명 멋진 일이다.

하지만 윤리적 자본주의 모델이 기업 간 경쟁에 의존해야 한다는 결점이 있는 것처럼, 도시 간 경쟁을 부추김으로써 국가가 변할 수 있다는 지역주의적 생각에도 같은 결점이 있다. 물론 도시와 주는 '민주주의의 실험실' 역할을 담당할 수 있지만, 국가가 민주주의 실험을 지원하고, 다른 지역이 저차원적인 관행을 계속하지 않도록 막고, 성공적인 모델을 확장하려는 의지와 여력이 없다면 그 결과가 널리 퍼지지는 못할 터다. 더 넓은 영역의 정치, 경제 구조에 급진적인 변화 없이 지역 차원의 실험만으로 우리가 원하는 수준의 변화를 가져올 수는 없다.

지역 사회 중에서 군데군데 진보적인 정책을 시행하는 모습이 사회적으로 변화를 일으킬 왕도는 아닐 것이다. 하지만 지역 사회는 교육과 업무 구성에 필요한 중요한 영역이다. 정치 투쟁은 단순히 선거 운동뿐만 아니라 시민의 일상생활에 근간을 두어야 한다. 1세기 전 미국에서 가장 활발하게 진행되었던 사회주의 운동이라 하면, 지방 노동조합은 물론이고 교회, 술집, 민족전통협회, 청소년 클럽, 스포츠 팀, 여름 캠프 등의 지역 사회에 기반을 두고 있었다. 지금 진보적인 좌파는 정착지를 대부분 잃었다. 우리는 뿌리를 다시 만들어야 한다. 뿌리가 없다면 우리의 정치적 주장은 공허하고 추상적일 뿐이며, 조직을 구성하고자 하는 우리의 추진력은 한계에 부딪히고 말 것이다.

우리는 새로운 근본 위에 지역 사회의 유대관계를 재건해야 한다. 민족, 인종, 성별의 계층을 기반으로 하는 공동체의 전통적인 형태는 자본주의로 인해 역사의 뒤안길로 사라졌다. 보수 우파는 낡은 공동체에 집착하면서 옛 질서와 특권이 사라졌다며 겁을 주고 두려움을 조장한다. 우리는 자본주의가 남긴 유산의 긍정적인 면을 포용하고,

새로우면서도 좀 더 평등주의를 강조하는 공동체의 출현을 받아들여야 한다.

위기를 극복할 방법

나는 서문에서 이 책의 메시지가 긴급하면서도 가망성이 있으며, 낙관적이라고 말했다. 책의 중간부에서는 이 세 가지 특성의 실체를 보여주려고 노력했다. 이제는 세 가지 특성을 거꾸로 되짚어보자.

진보주의자는 21세기에 출현할 민주사회주의의 전망을 낙관적으로 생각할 근거가 있다. 물론 경제, 일터, 정치, 환경, 사회, 국제 위기를 극복하려는 과정에서 큰 도전을 겪게 되겠지만, 우리에게는 도전을 극복할 방법이 있다. 근본적인 사회 변화가 필요하겠지만, 우리에게는 새로운 체제를 세우는 데 필요한 기술과 경영에 대한 기본적인 토대가 이미 마련되어 있다. 변화가 아직 시작되지 않았다는 사실은 실망스럽지만, 장기적인 관점에서 볼 때 생산 활동의 사회화로 나아가는 자본주의의 발전 과정 덕분에 민주사회주의의 실현 가능성이 점차 커지고 있으며, 필요성도 더욱 부각되고 있다.

급진적 변화에 대한 가능성이 희박해 보이고, 자본주의의 실패와 계속되는 위기 때문에 사람들의 좌절이 깊어지고 있다. 매우 부유한 1%와 위태로운 99%의 격차는 정말 터무니없을 정도다. 첨단 기술이 약속하는 미래와 우리 주변의 절망적인 환경의 격차 또한 점점 더 불합리해지고 있다. 언제라도 급진적인 폭발이 터져서 우리를 놀라게

할 수도 있다. 반동적인 선동을 일삼는 정치인들이 언제든 사람들의 좌절감을 악용할 위험도 도사리고 있다. 그러나 진보적 운동가들 역시 정치, 직장, 학교, 지역 사회에서 시민이 보여주는 노력을 활용해 더 나은 세상을 만들 가능성이 있다. 우리는 희망을 품을 수 있다.

우리에게 변혁은 매우 시급한 사안이다. 자본주의의 발전으로 사람들은 많은 혜택을 누렸으나 심각한 위기도 발생했다. 자본주의가 발전할수록 위기는 심각해지고 증대한다. 점점 낡아가는 자본주의 체제로 인해 불필요한 고통이 발생하고 있으며, 갈수록 더욱 악화하고 있다. 민주사회주의로의 변혁, 즉 99%를 위한 경제를 만드는 것은 조금도 지체할 수 없는, 그 무엇보다도 시급히 해야 할 일이다.

이 책은 2015년 10월 옥스퍼드 대학교 사이드경영대학Saïd Business School, Oxford University 경영학 연구 클라렌던 강의Clarendon Lectures에 초대받아 강연했던 공개 강의 세 편을 바탕으로 합니다. 연례 강연 시리즈는 사이드경영대학과 옥스퍼드 대학교 출판부가 공동으로 기획합니다. 저에게 강연을 요청하고 정중하게 맞이해준 사이드경영대학의 교수진과 옥스퍼드 대학교 출판부의 데이비드 무손에게 감사드립니다. 또한 옥스퍼드 대학교 출판부 뉴욕 지사에서 원고의 편집을 담당한 데이비드 퍼빈에게도 감사드립니다.

이 책에서 제가 말하는 여러 아이디어를 발전시키면서 지난 수년간 친구들과 동료들의 도움을 무척 많이 받았습니다. 책을 처음 구상했을 때와 수정본이 나올 때마다 기꺼이 감상과 비판을 통해 도움을 주신 분들께 감사드립니다. 저의 주장에 공감해주신 분들도, 아닌 분들도 계셨습니다. Gar Alperovitz, Eileen Appelbaum, John August, Zlatko Bodrožić, Paul Cockshott, Tom Cummings, Rick Delbridge, Andrew Dettmer, Pat Devine, Nancy DiTomaso, Paul Edwards, Nate Fast, Bill Fletcher Jr., John Bellamy Foster, Doug Gamble, Paul Goldman, Nina Gregg, Charles Heckscher, Sue Helper, Rebecca Henderson, Bob Howard, Jonas Ingvaldsen, Tom Kochan,

David Laibman, David Levy, Paul Lichterman, Mike Lounsbury, Richard Marens, Jasper McAvoy, Anita McGahan, Chris Nyland, Max Ogden, Alain Othenin-Girard, Don Palmer, Danny Pollitt, Lee Price, Larry Prusak, Philine Qian, Shaun Richman, Mari Sako, Julie Schor, Jason Schulman, David Schweickart, Randy Schutt, Richard Smith, Tony Smith, Carroll Stephens, Dan Swinney, Eero Vaara, Marc Ventresca, Patrick Venturini, Matt Vidal, Judy Wajcman, Rick Wartzman, Mark Wilson, Mike Yates에게 감사드립니다.

서던캘리포니아 대학교University of Southern California 경영조직학과 의 동료들 덕분에 저는 지적으로 풍요로운 학문의 장에 몸담고 있습 니다. 동료들에게 특별히 감사드립니다. 또한 많은 것을 가르쳐준 학 생들에게도 감사드립니다.

제 누이 루이즈가 격려해주지 않았더라면 이 책은 절대로 세상에 나 올 수 없었습니다. 항상 현명하게 조언해준 누이에게 감사드립니다.

정의와 평등에 대한 열정이 인간의 존엄성에 대한 최소한의 기준 이라고 느끼게 해주신 부모님 루스와 자크에게 가장 깊은 감사를 드 립니다.

마지막으로, 가장 신랄하게 비판해주면서도 가장 열렬하게 지지해 준 가족에게 감사드립니다. 세 자녀 로라, 줄리, 데이비드와 아내 루 스 크레멘 덕분에 모든 것이 가능했습니다.

서문

1. Moorhead(2012) 참조.

2. Jameson(2003, p. 76).

3. Wilde[2007(1891)].

1장

1. 신자유주의의 두드러지는 특성에 대해서는 Streeck(2014), Harvey(2007), Fine and Saad-Filho(2017) 참조.

2. 경기 침체의 목록은 위키피디아의 'List of recessions in the United States' 참조.

3.《포브스》2018년 순위는 다음과 같다: 아마존 대표이자《워싱턴 포스트》의 소유주 Jeff Bezos, 그 유명한 마이크로소프트의 Bill Gates, Berkshire Hathaway의 대표이자 투자자 Warren Buffett, 루이 비통 등의 하이패션 브랜드 소유주 Bernard Arnault, 페이스북 창립자 Mark Zuckerberg, 스페인 패션 체인 자라의 창립자 Amancio Ortega, 멕시코 통신업계의 거물이자 대기업 Grupo Carso의 소유주 Carlos Slim Helú, 미국 비상장기업 중 두 번째로 큰 기업인 Koch Industries의 소유주이자 Cato Institute, the Heritage Foundation, the American Enterprise Institute 등 미국의 보수주의 싱크탱크를 후원하는 Charles and David Koch, 기술기업 Oracle의 대표이사 Larry Ellison.

4. Wolff(2013).

5. Board of Governors of the Federal Reserve System, 2018.

6. United States Department of Agriculture(2018).

7. 노동통계국에서 노동력 저활용의 'U6' 척도라 칭한 것으로, 노동 인구 및 현재 노동하거나 구직활동을 하지는 않지만 일자리를 원하고 일할 수 있으며 지난 12개월 동안 구직활동을 한 경험이 있었던 '주변부에 추가된' 사람들까지 포함했을 때다.

8. Rose(2017).

9. 자본주의 상황에서 고용은 언제나 불안정한 면이 있었다. 최근 아웃소싱, 기술 변화, '독립 계약자' 지위를 선호하는 고용주의 정책 등으로 인해 불안정성이 증가한다는 우려가 커지고 있다. 하지만 불안정성이 과거에 실제로 많이 증가했는지, 미래에도 증가할지는 확실하지 않다. 노동통계국에 따르면 현재 평균 고용 계약 기간이 실제로는 증가하는 추세다. 중간에 기복이 있긴 했으나 1983년 3.5년에서 2016년 4.2년으로 늘어났다. 민간 부문과 공공 부문 모두 증가 추세가 나타난다. 35세 미만의 젊은 노동자 중에서 평균 계약 기간은 본질적으로 변화가 없다. 유일하게 35세 이상의 남성 노동자만 계약 기간이 감소했다. 일자리의 '이직' 비율(일을 시작하거나 끝내는 노동자의 비율)이 1990년대에는 대체로 일정했으며 그 이후에는 상당히 규칙적으로 하향하는 추세를 보였다. 시간제 고용은 1960년대와 1980년대 중반 사이에 증가했으나 그 이후로는 비농업 분야 노동 인구의 약 17%를 차지하고 있다. 비자발적인 파트타임 노동자는 1960년 이후 전혀 상승하는 추세를 보이지 않으며, 경기 주기에 따라 총 고용이 2시간에서 5시간 반 사이를 오락내리락하고 있다. 1990년대 후반부터 두 개 이상의 일자리를 가진 노동자의 비율은 규칙적으로 감소하고 있다. 1982년 약 0.5%였던 임시직 고용은 1990년대 후반에 2%로 증가한 이후 더는 증가하지 않고 있다. 따라서 고용의 불안정성은 지금까지 항상 우려의 대상이긴 하지만 이용할 수 있는 자료에 따르면 고용 상황이 유의미하게 나빠지지는 않았다(Henwood 2018 참조).

10. 한 연구 결과에 따르면, 거의 20년 동안 실직한 노동자의 소득은 실직하지 않은 노동자의 소득에 미치지 못했다. 실직이 소득에 미치는 영향은 26주 이상 실

직한 노동자의 경우 더욱 심각하다. (…) 특히 10년이 지난 후 임금의 차이를 살펴보면 장기 실업자의 임금이 실직하지 않은 노동자에 비해 약 32%가 낮은 데 비해 단기 실업자는 겨우 9% 낮다(Cooper 2014 참조).

11. Brenner(1979).

12. Roelfs et al.(2011).

13. 지난 50년을 세 번의 연속되는 기간으로 나눠볼 수 있다. 1965년부터 1980년까지 가장 좋았던 시기에도 경제 전반의 생산 능력 중 약 12%가 유휴 상태였으며, 최악의 시기에는 그 비율이 25%로 상승했다. 1980년부터 2000년까지 가장 좋았던 시기에는 미국 생산 능력 중 15%가 유휴 상태였으며, 최악의 시기에는 30%에 달했다.

14. Federal Reserve Bank of St, Louis(2018) 참조. 생산 능력 활용 지수는 제조업 71개 , 광업 16개, 공익사업 2개의 자료에 기초한다. 장기적으로 왜 감소 추이를 보이는지에는 모호한 부분이 있다(자료를 수집한 전문가들에게 직접 연락을 취했으나 아무런 설명도 듣지 못했다). 해당 자료 조사 기간보다 더욱 장기간에 걸쳐 상황이 이토록 악화했는지, 아니면 자료가 편향되었는지는 확실하지 않다(Shaikh and Moudud 2004 참조). 하지만 주요한 사실은 여전하다. 주기적인 경기 침체는 대단히 소모적이며, 생산 능력을 제대로 활용하지 못한다는 점이다.

15. Krones(2016).

16. Woolhandler and Himmelstein(2017).

17. 최근 연구 결과를 발견하진 못했으나, 1950년대에는 순수하게 외관적인 디자인 변경 비용이 신형 자동차 제조의 평균 비용 중 오롯이 25%를 차지한다(Fisher, Griliches, Kaysen 1962). 예컨대 교과서 출판 등 다른 많은 산업에서도 계획된 노후화는 여전히 주요 요인이다(Iizuka 2007).

18. Balasegaram(2014).

19. Greenhouse(2009), Kusnet(2008) 참조. 위기를 경시하면서 직원들 대부분이 자신의 직장에 '만족'한다는 설문 조사 결과를 제시하는 이들도 있다. 하지만 만족한다고 해서 이직의 기회나 상사, 경영진을 바꿀 기회를 잡지 않겠다는 의미는

아니다. '직업만족도' 조사에는 대안이 없다면 상황을 의연하게 받아들이는 경향 등을 포함해서 많은 것이 내포되어 있다.

20. Freeman and Rogers(2006).

21. Kochan et al.(2018).

22. Godard and Frege(2013).

23. Eaton, Rubinstein, and McKersie(2004)는 General Motors – United Automobile Workers partnership at Saturn, the ATT – Communications Workers of America in their Workplace of the Future program, Kaiser Permanente와 노동조합연합(뒤에 나오는 장에서 좀 더 설명하겠다), 철강 산업과 철강노동자연합, 클린턴 대통령 정부 시절 연방정부와 American Federation of Government Employees(AFGE)와 National Treasury Employees Union(NTEU)의 동반자적 관계 등을 열거한다. 비슷한 시도를 한 초기 역사에 대해서는 Slichter, Healy, and Livernash(1960, 28장)에 요약되어 있다.

24. Pew Research Center(2016).

25. Gallup(2017), Pew Research Center(2016).

26. NAFTA 체결 직후 반대 여론은 46% 대 38%로 우세하였다(Los Angeles Times 1993).

27. Kiley(2018) 참조. 오바마 프로그램과 공화당의 밋 롬니가 주도한 매사추세츠 프로그램 사이의 유사점에 대해서는 Holan(2012) 참조.

28. Saad(2013).

29. Saad(2009).

30. Teixeira(2010).

31. 많은 주류 경제학자와 '공공선택' 이론가들이, 사리사욕이야말로 유권자와 정치인 모두에게 유일하고 중요한 동기라는 가정을 받아들이라고 설득함으로써 민주주의에 대한 냉소적인 태도가 퍼지는 데 이바지했다.

32. Pew Research Center(2015).

33. Pew Research Center and Associated Press(2006).

34. Pew Research Center(2014).

35. World Wildlife Fund(2014).

36. Stockholm Resilience Center(2018).

37. Oerlemans(2016), Kolbert(2014).

38. Huntingford and Mercado(2016).

39. Climate Vulnerability Monitor(2012). 이보다 덜 낙관적인 함의에 대해서는 Wallace-Wells(2018) 참조.

40. Brauer(2016).

41. Strauss, Kulp, and Levermann(2015) 참조.

42. Lin et al.(2016).

43. Langer(2017)의 여론조사 결과 참조.

44. 아동과 관련하여 2014년에 청소년 중 37%가 신체 폭력을 경험했으며 9%는 폭행과 연관된 부상을 경험했다. 14세부터 17세까지 소녀 중 4.6%는 성폭행이나 성적 학대를 경험했다. 전체적으로 아동과 청소년의 15.2%가 자신을 돌보는 이들로부터 학대를 경험했으며 그중에서 5.0%는 신체적 학대를 경험했다(Finkelhor et al. 2015). 성소수자를 대상으로 한 이례적인 폭력 정도에 대해서는 Park and Mykhyalyshyn(2016) 참조.

45. 정규직으로 일하는 노동자가 자녀를 두 명 출산하여 단기간 휴가를 낼 경우, 여성의 누적 연봉 손실은 남성에 비해 훨씬 크게 나타난다(Rose and Hartmann 2004 참조).

46. Maestas et al.(2017, p. xiii): "노동자 중 약 70%가 실제 노동 시간이 이상적인 노동 시간에 비해 5% 이상 높거나 낮다고 보고하며, 그중 절반 이상(총 노동 인구의 39%)이 적정한 노동 시간이 필수적이거나 매우 중요하다고 평가한다."

47. American Psychological Association(2016).

48. Hochschild(2016).

49. 고용 시장에 관해서는 Borowczyk-Martins, Bradley, and Tarasonis(2017) 참조. 주택 시장에 관해서는 Reardon, Fox, and Townsend(2015) 참조.

50. 비(非)히스패닉계 백인의 67%는 '흑인이 대우받는 방식에' 매우 또는 다소 만족한다고 답한 반면, 비히스패닉계 흑인은 47%만이 같은 반응을 보인다. "일자리의 종류와 상관없이, 일자리를 갖출 능력이 있는 흑인과 백인은 당신이 속한 지역에서 동등한 기회를 갖느냐"는 질문에 대해 백인의 74%가 동의한 반면 흑인은 40%만 동의한다. Gallup Editors(2014) 참조.

51. Massey, Rothwell, and Domina(2009); Stolle, Soroka, and Johnston(2008); Howard, Gibson, and Stolle(2005).

52. Population Reference Bureau(2017).

53. Vagins and McCurdy(2006).

54. Bezruchka(2010).

55. Braveman et al.(2010).

56. Urban Institute(2018).

57. Joint Center for Housing Studies of Harvard University(2018).

58. National Law Center on Homelessness and Poverty(2018).

59. OECD(2016).

60. Scott-Clayton(2018).

61. Foster and McChesney(2004), Chomsky(2010).

62. Swanson(2018)의 목록 참조.

63. Vine(2015), Johnson(2007, 2011).

64. Union of Concerned Scientists(2018) 참조.

65. OECD(2018).

2장 ─────────────────────────

1. 시장 거래만이 아니라 가사노동의 가치까지 포함했다면, 2010년 공식 미국 국내총생산은 26% 더 늘었을 것이다(Bridgman et al. 2012). 1965년에 39%였던 총생산 수치는 계속 줄어들고 있는데, 여성이 밖에서 일하기 시작하면서 가내에서 가정용품과 서비스를 생산하는 대신 외부에서 구매하기 때문이다.

2. Gnanasambandam, Miller, Sprague(2017)와 Dunne, Roberts, Samuelson(1989)에서 사례 참조. 좁은 틈새시장을 장악하고 성공을 거둔 중소기업도 있지만, 일반적인 예는 아니다.

3. 폭력에 관해서 Davis(2002)는 중국, 인도, 브라질 농민이 세계 자본주의 체제에 통합되면서 해당 지역 농민 공동체의 안정성이 붕괴되었으며 이로 인해 19세기 후반 대기근이 일어나서 3천~6천만 명에 이르는 사망자가 발생했다고 주장한다. 가뭄과 홍수를 일으킨 계기는 엘니뇨-남방진동(El-Nino Southern Oscillation)이었으나, 대규모 기아 사태가 발생한 것은 정부의 친기업 정책 때문이다.

4. Zijdeman and Ribeira da Silva(2015) 참조. 사망률과 건강이 그토록 향상된 것은 대부분 의학 발전이 자본주의 경제 원리에서 벗어난 과학 연구, 즉 정부나 자선기금으로 운영되는 연구 덕분이라는 점에 주목해야 한다.

5. Economic Innovation Group(2017).

6. US Bureau of Census, 2015 SUSB Annual Data Tables by Enterprise Industry. 비교할 만한 자료가 존재하는 가장 빠른 시기인 1988년에 그 비율은 45.4%였다. 제조업을 제외한 각 주요 산업군에서 기업 규모 및 사업체 규모는 성장하고 있으며, 현재 민간 부문 인력의 약 11%를 담당한다.

7. Leung, Meh, and Terajima(2008) 사례 참조.

8. Stone(2013).

9. Khan(2016), Schmitz(2016) 참조.

10. Council of Economic Advisors(2016).

11. 외부효과는 값이 정해져 있지 않은 결과물로, 어떤 기업이 다른 기업, 사람, 자원에 행하는 활동으로 인해 나타난다. 대기업이 임금이 높은 일자리를 제공하여 지역 사회의 다른 소매업자의 소비자가 증가하는 등 때로는 긍정적인 외부효과가 발생할 수 있다. 하지만 자연환경과 관련된 문제를 생각할 때, 기업의 외부효과는 상당히 파괴적인 결과를 자주 유발하고는 한다.

12. 기업과 투자자가 기대 이익을 고려해서 사업 결정을 내리는 구조에서, 미래 비용 및 미래 이익은 어쩔 수 없이 '무시된다'. 무시되는 이유는 간단하다. 1년 후

100달러를 받을 수 있다는 가장 믿을 수 있는 제안이 있더라도 사람들은 대개 지금 당장 100달러를 받고 싶어 한다. 일반적으로, 먼 미래의 지급을 통해 얻을 수 있는 이익은 지금 당장 같은 액수의 지급을 통해 얻는 이익보다 가치가 낮을 수밖에 없다. 사람들이 참을성이 없어서 그럴 수도 있지만, 또 한 편으로는 당장 받은 100달러를 투입하면 1년 후에 이익을 창출할 수 있기 때문이다. 예컨대 100달러를 투자해 복리를 취할 수 있다. 하지만 오늘날의 결정으로 생길 매우 장기적인 영향, 즉 자녀와 손자에게 미칠 결과를 생각하면 미래 비용을 무시하는 행위는 곤란하다. 우리가 환경에 책임을 지는 제조회사를 운영하고 있으며 두 가지 생산 기술 중에서 우리 공장에 어떤 기술을 선택할지 고민한다고 가정해보자. 두 기술 모두 비슷한 비용으로 같은 품질과 수량의 제품을 생산하지만, 둘 중 비용이 상대적으로 조금 더 비싼 쪽의 이산화탄소 배출량이 적다. 우리가 공장의 이산화탄소 배출량과 그 영향이 우리 자녀와 손자의 삶에 미칠 영향에 관심을 두고 이산화탄소 배출량 감소에 가치를 둔다고 했을 때 그 가치가 연간 1천 달러에 상응한다고 하자. 오랜 시간이 지난 후에 이산화탄소 배출량을 줄일 수 있는 장비를 위해 현재 얼마까지 추가 비용을 감수할 수 있을까? 이는 우리가 미래의 가치를 현재 시점으로 환산하며 얼마만큼의 할인율을 적용할지에 달려 있다. 예컨대 할인율을 3%로 설정할 경우, 50년 후의 손자들이 누릴 연간 1천 달러의 가치는 현재로 환산하면 고작 220달러에 불과하다. 따라서 환경적으로 우수한 기술이더라도 오늘날의 작은 추가 비용을 감수할 이유가 되기는 힘들다. 더욱이 자본주의 체제에서 우리는 할인율을 직접 결정할 수 없다. 투자자가 다른 투자 기회를 통해 얻을 수익률보다 낮은 할인율을 기업에 적용할 경우, 투자자들은 해당 기업에 투자하지 않으려 할 것이다. 결국 기업은 투자자들이 원하는 할인율을 따를 수밖에 없다. 실제로 기업은 7%에서 10%의 할인율을 적용해야 한다. 10% 할인율의 경우 50년 후 1천 달러의 혜택을 현재로 환산하면 겨우 8.5달러에 불과하다. 환경은 걱정되지만 계속 자본주의 세상에서 산다면 오늘 우리가 내리는 결정은 우리 자손이 물려받을 환경에 미칠 영향을 깡그리 무시하는 것이나 다름없는 결과를 낳는다.

13. 주류 경제학자들은 여기에 내재한 불안정성을 무시하며, 시장 경쟁이 자연스럽게 사회를 최적의 평형 상태로 수렴시키지만, 우연히 나타나는 '외부의 충격'과 정부와 연방준비제도의 빈약한 '거시경제학적인 경영' 때문에 행복한 결과가 나타나지 않는다고 주장한다(Romer의 근간, Beaudry, Galizia, and Portier 2015). 이러한 관점을 수용하려는 사람들의 이념적 동기는 확실해 보인다. 전통적인 경제 분석에 따르면 시장이 본질적으로 불안하며, 경제 호황은 결국 문제를 발생시키는 존재라는 것이다. Kaldor(1940), Kalecki(1937), Hicks(1950)의 사례 참조. Shaikh(1978)는 다양한 이론의 논리적인 개요를 제시한다.

14. 또한 Hayek(1945) 참조.

15. 이에 대해 몇 가지 더 주목할 점들이 있다. 첫째, 기업이 경쟁 업체의 계획을 알아냈다고 하더라도, 계획 중에 파악한 갈등을 해결하기 위해서 조정 방안을 내기 어렵다는 것이다. 기업들은 서로 경쟁 관계이기 때문에, 기업 간 상호 합의의 계획을 세우기는 어렵다… 다만 기업의 수가 적다면 불행한 소비자로부터 독점적 이익을 얻기 위해 공모할 가능성은 있다. 둘째, 여러 기업은 미래 사업을 위해 공급업체 및 소비자와 실제로 협력한다. 하지만 기업 간 네트워크는 다른 네트워크와 경쟁 관계이며, 결국 네트워크 차원의 사업 조정 실패를 겪는다. 예컨대 도요타는 여러 1차 협력 업체와 긴밀한 관계를 맺었으며, 도요타의 여러 경쟁 업체는 도요타의 기업 간 네트워크와 유사한 네트워크를 만들려고 노력했으나, 이러한 네트워크는 결국 자동차 산업의 치열한 시장 점유율 경쟁에 휘말렸다. 마지막으로, 본문에서 언급된 딜레마가 선물 시장의 등장으로 완화될 수 있다는 점에 주목해야 한다. 농부는 변화하는 기후와 경쟁 업체의 가격에 따른 생산량을 설정하여 내년 농작물에 미칠 영향을 줄이기 위해 선물 계약을 할 수 있다. 하지만 이러한 계약은 비용이 많이 들고, 상황의 변화가 점진적인 데다 예측을 위한 기반이 마련되었을 때와 같은 매우 제한적인 환경에서만 가능했다. 반례를 들자면, 선물 시장은 2008년 금융위기를 예상하거나 피해를 줄이지 못했다.

16. 원칙적으로 과잉설비를 청산하는 방식은 파산 절차를 통해 점진적이고 합리적인 방법으로 이루어질 수 있다. 광범위한 과잉설비에 대해 적절한 파산 절차

를 한꺼번에 거치려면, 경제 대부분을 국유화하는 방법밖에 없으나 이는 자본주의 모델과는 양립할 수 없다. 2009년에 미국은 제너럴모터스와 크라이슬러를 사실상 국유화했고 심지어 은행을 국유화하는 것까지 거론됐다. 기업이 갚을 수 없는 부채를 차근차근 청산하기 위해 정부가 임시방편으로 국유화를 진행한 것임에도, 미국 전역의 기업 이사회실과 골프클럽에서는 공포에 질린 비명이 울려 퍼졌다. Gattuso(2009), Wall Street Journal(2009), Newman(2009)의 사례 참조.

17. Ghilarducci et al.(2016), Wolff(2017).

18. Thorne et al.(2018).

19. 연방준비제도의 전 이상회 의장을 맡은 앨런 그린스펀(Alan Greenspan)도 2008년 금융위기에 대해 다음의 결론을 내렸다. "역동적인 시장을 포기하고 중앙집중적 계획을 지지하는 사회적 선택이 없는 한 거품 경제를 막을 방안은 결국 없다고 판명 날까 두렵다."(Greenspan 2010, p. 243). 금융 시스템이 불안한 이유에 대해서는 Minsky(1980)와 Cassidy(2009) 참조. 금융위기의 원인은 각 상황에 따른 특별한 요인을 당연히 포함한다. 2008년 금융위기는 비금융 부문에서 수익성 있는 투자 기회를 찾지 못하자 전 세계를 떠돌면서 투기를 통한 수익을 모색하던 거대한 금융자산의 축적에 따른 불가피한 위기였다.

20. Baker(2016), Epstein(2018) 참조.

21. 담배와 관련해서는 Campaign for Tobacco-Free Kids(2014) 참조. 식품과 관련해서는 Moss(2013) 참조.

22. Baker(2016) 참조. 베이커는 더 나아가 미국 국민소득의 2%가 정부의 식료품 할인 구매권에 들어가는 예산의 5배 이상이며 빈곤 가정에 대한 일시적 지원 정책(Temporary Assistance for Needy Families, TANF) 예산의 20배 가까이 된다고 지적한다. 또한 의료기기, 소프트웨어, 기타 품목에 관한 특허에 지출되는 비용을 감안하면 국민소득 2%는 약 5%까지 증가할 것이라고 주장한다.

23. 대학에서 혁신적인 연구자는 새로운 아이디어를 처음 제안하면 금전적 이익보다는 명성을 얻는다. 또한 연구자가 아이디어를 발표한 후 다른 이들이 그 아이디어를 활용하거나 인용할 때 더 많은 명성을 얻는다.

24. Heller(2010), Boldrin and Levine(2013), Williams(2013).

25. Boldrin and Levine(2013): "특허 관련 사례는 간단하게 정리할 수 있다. 특허가 부여된 수만큼 생산성이 따라오지 않는 한, 특허가 혁신과 생산성을 높인다는 경험적 증거가 없다. 제시된 증거에서 알 수 있듯이, 측정된 생산성과 특허는 상관관계를 보이지 않는다."

26. 이 방식은 세계 다른 지역에서 자본주의가 형성된 방식과는 달랐다. 대부분 지역에서는 영주의 지배를 받았던 농노가 토지에서 쫓겨나자 도시 공장으로 들어갔다.

27. 좋은 아이디어를 가진 사람이라면 누구나 창업할 수 있어야 한다는 통념이 있지만, 사실 미리 재산을 축적하지 않는 한 창업하기는 매우 어렵다. 충분한 자금을 모으거나, 다른 사람의 자금을 충분히 동원하거나, 창업을 위해 신용 거래를 하는 것은 매우 어려운 일이다(Gentry and Hubbard 2004). 그 결과, 대부분은 피고용인으로 일하는 것 외에 대안이 없다.

28. 여기서 인구 조사 결과에 따르면 자영업자(비법인 및 법인 기업 포함)가 노동 인구의 10%를 차지한다. 하지만 일부는 법적으로만 자영업자이다. 고용주가 세금을 피하고 혜택을 누리기 위해 고용한 독립 계약자로서 실은 급여를 받는 직원일 뿐이다. 그리고 자영업자의 30%는 직원이 대개 5명 미만인데도 소규모 고용주로 분류된다(Hipple and Hammond 2016 참조).

29. 사회 계급이 직업 만족도, 행복한 삶, 정치적 성향과 같은 결과에 미치는 영향이 지난 수십 년간 미국에서 감소했다고 한다. 그러나 사회 계급(고용주, 피고용인, 자영업자, 피고용인일 경우 부하직원이 있는지의 여부에 따라 단순히 분류된다)은 여전히 이 수치들에 대한 강력한 예측 지표로 기능하며(직업과 지위와 같은 대안적인 지표와 비교했을 때), 그 영향은 1970년대 이후 유의미하게 감소하지 않았다. Wodtke(2016) 참조.

30. Heath and Mobarak(2015)와 Foo and Lim(1989)은 서로 매우 다른 정치적 입장에서 시작했음에도 같은 결론에 도달한다.

31. Benmelech, Bergman, and Kim(2018).

32. Schor and Bowles(1987).

33. Lindert and Williamson(2016) 참조. 18세기 후반과 19세기 초 미국의 식민지 시대에 소득 불균형 수준은 비교적 낮았다. 1774년에 상위 1%가 총소득의 8.5%를 차지한 데 비해 오늘날 상위 1%는 총소득의 20% 이상을 차지한다. 하지만 이는 당시 유럽인들이 아메리카 대륙을 식민지화하고 아메리카 원주민을 학살했으며 미국 정부가 식민지 개척자들에게 자유롭게 토지를 이용하도록 허락했기 때문이다. 1860년까지 미국은 당시 영국의 소득 불균형 수준(지니 계수로 측정되었음)까지 따라잡았다. 이 수치는 대공황 때까지 유지되었으며, 20세기 후반 이후 미국은 당시와 비슷한 소득 불균형을 보이고 있다.

34. Kiatpongsan and Norton(2014), Mishel, Schmitt, and Shierholz(2013), Saez and Zucman(2016) 참조.

35. '자본주의의 다양성'과 관련된 문헌에서 독일이나 스웨덴 등 '조정시장경제'와 미국과 영국 등 '자유시장경제'가 대비된다(Hall and Soskice 2001). 이렇게 자본주의의 종류를 분류하는 주된 기준은 정부가 경제에 미치는 상대적인 비중이다. 두 유형 모두 정부가 종속적인데 그 이유에 대해서는 뒤에서 설명하겠다.

36. Ferguson(1995), Winters and Page(2009), Woll(2016), Gough(2000) 참조. 자본주의 사회에서 정부와 사회의 관계에 대해 학문적이고 정치적인 논쟁은 오랫동안 이어지고 있다. 여기에서 제시된 견해에 따르면 정부는 자본주의 경제의 기본 구조이기 때문에 크게 제약을 받고 있다. 하지만 정부의 자율성과 특권 계층을 이용해 정부를 압박하는 방식이 크게 중요하다고 보지는 않는다. 그 대신에 대중의 관심을 덜 받는 소규모 사안들에 주목한다면 정부에 대한 압박은 더욱 효과적으로 이루어질 것이다.

37. Hiltzik(2018). 더 자세한 정보는 https://muninetworks.org/ 참조.

38. Mitchell(2018)에서 인용한 시 당국의 광대역 사용자 추정치다.

39. Ferguson(1995).

40. Winters and Page(2009), Gilens(2012).

41. 대중 중심의 이익단체는 AARP, AFL-CIO, Christian Coalition, American Rifle Association 등 다양하다. 기업 중심의 이익단체로는 American Bankers

Association 등 산업 로비 단체가 다양하게 있다.

42. 회전문 취업이란 규제 당국과 입법자가 공공 부문을 떠난 후에 보수가 좋은 민간 부문의 일자리를 얻거나 민간 부문을 떠난 후 자신이 떠난 산업을 규제하는 정부 기관으로 들어가는 것을 말한다. 관련 정보를 찾으려면 http://www.opensecrets.org/revolving/ 참조.

43. 은행이 많은 압력을 가할 필요성을 느꼈다는 것은 아니다. 오바마 대통령과 고위 행정부 관리(관리 대부분은 월스트리트 출신으로 바로 공직을 맡았다)들은 은행의 수익률을 정상화하기 위해 안간힘을 썼고 그 과정에서 의회에 거짓말을 하고 의원들과 약속을 저버리고 구제금융 자금 용도에 관한 법률과 공약을 무시해버렸다. Taibbi(2013) 참조.

44. Comstock(2011b, 2011a), Clark and Stewart(2011).

45. Morray(1997), Singer(1988).

46. 자본 파업과 자본 도피에 대한 좀 더 일반적인 정보는 Young, Banerjee, and Schwartz(2018); Epstein(2005); Przeworski and Wallerstein(1988) 참조.

47. 자본주의 기업에 대한 정부의 '구조적인 의존성'에 대해 기업이 정부를 '구속'하는 관행(기업이 규제 기관을 지배하기 위해 행동할 때)과 더 큰 문제인 '심각한 구속(기업의 이해관계가 의도적으로 입법자와 규제 당국의 행동을 유도할 뿐만 아니라, 언론과 학자들을 비롯해서 더 광범위한 시민사회까지 기업의 문제점과 가능성을 거론하는 방식의 틀을 구성하는 것)'을 구분하는 이들도 있다(Hanson and Yosifon 2003 참조).

48. Shapira and Zingales(2017)는 미국의 화학제품 회사 Dupont 기업이 테프론 생산 과정에서 C8이라는 독성 화학물질을 배출한 사례에 주목했다. C8의 배출은 이웃 주민, 농장 가축, 야생 동물 건강에 심각한 해를 끼쳤다. Dupont은 이전 소송의 결과로 수천만 달러를 내야 했던 것에 더하여, EPA로부터 배출 행위로 결국 6억 7천만 달러의 벌금을 부과받는다. 저자들은 재판에서 공개된 기업 내부 회사 문서를 이용해서 배출로 인한 나쁜 결과가 단순히 무지와 예기치 않은 상황의 발생, 부실한 기업 지배구조 때문이 아니라는 점을 보여주었다. Dupont은 C8 물질을 안전하고 비용이 크게 들지 않도록 처분하는 방법을 알았음에도, 기업의

수익 창출에 가장 유리한 환경오염을 선택한 것이다. 환경오염으로 발생할 법적인 문제, 규제 위험, 혹은 기업과 경영진의 평판이 나빠질 위험 모두 개별적이든 집단적이든 비용 문제보다 큰 사안은 아니었다.

49. 약탈 내용에 관해 말하자면, 카펫회사 Interface의 전 회장 고(故) Ray Anderson의 모습이 담긴 영화 〈The Corporation〉에서 찾아볼 수 있다 (https://www.youtube.com/watch?v=Tf9yWNiIEZU).

50. Agyeman et al.(2016) 참조.

51. Smith(2016), Klein(2014), Magdoff and Foster(2011) 참조.

52. Ostrom et al.(1999) 참조.

53. 이 주제와 관련한 기사 모음은 Bhattacharya(2017) 참조.

54. 이에 관한 개요는 Satz(2017), Fraser(2016a) 참조.

55. 여기에 대해서는 나라마다 다른 상황이 펼쳐졌다. 영국과 서유럽 대부분처럼 봉건사회에서 자본주의가 출현한 경우 가내 수공업을 하던 사람들이 임금 노동으로 내쫓기는 경우가 많았다. 그리고 이토록 폭력적인 과정에서, 여성과 남성(그리고 보통 자녀까지)은 초기 공장과 자본주의 농업에 끌려갔다. 자녀가 공장 대신 학교로 가고 여성이 다시 가정으로 밀려난 것은 후속 단계에 불과했다(Horrell and Humphries 1995).

56. 여기 추정치(20%)에는 기혼 여성의 시장 경제 참여 정도가 과소평가되어 있다. 당시 기혼 여성은 종종 하숙인을 받거나 삯일을 맡았지만 임금 노동으로 기록되지는 않았다.

57. 남성의 참여율은 1950년에 87%에서 오늘날 약 69%까지 꾸준히 하락한 반면에, 20세기에 여성의 참여율은 꾸준히 상승했으며 2000년 이후 약 57%의 참여율을 유지하고 있다.

58. Pew Research Center(2013).

59. Burnham and Theodore(2012) 참조. 미국 등 부유한 국가에서 상대적으로 덜 부유한 국가 출신의 가사도우미를 불러들이는 세계적인 이주 현상으로 인해, 여성 이주민은 물론 이주민의 고향에 있는 가족과 지역 사회에 대단히 모순적인 영

향을 끼친다(Parreñas 2015; Hochschild 2001). 간호 분야에서도 유사한 연쇄적인 국제 이민 현상이 발생하는데, 미국과 다른 선진국의 의료 체제에서 지속적으로 인력 부족 현상을 현지의 임금 및 노동 조건의 개선을 통해서보다 덜 부유한 국가 출신의 간호사 이주를 통해 해소하고 있다(Yeates 2012, 2005).

60. Dawson(2016), Fraser(2016b) 참조.

61. 기자의 견해에 대해서는 Farrow, Lang, and Frank(2006) 참조.

62. 자택 돌봄의 사례를 보자(Osterman 2017). 자택 돌봄을 맡은 간병인과 간호사는 현재 매우 낮은 임금을 받고 있다. 이에 따라 치료의 수준도 낮아지고 있다. 저임금은 환자가 부담해야 하는 의료 서비스의 비용을 줄여주지만, 질 낮은 치료는 결국 미래의 의료비용 전체를 증가시킨다. 자본주의 체제에서 미래와 관련된 의료 서비스 비용은 경제의 다른 주체(제약 및 보험회사, 병원, 의사)가 이익을 보는 구조이기 때문에, 자택 돌봄 노동자가 직접 투쟁하고 환자와 환자 가족이 목소리를 내는 것 외에는 상황을 바꿀 방법이 없다.

63. 정부가 자본주의 산업에 굴복한 또 하나의 슬픈 사례는 오바마 행정부가 패스트푸드 산업에 항복했다는 것이다. Wilson and Roberts (2012) 참조.

64. Citylab(2018)의 여러 도시경제 전문가의 의견 참조.

65. Dwyer-Lindgren et al.(2017).

66. 환경에서 지속가능성이라는 광범위한 범주와 마찬가지로 토지 시장에서 수요와 공급의 불균형을 바로잡는 자동화된 시장 절차는 존재하지 않는다. 그 이유는 토지가 정치경제적인 관점에서 상품이 아니기 때문이다. 토지는 판매를 통한 이윤을 위해 생산되는 것이 아니어서 가격이 올라도 그에 따른 생산이 뒤따르지 못한다. (인공 매립을 통한 해안선 확장 등의 예외는 드물다) 주택 수요가 있다면 건설업체는 건물을 더 짓고 싶겠지만, 집을 지을 수 있는 토지는 한정된 자원이며, 토지의 주인은 독점적인 임대 수익을 얻고 있다. 토지 특유의 속성을 무시한 지역 용도와 임대 규제에 대한 대부분의 주류 분석가들은 규제야말로 주택 문제의 주된 원인이라고 주장한다. 즉, 임대나 매매를 원하는 사람에게 어떠한 보상 혜택도 주지 않고 새로운 주택 공급을 차단한다는 것이다(Jenkins 2009 사례 참조). 고전적인

주류 분석은 Friedman and Stigler(1946)에 제시되어 있다. 토지는 은연중에 자본의 또 다른 형태로 취급되며, 토지 공급과 판매용으로 생산되는 재화와 서비스를 구별하는 본질적인 비재생력이 무시된다. 더욱이 수요 측면에서 토지와 주택은 어느 정도 유동성이 있는 일상적인 가족 예산의 여러 요인과 다르다. 만약 식품 가격이 상승하면 우리는 좀 더 비싼 품목을 줄이고, 의복 가격이 상승하면 옷을 덜 산다. 하지만 집세나 부동산담보대출비는 상승해도 돈을 지불하는 수밖에 없다. 특히 대안 주택에 대한 공급이 부족할 때는 더더욱 그러하다.

67. Allegretto and Mishel(2016).

68. Kennedy(2010).

69. 이와 관련된 역사는 통탄할 만하다. 몇 가지 사례만 들어보겠다. 1953년 이란에서 민주적인 투표로 탄생한 의회가 자국의 석유 산업을 국유화하기로 하자, 미국은 은밀하게 정부를 전복시키고 이란의 군주 샤(Shah)를 세웠으며 수십 년에 걸쳐 군주의 진압을 지원해주었다(Abrahamian 2001). 1954년 United Fruit Company가 소유한 유휴 토지를 과테말라 정부가 압수해서 농민에게 나누어주려 하자 미국은 이를 저지하기 위해 과테말라를 침략했다(Swamy 1980). 1970년대 초, 칠레의 선거에서 사회민주주의를 지지하는 후보인 살바도르 아옌데(Salvador Allende)를 물리치기 위해 International Telephone and Telegraph(ITT)는 미국 US Central Intelligence(CIA)를 동원하려 했다. CIA는 처음에는 거절했다. 아옌데가 당선되자 ITT는 미국 정부와 다른 미국 기업들에 새 칠레 정부에 대한 신용 및 원조를 중단하고 아옌데의 정적들을 지원하라고 압력을 넣었다. 아옌데 정부가 미국 기업 소유의 구리광산을 국유화하자, 미국 정부는 아옌데 정부에 반대하는 폭력적인 군사 쿠데타를 지원했고 결국 수년에 걸친 잔인한 독재 정치가 이어졌다(Barnet and Muller 1975).

70. 이에 대한 방대한 문헌이 존재한다. 그중에서 시작점은 Wallerstein(2004)과 Arrighi(1994)라 할 수 있을 것이다.

71. 세계적인 불평등의 형태와 발전 과정에 대해서는 Alvaredo et al.(2018) 참조. 개별 기업의 사업 방향의 종류에 대해서는 Amsden(2001)과 Evans(2012)의 사례

참조. 저자들에 따르면 국가 정부가 투자를 조정하는 능력이 핵심 요인이다. 공식적인 독립을 선언했음에도 주변 국가 정부들은 전형적으로 부실하고 과세표준이 부족하며 외국 투자를 유치하는 방안에만 몰두하고 있다.

72. Now(2016).

73. Zucman(2015).

74. Li and Zhou(2017).

75. 세 가지 사례만 인용하겠다. 담배회사들의 압박을 받은 미국 무역 대표들은 태국 정부가 흡연율을 낮추고 흡연으로 발생하는 의료비용을 줄이기 위해 담배 수입을 제한하는 정책을 추진하겠다고 하자 태국에 대한 제재를 가하겠다고 협박했다(MacKenzie and Collin 2012). 미국에서 편향적인 대통령이 선출되면서 Trans-Pacific Partnership 협정이 갑자기 중단되기는 했으나, 그 협정 과정은 다른 나라의 기업 이익과 정치적 주권을 희생해서라도 미국 산업의 이윤을 증진하겠다는 미국 대표단의 노력으로 진행되고 있었다(Public Citizen 2018). 2017년부터 2018년에 예멘에서 일어난 특별히 파괴적이었던 사우디-예멘 전쟁을 미국이 외교적·군사적으로 지원한 이유는 사우디아라비아에 대한 지속적인 무기 판매와 관련된 미국의 경제적 이해관계 및 해당 지역의 지정학적 경쟁 관계에서 억압적인 정권에 대한 의존성 때문으로 추정된다(Nissenbaum 2018).

76. https://thebulletin.org/doomsday-clock/에서 Bulletin of Atomic Scientists가 정기적으로 갱신하는 운명의 날 시계 참조.

3장

1. Maddison(2007) 참조.

2. 자본주의 발전을 통해 경제 활동의 상호의존성을 높인다는 개념은 애덤 스미스(Adam Smith)에서부터 칼 마르크스(Karl Marx, 사회화라는 용어는 여기서 차용했다), 에밀 뒤르켐(Emile Durkheim)에서 그 이상으로 광범위한 자본주의 최초의 기록자들에게 중심적인 생각이었다.

3. '사회화'라는 두 개의 용어는 구별이 되지만 연관된 과정을 언급할 때도 사용

된다. 첫 번째로 민간의 소유권을 공공 부문으로 이전하는 과정을 말하며(나중에 다시 살펴볼 예정이다), 두 번째는 사람, 특히 어린아이가 폭넓은 사회에서 문화적 자원을 받아들이는 과정을 말한다.

4. 이 이야기는 유럽과 세계의 여러 지역에서 시작하지만, 개발 정책의 주된 방향은 서로 같다. 미국의 자본주의는 정착형 식민주의, 원주민 제거, 수백만 명의 노예 수입을 통해 나타났다. 반면 영국에서 자본주의는 봉건주의에서 좀 더 '유기적으로' 발전했으며 농촌 지역에서 자본주의 농부 계층과 몰수당한 농업 노동자가 등장하고, 도시에서 상업 무역과 생산 활동에 대한 투자가 확대되면서 이루어졌다.

5. 1852년 매사추세츠주는 최초로 교육을 의무화하는 법을 통과시켰다. 그리고 1918년 미시시피주가 미국에서 마지막으로 교육을 의무화하는 법을 통과시켰다.

6. 기업이 다양한 활동을 관리하고 조정하게 해준 경영 및 기술 분야에서 혁신에 대한 역사의 개요는 Nightingale et al.(2003) 참조.

7. 물론 이러한 발전에는 시간이 필요했다. 제품 시장은 1800년대 후반에 비로소 미국 전역에서 통합됐으며 투자 자본 시장은 1900년대 초반에야 통합됐다. 노동 시장은 제2차 세계대전이 끝나고 나서야 전국적인 시장으로 거듭났다. 같은 시기에 점점 더 많은 기업이 국제 무역에 종사하게 되었다. 오늘날 전체 제조업의 25% 정도가 미국 밖의 지역에 수출하고 있으며, 직원이 20명 이상인 기업의 수치는 40%에 달한다(Lincoln and McCallum 2018).

8. 미국 정부가 18세기 후반과 19세기 초반의 미국 경제와 무관하다는 의미는 아니다(Novak 2008 사례 참조). 여기서 내 주장의 요점은 시간이 지나면서 점점 정부의 역할이 중요해졌다는 것이다.

9. Mazzucato(2015)와 Block and Keller(2015) 참조.

10. US Bureau of the Census(1975, P-20) 참조. 당시는 한 학년의 기간이 상당히 짧았고 결석 빈도가 꽤 높았던 점에 주목해야 한다. 1870년에 한 학년의 기간은 132일(오늘날 한 학년은 약 180일이다)이고 출석률은 평균 59%에 불과했다(오늘날 출석

률은 약 90%이다).

11. Bowles and Gintis(1976), 그리고 최근 Bowles and Gintis(2002)가 반복했던 바와 마찬가지다. Stevens(2009), Khan(2010)도 참조.

12. 이러한 개선 방식과 관련한 근거에 대해서는 Handel(2012) 참조. 미국 사례에 관해서는 Vidal(2013) 참조. 기술 차원에서 개선점을 평가할 때 한 가지 생각해야 할 점은 공식적인 교육이나 훈련이 아니라 경험에 기반을 둔 암묵적인 기술에 대해 어떤 식으로 설명해야 하느냐다. 예컨대 전통적인 농업은 현저하게 다양한 노하우를 중요시하는데, 그중 상당수가 이미 상실되었다. 하지만 농작물 수확량 증가, 새로운 작물 품종 개발, 양식장, 가금류, 젖소 등의 관리 효율 향상 등 현대 과학기술을 통해 학습한 농민이 얻은 이점을 무시할 정도로 과거의 노하우를 미화해서는 안 될 것이다. 또한 경제가 더 높은 기술력을 요구한다는 사실이 현재의 교육 체제가 잘 유지되고 있다는 것을 의미하지는 않는다. 이는 대학 교육을 받지 않은 사람이 직업을 구하거나 직장을 유지하거나 적절한 보수를 주는 직장을 찾을 때 어려움을 겪는 이유이기도 하다. 반면 높은 학위를 딴 사람은 일반적으로 훨씬 더 많은 수요(전공에 따라)에 의해 소득 또한 매우 빠르게 상승했다(Goldin and Katz 2009). 또한 산업 분야에서 숙련된 기술력을 갖춘 노동자가 필요하다고 해서 불균형이 나타나지 않는다는 의미는 아니다. 앞서 언급한 바와 같이 필요 이상의 자격을 갖춘 대학 졸업자가 늘어나고 있으나 면밀한 조사 결과 대부분의 대학 졸업자가 더 보수가 좋은 직장으로 옮겼기 때문에, 결국 과잉교육이란 대부분 일시적인 것에 불과했다(Sloane 2014).

13. 그 결과, 1980년 이래로 경제 분야에서 정부 지출의 비중은 기복이 있고 평균적으로 느리긴 해도 꾸준히 증가해왔다. 반면 비농업 고용(군대와 정보기관은 제외하고 우체국은 포함)과 관련된 정부 지출 비중은 1950년 약 13%에서 1975년에 19%까지 상승했다가 그 이후에 상당히 규칙적으로 감소해서 2000년에 15%로 줄어들었다(2000년 이후에는 15%와 17% 사이를 오간다). 고용과 관련한 정보는 Federal Reserve Bank of St. Louis(2015) 참조.

14. Genoways(2017)의 설명 참조.

15. 오바마 대통령은 널리 인용되는 2012년 7월 13일 대통령 선거 연설에서 이를 적절하게 표현했다. "만약 여러분이 인생에서 성공을 거두었다면 혼자만의 힘으로는 할 수 없었을 겁니다. (…) 과거에 성공한 경험이 있다면, 누군가가 특정 시점에 당신에게 도움을 줬을 겁니다. 여러분은 인생에서 훌륭한 선생님을 만났기 때문이죠. (…) 누군가는 도로와 다리에 투자를 하죠. 만약 여러분이 사업을 한다면 당신이 직접 그 사업을 만들진 않았을 겁니다. 누군가가 대신 만들었겠죠. 인터넷 또한 스스로 만들어진 것이 아닙니다. 정부 연구로 탄생한 인터넷 덕분에 모든 기업이 인터넷에서 돈을 벌 수 있었습니다." 오바마의 분석은 정확했다. 비록 미국 공화당 후보 밋 롬니가 오바마의 연설을 "여러분이 사업을 한다면 당신이 직접 그 사업을 만들진 않았을 겁니다. 누군가가 대신 만들었겠죠"로 축약해 오바마를 조롱함으로써 기업의 호감을 사기는 했지만 말이다(Kiely 2012).

16. Jordà et al.(2018)의 논문은 17개 '선진국' 경제 대부분에서 '실제' 경제와 금융 부문의 통합이 지난 150년 동안 상당히 꾸준하게 성장했음을 보여준다. Reinhart and Rogoff(2009)는 1800년 이후(두 차례 세계대전으로 경제가 큰 영향을 받기는 했다) 금융자본이 세계적으로 더 유동적인 경향을 보였으며, 침체기에 은행 위기를 겪는 국가의 수가 증가하는 경향을 보였다고 한다.

17. 이에 관한 최근 연구의 논평은 https://promarket.org/connection-market-concentration-rise-inequality/ 참조.

18. Harrigan(1981) 사례 참조.

19. Arthur(1996).

20. Khan(2017).

21. Gallup(2017).

22. Gallup(2017).

23. Mazzucato(2015)에 따르면 미국 연방정부가 인터넷, 기초의학, 셰일가스, 우주 탐사 등에 필요한 여러 핵심 기술에 자금을 지원하거나, 다른 방식으로 후원하는 역할을 맡았다고 한다. 그녀는 정부가 시장의 실패를 바로잡고 시장 내 상호작용을 위한 법적 틀을 설정하는 등 전통적인 경제 구조를 훨씬 뛰어넘는 역

할을 오랫동안 맡아왔다는 주장을 설득력 있게 제시한다. 하지만 그녀가 말하는 정부의 역할이 국방 분야 및 수익률이 높은 산업에 편향적이라는 사실은 놀랍다. 자본주의 사회에서 정부가 이러한 척도 밖에서 행동하는 능력(정부 투자를 민주적으로 결정된 다른 분야의 목표로 끌어들이는 시민의 능력)이 매우 제한적이다. 그녀는 이러한 한계점과 관련한 좋은 사례를 인용한다. 국립보건원(NIH)은 많은 기초의학 연구를 지원하지만, 대부분 치료 약물 개발(수익률이 높다)을 목표로 하며, 진단, 수술 치료, 생활방식 변화와 같은 분야(수익률이 낮다)에는 거의 관심이 없다(Mazzucato 2015, 10). 더욱이 종속적인 미국 정부는 '위험은 사회화되고 보상은 민간화된다'(195ff)라는 낙수효과에만 몰두하고 있다. 즉 정부가 자금을 지원한 기술을 사용하면서 발생하는 이익이 공공의 재원으로 가지 않고 민간 기업 분야로 흘러간다는 것이다(Lazonick and Mazzucato 2013 참조). 그녀는 '보다 기업가적인 국가'가 녹색과 포용적 성장을 위한 혁신을 주도하는 모습을 희망차게 그려내지만, 이 비전을 실현하기 위한 정치적 의지가 어디에서 나올 것인가에 대해서는 거의 언급하지 않는다. 그녀의 비전은 자본주의의 어떤 유형보다도 이 책의 6장에서 내가 제안하는 민주사회주의 모델과 잘 들어맞는다.

4장

1. Gibson(1999).
2. https://bcorporation.net/ 참조.
3. McWilliams(2015), Mackey and Sisodia(2014), Porter and Kramer(2011) 사례 참조.
4. 기업의 사회적·환경적 책임(corporate social and environmental responsibility, CSR)에 관한 문헌은 방대하다. 출발점부터 보려면 Dahlsrud(2008), McWilliams(2015) 참조. 고차원적 기업 모델에 관해서는 Rogers(1990), Wright and Rogers(2011, Ch. 9), Kochan et al.(2013), Helper(2009), Helper, and Noonan(2015) 참조.
5. Margolis and Elfenbein(2008).
6. 권력가와 부자의 고귀한 노력을 기울여서 자신들의 특권을 위협하지 않으면

서도 사회 문제를 해결할 수 있다는 행복한 환상에 대한 통렬한 비평을 보려면, Giridharadas(2018) 참조.

7. 다수의 자유주의자가 제기한 이러한 주장은 착시현상과 다름없다. 자유주의자들은 기업에 외부효과가 존재한다는 사실을 부정하지는 않지만, (1) 규제와 세금을 통해 문제를 해결하려는 정부의 노력은 득보다 실이 많다고 주장하며, (2) 좀더 나은 해결책은 사회와 천연자원을 더욱 많이 민영화하는 것이며, (3) 정부 규제에 긍정적인 효과를 기대하는 사람은 정부 역할의 확대를 위해 기업의 부정적인 외부효과를 과장해서 말한다. Adler(2008), Lane(2009) 사례 참조.

8. 하지만 사회적 책임을 지는 기업 중 영웅이라 칭할 수 있는 파타고니아의 설립자 이본 취나드(Yvon Chouinard)조차 파타고니아 고객의 10%만이 회사의 가치관을 좋아하기 때문에 제품을 구입한다고 생각한다는 점에 주목해야 한다. 그의 말에 따르면 나머지 90%는 제품 스타일이 마음에 들어서 구매한다고 한다(관련 인터뷰는 https://www.youtube.com/watch?v=O3TwULu-Wjw 참조).

9. Kitzmueller and Shimshack(2012)가 환경 책임에 관한 문헌을 종합하길, "경험 경제 연구 대부분은 환경적 성과와 전반적인 경쟁력 사이에서 약간의 부정적인 대립을 선호한다[Jaffe et al.(1995), Ambec and Barla(2006), Pasurka(2008)]. (…) Margolis, Elfenbein, and Walsh(2007)의 메타 분석 결과, 사회적 성과와 기업 실적과의 상관관계는 0.08로 실질적으로 의미 있는 수치가 아니었다. 또한 산업, 기업 규모, 사업 위험과 같은 기본적인 통제 변인을 포함하는 연구만 검토했을 때 평균 상관관계 수치는 더욱 낮아졌다. Margolis, Elfenbein, and Walsh는 기업의 사회적 책임과 기업의 재무 성과(corporate financial performance, CFP)의 평균 상관관계가 긍정적인 이유는 '적어도 기업의 재무 상황에서 사회적 책임 또는 그 반대의 인과관계에 기인한다'"고 말했다(70-71).

10. 공정 무역 커피가 좋은 사례이다. Hainmueller, Hiscox, and Sequeira(2015) 참조.

11. Michie, Blasi, and Borzaga(2017) 논문집 참조.

12. Pencavel, Pistaferri, and Schivardi(2006)는 이탈리아 노동자 소유 협동조합

의 임금이 유사한 자본주의 기업에 비해 14% 낮았으며, 사업 여건이 나빠지면 협동조합은 해고 대신 임금 조정을 선택하기 때문에 임금의 변동성이 더 크다고 지적했다. 저자들은 이 조사 결과가 다른 나라에도 일반화될 수 있다며 설득력 있게 주장한다.

13. 협동조합의 확장을 막는 다양한 요인에 관한 논의는 Artz and Kim(2011) 참조.

14. Kitzmueller and Shimshack(2012): "기업의 사회적 책임(CSR)이 노동 시장에 영향을 미칠 수 있다고 시사하는 양적 조사 결과가 계속 나오는데도, 양적이고 경험적인 연구 문헌은 CSR이 노동 시장에 미치는 효과가 작거나 없다는 귀무가설(歸無假說)을 보통 포기하지 못한다."(72). 이 현상은 경영진의 보상과 범위가 더 넓은 노동 시장에도 해당한다. "최근 경제 전반에 걸친 포괄적인 데이터 집합 연구 결과 개인, 직업, 직장의 특성을 통제한 후 비영리 부문과 영리 부문의 임금을 비교했을 때, 평균적으로 체계적인 차이가 없다고 드러났다⋯. 일부 연구에서는 심지어 비영리 부문이 혜택을 받는 경우가 확인되기도 했다⋯. 더 많은 증거가 필요하지만, 요약하자면 사회적 책임을 실천하는 기업의 직원은 임금이나 다른 형태의 보상을 희생하는 것처럼 보이지 않는다. 따라서 노동 시장의 효과를 본 기업이 CSR을 체계적으로 추진할 가능성은 없어 보인다"(72-73).

15. 사회책임투자 공동체에 속한 사람들은 종종 Social Investment Forum의 자료를 인용하는데, 오늘날 미국에서 관리되는 모든 자산의 20% 이상이 SRI 전략의 다양한 형태 혹은 다른 형태를 반영하는 펀드에 투자된다는 취지의 내용이다 (Investment 2016). 하지만 이 수치는 상당히 과장되어 있다. 내가 아는 바로는, 이는 SRI 펀드를 무엇이라도 제안하는 포트폴리오에서 모든 자산을 계산해서 나온 값이다. 실제로 SRI 펀드에 투자된 비율이 아무리 적고 또한 SRI에 대해 의지가 아무리 빈약해도 상관없이 말이다.

16. 다양한 기부에 대해서는 Porter et al.(2007) 참조.

17. Locke(2013)는 글로벌 공급체인 거버넌스에 대해 윤리적 자본주의가 겪은 실패를 설명한다. 사회운동가들의 압박으로 Nike는 글로벌 공급망에서의 노동 조

건 개선을 위해 이례적으로 진지하게 노력을 기울였다. Locke는 Nike가 제공한 상세한 자료를 검토한 후에 Nike의 노력이 수포로 돌아갔다고 말했다. Nike와 관련 공급업체 간의 갈등이 너무 심했던 것이다. 그는 글로벌 공급체인 내의 노동 조건을 개선하려면 근로감독관을 위한 정교한 프로그램 등 정부가 보완하려는 노력이 필요하다고 설득력 있게 주장한다.

18. Richard Posner 판사는 2009년 저서에서 이 결론에 대해 감명 깊은 주장을 제시했는데, 그처럼 극단적인 보수주의자가 마지못해 동의했다는 점에서 더욱 설득력이 느껴진다(Posner 2009). Porter and Van der Linde(1995)는 기업 관점에서 (체계적인) 규제에 찬성하는 또 다른 영향력 있는 주장을 제시한다.

19. 연방준비제도는 모든 경기 부양 정책의 핵심이다. 법령에 따라 연방준비제도는 최대 고용, 물가 안정, 안정적 장기 금리 등 세 가지 목표를 가지고 있다. 하지만 면밀한 분석에 따르면 연방준비제도는 고용 보장에 대해서는 매우 소극적인 태도를 보인다. 최대 고용은 실업 현상을 없애겠다는 것이 아니라 '최대'로 고용을 늘리겠다는 의미로, 다른 두 목표와 부딪히지 않는 선에서 최대 고용을 하겠다는 소리다. 그런데 왜 고용과 나머지 두 목표 사이에 균형이 존재해야 할까? 그 이유에 대해서는 다음 단락에서 거시경제학 시스템에 존재하는 불가사의한 현상 때문이 아니라, 이윤과 권력의 손실을 몹시도 꺼리는 재계의 성향 때문에 발생한다는 점을 설명하겠다.

20. Kalecki(1943)가 고전적인 분석을 제시한다.

21. Smith(2016).

22. 이 분석은 심지어 자유주의 성향인 Cato Institute의 지원을 받았다. Thrall and Dorminey(2018) 참조.

23. 이 주제에 관한 여러 논문 중에서 Stiglitz(2017)와 Rhaman(2018)부터 시작하면 좋을 것이다. 좀 더 심도 있는 논의는 Drahos and Braithwaite(2017), Dutfield(2017), May(2015) 참조.

24. '협동조합주의(corporatism)' 개념은 Siaroff(1999) 참조. '공동 결의(co-determination)'에 대해서는 Streeck(1983), FitzRoy and Kraft(2005) 참조. 나는 북유

럽 국가에서 나타나는 사회민주주의에 주로 초점을 맞추었으며, 네덜란드, 독일, 프랑스 등 정부의 역할이 북유럽 모델과 미국 및 영국의 시장 지향 모델의 중간 지점에 있는 나라는 제외했다. 사회민주주의 모델이 직면한 문제에 대한 보다 광범위한 논평은 Palley(2018) 참조.

25. 북유럽 모델이 젠더 문제와 복지에서 맞닥뜨린 사회적 위기에서 보여준 성공과 실패 사례에 대해 균형 잡힌 관점을 보려면 Lister(2009) 참조.

26. 북유럽 사회민주주의 모델에 회의적인 사람은 이 모델을 미국에 적용하기 힘든 또 다른 요인을 인용할 때도 있다. 그 요인이란 북유럽 국가는 상대적으로 매우 작은 국가이며 인구 중 단일 민족의 비율이 높다는 것이다. 실제로 이들 국가는 규모가 작아서 여러 기업의 지도자와 정부 각료들이 중간 규모의 회의실에서 모두 모여 의논을 진행할 수 있다. 이 때문에 미국처럼 대규모 국가에 적용할 만한 강력한 결론을 끌어내기가 쉽지 않다.

27. 핀란드가 글로벌 기술 경쟁에 (초기에) 성공적으로 참여하는 바람에 핀란드의 사회민주적인 타협이 잠식되었던 것에 대해 알아보려면 통찰력이 돋보이는 Ornston(2014)의 에세이 참조. 신자유주의 정책과 국제적인 금융화의 압력으로 발생한 스웨덴 사회민주주의의 소멸에 관련된 분석을 보려면 Belfrage and Kallifatides(2018) 참조.

28. Credit Suisse(2016). 이와 비슷하게, 스웨덴의 세대 간 유동성의 비율은 이보다 덜 유동적이라고 추정되는 영국이나 미국 경제와 비슷한 수준이다. 오늘날 이 수치는 산업화 이전 시대보다 조금 높을 뿐이다. Clark(2012) 참조.

29. Minx et al.(2008) 참조.

30. Aggestam and Bergman-Rosamond(2016).

31. Sullivan(2014).

32. Vucetic(2018).

33. McKinnon, Muttitt, and Trout(2017).

34. 추가 내용을 더 참조하려면 위키피디아의 'Technological Utopianism'과 Huesemann and Huesemann(2011)에서 시작하는 편이 좋다.

35. 이 문제에 대한 실질적인 논의는 Davis(2016) 참조.

36. Alcorta(1994).

37. 일부 환경 운동가들은 지역주의에 중요한 가치가 있다고 생각하지만, 지역주의는 결국 더 비싼 식품이나 농업 분야에서 더 광범위한 화학물질의 사용으로 이어진다는 증거가 많다. 또한 수송이 식품 체제에서 겨우 11%만 차지하기 때문에 지역주의가 이산화탄소 배출 감소에 별로 도움이 되지 못한다고 한다. Sexton(2011) 참조.

38. 당연히 음악 산업은 재산권을 다시 주장하기 위해 저항했다. Fassler(2011) 사례 참조.

39. Frenken(2017)은 자본가, 국가 주도, 협력이라는 세 가지 공유경제 모델에 대한 실질적인 차이점을 설명한다.

40. 자본주의 시장에서 특정 기업이나 산업에서 자동화로 인해 없어진 일자리가 다른 산업에서 마법처럼 적절한 수의 일자리나 직업과 결합해 다시 나타날 것이라는 보장은 없다. 또한, 자본주의 사회에서 정부가 '최종 고용주'로서 시장에 개입할 가능성 또한 매우 적다. 반면 산업 분야에서 생산 활동에 중대한 개선 상황이 발생하면 해당 산업에서 생산된 제품의 가격이 내려가고 그 결과 소비자는 다른 산업의 제품에 돈을 더 쓸 수 있게 되어 결국 다른 산업 역시 생산 시설을 확장하고 더 많은 직원을 고용할 수 있게 된다. 따라서 지난 2세기 동안 자본주의 체제에서 기술혁명 이전의 총 고용에 대한 영향을 보지 못했던 이유다. Arntz, Gregory, and Zierahn(2016), Mishel and Bivens(2017) 참조.

41. 보편적 기본소득이 보장되면 지배 계층의 착취와 지배의 수단인 임금 노동을 폐지할 수도 있다는 점은 매력적이다. 하지만 이런 상황은 적은 소득을 기꺼이 받아들이며 살 수 있는 소수 계층에게만 적용된다. 모든 노동자의 노동 시간을 줄이는 정책이 훨씬 낫다. 정치, 경제적 변혁을 위한 민주사회주의 프로그램과 비교해서, 보편적 기본소득이 상대적으로 온건한 정책 개혁으로 보이며, 좀 더 쉽게 시행할 수 있고 사회 복지 혜택을 줄이는 방편으로 생각하는 우파 진영조차도 포용할 수 있다는 점도 매력적이다. 비록 일단 시행되면 사회경제적 발전

을 향한 흥미로운 길을 제공하겠지만 말이다. 평범한 정책 개혁으로 보일지라도, 자본주의 경제가 진행 중인 상황에서 보편적 기본소득을 시행하면 좀 더 근본적인 변화를 위해 움직이지 않더라도 곧 강력한 저항과 마주할 것이다. 즉 주객이 전도되는 상황이 발생하는 것이다. 또한 보편적 기본소득(혹은 역소득세)을 도입하면 기존의 모든 사회복지 정책을 합법적으로 폐지할 수 있으리라 희망하는 우파 집단의 생각에도 주목해야 한다. 예컨대 모든 사람이 선택에 따라 연금을 위해 기본소득을 저축하도록 보장받는다면, 정부가 운영하는 사회보장 정책은 필요하지 않다고 그들은 생각한다. Friedman[2009(1962)] 사례 참조.

42. 미국의 '노동공화주의(labor republicanism)' 전통에서 보편적 기본소득에 관한 역사, 다양한 철학적 논의에 대해서는 Gourevitch(2013) 참조.

43. Paul, Darity, and Hamilton(2017).

5장

1. 민주주의와 그 밖의 정치 체제에 대한 아리스토텔레스의 관점을 정리한 내용은 Miller(2017) 참조.

2. 로널드 코스(Ronald Coase)에 따르면 경쟁과 가격 비교가 존재하는 시장 관계에 필요한 거래비용보다 기업이 조직 내부에서 처리하는 비용이 더 낮을 때, 기업이 시장보다 더 효과적이라고 주장한다(Coase 1937). 올리버 윌리엄슨(Oliver Williamson)에 따르면 시장을 통해 자산에 접근하는 거래비용과, 같은 기업 내 다른 조직을 통해 자산에 접근하는 처리비용 중 무엇이 더 큰지는 해당 자산이 사용자의 요구에 특화되었는지에 달려 있다(Williamson 1975). 예컨대 어떤 철강 기업에서 일반 종이 클립이 필요한 상황이라면, 해당 기업은 클립을 직접 생산하느니 구매하는 편을 택할 것이다. 반면에 다른 어떤 회사에서도 갖추지 못한 기술력이 필요한 특정 부품이 필요하다면, 철강 기업은 그 부품을 구매하는 대신 직접 생산하는 쪽을 택할 것이다. 만약 해당 부품의 공급업체가 독점적 지위를 이용하여 가격을 올린다면 철강 기업은 더 큰 비용을 부담해야 하기 때문이다. 하지만 거래비용과 조직 내부 처리비용을 비교하는 위와 같은 주장은 개별 기업의 아웃소

싱 문제에만 국한되어 있으며, 경제 전반을 잘 구조화해야 하는 방식까지는 다루지 않는다. 그래서 윌리엄슨은 앞에서 논의했던 시장의 모든 시스템적 역기능, 즉 불안정성, 독점 문화, 부정적 외부효과, 예상되는 긍정적 외부효과의 기회비용을 무시하는 셈이다.

3. 일부 대기업은 시장의 라인을 따라 내부적으로 조직된다는 점에 주목하자. 이러한 기업을 구성하는 주요 조직은 각각 독립적인 사업체로 운영되며, 서로 판매하는 재화와 용역에 시장 가격을 부과하고, 기업이 주식 시장에서 투자 자금을 놓고 경쟁하듯 본사의 자금조달을 놓고 서로 경쟁을 벌인다. 이처럼 지주회사 모델에서 전략적 경영은 최소화된다. 내부 조직을 반영하는 시장 모델은 사업 부문이 고유 사업 활동을 독립적으로 진행할 수 있는 한, 합리적으로 움직인다. 하지만 사업 활동이 상호의존적이거나 본사가 내부 조직 사이의 잠재적인 시너지를 개발하거나 활용하려 든다면, 생산 조직과 독립적인 사업체 조직을 통제할 때 불일치가 발생한다. 이는 거대한 시장 경제에서 발견되는 대부분의 역기능을 일으킨다. Eccles(1985) 사례 참조.

4. 대부분의 기업은 내부 운영을 포함해서 공급업체와 소비자와의 관계도 전략적으로 관리한다[Hansen(2009), Fawcett, Jones, and Fawcett(2012) 사례 참조]. 기업은 아주 가까운 시장 관계(필요에 따라 공급업체의 품목에서 물건을 고를 수 있는 경우 등)가 아니라 가격, 수량, 품질, 납품 날짜, 우발성, 위약금 등을 명시한 장기 계약서를 두고 한두 군데의 공급업체와 협상을 진행한다. 이러한 계약은 시장 경쟁과 공동 전략 경영이 합쳐진 모습을 구체화한다. 고차원 기업은 이와 같은 공동 전략 경영에서 더 나아간다. 공급업체 직원은 물론 공급업체까지 창의성을 적용하려는 고차원 기업은 부품 설계, 최상의 생산 절차 결정, 설계, 생산 및 납품 문제 해결 등을 위해 공급업체와 협력하는 경우가 많다. 이러한 기업 간 상호 공동 전략 경영은 고차원 기업의 사내 경영과 유사하게 네 가지 기업 원칙에 따라 진행된다. 이러한 공동 경영은 자본주의 시장 경쟁이 일으키는 문제와 싸워야 하지만, 민주사회주의 경제에서 일어날 기업 간 수평 계약에 대한 교훈을 제공하기도 한다.

5. '협업(collarboration)'과 '조정(coordination)'을 구분할 수 있는데, 조정이란 목표와

목표를 달성하는 방법이 사전에 명시되어 있는 상황(매우 규격화된 활동처럼)에서 우리가 하는 행동이다. 또한 협업을 '협력cooperation'과 구분할 수도 있는데, 협력이란 목표는 정해져 있으나 목표를 달성할 방법이 정해져 있지 않았을 때(신제품 개발과 같은 미리 정한 하나의 목표를 달성하기 위해 함께 작업하는 팀처럼) 사람들이 보여주는 행동이다.

6. 재료 기술과 마찬가지로, 자본주의 기업의 경영 기법은 생산적인 도구인 동시에 지배와 착취를 위한 무기로 기능하며, 때에 따라 그중 한 가지 기능이 우세하다(Adler 2012 참조). 이러한 경영 기법의 혁신 과정에 대한 역사적 관점에 대해서는, Bodrožić and Adler(2018) 참조. 생산 활동의 사회화로 나타난 결과물인 경영 기법의 발전(및 이에 따른 경영진이라는 직업의 발전)에 대한 또 다른 관점은 Duménil and Lévy(2018) 참조.

7. 민주사회주의 관련 문헌에서 이러한 활동은 흔히 '계획'이라 불리며, '분산된 시장 조정' 체제인 자본주의와 달리 민주사회주의는 '중앙집중적 계획'의 체제로 설명된다. 하지만 계획이란 목표를 설정하고 목표 달성을 위한 계획을 만들며 계획 달성을 위해 자원을 할당하고 진행성과를 평가하고, 시간에 따라 목표와 계획을 수정하는 등 우리가 거쳐야 하는 많은 절차 중 한 단계에 불과하다. 그리고 민주사회주의 경제에서 중앙 기관과 지방 행정부 간의 상대적 역할은 열린 문제이므로 미리 정해진 것은 없다. 민주사회주의 경제학과 관련된 전문 문헌 밖에서는 이렇게 중앙 및 지방 조직이 맡는 책임이 가변적으로 정해지는 것을 전략적 경영이라고 부른다. 관련 개요는 위키피디아의 '전략적 경영Strategic Management' 참조.

8. 예컨대 정부가 책을 자유롭게 읽을 권리를 제공한다고 해도, 읽는 방법을 배울 기회가 없다면 그 권리는 그다지 큰 힘이 되지 못한다. 긍정적 자유와 부정적 자유에 관한 문헌을 읽고 싶다면 Carter(2018)가 출발점으로 적절하다. Sen(1993)과 Nussbaum(2011)도 참조. 자유란 본질적으로 다른 무언가에 구애받지 않는다는 것을 일컫지만, 만일 자원이 부족해서 자유를 행사할 능력을 갖추지 못한다면 그러한 자유는 가치가 거의 없다는 접근 방법도 있다. 긍정적 자유라고 불리는 가

치가 부정적 자유의 또 다른 형태로 해석될 수 있다고 주장한 Gourevitch(2015)는 두 번째 대안을 제시한다. 예컨대 우리에게 영향을 미치는 의사 결정에 참여할 기회를 제도적으로 막아버리는 데서 벗어나는 것은 부정적 자유다.

9. 이 문제에 대한 관련 경영학 문헌을 보면 때때로 혼란스러운데, 집중화와 직원 참여를 상호 배타적인 관계로 정의한다. 하지만 좀 더 확실한 정의는 다음과 같이 요약할 수 있다. 집중화란 하급자가 위계질서상 상부 어느 선까지 제안서를 올려야, 그 선에서 그 이상의 자문을 구하지 않고도 해당 제안서를 수용하거나 거부할 수 있는지를 따지는 문제다. 한편 직원 참여란 직원이 위계질서상 자신과 동급이거나 아래의 어느 선까지 제안서를 가져가서 자문과 승인을 받고 결정을 내릴 수 있는지의 문제다. 물론 직원 참여란 완전히 권한을 공유하는 것에서부터 자문에 대한 의무, 가장 끄트머리에서 통보받을 권리 등 강도가 제각각이다. 조직에 속한 모든 하위 팀 전반에 강력하게 일관된 행동력이 필요할 때는 조직의 집중화가 필요하다. 한편 기업이 목표와 계획을 설정하는 데 필요한 지식이 위계질서에서 더 아래나 멀리에 퍼져 있을 때는 직원 참여가 필요하다. 집중화에 대한 문헌은 Pugh and Hickson(1976) 참조. 직원 참여에 관한 문헌은 Heller(1998), Glew et al.(1995) 참조.

10. 직원 참여 방식의 집중화에 회의적인 사람들은 '과두제의 철칙'이라는 이론을 종종 언급한다. 과두제의 철칙이란 조직이 아무리 민주적으로 시작했더라도, 조직이 성장함에 따라 어쩔 수 없이 사리사욕에 빠진 엘리트 계층의 지배에 굴복당한다는 개념이다[이에 대한 고전적인 설명은 Michels 1966(1911) 참조]. 사실 이와 같은 일반화가 적용된 사례도 많다. 그러나 역사에는 '민주주의의 철칙'이라는 강력한 반론도 존재한다(Gouldner 1955). 국가나 조직의 차원에서 지도자가 자신의 이익만 챙기고 다른 사람을 희생시키는 독재 정치를 시작하면 다른 사람들이 이에 맞서 지도자에게 도전하고 민주적 원칙을 천명하는 현상도 흔히 발생한다. [사람들이 스스로 그 집단을 떠나는 것으로 변화를 조장하는 상황이 일어날 수도 있다. Hirschman(1970) 참조.] 어쩔 수 없이 과두정치로 몰락하게 되리라 단정하는 것은 냉소주의를 일종의 지혜나 사회적인 이론으로 포장하는 것에 불과하다.

11. 전략 수립과 예산 편성 과정에 직원이 참여했을 경우 조직의 성과에 어떤 영향을 미치는지에 대한 경영학과 회계학 연구 결과가 상당히 많다. 여러 결과가 혼합되어 있지만, 대부분 사업 실적에 이롭다는 경우가 많다. Wooldridge, Schmid, and Floyd(2008); Wooldridge and Floyd(1990); Gerbing, Hamilton, and Freeman(1994); Vilà and Canales(2008); Derfuss(2009) 사례 참조.

12. Austin, Cotteleer, and Escalle(2003)는 허구이긴 해도 생생하게 이러한 체제의 권력을 제시하고 있다.

13. 민주사회주의 계획에 관한 회의론과 유사하게 SAP 등 소프트웨어 서비스 회사에서 전사적 자원 관리(enterprise resource planning, ERP) 시스템을 처음 제안했을 때 많은 사람이 성공 여부에 대해 회의적인 태도를 보였다. ERP와 같은 시스템을 구축하려면 기업 내 모든 부서에서 사용하는 모든 정보를 하나의 데이터베이스에 일관성 있게 통합하기 위해 조직 차원의 대규모 노력이 필요하다. 비용도 많이 들거니와 구축 과정이 지연되거나 실패하는 때도 있다. 그럼에도 불구하고 시스템을 구축함으로써 얻을 수 있는 혜택은 상당히 크다. 초창기의 회의적인 반응이 지나가고 이제 ERP는 대기업의 우수한 경영 방법의 표준이 되었다[Davenport(2000), Thomé et al.(2012) 참조]. 더욱이 ERP 시스템이 구축되면 기업의 유연성이 저하되기는커녕 오히려 향상되는 결과를 가져왔다(Qu et al. 2014).

14. 구체적으로 설명하면 Kaiser는 지역 기업의 컨소시엄으로 조직되어 있으며, Kaiser Foundation Health Plans for insurance(공익을 추구하는 비영리 법인으로 공인되었음), Permanente Medical Groups(영리를 추구하는 의사들의 합명회사 또는 대체로 Kaiser와 배타적으로 사업을 함께하는 전문 주식회사), Kaiser가 더 큰 영향력을 행사하는 지역에서는 Kaiser Foundation Hospitals(비영리 법인이며 Kaiser Health Plans로부터 자금을 지원받는다)를 통합한다.

15. Schilling et al.(2011) 참조.

16. 대시보드가 획기적인 혁신은 아니어서, 여러 대기업에서 이와 유사한 경영 기법을 개발해왔다. 다만 카이저 퍼머넌트가 정보를 널리 공유하고 네 개의 차원을 모두 똑같이 중요하게 취급했다는 점이 꽤 이례적이었다. 한편 대부분의 다른

기업들은 나머지 세 개의 차원을 재무적 성공에 보탬이 되는 요소로 파악하는 데 그친다.

17. Smillie(2000), Hendricks(1993) 참조.

18. 지금까지 이 동반적 노사 관계에 참여한 노동조합 중에서 국제서비스노동조합(Service Employees International Union, SEIU)이 가장 규모가 컸다. 참여한 노동조합의 전체 목록은 http://www.unioncoalition.org에서 확인할 수 있다. 동반적 노사 관계에 관한 문헌은 Kochan(2013), Kochan et al.(2009), Kochan(2008) 참조. 동반적 노사 관계에 대한 보다 비평적인 견해는 Borsos(2013), Early(2011) 참조. 캘리포니아간호사협회(California Nurses Association)는 이 동반적 노사 관계에 참여하는 것을 거절했다. 2018년 SEIU가 연합을 관리하며 좀 더 적대적인 입장을 세우려 하자 연합은 분열되기 시작했고, 연합에 속한 회원의 3분의 1을 대표하는 22개 지역조합이 연합에서 탈퇴한다. 당시 동반적 노사 관계의 미래는 불투명했다.

19. Schilling, Chase, et al.(2010), Whippy et al.(2011).

20. Kochan(2013).

21. Kaiser가 매트릭스 조직 구조에 집중했던 것은 국제적인 보건서비스 제공 체제에 필요했기 때문이다. 여기서 대다수의 작업팀은 긴밀하게 상호의존적이다. 작업팀의 효과적인 조정을 위해서는 권한과 자원을 공유하는 것이 중요했다.

22. 최고 계층에서 노사 파트너십을 지배하는 궁극적인 단체는 Labor Management Strategy group이다. 이 그룹은 Kaiser Permanente가 관리하는 8개 지역을 담당하는 사장, Kaiser Permanente 국제 경영진 임원, Permanente Medical Group 대표, 노동조합연합(11개 산하 노동조합의 각 지도자를 한 명 이상 포함한다) 대표로 구성되어 있다. Kaiser Permanente 및 Coalition of Kaiser Permanente Unions(2012) 참조.

23. August(n.d.) 참조. 노동조합연합이 경제적 효과에 대한 질문을 회피하지 않았다는 점에 주목해야 한다. 노동조합은 조합이 속한 산업과 경영진이 작업 효율과 품질을 개선해야 한다는 큰 압박을 받고 있다고 이해했다. 여기서 압박은 단순히 저차원 경쟁 업체와의 관계에서 오는 것이 아니라 미국 의료 시스템의 심각한 기

능 장애로 인해 늘어나는 기업의 좌절감을 의미하기도 한다. 기능 장애란 미국의 의료 체제가 다른 어떤 선진국보다 더 큰 비용을 미국인에게 요구하지만 결과적으로 미국인의 건강은 더 좋지 못한 상황을 뜻한다. 노동조합과 경영진은 이와 같은 동반 관계가 전국적인 의료비용 문제와 의료 품질 문제를 해결하기 위해 고차원 방식 사용을 목표로 해야 한다는 데 동의했다.

24. Kaiser Permanente(2010), Pearl(2017), Berwick(2010), Litwin(2010) 참조.

25. Matzler et al.(2016), Stieger et al.(2012), Gast and Zanini(2012), Whittington, Cailluet and Yakis-Douglas(2011), Whittington, Hautz, and Seidl(2017) 사례 참조. 개방형 전략은 개방형 혁신 모델을 기반으로 하며, 기업 내부에서 벗어나 외부(공급업체, 소비자, 온라인 커뮤니티)의 혁신적인 아이디어를 활용하는 전략이다(Chesbrough 2006). 해당 전략은 수직적 참여가 아닌 수평적으로 직원이 참여하는 문화와 기업 외부의 사람들을 끌어들이는 데 초점을 둔다. 이 문헌은 수평적 직원 관계를 설명하면서 경쟁적이고 사익을 추구하는 시장 관계와 일반적인 상호주의에 기반하는 공동 관계 사이의 지대한 차이를 무시하는 경향을 보인다. 또한 기업의 집중화에도 거의 관심을 보이지 않는다. 집중화와 관련해서 Sibony(2012)의 지적에 따르면, 이러한 개방형 전략을 세우는 과정에서 집중화 단계가 빠지면, "전략가가 급진적인 방향 전환의 필요성을 파악하거나 모두 유사하게 매력적인 옵션들 사이에서 어려운 절충을 이루어내거나 치열한 경쟁 환경을 거치며 작업 계획을 세우는 데 별로 도움이 되지 않는다…. 대중을 기반으로 하는 기업 활동은 대규모의 집단사고를 생산하는 강력한 엔진으로, 사전에 정해진 기업 목표에 집착하라고 사람들을 조장하며, 기업 목표는 다른 이들이 확신을 주면서 더욱 강력해진다."

26. 과두정치는 피할 수 없는 것이 아니지만(5장 주석 10번 참조), 대표를 선출하는 모든 체제에서 과두정치의 위험성이 있기 때문에 일부 민주주의 이론가들은 많은 후보자 중에서 무작위로 뽑아 정치 관료를 선출하는 고대 그리스의 추첨제를 옹호한다. 이 문헌에 대한 몇 가지 특징은 해당 위키피디아 항목 참조.

27. 이것은 Joseph Schumpeter[1976(1942)]가 사회주의를 찬성하면서 말한 유명

한 주장의 기반이 된다. 그의 주장에 따르면 분산화된 시장 과정 중에 아무 계획 없이 갑자기 나타나는 혁신에 의존하는 대신 대기업이 집중화된 연구개발팀을 만들어 혁신을 '일상화(혁신을 위한 계획 설립, 전문 인력 양성, 관련 자금 마련)'할 수 있다. 하지만 오늘날 마이크로소프트, 구글, 페이스북, 애플 등 대기업은 연구개발에 투자하는 대신 독점 기업의 이점을 활용해 장래가 유망한 여러 작은 혁신 기업들을 쓸어 담는다. 사내 연구개발 대신 이러한 기업 인수를 통해 신기술을 획득한 독점 기업은 신기술로 지배력을 유지하고, 자신이 속한 산업에서 수익률을 떨어 뜨릴 수 있는 경쟁 기술이 출현하는 것을 막는다.

28. Hayek[1956(1944)]이 이와 관련된 고전적인 문헌이다. 특별히 설득력 있는 비평을 원하면 Cockshott and Cottrell(1997) 참조.

29. Schilling, Deas, et al.(2010).

30. McCreary(2010).

31. Cohen, Ptaskiewicz, and Mipos(2010). 직원 교육은 직원과 경영진이 이러한 팀에서 효과적으로 업무를 볼 수 있게 도와주며, 교육 코칭 전담 직원이 이들을 교육할 것이다. 팀의 효율성을 더 높은 단계로 끌어올리려는 팀의 진척 상황이 추적되며, 목표는 단체교섭을 통해 성문화된다. 예컨대 2019년까지 목표는 UBT의 87%가 총 5레벨로 구성된 평가 기준표에서 4레벨이나 5레벨을 달성하는 것이다. 성과 경로와 관련된 추가 정보는 다음 사이트 참조. https://www.lmpartnership.org/path-to-performance.

32. Cohen, Ptaskiewicz, and Mipos(2010).

33. Bjelland and Wood(2008).

34. '협력하여 혁신 이루기' 원칙은 앞에서 언급된 개방형 혁신 모델과 어느 정도 유사성이 있다. 또한 개방형 전략과 마찬가지로 개방형 혁신 모델은 시장 교환과 집단의 상호작용 사이에서 조직 경계를 넘어 혁신적 아이디어를 의논하는 수평적 소통에 초점을 둔다. 따라서 개방적 혁신 모델은 복잡하고 계층적인 조직에서 소통 방법을 찾는 문제에 대해서는 통찰력을 찾아볼 수 없다.

35. NIH의 내부 연구소는 세계 최대 규모의 생체의학 연구 기관이다. 약 1,200명

의 연구책임자와 4천 명 이상의 박사후연구원을 기초, 번역, 임상 연구에 고용하고 있다. NIH의 외부 연구소는 규모가 더 대단해서, 미국에서 매년 발생하는 생체의학 연구비의 28%를 차지한다. NIH와 같은 집중화된 국가 연구 기관이나 기업에서 연구자의 창의력이 쓸모없어질까 염려하는 사람일지라도, 급진적인 혁신을 주도하는 NIH의 뛰어난 성과를 보면 안심할 수 있을 것이다. NIH가 후원하는 연구에 대한 미국 시민의 투자는 국가 차원에서 질병 발생으로 인한 경제적 비용을 줄이면서 투자 수익률이 25%에서 40%를 달성했다. 1965년부터 1992년 사이에 도입되어 사회에서 가장 큰 치료 성과를 낸 21개 약품에 대한 투자에서, 공적자금은 21개 중 15개 약품에 중요한 기여를 했다(Joint Economic Committee 2000). DARPA에 관해서는 Azoulay et al.(2018) 참조.

36. 이러한 프로그램의 개요는 Janda and Moezzi(2014), See et al.(2015) 참조.

37. David(2015).

38. 기업이 효율성을 최대한 달성하는 방법에 대한 이러한 관점은 대부분 상식선에서 다루어진다. 하지만 업무 절차를 만드는 방식 대신 인센티브의 역할을 강조하는 대부분의 경제적 보상 정책에서 발견되는 관점과는 꽤 다르다. 실제로 인센티브와 업무 절차 설립 방식 모두 사업 성과에 영향을 주지만, 업무 절차의 설립으로 발생하는 영향은 평균적으로 인센티브보다 10배 정도 크다(Knott and McKelvey 1999). 금전적 인센티브를 '잘못' 이용하면 (기업의 전체 실적에 기여하는 개인의 성과를 보상하지 않는 급여와 보너스 등) 기업 실적에 큰 타격을 줄 수 있다. 그렇다고 해서 금전적 인센티브를 '올바르게' 이용해도 긍정적 영향을 거의 주지 못하는데, 적어도 직원에게 자신의 판단 대신 모범 사례를 활용하도록 권장하는 것에 비하면 확실히 그렇다.

39. 산업 품질에 관한 연구 결과에서 반복적으로 드러나듯이, 표준화되지 않은 업무 절차를 개선하기란 어렵다. 이 사실은 업무 절차가 기본적으로 반복적일 때 (Adler and Cole 1993, 1994)와 마찬가지로 Kaiser 임상 지침 사례 및 CSC의 CMM처럼 반복적이지 않은 절차일 때도 해당한다(Adler et al. 2005).

40. 가장 잘 알려진 동기 부여 이론 중 하나는 기술 다양성, 과업 정체성, 과업

중요성, 자율성, 피드백 등 동기 부여에 영향을 미치는 업무의 특징에 주목한다 (Hackman and Oldham 1980). 이에 대한 비평과 대안을 찾는 방식에 관해서는 Adler and Chen(2011) 참조.

41. 이 공장은 2010년에 폐쇄되었다. 도요타가 전 세계적인 과잉생산 문제에 직면하면서 켄터키의 (비노동조합) 공장으로 생산 시설을 통합하기로 했기 때문이다. 누미와 이 기업의 고차원적인 업무 관행에 대한 자세한 내용은 Adler(1993) 참조. 도요타는 보통 고차원적인 기업 관행의 모범으로 여기지는 않는다. 도요타의 경영 체제는 노동자에게 스트레스를 많이 준다는 비판을 종종 받았다(Parker and Slaughter 1988). 하지만 누미에서 노동조합의 영향력, 그리고 도요타가 첫 번째로 미국에 보유하게 된 공장인 이곳에 긍정적인 노동 환경을 조성하려는 도요타의 열망 덕분에, 누미에 다양한 고차원적인 업무 방식을 도입하게 된다.

42. 1985년 누미는 노동조합과 단체협약을 통해 다음과 같은 내용을 체결했다. "New United Motor Manufacturing, Inc. 누미는 고용 안정이 직원 복지에 필수라는 것을 인지하며, 안정적인 고용을 노동자에게 제공할 책임이 노동조합에 있다는 것을 인정한다. 본 협약 제2조에 명시된 노동조합의 약속은 안정적인 고용 실현을 위한 중요한 절차다. 따라서 본 기업은 기업의 장기적인 생존을 위협하는 심각한 경제 상황이 일어나 해고가 불가피한 때를 제외하면, 직원을 해고하지 않는 데에 동의한다. 본 기업은 직원을 해고하기에 앞서 임직원 급여를 삭감하거나 업무 역량이 되는 조합 직원에게 하도급을 주거나 희망퇴직을 시행하거나 그 외 비용을 줄이는 등을 통해 최선의 조치를 먼저 시행할 것이다."

43. 영국의 산업심리학자 Baldamus(1961)는 지속적인 업무 리듬에 이끌리는 느낌인 '당김'이라는 제목으로 이러한 효과를 이론화했다. 노동조합의 우선순위 목록에서 노동 강도에 대한 우려가 뒤로 많이 밀려 있다는 사실은 놀랍다. 주요 예외 사항은 새로운 모델이 도입된 기간에 발생했는데, 작업 계획이 부실하면 조립 라인에서 일하던 일부 직원의 작업량은 과다해지고, 손볼 시간이 없을 정도로 부품의 결함이 많아서 결국 수개월 동안 힘겹게 작업을 했으며, 때로는 심각한 신체상의 문제를 겪기도 했다(Adler, Goldoftas, and Levine 1997 참조).

44. Whippy et al.(2011), Bisognano and Kenney(2012, Ch. 7), Davino-Ramaya et al.(2012).

45. 때때로 소비자 권리 단체에서 Kaiser의 지침이 비용을 고려한 임상 지침이며 환자의 건강을 희생시킨다며 공격했다. 자본주의 기업인 Kaiser의 지침이나 이러한 지침의 시행이 때로는 기업의 현실적인 이익 문제를 반영한다는 사실은 당연하다. 그러나 전반적으로 Kaiser가 세운 기록은 무척 긍정적이다.

46. https://www.lmpartnership.org/sites/default/files/10-essential-tips-huddles.pdf, https://www.lmpartnership.org/tools/daily-huddles 참조.

47. Standish Group(1994), Gibbs(1994), Lieberman, and Fry(2001), Jones(2002) 사례 참조. 해당 기간에 상황은 별로 나아지지 않았다. 2015년 Standish Group은 (전 세계 5만 개의 프로젝트를 분석한 결과) 프로젝트의 66%가 부분적으로 혹은 전적으로 실패했다고 추정했다.

48. Humphrey(2002).

49. CMM은 대규모의 통합체제 개발을 지원하기 위해 만들어졌다. 이 스펙트럼의 반대편에는 소규모 모듈러 시스템이 있는데, 'Agile' 개발 접근법이나 'Scrum' 개발 접근법이 효과가 있다고 입증되었다. 두 가지 접근법은 쉽게 결합된다(Anderson 2005, Lukasiewicz and Miler 2012, Brown, Ambler and Royce 2013).

50. Fishman(1996).

51. Adler(2006), Adler et al.(2005), Adler(2015).

52. 비용에 대해서는 Berwick and Hackbarth(2012), 오류에 대해서는 Daniel and Makary(2016) 참조.

53. 이것은 기본적으로 영국 National Health Service가 영국 National Institute for Health and Care Excellence와 함께 수행한다. 이에 대한 평가는 de Joncheere, Hill, and Klazinga(2006), Drummond(2016) 참조.

54. 여기서 개인주의는 개인이 자기 자신만을 돌볼 것으로 기대되는 느슨하게 짜인 사회적 틀에 대한 선호를 말한다. 집단주의란 모든 사람이 서로를 돌볼 것으로 기대되는 촘촘하게 구성된 사회적 틀을 의미한다. 즉 사람의 자아가 '나'로 정

의되느냐 '우리'로 정의되느냐에 따라 다르다. Hofstede(1980) 참조. Inglehart and Welzel(2005)는 '근대화'가 집단주의에서 개인주의로의 전환을 의미하며, 이러한 전환이 민주주의가 등장하는 핵심 전제조건이라고 주장한다. 하지만 (개인주의와 집단주의를 연구하는 다른 여러 학자처럼) 이들은 대단히 전통적인 집단주의 개념을 사용하고 있다. 나는 집단주의가 그렇게 전통적일 필요가 없다고 주장할 것이다.

55. 집단주의, 개인주의, 창의성에 관한 심리학에 대해서는 Goncalo and Staw(2006) 참조.

56. 기업은 이러한 통합으로 저차원 기업에서 흔히 발견되는 혁신과 효율성 사이의 절충을 줄일 수 있기에, 통합을 위해 노력해왔다. 저차원 기업은 효율성을 위해 강압적인 조치를 사용하는데, 창의적으로 업무를 하던 직원에게 더 효율적으로 일하도록 강요하는 것은 그 직원을 오히려 소외시키고 기업 혁신을 방해할 수 있다. 또한 이런 회사에서 일상 업무를 위주로 하던 직원은 이러한 강요에 지속적으로 부담을 느끼고 혁신을 위한 노력에 무관심해진다. 결과적으로 경영진은 효율성을 위해 업무 표준화를 시행하는 것과 혁신을 위해 업무 유연성을 허용하는 것 중에서 선택해야 하는 힘든 상황에 놓인다. Porter(1985) 등 주류의 경영 전략 문헌에서는 기업에 비용 우위 전략과 차별화 전략 중 하나를 선택하라고 촉구하는데, 그 이유가 바로 여기에 있다. 만약 저차원 기업이 효율성과 혁신을 모두 원할 때, 기업 내에 중앙집중 식의 연구개발팀을 만드는 것이 최고의 방법이다. 하지만 이는 필연적으로 혁신 지향적인 연구개발팀과 기업의 효율성을 지향하는 운영팀 사이에 대립을 일으킨다. 산업계에서 흔히 보이는 이 대립 구조에서 운영팀이 혁신적인 제품의 도입으로 발생한 혼란에 분개하는 데 반해 연구개발팀은 제품 설계의 실현 가능성에 대해 무관심하다. 이러한 어려움 때문에 통합된 전략[Miles and Snow(1978)가 설명한 분석형 전략]이라는 절충안이 나오지만 대개 평범한 효율성과 평범한 혁신에 머무르고 만다. 반면 고차원 기업은 협력하여 혁신을 이루기와 협력하여 학습하기를 통해 혁신과 효율성의 절충 문제를 극복할 수 있다. 고차원 기업은 혁신을 지향하는 팀에게 혁신적인 활동의 효율성 향상을 목표로 하는 아이디어를 내라고 장려하는 한편 생산을 지향하는 팀에게는 새로운 제

품 및 서비스와 더불어 효율성 향상을 목표로 하는 혁신적인 아이디어를 내라고 장려한다. 경영 관련 문헌에서는 혁신과 효율성이 탁월한 기업을 '양손잡이 기업'이라고 부른다. 이 역량에 성공적으로 도달한 누미 사례에 대한 분석은 Adler, Goldoftas, and Levine(1999) 참조. 양손잡이 기업이 되려면 어떤 형태의 동기 부여가 필요한지가 관건이다.

57. 이에 대한 통찰력 있는 분석은 Macpherson(1962) 참조.

58. Stephens, Markus, and Townsend(2007).

59. 목표를 공유한다는 개념에 대해 보다 이론적인 논의는 Adler and Heckscher(2018) 참조.

60. 숙의를 통한 효과를 보여주는 일부 증거는 Gastil, Bacci, and Dollinger(2010) 참조.

61. Brown, Deletic, and Wong(2015), Hansen and von Oetinger(2001) 참조. 고차원 기업은 비록 새롭게 기술을 습득한 일부 직원이 나중에 다른 회사로 쉽게 떠날 수 있더라도, 기업이 자기계발할 기회를 제공하면 더 수준 높은 인력을 끌어모을 수 있다고 장담한다.

62. http://www.lmpartnership.org/stories/safe-speak.

63. Kaiser 노동조합에 속한 직원에 대한 보너스 제도는 상호의존적 문화와는 떨어져 있다. 파트너십 협약에 따라 직원은 모든 지역의 직원이 받는 것과 같은 액수로 지급되는 보너스를 받았다. 이러한 보너스는 해당 지역이 노동조합과 경영진 사이에 맺은 목표와 출근기록, 안전, 서비스, 임상 결과 등 가치 나침반의 다양한 관점에서 측정되는 가치를 종합해 반영한 목표를 충족하는지에 기초했다.

64. Yaun(2006), Palmisano(2004).

65. Heckscher et al.(2017).

66. Heckscher et al.(2017), Heckscher(2007) 참조.

67. Heckscher et al.(2017).

68. Charles Heckscher(2018), personal communication.

69. e-reward.co.uk(2016).

70. Olah(2013)의 게시물로 일어난 토론 사례 참조.

71. Adler, Goldoftas, and Levine(1997) 참조.

6장 ──────────────────────────────────────

1. 공공 소유가 없으면 경제 전반에서 경제 경영은 민간 부문의 수익 창출을 유지하는 수준으로 제한된다. 4장에서 논의하고 비판한 규제 자본주의나 사회민주주의 모델로 회귀할 것이다. 다양한 국가에서 계획하는 '지시적인' 형태에 대해서는 Yülek(2015) 참조.

2. 이 사회주의 개념은 미국에서 오랜 역사를 지니고 있다. 위키피디아는 '미국 사회주의 운동의 역사'와 관련해 간단한 설문 조사를 시행하고 있다. 오늘날 미국에서 해당 주제에 대한 토론은 Democratic Socialists of America 웹사이트에서 찾아볼 수 있다(http://www.dsausa.org/toward_freedom). 미국에 크게 초점을 두지 않은 자료의 경우, 1992년 봄, 2002년 봄, 2012년 4월《Science and Society》에 실린 심포지엄 참조.

3. Gar Alperovitz(2013, 2005)는 이러한 혁신에 대해서 특히 유용한 조사 결과를 제시한다. 이 책에서는 그의 설명을 다수 차용했으며, 관련 자료를 찾으려면 그의 저서를 읽기 바란다. 에릭 라이트(Erik Wright)가 'Real Utopias'라는 제목 아래 모아둔 자료도 참조하길 바란다(https://www.ssc.wisc.edu/~wright/ERU.htm).

4. 미국의 협동조합과 그 외 형태의 사회적 소유권에 대해서는 Schneiberg(2010), Hanna(2018) 참조.

5. 몬드라곤 협동조합은 2014년 최대 그룹 Fagor의 경제 붕괴로 일자리가 불안정해진 5,600명의 직원을 모두 받아들일 수는 없었다. Fagor는 스페인 가전 제품 기업 Cata에 인수되었다.

6. Mishel and Schieder(2017).

7. Forcadell(2005). 몬드라곤은 가톨릭에 뿌리를 두고 있기 때문에 집중화에 대해 의혹을 품고 있다. 가톨릭 원리인 'subsidiarity(중앙 당국보다는 가장 능숙하게 일을 수행할 수 있는 지역이 사안을 결정해야 한다는 개념)'은 매력적이지만, 가톨릭 사상과 몬드라

곤에서 subsidiarity 원리는 결국 시장을 분권화된 조정 메커니즘으로 여기는 관행과 짝을 이룬다. 부분적으로 이 현상은 공산주의에 대항하는 교회의 이념적 갈등과 교회의 자율성을 위협할 수 있는 정부로부터의 독립을 위한 실질적인 투쟁의 결과이기도 하다.

8. https://www.cincinnatiunioncoop.org/와 Schlachter(2017)의 초기 평가 참조.

9. Kelly and McKinley(2015).

10. https://democracycollaborative.org/ 참조.

11. Fung and Wright(2003), Ansell and Gash(2008), Innes and Booher(2010), Roberts(2004), Wainwright(2003), Curato et al.(2017). 일부 민주사회주의자는 숙의민주주의에 회의적이지만, 그들의 주된 관심사는 사회주의 아래 민주주의가 숙의 절차를 수용해야 하는지가 아니라, 현대 자본주의 틈새에서 오늘날 숙의민주주의가 잠재력을 펼칠 수 있는가에 대해서다(Hauptmann 2001 사례 참조).

12. 공공 부문은 협력하여 전략 세우기(Baiocchi and Ganuza 2014)뿐만 아니라 협력하여 학습하기, 협력하여 일하기에 대한 우리의 이해를 넓혀준다. 업무 표준화를 통한 협력하여 학습하기는 최근 공공 부문 경영과 관련된 일부 연구에서 주목을 받고 있으며, 연구에서는 'green tape'와 'red tape'가 어떻게 다른지, 그리고 green tape가 효과적인 공공 행정을 어떻게 지원할 수 있는지를 보여준다. 협력하여 학습하기 원칙의 다섯 가지 기본적인 특징은 공공 부문 기관의 green tape를 통한 노력에서 드러났다. 절차를 정밀하게 검토하기 위해서는 구두가 아니라 문서로 기록을 남겨야 한다. 절차는 논리적이어야 하며 상식과 일치해야 한다. 또한 일관성 있게 적용될 필요가 있다. 절차에 있어 적절한 수준의 업무 유연성이 필요하며 너무 엄격하거나 느슨해서는 안 된다. 그리고 절차의 목표가 영향을 미치는 사람들에게 분명해야 한다. 이 연구에 따르면 고차원 기업을 통해 우리가 배운 협력하여 학습하기에 대한 교훈이 공공 부문 조직에서도 검증되었다. DeHart-Davis (2009b, 2009a), DeHart-Davis, Davis, and Mohr(2014) 참조. 공공 서비스 동기 부여를 위한 장학금이 늘어나는 등 협력하여 일하기 또한 최근 공공 부문의 핵심 이슈로 떠오르고 있다. 공공 부문 직원에게 흔히 찾아볼 수 있

는 (그리고 앞으로 더욱 많아지기를 바라는) 이러한 동기 부여는 고차원 기업과 유사하다. 즉 직원은 업무 표준과 정책을 기꺼이 따르며, 그러한 표준의 개선과 업무를 발전시키고자 하는 개별적인 열망이 있다. Ritz, Brewer, and Neumann(2016), Anderfuhren-Biget, Varone, and Giauque(2014) 참조.

13. Benkler(2006), Kostakis, and Bauwens(2014), O'Mahoney and Ferraro(2007) 참조.

14. Weinstein(1967)과 위키피디아의 'List of Elected Socialist Mayors in the United States' 참조.

15. Radford(2003)는 이 역사를 되짚어본다. 영국의 도시사회주의에 닥친 유사한 운명에 대해서는 Quilley(2000) 사례 참조.

16. McKibben(2016), Delina(2016), Silk(2016).

17. 빈곤에 대해서는 Plotnick et al.(1998) 참조.

18. 노동조합 지도자 또한 전환을 독려했다. 1940년 United Auto Workers의 지도자였던 월터 로이더(Walter Reuther)는 주요 자동차 기업에 항공기 생산으로 전환하라는 캠페인을 시작했다. 이 시기에 관한 문헌은 매우 많다. 초기 단계부터 보려면 Hooks(1993), Wilson(2016)을 참조하길 바란다. 제1차 세계대전에 비해 제2차 세계대전은 우리가 달성하려는 목적과 관련해서 아주 흥미로운 부분이 많다. 제1차 세계대전 중에는 정부의 경제 개입이 상대적으로 적었고 기간도 훨씬 짧았다.

19. 좌파 성향의 역사학자(Koistinen 1973 등)는 전시 체제화에서 노동조합이 스스로 원했던 만큼의 큰 역할을 하지 못했다는 사실에 안타까워하며, 이러한 역사학자들은 노동조합의 영향력을 억제하려는 의지가 강한 Southern Democrats와 기업 친화적인 Republicans의 강력한 동맹 관계를 지적한다. 하지만 바로 이 설명으로도 전쟁 기간에 노동자가 기업이나 정치권에서 의사 결정에 영향을 줄 기회를 극적으로 많이 가졌다는 것이 확실해진다(Lichtenstein 2000 참조). 이에 대한 기업의 실정에 대해서는 Lee(2004) 참조.

20. 재계는 노동조합을 극도로 혐오했으며 고용주는 이사회가 산업을 '공산화'하

려 든다며 비난했다. 제너럴모터스(General Motors)의 찰스 윌슨(Charles Wilson) 회장

은 당시에 만연한 시각에 대해 이렇게 말했다. "GM에는 이처럼 거짓말을 일삼는

상황이 일어나지 않을 것입니다(Guzda, 1984에서 인용)." 1944년까지 제조업과 광업

종사자의 약 40%를 차지하는 4,800여 개의 위원회가 등록되었지만, 그중 실질적

으로 활동한 위원회는 500여 개에 불과하다. De Schweinitz(1949) 참조.

21. Wilson(2016, p. 241) 인용.

22. 주목할 만한 사례로 Karl Polanyi[1968(1944)]가 있다.

23. 다른 대안의 비민주적인 형태는 너무나 불신을 받기 때문에 6장에서는 민주

사회주의라는 독특한 민주주의 형태를 대략 그리고 있다. 과거 소련 및 소련의

동맹국과 중국의 사례를 통해 우리가 배울 수 있는 교훈도 있다. 여기에서 그 교

훈에 대해 요약하고, 지금까지 논의되어왔으며 나에게 영감을 주는 민주적인 대

안에 대해 요약하겠다.

소련이 개발한 경제 계획의 표준 모델에서는 중앙 기관이 주요 산업에 대한 생산

과 투자를 계획했다. 계획자들은 화폐 단위 대신 물리량을 사용하는 경제 계획을

통해 상호의존적인 산업 간에 수요와 공급의 균형을 맞추려고 했다. 예컨대 철강

을 사용하는 산업들이 다음 해에 필요한 철강의 추정치를 중앙 기관에 알리고,

중앙 기관은 철강 산업 당국에 그만큼의 철강을 생산하라는 지시를 내린다. 여기

서 생산 목표는 소련의 각 철강 공장마다 달랐다.

상당히 비효율적이고 낭비가 심한데도 이 체제는 중앙집중적인 계획경제를 통

해 투자와 경제 성장에서 상당한 비율을 유지할 수 있었으며 시민의 물질적인 생

활 수준 또한 크게 개선할 수 있었다[소련에 관한 문헌은 Ofer(1987), Brainerd(2010), and

Ellman(2014) 참조]. 중앙 기관에서 계획을 담당한 자의 시각에서 이 체제의 강점으

로는 인적 자본의 가치를 즉각 알 수 있었다는 점을 들 수 있다. 또한 소련과 같

은 국가는 공교육과 공중 보건 제공에 집중했기 때문에 이 체제에 대한 비판가들

조차 당시 선진 자본주의 경제에 만연했던 무계획적인 정책보다 소련의 정책이

훨씬 낫다고 보았다.

하지만 소련과 같은 권위주의적 정치 체제에서 나온 하향식 계획은 천연자원과

인적 자원을 통한 생산에 기반했던 포괄적 개발에서 기술 혁신을 기반으로 하는 집약적 개발로 바뀌면서 그 장점을 잃었다. 하락세를 인식하고 소련과 동유럽 동맹 국가들은 다양한 개혁을 시도했다. 이러한 개혁은 기업이 경제 계획을 더 높은 수준으로 달성하도록 지역 자율성과 인센티브를 부여하는 것을 주된 목표로 했다.

1970년대 후반부터 시작된 소련 개혁에서 중앙 기관은 경제 계획을 높은 수준의 여러 작은 목표로 구성하였으며, 경영진과 생산팀을 세부적인 목표가 명시된 업무에 배정했다[서구의 이러한 혁신에 대한 흥미로운 문헌이 있다. Shaffer(1984)가 편찬한 사례 참조]. 그러나 스탈린주의가 남긴 권위주의적 유산은 실질적으로 이러한 목표를 잘 수행하지 못했고, 결국 소련의 정치 붕괴로 인해 개혁을 위한 모든 노력이 갑자기 끝나버린다.

중국과 베트남에서 경제 계획은 예전보다 더 제한적인 역할을 맡고 있다. 거대 국유기업은 중앙계획 당국의 지도를 받지만, 경제 발전의 전반적인 방향에서 민간 부문의 비중이 크며, 집권당도 세계 자본주의 경제에 통합되는 데 집중하고 있다(이에 관해서는 Ellman 2014, 2장 참조).

좀 더 민주적인 형태의 사회주의에 대한 제안으로는 세 가지 형태가 있다. 각 형태의 주된 차이를 들자면, 중앙 당국의 기획을 통해 경제 활동의 전체적인 조율이 어느 정도로 되어야 하는지, 그리고 분권화된 경쟁에는 얼마나 의존해야 하는지에 따라 결정된다.

극단적인 집중화를 추구할 경우 모든 기업을 여러 부문으로 쪼개는 것이 아니라, 기능에 초점을 맞춰 하나의 거대한 통합기업의 팀으로서 경영되어야 한다는 주장을 펼친다. 여기서 중앙집중적이고 민주적이고 전략적인 경영은 시장 경쟁을 완전히 대체할 것이다. 이러한 체제가 어떻게 작동하는지에 대해 꽤나 설득력 있는 설명은 Cockshott and Cottrell(1993), and Mandel(1986) 참조.

극단적인 분권화를 추구할 경우 '시장사회주의'라는 형태가 제안될 수 있다. 시장사회주의 지지자들은 축적된 부를 공평하게 분배하기 위해 소유권을 어떻든 민주화해야 한다는 일반적인 사회주의의 전제를 받아들이지만, 그들은 이러한 민주화가 사회화된 공공 소유를 가져온다기보다는 넓게 분산된 사적 소유의 형태를 유지할 것이라고 본다. 많은 이들이 노동자 협동조합이 각 민주사회주의 기업에 적합한 구조라고 말하지만, 그들은 경제 전반에 걸친 계획에 기여하기보다는 자신의 이익을 위해 노동자 협동조합이 시장에서 경쟁하는 모습을 보고 싶어 한다. 시장사회주의자는 중앙 당국의 지나친 통제를 두려워하며, 중앙 당국이 포괄적인 경제 계획에 필요한 방대한 분량의 경제 자료에 숙달할 수 있을지에 대해 의문을 가지고 있다. 따라서 시장사회주의자는 강력한 정부 규제가 강력한 시장 원리와 균형을 이루고, 시장 경쟁이 가격과 임금을 결정하며, 수익률이 생산 및 투자에 대한 분산된 기업의 의사 결정에 도움을 주는 체제를 제안한다. 시장사회주의 모델은 Bardhan and Roemer(1992), Wright(1996), Schweickart(2011), Wolff(2012)에서 제시된다.

그리고 중간 형태 사회주의의 경우 경제 전반의 전략적 계획, 시장 경쟁의 종속적 역할, 일부 시장 과정의 공존을 받아들인다. 이러한 사회주의 모델은 각 팀의 일정 수준 이상의 자율성이 기업에서 공유하는 전략적 목표를 위한 노력과 균형이 맞아떨어지는, 다분할 기업의 전략적 경영과 유사하다. 완전히 중앙집중적인 사회주의 모델에 비해 이 모델은 공급업체 또는 소비자를 선택할 수 있어 계약을 체결할 가능성이 더 크다. 또한 시장 경쟁을 배제하는 노동자위원회와 소비자위원회의 수평적 관계(Albert and Hahnel, 1991)와 여러 계층에게 (중앙 및 지역 차원의) 반복적으로 적용되는 경제 계획(Laibman, 2002, 2013), 전략적 경제 계획과 시장 결과와의 결합을 통해 중앙 당국의 계획을 대체할 수 있다(Devine, 2002).

이렇게 여러 사회주의 모델을 지지하는 사람들 사이에서 나오는 논쟁의 대부분은 이론적인 주장보다는 실질적인 실험을 통해 해소할 수 있다. 하지만 시장사회주의 모델에 대해 회의적인 몇 가지 이유로 인해서, 사회주의에 관한 이 책의 견해는 중앙집중적인 태도와 중도적인 태도의 조합으로 나타날 것이다.

첫째, 우리가 직면하는 다양한 위기들(특히 환경 위기)을 해결하기 위해서는 생산의 방향과 투자의 방향을 근본적으로, 빠르게 바꾸는 대책이 시급하며, 그 대책은 강력한 중앙 당국의 주도하에 만들어진 후 향후 조정할 수 있어야 한다. 일단 이

격동적인 문제를 해결하고 나면, 중앙의 우선순위에 따른 의사 결정보다는 각 지역이 내리는 의사 결정에 비중을 두는 것이 타당하다. 이러한 맥락에서 시장 과정은 아마 더 큰 역할을 할 수 있을 것이다. 하지만 가까운 미래에, 우선순위가 높은 사항들은 전략적 경영 과정에서 중요한 역할을 맡을 필요가 있다.

둘째, 아무리 장기적이더라도 경제 계획에 사용되는 비용은 환경·사회적 외부효과를 포함해야 하며 먼 미래에 대한 우리의 걱정을 반영해야 한다. 시장 과정은 두 가지 측면을 보통 받아들이지 못하며, 시장에 맡겨진 역할이 클수록 사회적으로 최적의 전체 비용과 시장 경쟁을 통해 나타나는 가격 사이의 불일치가 심해진다. 예컨대 우리는 임금 수준과 노동자의 기본소득보장 제도가 시장 경쟁에 의존하는 상황을 원하지 않는다. 시장사회주의 모델은 시장 과정에서 발생하는 결함을 없애기 위해 정부 규제와 세금에 의존하며, 민주적인 통제를 부실하게 대체하는 모델이다.

셋째, 각 기업의 개별적인 생산과 투자 계획이 부족이나 과잉 현상을 만드는 대신, 일관된 전체 경제에 기여하게 하며, 경제 모두가 전략적 목표를 지지해야 한다. 이는 다각적 부문 기업의 본사가 사업팀이 제안한 계획을 수정하도록 촉구할 수 있는 것처럼, 상위 차원의 지역, 산업, 전국 위원회가 기업이 제안한 계획에 대해 변경을 촉구할 수 있음을 의미한다.

마지막으로, 시간이 흐르면서 시장 경쟁에 지배당하는 체제는 아무리 사회주의적이고 평등주의적인 소유권 분배를 통해 시작되었더라도 엄청난 불평등을 야기할 것으로 보인다. (열역학 체제에 기반한) 계산은 복잡해진다. Foley(2010)는 분권화된 시장에서의 거래는 보통 균형가격보다는 불균형가격에서 발생하기 때문에 이러한 체제가 자연스럽게 매우 불평등한 부의 분배 및 소득 분배로 향하는 경향이 있다고 제시했다. Foley(2017)는 다음과 같은 설득력 있는 사례를 제시한다. 1990년대 동유럽 국가들은 평등주의에 기반해서 '바우처(voucher)'나 주식을 분배함으로써 국가 자산을 사유화했다. 하지만 사람들이 권리증을 거래할 수 있게 되자, 소유권은 매우 빠르게 중앙으로 집중되었다.

중앙집중 식의 전략적 경제 계획이나 분권화된 시장 과정에서 상대적 역할에 대한 이러한 논쟁 밑바탕에 깔린 기본적인 질문은 지역, 산업, 국가 차원의 경제적 목표를 위한 전략적인 숙의 과정에 진지하게 시민이 참여할 수 있는가이다. 회의론자들은 시민의 사회적 정체성의 범위가 개별적인 복지 수준에서 볼 때 좁다는 것과, 인근 지역 사회나 근무 부서와 같은 넓은 범위에서 볼 때도 그 한계가 존재한다는 사실에 대해 우려를 표한다. 하지만 이 증명되지 않은 주장을 받아들일 만한 타당한 이유는 없다.

24. 이에 대한 비평은 Murrell(1991), Trujillo, Estache, and Perelman(2005), and European Federation of Public Service Unions(2014) 참조.

25. 직원이 자신의 관심사(예를 들면 품질, 안전, 관리자나 동료의 행동에 대해서)에 대해 발언할 수 있는 새로운 소통 창구를 만드는 조직에서 이와 비슷한 과정이 흔히 보인다. 보고된 관심사의 수는 빠르게 늘어났는데, 상황이 나빠졌다기보다는 관심사에 대해 발언할 창구가 생겼기 때문이다.

26. 은행 국유화에 대한 역사와 장단점에 대한 균형 잡힌 주류 해석은 Elliott(2009) 참조.

27. 이러한 전략적 경영을 위한 노력은 시민(동네, 시, 지역위원회)의 요구와 노동자(작업팀, 기업, 산업위원회)의 요구를 상향식 과정을 통해 정리한 세 가지 주요 정보에 의존한다. 첫째, 가계 소비자 수요의 추정치다. 가계 소비란 우리가 살아가는 데 필요한 모든 것을 제공받기 위해 하는 활동으로, 경제 활동의 주요 목적이 되어야 한다. 많은 기업이 전년도에 새로운 제품을 출시했을 것이며, 우리는 이 제품이 소비자의 요구에 얼마나 잘 맞는지에 대한 정보가 필요하다. 새로운 소비 품목의 제안도 아마 전자 투표 방식으로 사전에 검토할 수 있을 것이다.

두 번째는 우리의 삶을 더 개선하고 경제를 더 효과적으로 만드는 일에 우리가 얼마큼 투자할 것인가에 대한 정보다. 이 중 우선순위 일부는 국가경제위원회에서 직접 결정할 것이고, 다른 우선순위는 지역 및 산업위원회의 심의를 통해 결정될 것이다.

그리고 세 번째는 가계 부문이 간접적으로도 닿지 못하는 상품 및 서비스에 대한 정부 부문의 수요에 관한 정보다. 민주사회주의 정부는 훨씬 더 다양한 서비스를 제공할 것이기 때문에 이 수요는 오늘날보다 훨씬 더 많은 경제의 한 부분을 차지할 것이다. 정부 기관은 다음 해의 정부 지출 및 투자에 관한 더 높은 수준의 제안을 경제위원회에 제출할 것이다.

일단 정부위원회가 소비자, 투자, 정부 수요에 대한 예측을 얻으면, 정부위원회는 생산 기술과 관련된 상세한 모델과 각 산업 분야에서 이용할 수 있는 자원에 관한 정보를 이용해서 모든 산업에서 요구하는 생산량과 투입량을 정량화할 것이다. 이는 이전 장에서 봤던 기업 자원 계획 시스템과 크게 다르지 않다. 기술적으로 이 과정은 섬세한 input-output matrix(각 산업이 다른 산업으로부터 필요로 하는 투입량을 모두 보여준다)를 통해 진행된다. 일단 경제가 필요로 하는 최종 수요(즉, 소비자, 투자, 정부의 요구)를 구하게 되면, 우리는 모든 산업에서 요구되는 산출량을 input-output matrix를 통해 계산할 수 있다. (미국 정부 소속 경제분석국(Bureau of Economic Analysis)은 비록 산업집적 수준이 높기는 하지만 이미 산업연관분석을 진행하고 있다) 고차원 자본주의 기업의 본사가 각 기업 주요 부서의 목표를 제안하는 것처럼, 이 계산은 산업 및 지역위원회에 계단식으로 전달될 것이다.

이전 논의에서 사용되었던 사회주의의 다양성과 관련해서, 집중화를 지지하는 이들은 국가 경제 전략에서 나온 구체적인 생산 목표가 물리적인 양으로 명시되어 기업에 전달되어야 한다고 주장한다(Mandel 1986, Cockshott and Cottrell 1993). 중도적인 입장의 사회주의를 지지하는 이들은 이 전략이 목표와 기준가를 구체적으로 명시해야 하며 (분야에 따라 목표가 좀 더 구체적이거나, 좀 더 포괄적일 때도 있다), 기업이 국가적 우선순위에 어떻게 대응할 것인가를 결정하는 과정에서 유연성을 제공해야 한다고 주장한다(Laibman 2015).

중도적인 사회주의의 방식은 다음과 같이 이루어질 것이다. (간단하게 표현하기 위해서 나는 우선 계획을 산업 차원에서 진행하는 것에만 초점을 맞추었다. 지역 차원으로 진행한다고 해도 유사한 과정을 따를 것이다. 또한 간략하게 표현하고자 국가 차원과 기업 차원만 있는 것처럼 표현하였는데, 실제로는 계획이 하향식, 상향식으로 전달되는 여러 단계가 존재할 것이다) 국가경제위원회는 목표와 경제 주력 제품의 기준가를 정할 것이다. 이 기준가는 앞서 언급했던 '전체' 비용을 의미한다. 기준가를 통해 각 제품의 가격에는 기업 의사 결정과 관련이 있는 개인적 비용뿐만 아니라 주택, 교육, 의료, 오염물 배출처럼 경제·사회·환경적 비용이 포함될 것이다.

기업은 생산 및 투자에 관한 제안을 계획함으로써 국가 위원회의 목표와 기준가에 기여할 것이다. (이러한 제안은 사내 상위 조직 및 하위 조직 간의 논의와 각 정부위원회의 이해관계자와의 의논을 통해 진행될 것이다) 기업의 선택이 전체 사회에 끼치는 영향(긍정적이거나 부정적인 외부효과)을 고려하면서 기업은 제품, 기술, 공급업체를 자유롭게 선택할 수 있으나 공급업체나 소비자와 맺은 모든 계약을 국가 위원회에 제출해 다른 기업들이 이에 따라 사업 계획을 적절하게 조정하게 될 터다. 이러한 접근 방법으로 기업은 더 많은 유연성을 가질 수 있으며 지역적으로 활용 가능한 정보도 사용할 수 있는 한편, 기업 성과에 대한 정확하고 효과적인 경제·사회·환경적 지표를 개발하는 것이 더욱 중요해진다(아래 설명 참조).

수요가 기존 계획의 예상치를 초과하거나 미달하면 기업은 생산품의 판매 가격을 조정할 수 있다. 가격 유동성을 통해 배급 및 잉여 현상을 막을 수 있다. 또한 가격 유동성이 제공하는 유용한 정보에 근거해서 다른 기업들은 현재 사업 계획을 수정할 수 있으며 국가 위원회도 다음 해의 계획을 조정할 수 있다. 하지만 기업의 실적은 조정된 시장 가격이 아닌 전략적 경영 과정을 통해 정해진 기준가에 기초해 평가받을 것이다. 전략적 계획 수립을 통해 나온 예상하지 못한 결과를 보고 기업에 상을 주거나 벌을 줄 이유가 없다는 것이 기본 원칙이다.

모두가 자유롭게 사용할 수 있는 권리라고 여겨지는 생필품은 오늘날 공공 분수대처럼 무상으로 바뀔 것이다. 그 외 기초 생필품이 아닌 상품은 구매할 수 있다. 소득이 비교적 평등한 민주사회주의 체제에서는 소비자가 선호하는 상품의 가격을 빈곤층이 접근하지 못할 정도로 올릴 수 있는 부유한 사람은 존재하지 않는다. 따라서 소비재 가격은 자본주의 사회와는 달리 합법적인 방식의 소비자 투표 결과를 반영할 것이며, 보조금이나 배급이 필요하거나 도움이 될 만한 상황이 오지도 않을 것이다.

수익과 비용만이 기업 성과를 평가하는 척도가 될 수는 없을 것이다. 환경·사회적 차원의 성과 일부는 수치화하기 힘들겠지만 역시 중요해진다. 환경 및 사회적 성과를 정량적으로 측정하는 것의 한계에 대하여 우리는 미국과 유럽의 최근 시도에서부터 'triple-bottom-line' 회계의 개발에 이르기까지 많은 교훈을 얻었다 (양질의 조사 결과는 Epstein and Buhovac 2014 확인). 자본주의 체제에서 triple-bottom-line 기업 원칙을 세우려는 노력은 두 가지 이유로 무척 힘들다. 첫째, 수익을 내야 한다는 압박을 느끼는 기업은 사업 수익에 '물질적인' 사회·환경적 비용만 계산한다. 둘째, 사적·환경적 차원의 성과 중 일부는 단순히 정량화할 수 없다. 예컨대 생물 다양성의 상실 비용이나 민족 사회의 다양성 상실 비용은 돈으로 측정할 수 없다.

기업의 경제·사회·환경적 목표 및 성과 모두에 대해 경제위원회와 기업 이사회, 이해당사자와 함께 의논할 것이다. 민주사회주의의 핵심 기업은 사회·환경적 차원에서 거둔 실적이 기업의 경제적 효율성에 도움이 되지 않더라도 우수한 실적을 낸다면 보너스(및 명성)를 얻을 것이다. 이 과정의 모델에 대해서는 Laibman(2015) 참조. 기업의 경제적 효율을 희생해야만 사회·환경적 차원에서 우수한 성과를 낼 수 있다면 이 거래에서 얻을 수 있는 교훈에 대해 나중에 이해당사자와의 포럼에서 평가받게 된다. 이런 식의 대화와 관련된 몇 가지 사례와 실적에 대한 정량적 지표를 개발하고 사용한 방식에 관해서는 Fraser et al.(2006), Scipioni et al.(2009) 참조.

28. 실은 사회주의를 지지하는 Alec Nove(2004)가 이러한 회의론을 설득력 있게 보여주고 있다. 회의론에 대한 반박으로는 Cottrell and Cockshott(1993), Cockshott and Cottrell(1997) 참조. 이 논쟁은 계획경제의 실현 가능성과 효율성에 대해 20세기 초에 시작된 논쟁의 한 단계에 불과하다. 최초의 논쟁에서 Von Mises[2008(1920)]는 경제 계획자들이 시장 가격에 대한 정보가 없으므로 공공 소유라는 개념은 어떠한 합리적인 경제 계획도 불가능하게 만들 것이라고 주장했다. 사실 이 주장은 이미 Barone[1935(1908)]에 의해 반박되었다. 그는 이론상으로는 경제 계획자가 시장 가격이 제공하는 결과를 그대로 반영하게 될 연립방정식 모델을 어떻게 개발할 수 있는지 제시했다. 두 번째 논쟁에서 Hayek(1935)는 한 걸음 물러서서 Barone의 해결책이 원칙적으로 가능할지 모르지만 실질적으로

계산하기에는 어려움이 많다고 주장했다. 세 번째 논쟁에서 Lange(1938)는 잠재 가격이 어떻게 반복적인 절차를 통해 계산될 수 있는지를 보여줬으며 이를 통해 계획경제가 신고전주의 경제학자들이 주장하는 자본주의 경제의 효율성을 재현할 수 있음을 보여줌으로써 앞에서의 반박론을 물리쳤다. 해당 논쟁은 신고전주의 경제학적 용어를 사용하였으며 사적 소유가 없더라도 시장사회주의가 효율적일 수 있음을 보여줬다. 이후 Hayek에게 영감을 받은 오스트리아 경제학자들 사이에서 좀 더 급진적인 주장이 등장했는데, 그들은 효율성에 근거한 어떤 형태의 사회주의 혹은 자본주의든 무시하고, 사회주의 계획이 효율적이라 할지라도 정부의 비중이 우리의 자유에 반할 것이라는 생각에 전적으로 초점을 맞추는 것을 목표로 했다. 이에 관한 문헌은 방대하지만, 사회주의 계획에 대한 간결한 설명과 옹호에 관해서는 Adaman and Devine(1996) 참조.

29. 사회주의 경제학 관련 문헌에서는 이를 연성예산제약soft budget constraint의 문제로 본다(Kornai 1979, 1986). 이는 자본주의 기업 내부에서도 중요한 과제다. 사내 연간 예산 책정의 과정은 마치 도박을 하듯이 부패한 것으로 악명이 높다. 자본주의에서 시장 경쟁은 어느 정도의 (다양한) 재정 규율을 강요한다. 사회주의 하에서는 민주적 책임의 견고성에 의존할 것이다.

30. Schor(2008), Alperovitz(2005, Ch. 17) 참조.

31. Coote, Franklin and Simms(2010), Smith(1989).

32. 벤처 자본의 논리에 대한 간단한 설명은 Zider(1998) 참조. 기업가정신이 민주사회주의 체제에 어떻게 부합하는지에 관한 논의는 Adaman and Devine(2002), Kotz(2002) 참조.

33. Altringer(2013).

34. Sundgren et al.(2005) 참조. 이런 맥락에서 Collins, Hanges and Locke(2004)의 메타분석으로 입증된 McClelland(1961)의 연구 결과를 참조하는 것이 유용하다. 연구 결과는 기업가정신(심지어 자본주의 사회에서도)이 돈보다는 성취욕의 동기로 움직인다고 말한다. 성취욕이 낮은 사람은 더 큰 재정적 보상을 받았을 때 좋은 성과를 보였지만, 이러한 보상은 높은 성취욕을 가진 사람에게는 영향이

없었다.

35. 역사적인 기술혁명의 물결을 돌이켜봤을 때, 혁신적인 신기술, 즉 경제 전반에 걸친 큰 파급 효과를 불러일으키는 기술의 보급을 장려하고 지향하는 것은 자본주의 경제일지라도 적극적인 정부 정책의 핵심 요소가 되고 있다. 자동차, 석유, 대량 생산과 관련된 파급적인 기술을 활용하는 데 필요한 정책을 생각해보라. 주택 소유의 접근성을 보장하려는 정부 투자, 생산성 상승에 비례하는 노동 임금 상승, 고속도로 건설은 기술이 함께 어우러지는 것을 도왔고, 제2차 세계대전 이후 경제 호황에 크게 기여했다. Perez(2015)와 Mazzucato(2015)는 현재 진행 중인 새로운 디지털 혁명의 물결을 어떻게 경영할 수 있을지에 대한 흥미로운 개요를 제시했는데, 경영을 통해 디지털 혁명의 요소들이 환경 문제 해결에 도움을 주는 동시에 보다 평등한 세계 경제 창출에 도움을 줄 수 있다고 주장했다. 하지만 이 연구는 정부가 그 책임을 효과적으로 맡는 데 필요한 더 넓은 정치적 구조와 소유에 대한 방안을 제시하지는 않는다. 따라서 이러한 모습이 실제로 재현될 수 있을지는 의심이 간다. 이 책에서 설명한 민주사회주의의 모습을 참고한다면 더욱 현실적인 스케치를 그려낼 수 있을 것이다.

36. 노동자라는 용어는 사회주의 기업에서 일하는 사람을 의미하며, 어떤 종류의 일을 하든 자본주의 기업에 고용된 사람을 지칭할 때는 직원이라는 용어를 사용한다.

37. Malleson(2013), Corcoran and Wilson(2010) 사례 참조.

38. Laliberte(2013), Witherell, Cooper, and Peck(2012).

39. Adams and Freedman(1976), Adams(1965) 참조.

40. 민주사회주의 개념에 부합하는 정부 형태에 관하여 몇 가지 좋은 아이디어는 Hind(2018) 참조.

41. Par kinson and Mansbridge(2012), Fung(2015), Mansbridge(1983) 사례 참조.

42. Dahl(2008, p. 71).

43. Cohen(1989), Sanders(1997).

44. 이에 대해 생각할 수 있는 한 방법은 '경합적 다원주의agonistic

pluralism(Mouffe 1999)'이다.

45. Meadow and Randers(1992) 참조.

46. Anderson and Bows(2011).

47. Jacobson and Delucchi(2011), Delucchi and Jacobson(2011). 이러한 연구에서 추정한 관련 경제 비용은 지나치게 낙관적이라는 주장이 있었지만(Clack et al., 2017), 이 책은 그러한 반박을 보완할 수 있다. 실제로 민간 부문의 수익을 보전하는 방향으로 기후 위기를 극복할 수 없다는 것은 매우 분명해 보이며, 이는 민주 사회주의로의 변혁을 주장할 때 하나의 근거가 된다.

48. Heinberg and Fridley(2016)는 재생에너지로의 세계적 전환 비용을 200조 달러로 추정하고 있다. Rezai, Foley, and Taylor(2012)는 완화를 위한 이러한 투자가 소비 패턴을 바꿀 수 있지만 현재의 소비 수준까지 줄이려고 노력할 필요는 없다고 주장한다. 만약 탄소세와 같은 완화 조치가 소비자에게 영향을 미친다면 정부는 이러한 소비자에게 세금 수입을 돌려줄 수 있다. 완화 조치를 위한 투자 자금은 차입을 통해 마련할 수 있으며(미래 세대가 미래에 누릴 환경 개선에 대한 비용을 지불하도록 해서), 만약 이 차입이 현재의 금리를 인상하게 만든다면, 이는 현재의 소비 지출을 줄이는 대신 기존의 투자 일부를 꼭 필요한 완화 조치를 위한 투자로 대체할 것이다.

49. Climate Mobilization 그룹에서 제공한 계획에 따른 대략적인 모습은 Silk(2016) 참조. 이 그룹의 목표는 제2차 세계대전의 전시 동원체제의 모델을 본떠서 만들었다. 이 그룹은 재산의 사회화를 주장하지는 않는데, 어떻게 포괄적인 사회화 과정 없이 계속해서 목표를 실행해갈 수 있을지 의문이다.

50. http://www.sustainablemeasures.com/node/102에서 언급되었다.

51. US Census Bureau, 2013 American Commuting survey, Table S0801.

52. GI의 51%는 교육 지원 혜택을 받았다. 그들 중 220만 명은 대학교에 입학하며, 560만 명은 직업 훈련을 받는다(Stanley 2003).

53. 관련 위키피디아 항목에서 해당 시스템에 대해 더 알아볼 수 있다.

54. 오늘날에도 연방정부의 직업 분류 체계는 매우 넓은 범위의 직업과 직업

내 기술 등급을 다룬다. 급여 수준에 관한 정보는 공개되며, 그 결과 공공 부문은 민간 부문보다 성별에 따른 임금 불평등 해결에서 훨씬 좋은 성과를 보였다. Yoder(2014) 참조.

55. 이와는 반대되지만, 결국 상호 보완적인 관점인 Lancaster(2017), Davis(2011) 참조. 다른 분야와 마찬가지로, 민주사회주의 정책은 일부 사회민주주의 국가의 성공 사례에 기초할 수 있다. 이 경우, 핀란드의 형사 사법 제도 사례를 참고하길 바란다. Lahti(2017).

56. 이 연구는 설득력 있는 결과를 제시한다. 여러 다른 요인을 통제한 결과, 연구 결과는 주택 소유가 보수적인 정치적 태도를 더 불러일으켰다고 말한다. Adler(2017), Ansell(2014) 참조.

57. 여러 경제학자의 시장 친화적인 성향을 감안하더라도, 임대료 규제의 효과를 보여주는 증거를 찾기는 매우 어렵다. 관련 비평은 Turner and Malpezzi(2003) 참조. 임대료 규제는 시장에 대한 의존으로 발생한 자본주의 딜레마를 넘어설 방법을 찾는 것이 얼마나 어려운지 보여주는 사례다.

58. Austen(2018).

59. Keohane, Petsonk, and Hanafi(2017).

60. Crotty and Epstein(1996).

7장 ──────────────────────────────

1. Godard(2007), Budd, Lamare, and Timming(2018), Pateman(1970).

2. 여러 국가에 걸쳐서, 그리고 교육을 덜 받은 사람에 비해, 대학 교육을 받은 사람은 전통적인 사회운동(정당, 노동조합, 전문 협회)과 새로운 사회운동(환경협회, 제3세계 개발협회, 여성협회, 평화협회)에 참여하는 수준이 2배 이상 높았다(Schofer and Fourcade-Gourinchas 2001).

3. 첫 번째와 세 번째는 Schweickart(2011, Ch. 6)가 그린 시나리오에서 각색했다.

4. 이것이 어떻게 보일지 표현한 스케치 중 하나는 Silk(2016)에서 인용했다.

5. 사회민주주의 지지자는 칼 폴라니, 『거대한 전환The Great Transformation』

[1968(1944)]이라는 유명한 글을 인용해, 자본주의 이전 사회에 존재했던 사회적 제약 조건으로 발생한 시장 경쟁의 '파내기(disembedding)'가 자본주의 출현에 포함되었다고 말하며, disembedding으로 인해 너무 많은 혼란이 일어나자 're-embedding'이라는 사회민주주의 형태의 대항운동으로 이어졌다고 주장한다. 사회민주주의 지지자는 오늘날 신자유주의의 범람이 앞의 사례와 유사하게 사회민주주의에 새로운 바람을 불러일으킬 것으로 보고 있다. 하지만 폴라니를 읽은 사람들은 한 가지 중요한 지점을 놓친 것 같다. 경제의 핵심이 자본주의 체제에 여전히 있다면, 정부 규제로 시장 메커니즘이 정체되고 자본주의 계급이 사회적 지배력과 특권을 지키기 위해 투쟁하는 일이 일어나 re-embedding 과정은 결국 또 다른 disembedding 현상을 불러일으킬 것이다. 물론 폴라니는 "every man for himself(자신의 일은 스스로 하자)"라는 야만적인 disembedded 자본주의 형태에 반대하며 규제 자본주의와 사회민주주의로의 개혁을 옹호했다. 하지만 그의 기본적인 주장은 여전히 경제의 핵심이 자본주의 체제에 있기 때문에, 이렇게 두 번의 개혁이 일어나는 것은 결국 dis-embedding과 re-embedding이 시소처럼 오르락내리락하는, 인류가 절대 빠져나올 수 없는 지옥 같은 진자운동(infernal pendulum, Dale 2010, 233에서 인용)을 할 뿐이다. 그는 유일한 해결책은 근본적인 사회주의의 변혁을 통해서라고 말한다.

스웨덴은 사회민주주의 개혁의 한계와 관련해서 객관적인 교훈을 제공한다. 이미 사회민주주의 제도가 잘 정착된 1976년 스웨덴의 노동조합총연맹(LO)은 Meidner plan(계획에 참여한 저자의 이름을 땄다)을 제안했다. 이 계획은 일정 규모 이상의 모든 기업에 매년 수익의 20%에 해당하는 새로운 의결권 주식을 발행할 것을 요구했다. 노동조합 주도의 이사회는 산업별 펀드를 한 개씩 관리함으로써 부실기업 교육, 연구, 재활에 자금을 배분하는 것이 목표이며, 이 펀드는 산업별 노동조합 단체가 관리하기로 되어 있다. 이 계획이 몇 년 동안 지속되었다면 점진적이면서 효과적으로 기업 소유와 통제를 사회화할 수 있었을 것이다. 대중적인 지지가 있었음에도, 그 계획은 재계의 대대적인 반대에 부딪혀 실행되지 못했다. 그 계획이 통과된다면 보수 정당뿐만 아니라 경영진의 특권과 부가 사라져버리는 것이 당연했기 때문이다. 이러한 반대에 부딪히자 스웨덴 사회민주노동당도 반발했다. 미국에서 그런 계획을 신뢰하고 맡길 수 있는 어떠한 조직도 상상하기 힘들지만, 만약 그러한 조직이 생겼다고 해도 앞의 사례와 유사하게 사업 부문의 강력한 반대와 직면하게 될 것이다. Meidner가 세운 이 계획과 그에 대한 실패는 Meidner(1993) 참조. 이 계획을 발전시켜 미국에 가져오자는 주장은 Gowan and Viktorsson(2017) 참조.

6. Democratic Socialists of America(2012) 참조.

7. Rolf(2018), Burns(2014) and McAlevey(2016) 사례 참조.

8. 진보 진영의 어떤 견해에 따르면 기업에서 직원 참여가 더 넓은 분야인 정치에서의 참여 활동을 할 능력과 동기를 모두 발전시킬 것이라고 말한다. 다른 견해로는, 이러한 직원 참여가 사회의 더 큰 문제에 관한 관심을 분산시킬 것이라고 우려한다. 그 이유는 단편적인데, 아마도 사내의 구체적인 환경에 따라 크게 달라질 것이다. 하지만 직원 참여의 긍정적인 부분에 주목하는 경향이 더 많아 보인다. Timming and Summers(2018) 사례 참조.

9. National Center for Education Statistics(2015).

10. Shapiro and Brown(2018). 대부분의 대학에서 학점을 받으려면 3.0 이상의 점수를 받아야 하며, 4.0 이상의 점수를 요구하는 대학도 있다.

11. Rogers(2009, 2015)는 국가 차원의 강력한 정부 규제 사례를 들고 와서 지역 탈바꿈에 관한 매력적인 사례를 제공한다. 만약 연방정부가 모든 지역에 걸쳐 사회적·경제적 정책에 대한 높은 수준 기반을 마련한다면, 즉 저차원적인 관행을 막는다면, 시장 경쟁은 다양한 분야에서 번영을 막기보다는 정책 실행에 도움을 줄 것이라고 그는 주장한다. 하지만 우리는 여전히 경제의 자본주의적 구조로 인해 발생한 제약에 묶여 있어 자본주의의 위기를 극복하지 못할 것이다.

• Abrahamian, Ervand. 2001. "The 1953 coup in Iran." *Science and Society*, 65 (2): 182–215.

• Adaman, Fikret, and Pat Devine. 1996. "The economics calculation debate: Lessons for socialists." *Cambridge Journal of Economics*, 20 (5): 523–537.

• Adaman, Fikret, and Pat Devine. 2002. "A reconsideration of the theory of entrepreneurship: A participatory approach." *Review of Political Economy*, 14 (3): 329–355.

• Adams, J. Stacy. 1965. "Inequity in social exchange." In *Advances in Experimental Social Psychology*, edited by L. Berkowitz, 267–299. New York: Academic Press.

• Adams, J. Stacy, and Sara Freedman. 1976. "Equity theory revisited: Comments and annotated bibliography." In *Advances in Experimental Social Psychology*, edited by Leonard Berkowitz and Elaine Walster, 43–90. New York: Academic Press.

• Adler, David R. K. 2017. "The Waitrose effect: Boom times for homeowners but evictions for tenants." *Guardian*, October 2. https://www.theguardian.com/inequality/2017/oct/02/the- waitrose-effect-boom-times-for-homeowners-but-evictions-for-tenants.

• Adler, Jonathan. 2008. "Environment." *Encyclopedia of Libertarianism*, accessed May 28, 2018. https://www.libertarianism.org/encyclopedia/environment.

• Adler, Paul S. 1993. "The 'learning bureaucracy': New United Motor Manufacturing, Inc." In *Research in Organizational Behavior*, edited by Barry M. Staw and Larry L. Cummings, 111–194. Greenwich, CT: JAI.

• Adler, Paul S. 2006. "Beyond hacker idiocy: A new community in software development." In *The Firm as a Collaborative Community: Reconstructing Trust in the Knowledge Economy*, edited by Charles Heckscher and Paul S. Adler, 198–258. New York: Oxford University Press.

• Adler, Paul S. 2012. "The ambivalence of bureaucracy: From Weber via Gouldner to Marx." *Organization Science*, 23 (1): 244–266.

• Adler, Paul S. 2015. "Community and Innovation: From Tönnies to Marx." *Organization Studies*, 36 (4): 445–471.

• Adler, Paul S., and Clara X. Chen. 2011. "Combining creativity and coordination: Understanding individual creativity in large-scale collaborative creativity." *Accounting,*

Organizations and Society, 36 (2): 63–85.

• Adler, Paul S., and Robert E. Cole. 1993. "Designed for learning: A tale of two auto plants." *Sloan Management Review* (Spring): 85–94.

• Adler, Paul S., and Robert E. Cole. 1994. "Rejoinder." *Sloan Management Review* (Winter): 45–49. Adler, Paul S., Barbara Goldoftas, and David I. Levine. 1997. "Ergonomics, employee involvement, and the Toyota production system: A case study of NUMMI's 1993 model introduction." *Industrial and Labor Relations Review*, 50 (3): 416–437.

• Adler, Paul S., Barbara Goldoftas, and David I. Levine. 1999. "Flexibility versus efficiency? A case study of model changeovers in the Toyota production system." *Organization Science*, 10 (1): 43–68.

• Adler, Paul S., and Charles Heckscher. 2018. "Collaboration as an organization design for shared purpose." In *Research in the Sociology of Organizations*, edited by Petra Hiller, Leopold Ringel, and Charlene Zietsma, 81–111. Bingley, UK: Emerald.

• Adler, Paul S., Frank E. McGarry, Wendy B. Irion-Talbot, and Derek J. Binney. 2005. "Enabling process discipline: Lessons on implementing the capability maturity model for software." *MIS Quarterly: Executive*, 4 (1): 215–227.

• Aggestam, Karin, and Annika Bergman-Rosamond. 2016. "Swedish feminist foreign policy in the making: Ethics, politics, and gender." *Ethics and International Affairs*, 30 (3): 323–334. doi: 10.1017/S0892679416000241.

• Agyeman, Julian, David Schlosberg, Luke Craven, and Caitlin Matthews. 2016. "Trends and directions in environmental justice: From inequity to everyday life, community, and just sustainabilities." *Annual Review of Environment and Resources*, 41: 321–340.

• Albert, Michael, and Robin Hahnel. 1991. *Looking Forward: Participatory Economics for the Twenty First Century*. Boston, MA: South End Press.

• Alcorta, Ludovico. 1994. "The impact of new technologies on scale in manufacturing industries: Issues and evidence." *World Development*, 22 (5): 755–769.

• Allegretto, Sylvia A., and Lawrence Mishel. 2016. *The Teacher Pay Gap Is Wider than Ever*. Washington, DC: Economic Policy Institute.

• Alperovitz, Gar. 2005. *America beyond Capitalism: Reclaiming Our Wealth, Our Liberty, and Our Democracy*. Hoboken, NJ: John Wiley.

• Alperovitz, Gar. 2013. *What Then Must We Do? Straight Talk about the Next American Revolution*. White River Junction, VT: Chelsea Green.

• Altringer, Beth. 2013. "A new model for innovation in big companies." *Harvard Business Review*, November 19.

• Alvaredo, Facundo, Lucas Chancel, Thomas Piketty, Emmanuel Saez, and Gabriel Zucman (eds.). 2018. *World Inequality Report*. Cambridge, MA: Belknap Press.

• Ambec, Stefan, and Philippe Barla. 2006. "Can environmental regulations be good for business? An assessment of the Porter hypothesis." *Energy Studies Review*, 14 (2): 42.

• American Psychological Association. 2016. *Stress in America: The Impact of*

Discrimination. Washington, DC: American Psychological Association.

• Amsden, Alice Hoffenberg. 2001. *The Rise of "The Rest": Challenges to the West from Late- Industrializing Economies*. New York: Oxford University Press.

• Anderfuhren-Biget, Simon, Frédéric Varone, and David Giauque. 2014. "Policy environment and public service motivation." *Public Administration*, 92 (4): 807–825.

• Anderson, David J. 2005. *Stretching Agile to Fit CMMI Level 3-The Story of Creating MSF for CMMI/SPL Reg/Process Improvement at Microsoft Corporation*. Agile Conference. Proceedings, Washington, DC.

• Anderson, Kevin, and Alice Bows. 2011. "Beyond 'dangerous' climate change: Emission scenarios for a new world." *Philosophical Transactions of the Royal Society A: Mathematical, Physical and Engineering Sciences*, 369 (1934): 20–44.

• Angell, Marcia. 2005. *The Truth about the Drug Companies: How They Deceive Us and What to Do About It*. New York: Random House.

• Ansell, Ben. 2014. "The political economy of ownership: Housing markets and the welfare state." *American Political Science Review*, 108 (2): 383–402.

• Ansell, Chris, and Alison Gash. 2008. "Collaborative governance in theory and practice." *Journal of Public Administration Research and Theory*, 18 (4): 543–571.

• Arntz, Melanie, Terry Gregory, and Ulrich Zierahn. 2016. *The Risk of Automation for Jobs in OECD Countries*. OECD Social, Employment and Migration Working Papers, No. 189. Paris: OECD.

• Arrighi, Giovanni. 1994. *The Long Twentieth Century: Money, Power, and the Origins of our Times*. London: Verso.

• Arthur, W. Brian. 1996. "Increasing returns and the new world of business." *Harvard Business Review* (July–August): 100–109.

• Artz, Georgeanne M., and Younjun Kim. 2011. *Business Ownership by Workers: Are Worker Cooperatives a Viable Option?* Iowa State University, Department of Economics, Ames, IA.

• August, John. n.d. "Transforming US healthcare through workplace innovation." European Workplace Innovation Network (EUWIN) website. Last modified November 12, 2016. http://portal.ukwon.eu/File%20Storage/4694176_7_John_August_Article.pdf.

• Austen, Ben. 2018. *High-Risers: Cabrini-Green and the Fate of American Public Housing*. New York: Harper.

• Austin, Robert D., Mark J. Cotteleer, and Cedric X. Escalle. 2003. *Enterprise Resource Planning: Technology Note*. Boston, MA: Harvard Business School.

• Azoulay, Pierre, Erica Fuchs, Anna Goldstein, and Michael Kearney. 2018. *Funding Breakthrough Research: Promises and Challenges of the "ARPA Model."* National Bureau of Economic Research, Cambridge, MA.

• Baiocchi, Gianpaolo, and Ernesto Ganuza. 2014. "Participatory budgeting as if emancipation mattered." *Politics and Society*, 42 (1): 29–50.

• Baker, Dean. 2016. *Rigged: How Globalization and the Rules of the Modern Economy Were Structured to Make the Rich Richer*. Washington, DC: Center for Economic and Policy Research.

• Balasegaram, Manica. 2014. "Drugs for the poor, drugs for the rich: Why the current R&D model doesn't deliver." *Speaking of Medicine*, November 7, 2018. https://blogs.plos.org/speakingofmedicine/2014/02/14/drugs-poor-drugs-rich-current-rd- model-doesnt-deliver/.

• Baldamus, Wilhelm. 1961. *Efficiency and Effort: An Analysis of Industrial Administration*. London: Tavistock.

• Bardhan, Pranab, and John E. Roemer. 1992. "Market socialism: A case for rejuvenation." *Journal of Economic Perspectives*, 6 (3): 101–116.

• Barnet, Richard J., and R. M. Muller. 1975. *Global Reach: The Power of the Multinational Corporations*. London: Jonathan Cape.

• Barone, E. 1935 [1908]. "The ministry of production in the collectivist state." In *Collectivist Economic Planning*, edited by F. A. Hayek, 245–290. London: Routledge and Kegan Paul.

• Beaudry, Paul, Dana Galizia, and Franck Portier. 2015. *Reviving the Limit Cycle View of Macroeconomic Fluctuations*. National Bureau of Economic Research, Cambridge, MA.

• Belfrage, Claes, and Markus Kallifatides. 2018. "Financialisation and the new Swedish model." *Cambridge Journal of Economics*, 42 (4): 875–900.

• Benkler, Y. 2006. *The Wealth of Networks: How Social Production Transforms Markets and Freedom*. New Haven, CT: Yale University Press.

• Benmelech, Efraim, Nittai Bergman, and Hyunseob Kim. 2018. *Strong Employers and Weak Employees: How Does Employer Concentration Affect Wages?* National Bureau of Economic Research, Cambridge, MA.

• Berwick, D. M., and A. D. Hackbarth. 2012. "Eliminating waste in us health care." *JAMA*, 307 (14): 1513–1516. doi: 10.1001/jama.2012.362.

• Berwick, Donald M. 2010. *Connected for Health: Using Electronic Health Records to Transform Care Delivery*. New York: John Wiley & Sons.

• Bezruchka, Stephen. 2010. "Health equity in the USA." *Social Alternatives*, 29 (2): 50.

• Bhattacharya, Tithi. 2017. *Social Reproduction Theory: Remapping Class, Recentering Oppression*. London: Pluto Press.

• Bisognano, Maureen, and Charles Kenney. 2012. *Pursuing The Triple Aim: Seven Innovators Show the Way to Better Care, Better Health, and Lower Costs*. New York: John Wiley & Sons.

• Bjelland, Osvald M., and Robert Chapman Wood. 2008. "An inside view of IBM's 'Innovation Jam.'" *MIT Sloan Management Review*, 50 (1): 32.

• Block, Fred L., and Matthew R. Keller. 2015. *State of Innovation: The US Government's Role in Technology Development*. New York: Routledge.

• Board of Governors of the Federal Reserve System. 2018. *Report on the Economic Well-Being of U.S. Households in 2017*. Washington, DC.

• Bodrožić, Zlatko, and Paul S. Adler. 2018. "The evolution of management models: A neo- Schumpeterian theory." *Administrative Science Quarterly*, 63 (1): 85–129.

• Boldrin, Michele, and David K. Levine. 2013. "The case against patents." *Journal of Economic Perspectives*, 27 (1): 3–22.

• Borowczyk-Martins, Daniel, Jake Bradley, and Linas Tarasonis. 2017. "Racial discrimination in the US labor market: Employment and wage differentials by skill." *Labour Economics*, 49: 106–127.

• Borsos, John. 2013. "The Surrender of Oakland: The 2012 National Agreement between the Coalition of Kaiser Permanente Unions and Kaiser Permanente." *WorkingUSA*, 16 (2): 269–276.

• Bowles, Samuel, and Herbert Gintis. 1976. *Schooling in Capitalist America*. New York: Basic Books.

• Bowles, Samuel, and Herbert Gintis. 2002. "Schooling in capitalist America revisited." *Sociology of Education*, 75 (1): 1–18.

• Brainerd, Elizabeth. 2010. "Reassessing the standard of living in the Soviet Union: An analysis using archival and anthropometric data." *Journal of Economic History*, 70 (1): 83–117.

• Brauer, Michael. 2016. "Poor air quality kills 5.5 million worldwide annually." Institute for Health Metrics and Evaluation (IHME), accessed November 7, 2018. http://www.healthdata.org/news-release/poor-air-quality-kills-55-million-worldwide-annually.

• Braveman, Paula A., Catherine Cubbin, Susan Egerter, David R. Williams, and Elsie Pamuk. 2010. "Socioeconomic disparities in health in the United States: What the patterns tell us." *American Journal of Public Health*, 100 (Suppl 1): S186–S196. doi: 10.2105/AJPH.2009.166082.

• Brenner, M. Harvey. 1979. "Influence of the social environment on psychopathology: The historic perspective." In *Stress and Mental Disorder*, edited by James E. Barrett, 161–177. New York: Raven Press.

• Bridgman, Benjamin, Andrew Dugan, Mikhael Lal, Matthew Osborne, and Shaunda Villones. 2012. "Accounting for household production in the national accounts, 1965–2010." *Survey of Current Business*, 92 (5): 23–36.

• Brown, Alan W., Scott Ambler, and Walker Royce. May 18–26, 2013. "Agility at scale: Economic governance, measured improvement, and disciplined delivery." In *Proceedings of the 2013 International Conference on Software Engineering*. San Francisco, CA, 873–881.

• Brown, Rebekah R., Ana Deletic, and Tony H. F. Wong. 2015. "Interdisciplinarity: How to catalyse collaboration." *Nature*, 525 (7569): 315–317.

• Budd, John W., J. Ryan Lamare, and Andrew R. Timming. 2018. "Learning about democracy at work: Cross-national evidence on individual employee voice influencing political participation in civil society." *Industrial and Labor Relations Review*: 956–985.

• Burnham, Linda, and Nik Theodore. 2012. *Home Economics: The Invisible and Unregulated World of Domestic Work*. New York: National Domestic Workers Alliance. Center for Urban Economic Development and University of Illinois at Chicago Data Center.

• Burns, Joe. 2014. *Strike Back: Using the Militant Tactics of Labor's Past to Reignite Public Sector Unionism Today*. Brooklyn, NY: Ig Publishing.

• Campaign for Tobacco-Free Kids. 2014. *Designed for Addiction*. Washington, DC.

• Carter, Ian. 2018. "Positive and negative freedom." In *The Stanford Encyclopedia of Philosophy*, edited by Edward N. Zalta. https://plato.stanford.edu/archives/sum2018/entries/liberty- positive-negative/.

• Cassidy, John. 2009. *How Markets Fail: The Logic of Economic Calamities*. New York: Farrar, Straus and Giroux.

• Chesbrough, Henry William. 2006. *Open Innovation: The New Imperative for Creating and Profiting from Technology*. Boston, MA: Harvard Business School Publishing.

• Chomsky, Noam. 2010. "US Savage Imperialism." *Z Magazine* (November 30).

• Citylab. 2018. "What to do about HQ2." https://www.citylab.com/equity/2018/01/what-to-do-about- hq2/551486/.

• Clack, Christopher T. M., Staffan A. Qvist, Jay Apt, Morgan Bazilian, Adam R. Brandt, Ken Caldeira, Steven J. Davis, et al. 2017. "Evaluation of a proposal for reliable low-cost grid power with 100% wind, water, and solar." *Proceedings of the National Academy of Sciences*, 114 (26): 6722–6727.

• Clark, Andrew, and Heather Stewart. 2011. "If the banks forsake London, where might they go?" *Guardian*, April 9.

• Clark, Gregory. 2012. "What is the true rate of social mobility in Sweden? A surname analysis, 1700–2012." Unpublished manuscript, University of California, Davis.

• Climate Vulnerability Monitor. 2012. *A Guide to the Cold Calculus of a Hot Planet*. Madrid: DARA and the Climate Vulnerable Forum.

• Coase, Ronald. 1937. "The nature of the firm." *Economica*, 4: 386–405.

• Cockshott, W. Paul, and Allin F. Cottrell. 1993. *Towards a New Socialism*. Nottingham: Spokesman.

• Cockshott, W. Paul, and Allin F. Cottrell. 1997. "Information and economics: A critique of Hayek." *Research in Political Economy*, 16: 177–202.

• Cohen, Joshua. 1989. "The economic basis of deliberative democracy." *Social Philosophy and Policy*, 6 (2): 25–50.

• Cohen, Paul M., Mark Ptaskiewicz, and Debra Mipos. 2010. "The case for unit-based teams: A model for front-line engagement and performance improvement." *Permanente Journal*, 14 (2): 70–75.

• Collins, Christopher J., Paul J. Hanges, and Edwin A. Locke. 2004. "The relationship of achievement motivation to entrepreneurial behavior: A meta-analysis." *Human Performance*, 17 (1): 95–117.

• Comstock, Courtney. 2011a. "Jamie Dimon stunningly confronts Ben Bernanke, suggests excessive financial regulations are slowing the recovery." *Business Insider*, June 7.

• Comstock, Courtney. 2011b. "Jamie Dimon: Wall Street's new hero for ambushing Bernanke." *Business Insider*, June 8.

• Cooper, Daniel. 2014. The Effect of Unemployment Duration on Future Earnings and Other Outcomes. Working Paper 13–8. Boston, MA: Federal Reserve Bank of Boston.

• Coote, Anna, Jane Franklin, and Andrew Simms. 2010. *21 Hours: Why a Shorter Working Week Can Help Us All to Flourish in the 21st Century*. London, UK: New Economics Foundation.

• Corcoran, Hazel, and David Wilson. 2010. *The Worker Co-operative Movements in Italy, Mondragon and France: Context, Success Factors and Lessons*. Calgary, Canada: Canadian Worker Cooperative Federation.

• Cottrell, Allin F., and W. Paul Cockshott. 1993. "Calculation, complexity and planning: the socialist calculation debate once again." *Review of Political Economy*, 5 (1): 73–112.

• Council of Economic Advisors. 2016. *Benefits of Competition and Indicators of Market Power*. Washington, DC.

• Credit Suisse. 2016. *Credit Suisse Global Wealth Databook 2016*. Zurich.

• Crotty, James, and Gerald Epstein. 1996. "In defence of capital controls." *Socialist Register*, 32 (32).

• Curato, Nicole, John S. Dryzek, Selen A. Ercan, Carolyn M. Hendriks, and Simon Niemeyer. 2017. "Twelve key findings in deliberative democracy research." *Daedalus*, 146 (3): 28–38.

• Dahl, Robert A. 2008. *On Democracy*. New Haven, CT: Yale University Press.

• Dahlsrud, Alexander. 2008. "How corporate social responsibility is defined: An analysis of 37 definitions." *Corporate Social Responsibility and Environmental Management*, 15 (1): 1–13.

• Dale, Gareth. 2010. *Karl Polanyi: The Limits of the Market*. Cambridge: Polity.

• Daniel, Michael, and Martin A. Makary. 2016. "Medical error—the third leading cause of death in the US." *BMJ*, 353 (i2139): 476636183.

• Davenport, Thomas H. 2000.*Mission Critical: Realizing the Promise of Enterprise Systems*. Boston, MA: Harvard Business Review Press.

• David, H. 2015. "Why are there still so many jobs? The history and future of workplace automation." *Journal of Economic Perspectives*, 29 (3): 3–30.

• Davino-Ramaya, Carrie, L. Kendall Krause, Craig W. Robbins, Jeffrey S. Harris, Marguerite Koster, Wiley Chan, and Gladys I. Tom. 2012. "Transparency matters: Kaiser Permanente's national guideline program methodological processes." *Permanente*

Journal, 16 (1): 55–62.

• Davis, Angela Y. 2011. *Are Prisons Obsolete?* New York: Seven Stories Press.

• Davis, Gerald F. 2016. "Can an economy survive without corporations? Technology and robust organizational alternatives." *Academy of Management Perspectives*, 30 (2): 129–140.

• Davis, Mike. 2002. *Late Victorian Holocausts: El Niño Famines and the Making of the Third World*. London: Verso.

• Dawson, Michael C. 2016. "Hidden in plain sight: A note on legitimation crises and the racial order." *Critical Historical Studies*, 3 (1): 143–161.

• de Joncheere, K., S. Hill, and N. Klazinga. 2006. *The Clinical Guideline Programme of the National Institute for Health and Clinical Excellence (NICE)*. Copenhagen, Denmark: World Health Organization.

• De Schweinitz, Dorothea. 1949. *Labor and Management in a Common Enterprise*. Cambridge, MA: Harvard University Press.

• DeHart-Davis, Leisha. 2009a. "Green Tape and Public Employee Rule Abidance: Why Organizational Rule Attributes Matter." *Public Administration Review*, 69 (5): 901–910.

• DeHart-Davis, Leisha. 2009b. "Green tape: A theory of effective organizational rules." *Journal of Public Administration Research and Theory*, 19 (2): 361–384.

• DeHart-Davis, Leisha, Randall S. Davis, and Zachary Mohr. 2014. "Green tape and job satisfaction: Can organizational rules make employees happy?" *Journal of Public Administration Research and Theory*, 25 (3): 849–876.

• Delina, Laurence L. 2016. *Strategies for Rapid Climate Mitigation: Wartime Mobilisation as a Model for Action?* New York: Routledge.

• Delucchi, Mark A., and Mark Z. Jacobson. 2011. "Providing all global energy with wind, water, and solar power, Part II: Reliability, system and transmission costs, and policies." *Energy Policy*, 39 (3): 1170–1190.

• Democratic Socialists of America. 2012. "A social and economic Bill of Rights." Accessed November 7, 2018. http://www.dsausa.org/a_social_and_economic_bill_of_rights.

• Derfuss, Klaus. 2009. "The relationship of budgetary participation and reliance on accounting performance measures with individual-level consequent variables: A meta-analysis." *European Accounting Review*, 18 (2): 203–239.

• Devine, Pat. 2002. "Participatory planning through negotiated coordination." *Science and Society*, 66 (1): 72–85.

• Drahos, Peter, and John Braithwaite. 2017. *Information Feudalism: Who Owns the Knowledge Economy?* New York: Taylor and Francis.

• Drummond, Michael. 2016. "Clinical guidelines: A NICE way to introduce cost-effectiveness considerations?" *Value in Health*, 19 (5): 525–530. doi: https://doi.org/10.1016/j.jval.2016.04.020.

• Duménil, Gérard, and Dominique Lévy. 2018. *Managerial Capitalism: Ownership, Management, and the Coming New Mode of Production*. London: Pluto Press.

• Dunne, Timothy, Mark J. Roberts, and Larry Samuelson. 1989. "The growth and failure of US manufacturing plants." *Quarterly Journal of Economics*, 104 (4): 671–698.

• Dutfield, Graham. 2017. *Intellectual Property Rights and the Life Science Industries: A Twentieth Century History*. New York: Routledge.

• Dwyer-Lindgren, Laura, Amelia Bertozzi-Villa, Rebecca W. Stubbs, Chloe Morozoff, Johan P. Mackenbach, Frank J. van Lenthe, et al. 2017. "Inequalities in life expectancy among US counties, 1980 to 2014: Temporal trends and key drivers." *JAMA Internal Medicine*, 177 (7): 1003–1011.

• e-reward.co.uk. 2016. *IBM co-creates a radical new approach to performance management*. Reward Blueprints 113. https://www.e-reward.co.uk/research/case-studies/ibm-co-creates-a-radical- new-approach-to-performance-management.

• Early, Steve. 2011. *The Civil Wars in U.S. Labor: Birth of a New Workers' Movement or Death Throes of the Old?* Chicago, IL: Haymarket.

• Eaton, Susan C., Saul A. Rubinstein, and Robert B. McKersie. 2004. "Building and sustaining labor- management partnerships: Recent experiences in the US." *Advances in Industrial and Labor Relations*: 137–156.

• Eccles, Robert G. 1985. *The Transfer Pricing Problem: A Theory for Practice*. Lexington, MA: Lexington Books.

• Economic Innovation Group. 2017. *Dynamism in Retreat: Consequences for Regions, Markets, and Workers*. Washington, DC.

• Elliott, Douglas J. 2009. "Bank Nationalization: What is it? Should we do it?" In *Initiative on Business and Public Policy*. Washington, DC: Brookings Institution.

• Ellman, Michael. 2014. *Socialist Planning*. Cambridge: Cambridge University Press.

• Epstein, Gerald. 2018. "On the social efficiency of finance." *Development and Change*, 49 (2): 330–352.

• Epstein, Gerald A. 2005. *Capital Flight and Capital Controls in Developing Countries*. Cheltenham, UK: Edward Elgar.

• Epstein, Marc J., and Adriana Rejc Buhovac. 2014. *Making Sustainability Work: Best Practices in Managing and Measuring Corporate Social, Environmental, and Economic Impacts*. San Francisco, CA: Berrett-Koehler.

• European Federation of Public Service Unions. 2014. *Public and Private Sector Efficiency: A Briefing for the EPSU Congress*. Brussels: European Federation of Public Service Unions.

• Evans, Peter B. 2012. *Embedded Autonomy: States and Industrial Transformation*. Princeton, NJ: Princeton University Press.

• Farrow, Anne, Joel Lang, and Jenifer Frank. 2006. *Complicity: How the North Promoted, Prolonged, and Profited from Slavery*. New York: Random House Digital.

• Fassler, Joe. 2011. "How Copyright Law Hurts Music, From Chuck D to Girl Talk." *The Atlantic*, April 12.

• Fawcett, Stanley E., Stephen L Jones, and Amydee M. Fawcett. 2012. "Supply chain trust: The catalyst for collaborative innovation." *Business Horizons*, 55 (2): 163–178.

• Federal Reserve Bank of St. Louis. 2015. "Government employment in context." *The FRED Blog*, November 7, 2018, accessed January 26, 2019. https://fredblog.stlouisfed.org/2015/08/government-employment-in-context/.

• Federal Reserve Bank of St. Louis. 2018. "Capacity utilization: Total industry." Accessed November 7, 2018. https://fred.stlouisfed.org/series/TCU.

• Ferguson, Thomas. 1995. *Golden Rule: The Investment Theory of Party Competition and the Logic of Money-Driven Political Systems*. Chicago: University of Chicago Press.

• Fine, Ben, and Alfredo Saad-Filho. 2017. "Thirteen things you need to know about neoliberalism." *Critical Sociology*, 43 (4-5): 685–706.

• Finkelhor, D., H. A. Turner, A. Shattuck, and S. L. Hamby. 2015. "Prevalence of childhood exposure to violence, crime, and abuse: Results from the national survey of children's exposure to violence." *JAMA Pediatrics*, 169 (8): 746–754. doi: 10.1001/jamapediatrics.2015.0676.

• Fisher, Franklin M., Zvi Griliches, and Carl Kaysen. 1962. "The costs of automobile model changes since 1949." *Journal of Political Economy*, 70 (5, Part 1): 433–451.

• Fishman, Charles. 1996. "They write the right stuff." Fast Company, 6 (95).

• FitzRoy, Felix, and Kornelius Kraft. 2005. "Co-determination, efficiency and productivity." *British Journal of Industrial Relations*, 43 (2): 233–247.

• Folbre, Nancy. 1993. "Women's informal market work in Massachusetts, 1875–1920." *Social Science History*, 17 (1): 135–160.

• Foley, Duncan K. 2017. *Socialist Alternatives to Capitalism II: Vienna to Santa Fe*. Working Paper. New York: New School for Social Research.

• Foley, Duncan K. 2010. "What's wrong with the fundamental existence and welfare theorems?" *Journal of Economic Behavior and Organization*, 75 (2): 115–131. doi: https://doi.org/10.1016/j.jebo.2010.03.023.

• Foo, Gillian H. C., and Linda Y. C. Lim. 1989. "Poverty, ideology and women export factory workers in South-East Asia." In *Women, Poverty and Ideology in Asia: Contradictory Pressures, Uneasy Resolutions*, edited by Haleh Afshar and Bina Agarwal, 212–233. London, UK: Palgrave Macmillan.

• Forcadell, Francisco Javier. 2005. "Democracy, cooperation and business success: The case of Mondragón Corporación Cooperativa." *Journal of Business Ethics*, 56 (3): 255–274.

• Forum for Sustainable and Responsible Investment. 2016. *Report on US Sustainable, Responsible and Impact Investing Trends 2016*. Washington, DC.

• Foster, John Bellamy, and Robert W. McChesney. 2004. *Pox Americana: Exposing the American Empire*. New York: Farrar, Straus and Giroux.

• Fraser, Evan D. G., Andrew J. Dougill, Warren E. Mabee, Mark Reed, and Patrick McAlpine. 2006. "Bottom up and top down: Analysis of participatory processes for sustainability indicator identification as a pathway to community empowerment and sustainable environmental management." *Journal of Environmental Management*, 78 (2): 114–127.

• Fraser, Nancy. 2016a. "Contradictions of capital and care." *New Left Review* (100): 99–117.

• Fraser, Nancy. 2016b. "Expropriation and exploitation in racialized capitalism: A reply to Michael Dawson." *Critical Historical Studies*, 3 (1): 163–178.

• Freeman, Richard B., and Joel Rogers. 2006. *What Workers Want*. Ithaca, NY: Cornell University Press.

• Frenken, Koen. 2017. "Political economies and environmental futures for the sharing economy." *Philosophical Transactions of the Royal Society A: Mathematical, Physical and Engineering Sciences*, 375 (2095): 20160367.

• Friedman, Milton. 2009 [1962]. *Capitalism and Freedom*. Chicago: University of Chicago Press.

• Friedman, Milton, and George J. Stigler. 1946. *Roofs or Ceilings? The Current Housing Problem*. Irvington-on-Hudson, NY: Foundation for Economic Education.

• Fung, Archon. 2015. "Putting the public back into governance: The challenges of citizen participation and its future." *Public Administration Review*, 75 (4): 513–522.

• Fung, Archon, and Erik O. Wright. 2003. *Deepening Democracy: Institutional Innovations in Empowered Participatory Governance*. London: Verso.

• Gallup. 2017. *State of the American Workplace*. Washington, DC: Gallup.

• Gallup Editors. 2014. *Gallup Review: Black and White Differences in Views on Race*. Washington, DC: Gallup.

• Gast, Arne, and Michele Zanini. 2012. "The social side of strategy." *McKinsey Quarterly*, 2 (1): 82– 93.

• Gastil, John, Chiara Bacci, and Michael Dollinger. 2010. "Is deliberation neutral? Patterns of attitude change during 'The Deliberative Polls™.'" *Journal of Public Deliberation*, 6 (2): 3.

• Gattuso, James L. 2009. "General Motors bankruptcy and nationalization: Exit strategy needed." Heritage Foundation, accessed November 7, 2018. https://www.heritage.org/government- regulation/report/general-motors-bankruptcy-and-nationalization-exit-strategy-needed.

• Genoways, Ted. 2017. *This Blessed Earth: A Year in the Life of an American Family Farm*. New York: Norton.

• Gentry, William M., and R. Glenn Hubbard. 2004. "Entrepreneurship and household saving." *Advances in Economic Analysis and Policy*, 4 (1).

• Gerbing, David W., Janet G. Hamilton, and Elizabeth B. Freeman. 1994. "A large-scale second-order structural equation model of the influence of management participation on organizational planning benefits." *Journal of Management*, 20 (4): 859–885.

• Ghilarducci, Teresa, Siavash Radpour, Bridget Fisher, and Anthony Webb. 2016. *Household Economic Shocks Increase Retirement Wealth Inequality*. New York: Schwartz Center for Economic Policy Analysis (SCEPA), The New School.

• Gibbs, WW. 1994. "Software's chronic crisis." *Scientific American*, 271 (3): 72–81.

• Gibson, William. 1999. "'The science in science fiction': NPR interview, November 30, 1999." http://www.npr.org/templates/story/story.php?storyId=1067220.

• Gilens, Martin. 2012. *Affluence and Influence: Economic Inequality and Political Power in America*. Princeton, NJ: Princeton University Press.

• Giridharadas, Anand. 2018. *Winners Take All: The Elite Charade of Changing the World*. New York: Knopf.

• Glew, David J., Anne M. O'Leary-Kelly, Ricky W. Griffin, and David D. Van Fleet. 1995. "Participation in organizations: A preview of the issues and proposed framework for future analysis." *Journal of Management*, 21 (3): 395–421. doi: http://dx.doi.org/10.1016/0149-2063(95)90014-4.

• Gnanasambandam, Chandra, Allen Miller, and Kara Sprague. 2017. "Grow fast or die slow: The role of profitability in sustainable growth." McKinsey & Company, accessed November 8, 2018. https://www.mckinsey.com/industries/high-tech/our-insights/grow-fast-or-die-slow-the-role- of-profitability-in-sustainable-growth.

• Godard, John. 2007. "Is good work good for democracy? Work, change at work and political participation in Canada and England." *British Journal of Industrial Relations*, 45 (4): 760– 790.

• Godard, John, and Carola Frege. 2013. "Labor unions, alternative forms of representation, and the exercise of authority relations in US workplaces." *Industrial and Labor Relations Review*, 66 (1): 142–168.

• Goldin, C. D., and L. F. Katz. 2009. *The Race between Education and Technology*. Cambridge, MA: Harvard University Press.

• Goncalo, J. A., and B. M. Staw. 2006. "Individualism-collectivism and group creativity." *Organizational Behavior and Human Decision Processes*, 100 (1): 96–109.

• Gough, Ian. 2000. "The enhanced structural power of capital: A review and assessment with Kevin Farnsworth." In *Global Capital, Human Needs and Social Policies: Selected Essays, 1994–99*, edited by Ian Gough, 77–102. New York: Palgrave.

• Gouldner, Alvin W. 1955. "Metaphysical pathos and the theory of bureaucracy." *American Political Science Review*, 49 (469–505).

• Gourevitch, Alex. 2013. "Labor republicanism and the transformation of work." *Political Theory*, 41 (4): 591–617.

• Gourevitch, Alex. 2015. "Liberty and its economies." *Politics, Philosophy and Economics*, 14 (4): 365–390.

• Gowan, Peter, and Mio Tastas Viktorsson. 2017. "Revising the Meidner plan." *Jacobin*, November 7, 2018. https://www.jacobinmag.com/2017/08/sweden-social-democracymeidner-plan-capital.

• Greenhouse, Steven. 2009. *The Big Squeeze: TOUGH times for the American Worker*. New York: Knopf.

• Greenspan, Alan. 2010. "The Crisis." *Brookings Institution Papers on Economic Activity* (Spring): 201–261.

• Guzda, Henry P. 1984. "Industrial democracy: Made in the U.S.A." *Monthly Labor Review* (May): 26–33.

• Hackman, J. Richard, and Greg R. Oldham. 1980. Work Redesign. Reading, MA: Addison-Wesley.

• Hainmueller, Jens, Michael J. Hiscox, and Sandra Sequeira. 2015. "Consumer demand for fair trade: Evidence from a multistore field experiment." *Review of Economics and Statistics*, 97 (2): 242–256.

• Hall, Peter A., and David W. Soskice. 2001. *Varieties of Capitalism: The Institutional Foundations of Comparative Advantage*. New York: Oxford University Press.

• Handel, Michael J. 2012. *Trends in Job Skill Demands in OECD Countries*. OECD Social, Employment and Migration Working Papers. Paris: OECD.

• Hanna, Thomas M. 2018. *Our Common Wealth: The Return of Public Ownership in the United States*. Manchester, UK: Manchester University Press.

• Hansen, Jared M. 2009. "The evolution of buyer-supplier relationships: An historical industry approach." *Journal of Business and Industrial Marketing*, 24 (3/4): 227–236.

• Hansen, M. T., and B. von Oetinger. 2001. "Introducing T-shaped managers: Knowledge management's next generation." *Harvard Business Review*, 79 (3): 106–116.

• Hanson, Jon, and David Yosifon. 2003. "The situation: An introduction to the situational character, critical realism, power economics, and deep capture." *University of Pennsylvania Law Review*, 152 (1): 129–346.

• Harrigan, Kathryn Rudie. 1981. "Barriers to entry and competitive strategies." *Strategic Management Journal*, 2 (4): 395–412.

• Harvey, David. 2007. *A Brief History of Neoliberalism*. New York: Oxford University Press.

• Hauptmann, Emily. 2001. "Can less be more? Leftist deliberative democrats' critique of participatory democracy." *Polity*, 33 (3): 397–421.

• Hayek, Friedrich A. von. 1935. "The present state of the debate." In *Collectivist Economic Planning: Critical Studies on the Possibilities of Socialism*, edited by Friedrich A. von Hayek, Ludwig Mises, George N. Halm, Enrico Barone, and Nikoloas G. Pierson, 201–243. London: Routledge and Kegan Paul.

• Hayek, Friedrich A. von. 1945. "The use of knowledge in society." *American Economic Review*, 35 (4): 519–530.

• Hayek, Friedrich A. von. 1956 [1944]. *The Road to Serfdom*. Chicago: University of Chicago Press.

• Heath, Rachel, and A. Mushfiq Mobarak. 2015. "Manufacturing growth and the lives of Bangladeshi women." *Journal of Development Economics*, 115: 1–15.

• Heckscher, Charles. 2007. *The Collaborative Enterprise: Managing Speed and Complexity in Knowledge-Based Businesses*. New Haven, CT: Yale University Press.

• Heckscher, Charles, Clark Demler, Hao Gong, Paul Dimaggio, and David Mimno. 2017. "'Driving Change by Consensus': Dialogue and Culture Change at IBM." Academy of Management Proceedings. Atlanta, GA.

• Heinberg, Richard, and David Fridley. 2016. *Our Renewable Future: Laying the Path for One Hundred Percent Clean Energy*. Washington, DC: Island Press.

• Heller, Frank A. 1998. *Organizational Participation: Myth and Reality*. New York: Oxford University Press.

• Heller, Michael. 2010. *The Gridlock Economy: How Too Much Ownership Wrecks Markets, Stops Innovation, and Costs Lives*. New York: Basic Books.

• Helper, Susan. 2009. "The high road for US manufacturing." *Issues in Science and Technology*, 25 (2): 39–45.

• Helper, Susan, and Ryan Noonan. 2015. *Taking the High Road: New Data Show Higher Wages May Increase Productivity, Among Other Benefits*. ESA Issue Brief. Washington, DC: US Department of Commerce.

• Hendricks, Rickey. 1993. *A Model for National Health Care: The History of Kaiser Permanente*. New Brunswick, NJ: Rutgers University Press.

• Henwood, Doug. 2018. "The gig economy fantasy." https://www.jacobinmag.com/2018/06/precarity-american-workplace-gig-economy,accessed Jan 7, 2019.

• Hicks, John Richard. 1950. *A Contribution to the Theory of the Trade Cycle*. Oxford: Clarendon Press.

• Hiltzik, Michael. 2018. "An FCC commissioner attacks municipal broadband systems by falsely claiming they're a threat to free speech." *Los Angeles Times*, November 1. http://www.latimes.com/business/hiltzik/la-fi-hiltzik-fcc-broadband-20181031-story.html.

• Hind, Dan. 2018. "The constitutional turn: Liberty and the cooperative state." Next System Project, last modified September 7, 2018. https://thenextsystem.org/learn/stories/constitutional-turn- liberty-and-cooperative-state.

• Hipple, Steven F., and Laurel A. Hammond. 2016. *Self-Employment in the United States*. Washington, DC: Bureau of Labor Statistics.

• Hirschman, A. O. 1970. *Exit, Voice, and Loyalty: Responses to Decline in Firms, Organizations, and States*. Cambridge, MA: Harvard University Press.

• Hochschild, Arlie Russell. 2016. *Strangers in Their Own Land: A Journey to the Heart of the American Right*. New York: New Press.

• Hochschild, Arlie R. 2001. "The nanny chain: Mothers minding other mothers' children." *The American Prospect* (January 3): 32–36.

• Hofstede, Geert. 1980. *Culture's Consequences: International Differences in Work-*

Related Values. Beverly Hills, CA: Sage.

• Holan, Angie Drobnic. 2012. "RomneyCare & ObamaCare: Can you tell the difference?" Politifact, accessed November 7, 2018. https://www.politifact.com/truth-o- meter/ article/2011/may/18/romneycare-and-obamacare-can-you-tell-difference/.

• Hooks, Gregory. 1993. "The weakness of strong theories: The US state's dominance of the World War II investment process." *American Sociological Review*, 58 (1): 37–53.

• Horrell, Sara, and Jane Humphries. 1995. "Women's labour force participation and the transition to the male-breadwinner family, 1790–1865." *Economic History Review*, 48 (1): 89–117. doi: 10.2307/2597872.

• Howard, Marc M., James L. Gibson, and Dietlind Stolle. 2005. *The US Citizenship, Involvement, Democracy Survey*. Washington, DC: Center for Democracy and Civil Society (CDACS), Georgetown University.

• Huesemann, Michael, and Joyce Huesemann. 2011. *Techno-Fix: Why Technology Won't Save Us or the Environment*. Gabriola Island, Canada: New Society Publishers.

• Humphrey, W. S. 2002. "Three process perspectives: Organizations, teams, and people." *Annals of Software Engineering*, 14 (1): 39–72.

• Huntingford, Chris, and Lina M. Mercado. 2016. "High chance that current atmospheric greenhouse concentrations commit to warmings greater than 1.5°C over land." *Scientific Reports*, 6: 30294. doi: 10.1038/srep30294.

• Iizuka, Toshiaki. 2007. "An empirical analysis of planned obsolescence." *Journal of Economics and Management Strategy*, 16 (1): 191–226.

• Inglehart, Ronald, and Christian Welzel. 2005. *Modernization, Cultural Change, and Democracy: The Human Development Sequence*. New York: Cambridge University Press.

• Innes, Judith E., and David E. Booher. 2010. *Planning with Complexity: An Introduction to Collaborative Rationality for Public Policy*. New York: Routledge.

• Jacobson, Mark Z., and Mark A. Delucchi. 2011. "Providing all global energy with wind, water, and solar power, Part I: Technologies, energy resources, quantities and areas of infrastructure, and materials." *Energy Policy*, 39 (3): 1154–1169.

• Jaffe, Adam B., Steven R. Peterson, Paul R. Portney, and Robert N. Stavins. 1995. "Environmental regulation and the competitiveness of US manufacturing: What does the evidence tell us?" *Journal of Economic Literature*, 33 (1): 132–163.

• Jameson, Fredric. 2003. "Future city." *New Left Review*, 21: 65.

• Janda, Kathryn B., and Mithra Moezzi. 2014. "Broadening the energy savings potential of people: From technology and behavior to citizen science and social potential." *ACEEE Summer Study on Energy Efficiency in Buildings*, 7:133–7:146.

• Jenkins, Blair. 2009. "Rent control: Do economists agree?" *Econ Journal Watch*, 6 (1): 73–112.

• Johnson, Chalmers. 2007. *The Sorrows of Empire: Militarism, Secrecy, and the End of the Republic*. New York: Metropolitan Books.

• Johnson, Chalmers. 2011. *Dismantling the Empire: America's Last Best Hope*. New York: Metropolitan Books.

• Joint Center for Housing Studies of Harvard University. 2018. *The State of the Nation's Housing 2018*. Cambridge, MA: Harvard University.

• Joint Economic Committee, United States Senate. 2000. *The Benefits of Medical Research and the Role of the NIH*. Washington, DC.

• Jones, C. 2002. "Defense software development in evolution." *Crosstalk* (November): 26–9.

• Jordà, Òscar, Moritz Schularick, Alan M. Taylor, and Felix Ward. 2018. *Global Financial Cycles and Risk Premiums*. Cambridge, MA: National Bureau of Economic Research, Working Paper 24677.

• Kaiser Permanente. 2010. *Kaiser Permanente Completes Electronic Health Record Implementation*. Accessed January 26, 2019. https://share.kaiserpermanente.org/article/kaiser-permanente- completes-electronic-health-record-implementation/.

• Kaiser Permanente, and Coalition of Kaiser Permanente Unions. 2012. *National Agreement*. Accessed January 26, 2019. https://www.lmpartnership.org/2012-national-agreement.

• Kaldor, Nicholas. 1940. "A model of the trade cycle." *Economic Journal*, 50 (197): 78–92.

• Kalecki, Michal. 1937. "A theory of the business cycle." *Review of Economic Studies*, 4 (2): 77–97.

• Kalecki, Michal. 1943. "Political aspects of full employment." *Political Quarterly*, 14 (4): 322–330.

• Kelly, Marjorie, and Sarah McKinley. 2015. *Cities Building Community Wealth*. Washington, DC: Democracy Collaborative.

• Kennedy, Paul. 2010. *The Rise and Fall of the Great Powers*. New York: Vintage.

• Keohane, Nathaniel, Annie Petsonk, and Alex Hanafi. 2017. "Toward a club of carbon markets." *Climatic Change*, 144 (1): 81–95.

• Khan, Lina M. 2017. "Amazon bites off even more monopoly power." *New York Times*, June 21.

• Khan, Lina M. 2016. "Amazon's antitrust paradox." *Yale Law Journal*, 126: 710–805.

• Khan, Shamus Rahman. 2010. *Privilege: The Making of an Adolescent Elite at St. Paul's School*. Princeton, NJ: Princeton University Press.

• Kiatpongsan, Sorapop, and Michael I. Norton. 2014. "How much (more) should CEOs make? A universal desire for more equal pay." *Perspectives on Psychological Science*, 9 (6): 587–593.

• Kiely, Eugene. 2012. "'You Didn't Build That,' Uncut and Unedited." November 7, 2018. https://www.factcheck.org/2012/07/you-didnt-build-that-uncut-and-unedited/.

• Kiley, Jocelyn. 2018. "Most continue to say ensuring health care coverage is government's responsibility." *FactTank*. Washington, DC: Pew Research Center.

• Kitzmueller, Markus, and Jay Shimshack. 2012. "Economic perspectives on corporate social responsibility." *Journal of Economic Literature*, 50 (1): 51–84.

• Klein, Naomi. 2014. *This Changes Everything: Capitalism vs. the Climate*. New York: Simon & Schuster.

• Knott, Anne Marie, and Bill McKelvey. 1999. "Nirvana efficiency: A comparative test of residual claims and routines." *Journal of Economic Behavior and Organization*, 38 (4): 365–383.

• Kochan, Thomas, ed. 2008. *Symposium: Kaiser Permanente Labor Management Partnership, Industrial Relations*, 47 (1): 1–96.

• Kochan, Thomas A. 2013. *The Kaiser Permanente Labor Management Partnership: 2009–2013*. Cambridge, MA: MIT Sloan School Institute for Work & Employment Research.

• Kochan, Thomas A., Eileen Applebaum, Jody Hoffer Gittell, and Carrie R. Leana. June 7, 2013. "The Human Capital Dimensions of Sustainable Investment: What Investment Analysts Need to Know." *Sustainable Investment Research Initiative Sustainability and Finance Symposium*. University of California, Davis, accessed January 29, 2019. Available at: http://www.cepr.net/index.php/publications/reports/human-capital-dimensions-ofsustainable- investment.

• Kochan, Thomas A., Adrienne E. Eaton, Robert B. McKersie, and Paul S. Adler. 2009. *Healing Together: The Labor-Management Partnership at Kaiser Permanente*. Ithaca, NY: ILR Press.

• Kochan, Thomas A., Duanyi Yang, William T. Kimball, and Erin L. Kelly. 2018. "Worker voice in America: Is there a gap between what workers expect and what they experience?" *ILR Review*, 72 (1): 1–36.

• Koistinen, Paul, A. C. 1973. "Mobilizing the World War II economy: Labor and the industrial- military alliance." *Pacific Historical Review*, 42 (4): 443–478. doi: 10.2307/3638133.

• Kolbert, Elizabeth. 2014. *The Sixth Extinction: An Unnatural History*. New York: Henry Holt.

• Kornai, Janos. 1979. "Resource-constrained versus demand-constrained systems." *Econometrica*, 47 (4): 801–819.

• Kornai, Janos. 1986. "The soft budget constraint." *Kyklos*, 39 (1): 3–30.

• Kostakis, Vasilis, and Michel Bauwens. 2014. *Network society and future scenarios for a collaborative economy*. New York, NY: Palgrave.

• Kotz, David M. 2002. "Socialism and innovation." *Science and Society*, 66 (1): 94–108.

• Krones, Jonathan Seth. 2016. *Accounting for Non-Hazardous Industrial Waste in the United States*. Cambridge: Massachusetts Institute of Technology.

• Kusnet, David. 2008. *Love the Work, Hate the Job: Why America's Best Workers Are Unhappier Than Ever*. New York: Wiley.

• Lahti, Raimo. 2017. "Towards a more efficient, fair and humane criminal justice system: Developments of criminal policy and criminal sanctions during the last 50 years in Finland." *Cogent Social Sciences*, 3 (1): 1303910. doi: 10.1080/23311886.2017.1303910.

• Laibman, David. 2002. "Democratic coordination: Towards a working socialism for the new century." *Science and Society*, 66 (1): 116–129.

• Laibman, David. 2013. "Mature socialism design, prerequisites, transitions." *Review of Radical Political Economics*, 45 (4): 501–507.

• Laibman, David. 2015. "Multilevel democratic iterative coordination." *Marxism 21*, 12 (1): 307–345.

• Laliberte, Pierre, ed. 2013. "Trade unions and worker cooperatives: Where are we at?" special issue, *International Journal of Labour Research*, 3 (2). Geneva: International Labour Office.

• Lancaster, Roger. 2017. "How to end mass incarceration." *Jacobin*, November 7, 2018, accessed January 26, 2019. https://www.jacobinmag.com/2017/08/mass-incarceration-prison-abolition- policing.

• Lane, Lee. 2009. *The Green Movement and the Challenge of Climate Change*. Washington, DC: American Enterprise Institute.

• Lange, Oskar. 1938. "On the theory of economic socialism." In *On the Economic Theory of Socialism*, edited by Oskar Lange, Fred M. Taylor, and Benjamin Lippincott, 55–143. New York: University of Minnesota Press.

• Langer, Gary. 2017. "Unwanted sexual advances: Not just a Hollywood story." *ABC News/Washington Post* poll. October 17, accessed January 26, 2019. Available at: https://www.langerresearch.com/wp-content/uploads/1192a1SexualHarassment.pdf.

• Lazonick, William, and Mariana Mazzucato. 2013. "The risk-reward nexus in the innovation-inequality relationship: Who takes the risks? Who gets the rewards?" *Industrial and Corporate Change*, 22 (4): 1093–1128.

• Lee, Joong-Jae. 2004. "Defense workers' struggles for patriotic control: The labor-management-state contests over defense production at Brewster, 1940–1944." *International Labor and Working-Class History* (66): 136–154.

• Leung, Danny, Césaire Meh, and Yaz Terajima. 2008. *Firm Size and Productivity*. Ottawa, ON: Bank of Canada Working Paper 2008-45.

• Li, Xiaoyang, and Yue M. Zhou. 2017. "Offshoring pollution while offshoring production?" *Strategic Management Journal*, 38 (11): 2310–2329. doi: doi:10.1002/smj.2656.

• Lichtenstein, Nelson. 2000. "Class politics and the state during World War Two." *International Labor and Working-Class History* (58): 261–274.

• Lieberman, H., and C. Fry. 2001. "Will software ever work?" *Communications of the ACM*, 44 (3): 122–124.

• Lin, Ning, Robert E. Kopp, Benjamin P. Horton, and Jeffrey P. Donnelly. 2016. "Hurricane

Sandy's flood frequency increasing from year 1800 to 2100." *Proceedings of the National Academy of Sciences*, 113 (43): 12071–12075. doi: 10.1073/pnas.1604386113.

• Lincoln, William F., and Andrew H. McCallum. 2018. The Rise of Exporting by US Firms. *European Economic Review*, 102: 280–297.

• Lindert, Peter H., and Jeffrey G. Williamson. 2016. "Unequal gains: American growth and inequality since 1700." https://voxeu.org/article/american-growth-and-inequality-1700.

• Lister, Ruth. 2009. "A Nordic nirvana? Gender, citizenship, and social justice in the Nordic welfare states." *Social Politics: International Studies in Gender, State and Society*, 16 (2): 242–278.

• Litwin, Adam Seth. 2010. "Technological change at work: The impact of employee involvement on the effectiveness of health information technology." *Industrial and Labor Relations Review*, 64 (5): 863–888.

• Locke, Richard M. 2013. *The Promise and Limits of Private Power: Promoting Labor Standards in a Global Economy*. New York: Cambridge University Press.

• *Los Angeles Times*. 1993. "Gallup poll finds 46% opposed, 38% in favor of NAFTA." *Los Angeles Times*. http://articles.latimes.com/1993-11-09/news/mn-54845_1_gallup-poll.

• Lukasiewicz, Katarzyna, and Jakub Miler. 2012. "Improving agility and discipline of software development with the Scrum and CMMI." *IET Software*, 6 (5): 416–422.

• MacKenzie, Ross, and Jeff Collin. 2012. "'Trade policy, not morals or health policy': The US trade representative, tobacco companies and market liberalization in Thailand." *Global Social Policy*, 12 (2): 149–172. doi: 10.1177/1468018112443686.

• Mackey, John, and Rajendra Sisodia. 2014. *Conscious Capitalism: Liberating the Heroic Spirit of Business*. Boston, MA: Harvard Business Review Press.

• Macpherson, C. B. 1962. *The Political Theory of Possessive Individualism: Hobbes to Locke*. Oxford: Clarendon Press.

• Maddison, Angus. 2007. *The World Economy, Volume 1: A Millennial Perspective; Volume 2: Historical Statistics*. New Delhi, India: Academic Foundation.

• Maestas, Nicole, Kathleen J. Mullen, David Powell, Jeffrey B. Wenger, and Till Von Wachter. 2017. *Working Conditions in the United States: Results of the 2015 American Working Conditions Survey*. Santa Monica, CA: RAND Corporation.

• Magdoff, Fred, and John Bellamy Foster. 2011. *What Every Environmentalist Needs to Know about Capitalism: A Citizen's Guide to Capitalism and the Environment*. New York: Monthly Review Press.

• Malleson, Tom. 2013. "What does Mondragon teach us about workplace democracy?" In *Sharing Ownership, Profits, and Decision-Making in the 21st Century*, edited by Douglas L. Kruse, 127–157. Bingley, UK: Emerald.

• Mandel, Ernest. 1986. "In defence of socialist planning." *New Left Review* (159): 5.

• Mansbridge, Jane J. 1983. *Beyond Adversary Democracy*. Chicago: University of Chicago Press.

• Margolis, Joshua D., Hillary Anger Elfenbein, and James P. Walsh. 2007. "Does it pay to be good... and does it matter? A meta-analysis of the relationship between corporate social and financial performance." Unpublished manuscript.

• Margolis, Joshua D., and Hillary A. Elfenbein. 2008. "Do well by doing good? Don't count on it." *Harvard Business Review*, 86 (1).

• Massey, Douglas S., Jonathan Rothwell, and Thurston Domina. 2009. "The changing bases of segregation in the United States." *Annals of the American Academy of Political and Social Science*, 626 (1): 74–90.

• Matzler, Kurt, Johann Füller, Katja Hutter, Julia Hautz, and Daniel Stieger. 2016. "Crowdsourcing strategy: How openness changes strategy work." *Problems and Perspectives in Management*, 14 (3): 450–460.

• May, Christopher. 2015. *The Global Political Economy of Intellectual Property Rights: The New Enclosures*. New York: Routledge.

• Mazzucato, Mariana. 2015. *The Entrepreneurial State: Debunking Public vs. Private Sector Myths*. New York: Anthem Press.

• McAlevey, Jane. 2016. *No Shortcuts: Organizing for Power in the New Gilded Age*. New York: Oxford University Press.

• McClelland, D. 1961. *The Achieving Society*. Princeton, NJ: Van Nostrand.

• McCreary, Lew. 2010. "Kaiser Permanente's innovation on the front lines." *Harvard Business Review*, 88 (9): 92, 94–7, 126.

• McKibben, Bill. 2016. "A world at war." *New Republic*, August 15.

• McKinnon, H., G. Muttitt, and K. Trout. 2017. *The Sky's Limit Norway: Why Norway Should Lead The Way in a Managed Decline of Oil and Gas Extraction*. Washington, DC: Oil Change International.

• McWilliams, Abagail. 2015. "Corporate social responsibility." In *Wiley Encyclopedia of Management*, edited by C. L. Cooper, J. McGee, and T. Sammut-Bonnici, 1–4. Hoboken, NJ: John Wiley & Sons.

• Meadow, D., and Jorgen Randers. 1992. *Beyond the Limits: Confronting Global Collapse, Envisioning a Sustainable Future*. Post Mills, VT: Chelsea Green Publishing.

• Meidner, Rudolf. 1993. "Why did the Swedish model fail?" *Socialist Register*, 29 (29).

• Michels, Robert. 1966 [1911]. *Political Parties*. New York: The Free Press.

• Michie, Jonathan, Joseph R. Blasi, and Carlo Borzaga. 2017. *The Oxford Handbook of Mutual and Co-Owned Business*. New York: Oxford University Press.

• Miles, Raymond E., and Charles C. Snow. 1978. *Organizational Strategy, Structure, and Process*. New York: McGraw-Hill.

• Miller, Fred. 2017. "Aristotle's political theory." https://plato.stanford.edu/archives/win2017/entries/aristotle-politics/.

• Minsky, Hyman P. 1980. "Capitalist financial processes and the instability of capitalism." *Journal of Economic Issues*, 14 (2): 505–523.

• Minx, Jan, Kate Scott, Glen Peters, and John Barrett. 2008. *An Analysis of Sweden's Carbon Footprint*. World Wildlife Fund.

• Mishel, Lawrence, and Josh Bivens. 2017. *The Zombie Robot Argument Lurches On*. Washington, DC: Economic Policy Institute.

• Mishel, Lawrence, and Jessica Schieder. 2017. *CEO Pay Remains High Relative to the Pay of Typical Workers and High-Wage Earners*. Washington, DC: Economic Policy Institute.

• Mishel, Lawrence, John Schmitt, and Heidi Shierholz. 2013. *Assessing the Job Polarization of Growing Wage Inequality*. Economic Policy Institute Working Paper. Washington, DC: Economic Policy Institute.

• Moorhead, Molly. 2012. "Bernie Sanders says Walmart heirs own more wealth than bottom 40% of Americans." Accessed November 7, 2018. https://www.politifact.com/truth-o- meter/statements/2012/jul/31/bernie-s/sanders-says-walmart-heirs-own-more-wealth-bottom-/.

• Morray, Joseph P. 1997. *Grand Disillusion: François Mitterrand and the French Left*. Westport, CT: Greenwood.

• Moss, Michael. 2013. *Salt, Sugar, Fat: How the Food Giants Hooked Us*. New York: Random House.

• Mouffe, Chantal. 1999. "Deliberative democracy or agonistic pluralism?" *Social Research*, 66 (3): 745–758.

• Murrell, Peter. 1991. "Can neoclassical economics underpin the reform of centrally planned economies?" *Journal of Economic Perspectives*, 5 (4): 59–76.

• National Center for Education Statistics. 2015. "2014 civics assessment." Accessed November 7, 2018. https://www.nationsreportcard.gov/hgc_2014/#civics/achievement.

• National Law Center on Homelessness and Poverty. 2018. *Homelessness in America: Overview of Data and Causes*. Washington, DC.

• Newman, Rick. 2009. "Why bank nationalization is so scary." *US News and World Report*. https://money.usnews.com/money/blogs/flowchart/2009/02/22/why-bank-nationalization-is- so-scary.

• Nightingale, Paul, Tim Brady, Andrew Davies, and Jeremy Hall. 2003. "Capacity utilization revisited: Software, control and the growth of large technical systems." *Industrial and Corporate Change*, 12 (3): 477–517.

• Nissenbaum, Dion. 2018. "Top U.S. diplomat backed continuing support for Saudi war in Yemen over objections of staff." *Wall Street Journal*, September 20.

• Novak, William J. 2008. "The myth of the 'weak' American state." *American Historical Review*, 113 (3): 752–772.

• Nove, Alec. 2004. *The Economics of Feasible Socialism Revisited*. London: HarperCollins.

• Nussbaum, Martha C. 2011. "Capabilities, entitlements, rights: Supplementation and critique." *Journal of Human Development and Capabilities*, 12 (1): 23–37.

• O'Mahoney, Siobhan, and Fabrizio Ferraro. 2007. "The emergence of governance in an open source community." *Academy of Management Journal*, 50 (5): 1079–1106.

• OECD. 2016. *Country Note: Key Findings from PISA 2015 for the United States*. Paris: OECD.

• OECD. 2018. *Geographical Distribution of Financial Flows to Developing Countries 2018*. Paris: OECD.

• Oerlemans, Nastasja, ed. 2016. *Living Planet Report*. Gland, Switzerland: World Wildlife Fund.

• Ofer, Gur. 1987. "Soviet economic growth: 1928–1985." *Journal of Economic Literature*, 25 (4): 1767–1833.

• Olah, Rudolf. 2013. "What's with the aversion to documentation in the industry?" https://softwareengineering.stackexchange.com/questions/202167/whats-with-the-aversion-to- documentation-in-the-industry.

• Ornston, Darius. 2014. "When the high road becomes the low road: The limits of high-technology competition in Finland." *Review of Policy Research*, 31 (5): 454–477.

• Osterman, Paul. 2017. *Who Will Care for Us? Long-Term Care and the Long-Term Workforce*. New York: Russell Sage Foundation.

• Ostrom, Elinor, Joanna Burger, Christopher B. Field, Richard B. Norgaard, and David Policansky. 1999. "Revisiting the commons: Local lessons, global challenges." *Science*, 284 (5412): 278–282.

• Palley, Thomas. 2018. *Re-theorizing the welfare state and the political economy of neoliberalism's war against it*. FMM Working Paper, No. 16, Macroeconomic Policy Institute (IMK), Forum for Macroeconomics and Macroeconomic Policies (FFM), Düsseldorf.

• Palmisano, S. 2004. "Leading change when business is good. Interview by Paul Hemp and Thomas A. Stewart." *Harvard Business Review*, 82 (12): 60.

• Park, Haeyoun, and Iaryna Mykhyalyshyn. 2016. "LGBT people are more likely to be targets of hate crimes than any other minority group." *New York Times*, June 16.

• Parker, Mike, and Jane Slaughter. 1988. *Choosing Sides: Unions and the Team Concept*. Boston, MA: South End Press.

• Parkinson, John, and Jane J. Mansbridge. 2012. *Deliberative Systems: Deliberative Democracy at the Large Scale*. New York: Cambridge University Press.

• Parreñas, Rhacel. 2015. *Servants of Globalization: Migration and Domestic Work*. Stanford, CA: Stanford University Press.

• Pasurka, Carl. 2008. "Perspectives on pollution abatement and competitiveness: Theory, data, and analyses." *Review of Environmental Economics and Policy*, 2 (2): 194–218.

• Pateman, Carole. 1970. *Participation and Democratic Theory*. Cambridge, UK: Cambridge University Press.

• Paul, Mark, William Darity Jr., and Darrick Hamilton. 2017. "Why we need a federal job guarantee." *Jacobin*, December 29.

• Pearl, Robert M. 2017. "What health systems, hospitals, and physicians need to know about implementing electronic health records." Accessed November 7, 2018. https://hbr.org/2017/06/what-health-systems-hospitals-and-physicians-need-to-know-about-implementing-electronic-health-records.

• Pencavel, John, Luigi Pistaferri, and Fabiano Schivardi. 2006. "Wages, employment, and capital in capitalist and worker-owned firms." *ILR Review*, 60 (1): 23–44.

• Perez, Carlota. 2015. "Capitalism, technology and a green global golden age: The role of history in helping to shape the future." *Political Quarterly*, 86: 191–217.

• Pew Research Center. 2013. *The Rise of Single Fathers*. Washington, DC.

• Pew Research Center. 2014. *Political Polarization in the American Public*. Washington, DC.

• Pew Research Center. 2015. *Beyond Distrust: How Americans View Their Government*. Washington, DC.

• Pew Research Center. 2016. *The State of American Jobs*. Washington, DC.

• Pew Research Center, and Associated Press. 2006. *Who Votes, Who Doesn't, and Why: Regular Voters, Intermittent Voters, and Those Who Don't*. Washington, DC.

• Plotnick, Robert D., Eugene Smolensky, Eirik Evenhouse, and Siobhan Reilly. 1998. *The Twentieth Century Record of Inequality and Poverty*. University of California at Berkeley and Public Policy Institute of California.

• Polanyi, Karl. 1968 [1944]. *The Great Transformation: The Political and Economic Origins of Our Time*. Boston, MA: Beacon Press.

• Population Reference Bureau. 2017. "Changing demographics reshape rural America." Accessed November 7, 2018. https://www.prb.org/changing-demographics-reshape-rural-america/.

• Porter, Michael E., and Mark R. Kramer. 2011. "The big idea: Creating shared value. How to reinvent capitalism—and unleash a wave of innovation and growth." *Harvard Business Review*, 89 (1–2).

• Porter, Michael E., Forest L. Reinhardt, Peter Schwartz, Daniel C. Esty, Andrew J. Hoffman, Auden Schendler, et al. 2007. "Climate business/business climate." *Harvard Business Review*: (October) 1–17.

• Porter, Michael E., and Claas Van der Linde. 1995. "Green and competitive: ending the stalemate." *Harvard Business Review*, 73 (5): 120–134.

• Porter, Michael E. 1985. *Competitive Advantage*. New York: The Free Press.

• Posner, Richard A. 2009. *A Failure of Capitalism: The Crisis of '08 and the Descent into Depression*. Cambridge, MA: Harvard University Press.

• Przeworski, Adam, and Michael Wallerstein. 1988. "Structural dependence of the state on capital." *American Political Science Review*, 82 (1): 11–29.

• Public Citizen. 2018. "Trans-Pacific Partnership." http://www.citizen.org/our-work/globalization- and-trade/nafta-wto-other-trade-pacts/trans-pacific-partnership.

• Pugh, Derek S., and David J. Hickson. 1976. *Organizational Structure in Its Context: The Aston Programme*. Vol. 1. Lexington, MA: Lexington Books.

• Qu, Wen Guang, Yajing Ding, Yongyi Shou, Honggeng Zhou, and Hong Du. 2014. "The impact of enterprise systems on process flexibility and organisational flexibility." *Enterprise Information Systems*, 8 (5): 563–581.

• Quilley, Stephen. 2000. "Manchester first: From municipal socialism to the entrepreneurial city." *International Journal of Urban and Regional Research*, 24 (3): 601–615.

• Radford, Gail. 2003. "From municipal socialism to public authorities: Institutional factors in the shaping of American public enterprise." *Journal of American History*, 90 (3): 863–890.

• Reardon, Sean F., Lindsay Fox, and Joseph Townsend. 2015. "Neighborhood income composition by household race and income, 1990–2009." *Annals of the American Academy of Political and Social Science*, 660 (1): 78–97.

• Reinhart, Carmen M., and Kenneth S. Rogoff. 2009. *This Time Is Different: Eight Centuries of Financial Folly*. Princeton, NJ: Princeton University Press.

• Rezai, Armon, Duncan K. Foley, and Lance Taylor. 2012. "Global warming and economic externalities." *Economic Theory*, 49 (2): 329–351.

• Rhaman, Fifa. 2018. "Extended monopolies on biologic drugs—A warning to developing countries." Accessed November 1, 2018. http://www.ip-watch.org/2018/09/10/extended-monopolies- biologic-drugs-warning-developing-countries/.

• Ritz, Adrian, Gene A. Brewer, and Oliver Neumann. 2016. "Public service motivation: A systematic literature review and outlook." *Public Administration Review*, 76 (3): 414–426.

• Roberts, Nancy. 2004. "Public deliberation in an age of direct citizen participation." *American Review of Public Administration*, 34 (4): 315–353.

• Roelfs, David J., Eran Shor, Karina W. Davidson, and Joseph E. Schwartz. 2011. "Losing life and livelihood: A systematic review and meta-analysis of unemployment and all-cause mortality." *Social Science and Medicine*, 72 (6): 840–854.

• Rogers, Joel. 1990. "What does 'high road' mean?" University of Wisconsin-Madison, COWS. Accessed Jan 2, 2019. https://www.cows.org/what-does-high-road-mean.

• Rogers, Joel. 2009. "Productive democracy." In *Renewing Democratic Deliberation in Europe: The Challenge of Social and Civil Dialogue*, edited by Jean De Munck, Isabelle Ferreras, Claude Didry, and Annette Jobert, 71–92. Brussels: Peter Lang.

• Rogers, Joel. 2015. "Productive democracy: Why we need a new egalitarian politics—and why social democracy will never get us there." *The Nation*, 300 (14): 206–210.

• Rolf, David. 2018. *A Roadmap for Rebuilding Worker Power*. Washington, DC: Century Foundation.

• Romer, Paul. Forthcoming. "The trouble with macroeconomics." *American Economist*.

• Rose, Stephen J. 2017. *Mismatch: How Many Workers with a Bachelor's Degree Are*

Overqualified for Their Jobs? Washington, DC: Urban Institute.

• Rose, Stephen J., and Heidi I. Hartmann. 2004. *Still a Man's Labor Market: The Long-Term Earnings Gap.* Washington, DC: Institute for Women's Policy Research.

• Saad, Lydia. 2009. "Majority receptive to law making union organizing easier." Accessed November 7, 2018. https://news.gallup.com/poll/116863/Majority-Receptive-Law-Making-Union- Organizing-Easier.aspx.

• Saad, Lydia. 2013. "In U.S., 71% back raising minimum wage." Gallup, last modified March 6, 2013, accessed November 7, 2018. https://news.gallup.com/poll/160913/back-raising- minimum-wage.aspx.

• Saez, Emmanuel, and Gabriel Zucman. 2016. "Wealth inequality in the United States since 1913: Evidence from capitalized income tax data." *Quarterly Journal of Economics*, 131 (2): 519– 578.

• Sanders, Lynn M. 1997. "Against deliberation." *Political Theory*, 25 (3): 347–376.

• Satz, Debra. 2017. "Feminist perspectives on reproduction and the family." Accessed November 8, 2018. https://plato.stanford.edu/archives/sum2017/entries/feminism-family/.

• Schilling, Lisa, Alide Chase, Sommer Kehrli, Amy Y. Liu, Matt Stiefel, and Ruth Brentari. 2010. "Kaiser Permanente's performance improvement system, Part 1: From benchmarking to executing on strategic priorities." *Joint Commission Journal on Quality and Patient Safety*, 36 (11): 484–498.

• Schilling, Lisa, James W. Dearing, Paul Staley, Patti Harvey, Linda Fahey, and Francesca Kuruppu. 2011. "Kaiser Permanente's performance improvement system, Part 4: Creating a learning organization." *Joint Commission Journal on Quality and Patient Safety*, 37 (12): 532–543.

• Schilling, Lisa, Dennis Deas, Maile Jedlinsky, Deborah Aronoff, Juliette Fershtman, and Abdul Wali. 2010. "Kaiser Permanente's performance improvement system, Part 2: Developing a value framework." *Joint Commission Journal on Quality and Patient Safety*, 36 (12): 552– 560.

• Schlachter, Laura Hanson. 2017. "Stronger together? The USW-Mondragon union co-op model." *Labor Studies Journal*, 42 (2): 124–147.

• Schmitz, James A., Jr. 2016. *The Costs of Monopoly: A New View.* Minneapolis: Federal Reserve Bank of Minneapolis.

• Schneiberg, Marc. 2010. "Toward an organizationally diverse American capitalism: Cooperative, mutual, and local, state-owned enterprise." *Seattle University Law Review*, 34: 1409.

• Schofer, E., and M. Fourcade-Gourinchas. 2001. "The structural contexts of civic engagement: Voluntary association membership in comparative perspective." *American Sociological Review*, 66 (6): 806–828.

• Schor, Juliet. 2008. *The Overworked American: The Unexpected Decline of Leisure.* New York: Basic Books.

• Schor, Juliet B., and Samuel Bowles. 1987. "Employment rents and the incidence of strikes." *Review of Economics and Statistics*, 69 (4): 584–592.

• Schumpeter, Joseph A. 1976 [1942]. *Capitalism, Socialism and Democracy*. New York: Harper & Row.

• Schweickart, David. 2011. *After Capitalism*. Lanham, MD: Rowman & Littlefield.

• Scipioni, Antonio, Anna Mazzi, Marco Mason, and Alessandro Manzardo. 2009. "The dashboard of sustainability to measure the local urban sustainable development: The case study of Padua municipality." *Ecological Indicators*, 9 (2): 364–380.

• Scott-Clayton, Judith. 2018. *The Looming Student Loan Default Crisis Is Worse than We Thought*. Washington, DC: Brookings.

• See, L., F. Kraxner, S. Fuss, C. Perger, C. Schill, K. Aoki, et al. 2015. "The potential of crowdsourcing for the renewable energy sector." In *Handbook of Clean Energy Systems*, edited by J. Yan, 1–15. New York: John Wiley & Sons.

• Sen, Amartya. 1993. "Markets and freedoms: Achievements and limitations of the market mechanism in promoting individual freedoms." *Oxford Economic Papers*, 45 (4): 519–541.

• Sexton, Steve. 2011. "The inefficiency of local food." *Freakonomics*, November 7, 2018. http://freakonomics.com/2011/11/14/the-inefficiency-of-local-food/.

• Shaffer, Harry G., ed. 1984. *The Soviet System in Theory and Practice: Western and Soviet Views*. New York: Frederick Ungar.

• Shaikh, Anwar. 1978. "An introduction to the history of crisis theories." In *US Capitalism in Crisis*, edited by Union of Radical Political Economy, 219–241. New York, NY: URPE/Monthly Review Press.

• Shaikh, Anwar M., and Jamee K. Moudud. 2004. *Measuring Capacity Utilization in OECD Countries: A Cointegration Method*. Working paper, The Levy Economics Institute. Annandale-on-Hudson, New York.

• Shapira, Roy, and Luigi Zingales. 2017. *Is Pollution Value-Maximizing? The DuPont Case*. National Bureau of Economic Research. Cambridge, MA.

• Shapiro, Sarah, and Catherine Brown. 2018. "The state of civics education." Center for American Progress. https://www.americanprogress.org/issues/education-k- 12/reports/2018/02/21/446857/state-civics-education/.

• Siaroff, Alan. 1999. "Corporatism in 24 industrial democracies: Meaning and measurement." *European Journal of Political Research*, 36 (2): 175–205.

• Sibony, Olivier. 2012. "Collaborative strategic planning: Three observations." *McKinsey Quarterly*, 2: 12–15.

• Silk, Ezra. 2016. *Victory Plan: The Climate Mobilization*. Accessed January 26, 2019 https://www.theclimatemobilization.org/victory-plan/.

• Singer, Daniel. 1988. *Is Socialism Doomed? The Meaning of Mitterrand*. New York: Oxford University Press.

• Slichter, Sumner H., James J. Healy, and E. Robert Livernash. 1960. *The Impact of*

Collective Bargaining on Management. Washington, DC: The Brookings Institution.

• Sloane, Peter J. 2014. "Overeducation, skill mismatches, and labor market outcomes for college graduates." *IZA World of Labor,* accessed January 26, 2019. https://wol.iza.org/uploads/articles/88/pdfs/overeducation-skill-mismatches-and-labor-market-outcomes-for-college-graduates.pdf?v=1.

• Smillie, John G. 2000. *Can Physicians Manage the Quality and Costs of Health Care? The Story of The Permanente Medical Group.* Oakland, CA: Permanente Federation.

• Smith, J. W. 1989. *The World's Wasted Wealth: The Political Economy of Waste.* Kalispell, MT: New Worlds Press.

• Smith, Richard. 2016. *Green Capitalism: The God That Failed.* London: College Publications.

• Standish Group. 1994. "Chaos study report." http://www.standishgroup.com.

• Stanley, Marcus. 2003. "College education and the midcentury GI bills." Quarterly *Journal of Economics,* 118 (2): 671–708. doi: 10.1162/003355303321675482.

• Stephens, Nicole M., Hazel Rose Markus, and Sarah S. M. Townsend. 2007. "Choice as an act of meaning: The case of social class." *Journal of Personality and Social Psychology,* 93 (5): 814.

• Stevens, Mitchell L. 2009. *Creating a Class.* Cambridge, MA: Harvard University Press.

• Stieger, Daniel, Kurt Matzler, Sayan Chatterjee, and Florian Ladstaetter-Fussenegger. 2012. "Democratizing strategy: How crowdsourcing can be used for strategy dialogues." *California Management Review,* 54 (4): 44–68. doi: 10.1525/cmr.2012.54.4.44.

• Stiglitz, Joseph. 2017. Wealth before health? Why intellectual property laws are facing a counterattack. *Guardian,* October 19.

• Stockholm Resilience Center. 2018. "The nine planetary boundaries." Accessed November 7, 2018. https://www.stockholmresilience.org/research/planetary-boundaries/planetary-boundaries/about-the-research/the-nine-planetary-boundaries.html.

• Stolle, Dietlind, Stuart Soroka, and Richard Johnston. 2008. "When does diversity erode trust? Neighborhood diversity, interpersonal trust and the mediating effect of social interactions." *Political Studies,* 56 (1): 57–75. doi: 10.1111/j.1467-9248.2007.00717.x.

• Stone, Brad. 2013. *The Everything Store: Jeff Bezos and the Age of Amazon.* New York: Random House.

• Strauss, Benjamin H., Scott Kulp, and Anders Levermann. 2015. "Carbon choices determine US cities committed to futures below sea level." *Proceedings of the National Academy of Sciences,* 112 (44): 13508–13513. doi: 10.1073/pnas.1511186112.

• Streeck, Wolfgang. 1983. *Co-Determination: The Fourth Decade.* Berlin: Wissenschaftszentrum. Streeck, Wolfgang. 2014. Buying Time: The Delayed Crisis of Democratic Capitalism. London: Verso.

• Sullivan, Tom. 2014. "Sweden's Dirty Secret: It Arms Dictators." *Business Insider,* May 20. https://www.businessinsider.com/swedens-dirty-secret-they-arm-dictators-2014-5.

• Sundgren, Mats, Elof Dimenäs, Jan-Eric Gustafsson, and Marcus Selart. 2005. "Drivers of organizational creativity: A path model of creative climate in pharmaceutical R&D." *R&D Management*, 35 (4): 359–374.

• Swamy, Dalip Singh. 1980. *Multinational Corporations and the World Economy*. New Delhi: Alps.

• Swanson, David. 2018. "US wars and hostile actions: A list." Accessed November 7, 2018. http://davidswanson.org/warlist/.

• Taibbi, Matt. 2013. "Secrets and lies of the bailout." *Rolling Stone*, 17.

• Teixeira, Ruy. 2010. *Public Opinion Paradox: An Anatomy of America's Love-Hate Relationship with Its Government*. Washington, DC: Center for American Progress.

• Thomé, Antonio Marcio, Luiz Scavarda, Nicole Suclla Fernandez, and Annibal José Scavarda. 2012. "Sales and operations planning and the firm performance." *International Journal of Productivity and Performance Management*, 61 (4): 359–381. doi: 10.1108/17410401211212643.

• Thorne, Deborah, Pamela Foohey, Robert M. Lawless, and Katherine Porter. 2018. "Graying of U.S. bankruptcy: Fallout from life in a risk society." Accessed August 6, 2018. https://ssrn.com/abstract=3226574.

• Thrall, A. Trevor, and Caroline Dorminey. 2018. *Risky Business: The Role of Arms Sales in US Foreign Policy*. Washington, DC: Cato Institute.

• Timming, Andrew, and Juliette Summers. 2018. "Is workplace democracy associated with wider pro- democracy affect? A structural equation model." *Economic and Industrial Democracy*, accessed January 26, 2019. https://journals-sagepub- com. libproxy1.usc.edu/doi/pdf/10.1177/0143831X17744028.

• Trujillo, Lourdes, Antonio Estache, and Sergio Perelman. 2005. *Infrastructure Performance and Reform in Developing and Transition Economies: Evidence from a Survey of Productivity Measures*. Washington, DC: The World Bank.

• Turner, Bengt, and Stephen Malpezzi. 2003. "A review of empirical evidence on the costs and benefits of rent control." *Swedish Economic Policy Review* (10).

• Union of Concerned Scientists. 2018. "What is hair-trigger alert?" Accessed November 7, 2018. https://www.ucsusa.org/nuclear-weapons/hair-trigger-alert.

• United States Bureau of the Census. 1975. *Historical Statistics of the United States, Colonial Times to 1970*. Washington, DC: US Department of Commerce, Bureau of the Census.

• United States Department of Agriculture. 2018. "Food security status of U.S. households in 2017." In *Key Statistics and Graphics*. Washington, DC.

• Urban Institute. 2018. "The cost of affordable housing: Does it pencil out?" http://apps. urban.org/features/cost-of-affordable-housing/.

• Vagins, Deborah J., and Jesselyn McCurdy. 2006. *Cracks in the System: Twenty Years of the Unjust Federal Crack Cocaine Law*. New York: American Civil Liberties Union.

• Vidal, Matt. 2013. "Low-autonomy work and bad jobs in postfordist capitalism." *Human Relations*, 66 (4): 587–612.

• Vilà, Joaquim, and J. Ignacio Canales. 2008. "Can strategic planning make strategy more relevant and build commitment over time? The case of RACC." *Long Range Planning*, 41 (3): 273– 290.

• Vine, David. 2015. *Base Nation: How US Military Bases Abroad Harm America and the World*. New York: Metropolitan Books.

• Von Mises, Ludwig. 2008 [1920]. *Economic Calculation in the Socialist Commonwealth*. Auburn, AL: Ludwig von Mises Institute.

• Vucetic, Srdjan 2018. "The uneasy co-existence of arms exports and feminist foreign policy." In *The Conversation*. Accessed January 26, 2019. http://theconversation.com/the-uneasy-co- existence-of-arms-exports-and-feminist-foreign-policy-93930.

• Wainwright, Hilary. 2003. *Reclaim the State: Experiments in Popular Democracy*. London: Verso.

• *Wall Street Journal*. 2009. "The Obama Motor, Inc." https://www.wsj.com/articles/SB124381255295170405.

• Wallace-Wells, David. 2018. "The Uninhabitable Earth, Annotated Edition." *New York Times Magazine*, accessed November 7, 2018. http://nymag.com/intelligencer/2017/07/climate- change-earth-too-hot-for-humans-annotated.html.

• Wallerstein, Immanuel M. 2004. *World-Systems Analysis: An Introduction*. Durham, NC: Duke University Press.

• Weinstein, James. 1967. *The Decline of American Socialism, 1912–1925*. New York: Monthly Review Press.

• Whippy, Alan, Melinda Skeath, Barbara Crawford, Carmen Adams, Gregory Marelich, Mezhgan Alamshahi, et al. 2011. "Kaiser Permanente's performance improvement system, Part 3: Multisite improvements in care for patients with sepsis." *Joint Commission Journal on Quality and Patient Safety*, 37 (11): 483–495.

• Whittington, Richard, Ludovic Cailluet, and Basak Yakis-Douglas. 2011. "Opening strategy: Evolution of a precarious profession." *British Journal of Management*, 22 (3): 531–544.

• Whittington, Richard, Julia Hautz, and David Seidl, eds. 2017. "Open strategy: Transparency and inclusion in strategy processes." Special issue, *Long Range Planning*, 50 (3).

• Wilde, Oscar. 2007 [1891]. *The Soul of Man under Socialism and Selected Critical Prose*. London, UK: Penguin.

• Williams, Heidi L. 2013. "Intellectual property rights and innovation: Evidence from the human genome." *Journal of Political Economy*, 121 (1): 1–27.

• Williamson, Oliver E. 1975. *Markets and Hierarchies*. New York: Free Press.

• Wilson, Duff, and Janet Roberts. 2012. "Special report: how Washington went soft on childhood obesity." *Reuters*, April 27, accessed January 26, 2019. Available at: https://www.reuters.com/article/us-usa-foodlobby/special-report-how-washington-went-soft- on-childhood-obesity-idUSBRE83Q0ED20120427.

• Wilson, Mark R. 2016. *Destructive Creation: American Business and the Winning of World War II*. Philadelphia: University of Pennsylvania Press.

• Winters, Jeffrey A., and Benjamin I. Page. 2009. "Oligarchy in the United States?" *Perspectives on Politics*, 7 (4): 731–751.

• Witherell, Rob, Chris Cooper, and Michael Peck. 2012. *Sustainable Jobs, Sustainable Communities: The Union Co-op Model*. Ohio Employee Ownership Center. Kent, OH, Kent State University.

• Wodtke, Geoffrey T. 2016. "Social class and income inequality in the United States: Ownership, authority, and personal income distribution from 1980 to 2010." *American Journal of Sociology*, 121 (5): 1375–1415.

• Wolff, Edward N. 2013. "The asset price meltdown, rising leverage, and the wealth of the middle class." *Journal of Economic Issues*, 47 (2): 333–342.

• Wolff, Edward N. 2017. *Household Wealth Trends in the United States, 1962 to 2016: Has Middle Class Wealth Recovered?* Cambridge, MA: National Bureau of Economic Research.

• Wolff, Richard D. 2012. *Democracy at Work: A Cure for Capitalism*. Chicago: Haymarket books.

• Woll, Cornelia. 2016. "Politics in the interest of capital: A not-so-organized combat." *Politics and Society*, 44 (3): 373–391.

• Wooldridge, Bill, and Steven W. Floyd. 1990. "The strategy process, middle management involvement, and organizational performance." *Strategic Management Journal*, 11 (3): 231–241.

• Wooldridge, Bill, Torsten Schmid, and Steven W. Floyd. 2008. "The middle management perspective on strategy process: Contributions, synthesis, and future research." *Journal of Management*, 34 (6): 1190–1221.

• Woolhandler, S., and D. U. Himmelstein. 2017. "Single-payer reform: The only way to fulfill the president's pledge of more coverage, better benefits, and lower costs." *Annals of Internal Medicine*, 166 (8): 587–588. doi: 10.7326/M17-0302.

• World Wildlife Fund. 2014. *Living Planet Report 2014*. Gland, Switzerland: World Wildlife Fund for Nature.

• Wright, Erik O., ed. 1996. *Equal Shares: Making Market Socialism Work*. London: Verso.

• Wright, Erik O., and Joel Rogers. 2011. *American Society: How It Really Works*. New York: Norton.

• Yaun, David. 2006. "Driving culture change by consensus at IBM." *Strategic Communication Management*, 10 (3): 14.

• Yeates, Nicola. 2005. "Global migration perspectives." *Global Commission on*

International Migration. Geneva, Switzerland.

• Yeates, Nicola. 2012. "Global care chains: A state-of-the-art review and future directions in care transnationalization research." *Global Networks*, 12 (2): 135–154.

• Yoder, Eric. 2014. "Government workforce is closing the gender pay gap, but reforms still needed, report says." *Washington Post*, April 13. https://www.washingtonpost.com/politics/government-workforce-is-closing-the-gender-pay-gap-but-reforms-still-needed-report-says/2014/04/13/59281484-c1b2-11e3-b574- f8748871856a_story.html.

• Young, Kevin A., Tarun Banerjee, and Michael Schwartz. 2018. "Capital strikes as a corporate political strategy: The structural power of business in the Obama era." *Politics and Society*, 46 (1): 3–28.

• Yülek, Murat. 2015. *Economic Planning and Industrial Policy in the Globalizing Economy*. Switzerland: Springer.

• Zider, Bob. 1998. "How venture capital works." *Harvard Business Review*, 76 (6): 131–139.

• Zijdeman, Richard, and Filipa Ribeira da Silva. 2015. *Life Expectancy at Birth (Total)*. IISH Dataverse, accessed January 26, 2019. https://datasets.socialhistory.org/dataset.xhtml?persistentId=hdl:10622/LKYT53.

• Zucman, Gabriel. 2015. *The Hidden Wealth of Nations: The Scourge of Tax Havens*. Chicago: University of Chicago Press.

옮긴이

한은경

서울대학교 영어영문학과를 졸업하고 같은 대학원에서 박사학위를 받았다. 현재 서울대학교 언어교육원 전임강사이며, 옮긴 책으로는 『오두막』, 『피츠제럴드 단편선 2』, 『메디치가 이야기』 등이 있다.

김윤진

서울대학교 경영학과를 졸업했다. 현재 경영학, 금융, 법률, 통계 분야의 전문 번역가로 활동하며 다수의 논문 등을 번역했다.

KI신서 9429

1%가 아닌 99%를 위한 경제

1판 1쇄 인쇄 2020년 12월 30일
1판 1쇄 발행 2021년 1월 6일

지은이 폴 애들러
옮긴이 한은경 김윤진
펴낸이 김영곤
펴낸곳 (주)북이십일 21세기북스
콘텐츠개발팀장 장인서
영업본부장 한충희
출판영업팀 김한성 이광호 오서영
제작팀 이영민 권경민
디자인 이창욱

출판등록 2000년 5월 6일 제406-2003-061호
주소 (10881) 경기도 파주시 회동길 201(문발동)
대표전화 031-955-2100 **팩스** 031-955-2151 **이메일** book21@book21.co.kr

(주)북이십일 경계를 허무는 콘텐츠 리더
21세기북스 채널에서 도서 정보와 다양한 영상자료, 이벤트를 만나세요!
페이스북 facebook.com/21cbooks 포스트 post.naver.com/21c_editors
인스타그램 instagram.com/jiinpill21 홈페이지 www.book21.com
유튜브 www.youtube.com/ book21pub

서울대 가지 않아도 들을 수 있는 명강의! 〈서가명강〉
네이버 오디오클립, 팟빵, 팟캐스트에서 '서가명강'을 검색해보세요!

ISBN 978-89-509-9271-2 03300